广东行政审判典型案例评析

GUANGDONG XINGZHENG SHENPAN
DIANXING ANLI PINGXI

薛刚凌　林俊盛　主　编
孔繁华　林劲标　副主编

法律出版社
LAW PRESS·CHINA
北京

图书在版编目（CIP）数据

广东行政审判典型案例评析 / 薛刚凌，林俊盛主编；孔繁华，林劲标副主编. -- 北京：法律出版社，2024.

ISBN 978 -7 -5197 -9504 -7

Ⅰ. D927.655.318.25

中国国家版本馆 CIP 数据核字第 2024G7P906 号

广东行政审判典型案例评析
GUANGDONG XINGZHENG SHENPAN DIANXING ANLI PINGXI

薛刚凌　林俊盛　主　编
孔繁华　林劲标　副主编

策划编辑 许　睿
责任编辑 许　睿
装帧设计 李　瞻

出版发行 法律出版社
编辑统筹 司法实务出版分社
责任校对 晁明慧
责任印制 胡晓雅
经　　销 新华书店

开本 710 毫米×1000 毫米　1/16
印张 22.75　　**字数** 385 千
版本 2024 年 10 月第 1 版
印次 2024 年 10 月第 1 次印刷
印刷 三河市兴达印务有限公司

地址：北京市丰台区莲花池西里 7 号（100073）
网址：www.lawpress.com.cn
投稿邮箱：info@lawpress.com.cn
举报盗版邮箱：jbwq@lawpress.com.cn

销售电话：010 -83938349
客服电话：010 -83938350
咨询电话：010 -63939796

书号：ISBN 978 -7 -5197 -9504 -7　　**定价**：88.00 元

凡购买本社图书，如有印装错误，我社负责退换。电话：010 -83938349

自序 PREFACE

2018年10月，华南师范大学政府改革与法治建设研究院与广东省高级人民法院行政审判庭合作成立了华南地区首个以行政审判案例为专门研究对象的专业机构——“广东行政审判案例研究基地”。对于典型案例的持续发力研究是基地的一项重要任务。广东是改革开放的先行地、试验区，也是行政案件大省，每年收结案均居全国前列。广东既是行政案例资源“富矿”，也是全国法院最早推行行政案件集中管辖改革试点的地区，新类型案件层出不穷。为了进一步巩固案例研究成果，发挥典型行政案例在统一裁判尺度、促进依法行政方面的作用，广东省高级人民法院行政审判庭在全省各级法院行政审判庭组织选送的2018年至2021年间各类案例中精选出50个典型案例。这些案件中既有全国新三板挂牌公司因违反信息披露义务被监管部门给予行政处罚的第一案，也有法院主动启动对规范性文件附带性审查推动珠海特区立法完善的罗某等十人诉珠海市自然资源局建设工程规划许可案，还有近年来引发社会关注的业主委员会与物业管理公司之间引发的纠纷，行政机关及时依法行使行政管理职权等案件。

这些案件根据争议问题的归类，可类型化为八大板块，依次为“受案范围与原告资格”“证据与举证责任”“行政机关的法定职权”“行政行为的事实认定”“行政行为的法律适用”“信赖利益保护原则的适用”“行政协议案件”“工伤认定案件”。每个典型案例由具体承办法官精简案情介绍、梳理审判过程，重新提炼案例的裁判规则、法理要义，由学者对法官的裁判、案件所涉法律问题等内容进行点评。针对这批典型案例，基地还在2022年9月专门召开了研讨会，由基地成员对选送案件的"典型性"、所涉法律问题的争议等进行研讨，经过此后近1年的筹备，最终形成了本书。需要说明的是，为了保证读者在阅读中有流畅的体验，本书保留裁判的原貌，因此案例中所涉法律条文并未根据最新立法修改情况进行修订，所涉行政机关名称或因国家机构改革发生更名也未在案例中对应进行调整。此外，囿于编者水平，不足之处在所难免，诚请各位读者斧正。

目录 CONTENTS

一、受案范围与原告资格

二、证据与举证责任

三、行政机关的法定职权

四、行政行为的事实认定

五、行政行为的法律适用

六、信赖利益保护原则的适用

七、行政协议案件

八、工伤认定案件

一、受案范围与原告资格

案例 01

擅自扩大征地面积的征收土地公告属于行政诉讼受案范围*

【裁判要旨】

征收土地公告一般不属于行政诉讼的受案范围，但征收土地公告载明的征地范围与批准的征地范围不一致，擅自扩大征地面积的，则属于行政诉讼的受案范围。

【关键词】

行政征收　征收土地公告　受案范围

【基本案情】

因城市建设需要，经广东省人民政府同意，广东省国土资源厅于 2015 年 7 月 3 日作出粤国土资（建）字〔2015〕1019 号《关于顺德区 2015 年度第一批次城镇建设用地的批复》（以下简称 1019 号《批复》），同意征收佛山市顺德区大良街逢沙股份合作经济社属下的 69.9666 公顷集体土地，作为顺德区城镇建设用地。被告佛山市顺德区人民政府（以下简称顺德区政府）根据 1019 号《批复》，于 2015 年 7 月 6 日作出顺建告〔2015〕95 号《征收土地及补偿安置方案公告》（以下简称 95 号《征地公告》），内容包括建设用地项目名称，被征收土地位置、面积、地类以及补偿安置方案等。原告梁某荣持有粤房地证字第 C5750 × × × 号房地产权证的房屋在 95 号《征地公告》附图征地范围内。梁某荣因不服该征收行为，以 95 号《征

---

* 梁某荣诉佛山市顺德区人民政府房屋征收案，广东省佛山市中级人民法院（2017）粤 06 行初 5 号行政判决书。

地公告》为诉讼标的，向法院起诉。

【裁判结果与理由】

广东省佛山市中级人民法院一审认为：关于梁某荣对顺德区政府作出的95号《征地公告》不服提起的诉讼是否属于行政诉讼受案范围的问题。由于公告只是一种单纯的公示行为，其目的仅仅是将公告中载明的内容告知发布公告人想要告知的人群，公告本身不创设新的权利义务，对受众的权利义务并不产生实际影响，故征收土地公告一般不属于行政诉讼的受案范围。但如果原告起诉被告发布的征地公告理由是公告载明的征地范围与批准机构批准的征地范围不一致，擅自扩大了征地面积，则该公告存在直接侵害被征收人合法权益的可能，这时的征收土地公告属于法院的受案范围。本案中，原告主张95号《征地公告》擅自将征地批准文件1019号《批复》中的征地范围扩大至原告所有的国有土地上房屋及所在土地，侵害了原告的财产权。如上所述，原告起诉本案被诉之95号《征地公告》应属于法院的受案范围。

被告顺德区政府在收到1019号《批复》后，制作95号《征地公告》，并予以张贴，主体适格，程序合法。

原告位于佛山市顺德区大良街道办事处逢沙村村委会大东大道××号的房屋所使用的土地性质为国有土地，经查在95号《征地公告》附图征地范围内，且根据95号《征地公告》，顺德区国土资源局前后对原告作出《限期交地通知书》、顺建处〔2015〕34号《行政决定书》，上述行为表明原告所有的涉案房屋所在土地已被实际纳入征收的范围。但根据已生效的粤府行复〔2018〕98号《驳回行政复议申请决定书》显示，1019号《批复》的法律效力仅涉及农村集体土地的所有权人及实际使用人，不对国有土地及地上房屋产生征收的法律效力，即上述征地批复批准征收土地的范围不包括原告所有的国有土地上房屋所占土地，也就是说95号《征地公告》载明的征地范围超出了广东省人民政府批准的征地范围，超出部分应予撤销。原告主张95号《征地公告》部分内容侵害其合法权益理由成立。据此判决：撤销被告佛山市顺德区人民政府作出的95号《征地公告》中涉及原告梁某荣位于佛山市顺德区大良街道办事处逢沙村村委会大东大道××号（房地产权证证号：粤房地证字第C5750×××号）的国有土地及房屋部分。

【裁判者说】

一、背景情况介绍

随着城市化进程的加快，“三旧”改造成为改善城市环境、推动城市经济发展、快速实现城市现代化的重要手段。地处珠三角的佛山，城乡差距小，城中村零散遍布城市规划区，致使集体土地、国有土地经常交互楔入。这样的土地状态，经常给集体土地征收或者国有土地上房屋征收带来不便与困扰。本案原告使用的土地就是这种被成片集体土地包围的零星国有土地，在对集体土地征收的过程中，征收部门因工作疏忽，混淆了原告的土地性质，导致纠纷发生。

一般来说，公告只是一种单纯的公示行为，其目的仅仅是将公告中载明的内容告知发布公告人想要告知的人群，公告本身不创设新的权利义务，对受众的权利义务并不产生实际影响。同理，征地公告一般也只是将征收土地批准文件中的内容广而告之，让被征收人以及其他民众了解征收的相关信息，比如征收项目、征收范围、征收步骤等。当然，上述信息是由有权机关批准的征地批复来确定，而不是征地公告，征地公告只是将上述信息以特定形式予以公示，以便大众知晓，故真正对被征收人权益产生影响的应当是征地批复文件，而不是征地公告。在一般情况下，被征收人以征地公告为诉讼标的起诉，是不符合起诉条件的。

但在本案中，案涉的 95 号《征地公告》将原告所有的房屋所占国有土地纳入了附图征地范围，即 95 号《征地公告》的征地范围超出了广东省国土资源厅作出的 1019 号《批复》确定的范围。对于此种情况，95 号《征地公告》是否依旧不可诉呢？对此，存在分歧意见。一种观点认为，既然征地公告不可诉，那么 95 号《征地公告》也不可诉；另一种观点认为，超出征地批复面积的征地公告可诉。我们认为，第二种观点更可取。

二、确立裁判要旨的理由

第一，之所以一般的征地公告不可诉是因为对被征收人创设权利义务的是征地批复，而不是征地公告。但本案中，1019 号《批复》同意征收的是佛山市顺德区大良街逢沙股份合作经济社属下的集体土地；而 95 号《征地公告》擅自扩大了征地面积，将原告使用的国有土地纳入征地范围，明显为原告增设了行政法上的权利和义务，也明显影响了原告的合法权益。此类行政行为应当属于行政诉讼的受案范围。

第二，“无救济则无权利”说明救济对于权利实现的重要作用。在现代国家，救济总是与司法紧密联系在一起。而以95号《征地公告》为诉讼标的提起行政诉讼,是原告获得司法救济的唯一途径。一般来说,对于征地决定不服的,被征收人应以征地批复为诉讼标的向法院起诉。但在本案中,原告无法遵循该路径对自己的权益进行救济,因为征地批复并未将原告所有的房屋所占国有土地纳入征地范围,若原告以征地批复起诉,则不具有诉讼主体资格。在本案诉讼过程中,原告曾针对1019号《批复》,以广东省人民政府为被申请人,向该政府提出行政复议申请。广东省人民政府作出《驳回行政复议申请决定书》,驳回申请人提出的行政复议申请,理由是该批复的法律效力仅涉及农村集体土地的所有权人及实际使用人,不对国有土地及地上房屋产生征收的法律效力。当然,虽然原告提起的是行政复议,但即使其提起的是行政诉讼,结果也不会有实质变化。既然以征收土地批准文件为诉讼标的无法达到救济目的,那么原告只能以95号《征地公告》为诉讼标的,要求法院对该公告进行司法审查。而且,由于95号《征地公告》擅自扩大了1019号《批复》批准的征地范围,违法事实十分清晰,法院对于这一明显违法情形予以纠正是极其必要的。

三、运用裁判要旨需要注意的问题

运用上述裁判要旨,重点是查清被诉的征地公告是否存在公告载明的征地范围与批准机关批准的征地范围不一致,擅自扩大征地面积的情形。审判实务中,判断上述情形是否存在,应从附图征地范围以及征收部门是否实际实施了征地行为等多方面进行综合考量。本案中,顺德区政府抗辩称,95号《征地公告》涉及的征地范围与1019号《批复》一致,都不包括原告所有国有土地上房屋所占的土地。但根据本案查明的事实,原告位于佛山市顺德区大良街道办事处逢沙村村委会大东大道××号(房地产权证证号:粤房地证字第C5750×××号)的国有土地及房屋在95号《征地公告》附图征地范围内,且根据95号《征地公告》,顺德区国土资源局先后对原告作出《限期交地通知书》、顺建处〔2015〕34号《行政决定书》,上述行为表明原告所有的涉案房屋所占土地已被实际纳入此次征收的范围,即95号《征地公告》载明的征地范围超出了批准机关批准的征地范围。

四、其他问题

由于95号《征地公告》系一个独立的行政行为,既然该公告载明的征地范围超出了批准机关批准的征地范围,按照行政诉讼法的一般理论则应当将95号《征地公告》整体撤销,然后由顺德区政府再重新作出征收土地公告。但如此一来,会使已经启动的征收程序中断，而合法征收的农村集体土地部分亦将处于效力待定的不确定状态，影响征收工作的继续推进，一方面拖延了城市建设更新换代的进度，另一方面也使被征收人权益延迟兑现。基于以上考虑，法院在最后判决时仅将95号《征地公告》载明的超出批准机关批准的征地范围的效力予以撤销，既保障了原告的合法权益，又尽可能地将政府败诉后给城市建设带来的负面影响减到最低。

（撰稿人：郭　赟　广东省佛山市中级人民法院）

【专家评析】

本案的实质争议在于在没有土地征收决定的情况下，地方政府作出的土地征收补偿方案是否属于行政诉讼受案范围。所谓土地征收决定，是指国家为了公共利益的需要，依据法律规定的程序和权限，经过批准并依法给予农村集体经济组织及农民补偿后，将农村集体土地使用权收归国有的一种行政行为。根据《土地管理法》（2004年修正）第44条、第45条的规定，土地征收决定的权限仅限于省、自治区、直辖市人民政府和国务院两级行政主体。本案中1019号《批复》即是广东省人民政府依据《土地管理法》作出的土地征收决定。这类土地征收决定涉及的当事人往往人数众多，但对象是特定的。依照《最高人民法院关于适用〈中华人民共和国行政诉讼法〉的解释》（法释〔2018〕1号）第1条、第2条的规定，除了"针对不特定对象发布的能反复适用的规范性文件"外都可以受理，1019号《批复》应当属于法院的受案范围。但在我国司法实践中，出于实际的考虑，类似于1019号《批复》的土地征收决定一般不具有可诉性，法院通常不会受理。

在土地征收决定作出后，下级政府通常会根据这一决定作出土地征收补偿方案，顺德区政府作出的95号《征地公告》即属于土地征收补偿方案。由于土地征收的权限属于广东省人民政府，因此在被征收土地的位置、范围和面积等方面，95号《征地公告》应当是对1019号《批复》的单纯公示行为，不应扩大或缩小土地征收范围。95号《征地公告》目的上应当是将1019号《批复》中作出的征地范围决定公告至特定对象，本身不应设定当事人权利义务。简言之，95号《征地公告》中规定的征地范围应当将1019号《批复》作为明确依据。

根据我国司法实践的审判逻辑，省级政府作出的土地征收决定一般不属于法院的诉讼范围,土地征收补偿方案如果完全根据土地征收决定作出,那么,土地征收补偿方案通常也不属于行政诉讼的受案范围。但是需要指出的是,法院拒绝受理不是基于明确的实定法依据或行政法理,而是出于现实考虑,本质上讲涉及政策与法律的关系。与前述情形不同,本案提出的问题是:若土地征收补偿方案的规定(征地范围)与土地征收决定批准的不一致,那么,土地征收补偿方案是否能够纳入行政诉讼受案范围?对此,本案法官作出了肯定的裁判,认为"公告载明的征地范围与批准机构批准的征地范围不一致,擅自扩大了征地面积,则该公告存在直接侵害被征收人合法权益的可能,这时的征收土地公告属于法院的受案范围"。95 号《征地公告》创设了超出 1019 号《批复》的权利义务,对本案原告的权利义务造成了超出 1019 号《批复》之外的实际影响。根据《最高人民法院关于适用〈中华人民共和国行政诉讼法〉的解释》(法释〔2018〕1 号)的相关规定,对公民、法人或者其他组织权利义务不产生实际影响的行政行为不属于受案范围。反之,除非法律明确排除,均属于可诉的行政行为。

在征地拆迁等领域,曾发生过相对人针对行政机关在没有土地征收决定的情况下对征收行为提起诉讼的判例,但没有得到法院的支持。本案的这种裁判思路值得借鉴。

(撰稿人:高秦伟　中山大学法学院)

案例 02

后诉与前诉不完全相同不属于重复起诉*

【裁判要旨】

当事人就同一事项再次起诉，但后诉的诉讼请求与前诉不完全相同。对于后诉与前诉之间不重复部分，法院应单独审查该部分起诉是否符合法定起诉条件。

【关键词】

起诉条件　诉讼请求　重复起诉

【基本案情】

原告陈某生的圆潭水电站及圆潭山庄位于潮惠高速公路征地范围之外，2013年7月被广东省惠州市惠东县多祝镇潮惠高速公路惠东段建设工程指挥部（以下简称潮惠高速公路惠东段建设工程指挥部）以清拆抢搭抢建为由强行拆除。陈某生向潮惠高速公路惠东段建设工程指挥部、广东省惠州市惠东县多祝镇人民政府（以下简称多祝镇人民政府）申请赔偿。2015年7月，多祝镇人民政府作出《关于陈某生诉圆潭水电站及圆潭山庄拆迁补偿的信访事项答复意见》，明确不予补偿。陈某生不服，于2015年向惠东县人民法院起诉多祝镇人民政府，请求撤销上述不予补偿答复，确认该政府强制拆除违法，判令该政府赔偿损失779.7万元。惠东县人民法院作出（2015）惠东法行初字第36号行政判决，以该政府超越职权为由，判决撤销上述不予补偿答复，同时以陈某生未能证实其建构筑物系被该政府拆除为由，驳回其他两项诉讼请求。该判决作出后，原告、被告双方均未

---

* 陈某生诉惠东县多祝镇人民政府行政赔偿案，广东省博罗县人民法院（2016）粤1322行初174号行政裁定书；惠州市中级人民法院（2017）粤13行终31号行政裁定书；广东省高级人民法院（2017）粤行申1255号行政裁定书。

上诉。

陈某生认为行政赔偿问题尚未解决，又于 2016 年提起本案诉讼，请求确认被告多祝镇人民政府和第三人潮惠高速公路惠东段建设工程指挥部强制拆除违法，并赔偿损失 779.7 万元。

【裁判结果与理由】

广东省博罗县人民法院一审认为，陈某生本次诉讼属于重复起诉，理由是陈某生 2015 年提起的前诉与本次提起的后诉，其他诉讼请求相同，虽然陈某生在前诉中提出另一项请求"撤销上述不予补偿答复"，但没有改变前诉对后诉内容上的包含关系。陈某生虽然在后诉中请求确认列作本案第三人的潮惠高速公路惠东段建设工程指挥部行政行为违法，但未明确请求第三人行政赔偿，因此，单就法律关系而言，陈某生在后诉中主张的行政强制法律关系与前诉没有变化。前诉判决已经驳回了陈某生 779.7 万元的赔偿请求，后诉又提出该赔偿请求，属于"为生效判决的效力所羁束"。据此裁定：驳回陈某生的起诉。

一审宣判后，陈某生不服，提起上诉，主要理由是一审起诉时，一审法院要他将被告潮惠高速公路惠东段建设工程指挥部列为第三人才予立案，故前后诉当事人不同，不属于重复起诉等。

惠州市中级人民法院二审认为，本案陈某生的诉讼请求与前诉的第 2 项、第 3 项诉讼请求相同，即本案请求已在前诉作出处理，故本案属于重复起诉。据此裁定：驳回上诉，维持原裁定。

陈某生仍不服，向广东省高级人民法院申请再审。广东省高级人民法院审查认为，申请人陈某生先后两次起诉，其中第一次起诉请求确认多祝镇人民政府组织拆除违法，赔偿损失，因第一次法院判决无法确认是多祝镇人民政府所为，第二次起诉改为请求确认多祝镇人民政府和潮惠高速公路惠东段建设工程指挥部强制拆除违法，赔偿损失。《最高人民法院关于适用〈中华人民共和国行政诉讼法〉的解释》（法释〔2018〕1 号）第 106 条规定："当事人就已经提起诉讼的事项在诉讼过程中或者裁判生效后再次起诉，同时具有下列情形的，构成重复起诉：（一）后诉与前诉的当事人相同；（二）后诉与前诉的诉讼标的相同；（三）后诉与前诉的诉讼请求相同，或者后诉的诉讼请求被前诉裁判所包含。"说明前诉包含后诉的，后诉构成重复起诉，但后诉包含前诉的，则后诉并非全案都属于重复起诉。本案中，后诉与前诉相同部分（诉多祝镇人民政府相关行为）构成重复起诉，不同部分（诉潮惠高速公路惠东段建设工程指挥部相关行为）不构成重复起诉。生效裁定认为全案都构成重复起诉，事实认定不准确。

但是，拆除行为发生于2013年7月，陈某生2016年才向博罗县人民法院提起本案诉讼，已经超过了《最高人民法院关于执行〈中华人民共和国行政诉讼法〉若干问题的解释》（法释〔2000〕8号，现已失效）第41条规定的两年最长保护期限，且潮惠高速公路惠东段建设工程指挥部系临时议事协调机构，并非适格被告。因此，后诉与前诉不重复部分，依法也应不予受理或驳回起诉。二审裁定将全案驳回起诉，结果正确。综上，裁定驳回陈某生的再审申请。

【裁判者说】

一、背景情况介绍

关于重复起诉的判断标准，《最高人民法院关于适用〈中华人民共和国行政诉讼法〉的解释》（法释〔2018〕1号）第106条已经作了规定，其中，前后诉在当事人、诉讼标的和诉讼请求三方面均相同，是较为简单的理想情形，现实往往会在此基础上略作变化：有的是包含关系，一诉涵盖另一诉的全部而有余；有的是矛盾关系，例如，后诉的诉讼请求实质上否定前诉裁判结果①；还有的是交叉关系，前后诉既有重叠部分，又有不重叠部分。仅就包含关系而言，现实中也不是只有司法解释列举的前诉包含后诉这一种情形，还有反向的后诉包含前诉情形。

二、确立裁判要旨的理由

第一，本案属于后诉包含前诉，而非前诉包含后诉的情形。本案中，就适格被告是哪个行政机关存在争议。多祝镇人民政府二审辩称，对陈某生违法搭建物、抢建物采取有效制止行为的主体是潮惠高速公路惠东段建设工程指挥部，该指挥部系由惠东县人民政府组建并赋予行政管理职能，在本案中，代表惠东县人民政府征用土地、制止土地违法行为，故多祝镇人民政府并非适格被告。而潮惠高速公路惠东段建设工程指挥部则辩称，拆除行为发生在该指挥部设立之前。原告陈某生鉴于第一次起诉时法院判决认为无法确认是多祝镇人民政府拆除的，故第二次起诉时，诉状将多祝镇人民政府和潮惠高速公路惠东段建设工程指挥部都列作被告，之后根据法院的指引，将该指挥部改为第三人，但仍保留确认该指挥部强制

---

① 根据《最高人民法院关于适用〈中华人民共和国民事诉讼法〉的解释》（法释〔2022〕11号）第247条第1款第3项的规定，这种情形也属于重复起诉。

拆除违法的诉讼请求。本案中一审、二审裁定均承认原告有该诉讼请求,但未对上述差异作出分析就认为后诉的诉讼请求均已在前诉中出现,定性为前诉包含后诉,给人方凿圆枘之感。

第二,后诉包含前诉的,后诉与前诉不重复的部分,法院应单独审查是否符合起诉条件。前后诉部分相同、部分不同的情形,不仅仅发生在诉讼请求上,往往会同步映射到当事人和诉讼标的这两个方面。本案就属于诉讼请求不完全相同导致当事人也不相同的情形,因此本案将这种情形归纳为后诉包含前诉,而不仅仅是后诉的诉讼请求包含前诉的诉讼请求。后诉超出前诉部分,未曾接受法院实体审理,不违反"一事不再理"原则,不属于重复起诉,故法院应单独审查该部分是否符合起诉条件。本案中,再审法院对后诉超出前诉的部分,即原告起诉潮惠高速公路惠东段建设工程指挥部部分作了单独审查,发现不符合起诉期限和当事人能力这两项起诉条件,故二审裁定理由虽然不妥,但结果仍然正确,不应指令再审。

（撰稿人:戴剑飞　广东省高级人民法院）

【专家评析】

"一事不再理"是行政诉讼法的一项原则。同一争议事项正处在诉讼之中,或者已经生效的判决、裁定作了处理,当事人不能重复起诉。当事人重复起诉的,法院将不予受理;已经受理的,驳回起诉。禁止重复起诉,是为了防止当事人纠缠不休,浪费司法资源和增加诉讼成本。同时,禁止重复起诉也有助于避免司法裁判互相冲突,损害司法裁判的权威性和法律关系的稳定性。那么,什么样的情形构成重复起诉,进而应当予以禁止呢?前诉与后诉的包含问题存在于《最高人民法院关于适用〈中华人民共和国行政诉讼法〉的解释》(法释〔2018〕1号)第106条规定的第三种情形"后诉与前诉的诉讼请求相同,或者后诉的诉讼请求被前诉裁判所包含"中。

回到重复起诉的构成要素。简单来讲,同一当事人就同一行政行为提出性质上相同的诉讼请求就构成重复起诉。这里包含三个要素:同一当事人、同一被诉行为、同一类诉讼请求。

首先是同一当事人。司法裁判的溯及力及于案件当事人,在被诉行政行为和诉讼请求不变的情况下,同一原告不得针对同一被告再次提起诉讼。如果原告或者被告一方不同的,则不构成重复起诉。本案涉及的情形即属于这一要素:原告陈某生第一次起诉时将多祝镇人民政府列为被告,第二次起诉时将多祝镇人民政府和潮惠高速公路惠东段建设工程指挥部都列作被告。其次是同一被诉行为。是否构成重复起诉的一个重要标准是被诉行政行为是否为同一行政行为,本案不涉及这一情形,在此不展开讨论。最后是同一类诉讼请求。本案的裁判要旨其实是聚焦在这一要素,在这一要素下,本案裁判要旨是成立的,但是本案案情并不关乎这一要素。单就诉讼请求来讲,前诉与后诉的关系是“前诉包含后诉”,一审和二审据此认为后诉的诉讼请求已在前诉中出现过进而构成重复起诉,不无道理。

另外,本案还有一点值得注意的是,在前诉案件中,惠东县人民法院“同时以陈某生未能证实其建构筑物系被该府拆除为由,驳回其他两项诉讼请求”的这一做法是值得商榷的,这一做法导致了后续一系列诉讼的发生。实践中,在绝大多数情况下,行政行为的实施主体是明确的,但偶尔也有难以辨识的时候。一些行政机关被诉后,会否认自己实施了被诉行为。当面临这种情况,在原告力所能及提供证据仍然无法证明的情况下,法院有必要根据行政机关职能分工和举证责任规则,确定相应的应诉机关。在本案原告的房屋已被强制拆除的情况下,除非有其他证据证明涉案房屋是因为其他原因灭失,举证责任应由多祝镇人民政府承担,而不应由原告陈某生承担。

（撰稿人:高秦伟　中山大学法学院）

案例 03

对争议林地有使用事实的相邻权人具有原告资格*

【裁判要旨】

原告所有的林地和争议林地相邻，且存在使用管理事实，其具有对该争议林地登记行为提起诉讼的原告资格。

【关键词】

相邻权人　行政登记　原告资格

【基本案情】

化州市广东鉴江经济开发试验区东方红村高朗经济合作社（以下简称高朗经济合作社）请求撤销化州市人民政府核发给化州市广东鉴江经济开发试验区东方红村旺竹圩经济合作社（以下简称旺竹圩经济合作社）化林证字（2003）第 1500×号《林权证》（以下简称 1500×号《林权证》）中有关长岸岭坐落于化州市广东鉴江经济开发试验区东方红村委会内的登记。

1962 年"三包四固定"时期，化州县人民政府对南盛公社旺竹大队旺竹圩二生产队颁发编号为 20×6 号的《化州县社员土地房产证》，该证附页第 16 栏登记有"长岸"岭头一只，面积 2 亩，东至旺一队田、南至河边、西至高朗地边、北至高朗地。

2001 年 6 月 26 日，旺竹圩经济合作社以"该山历史和现在都是旺竹圩村集

* 化州市广东鉴江经济开发试验区东方红村高朗经济合作社诉化州市人民政府林权登记案，广东省茂名市中级人民法院（2017）粤 09 行初 15 号行政裁定书；广东省高级人民法院（2018）粤行终 879 号行政裁定书。

体所有及使用”为权属依据，向化州市人民政府林业部门提交《林权登记申请表》，申请对长岸岭40亩地进行林权初始登记。经广东鉴江经济开发试验区东方红村村民委员会、广东鉴江经济开发试验区管理委员会农村部、广东鉴江经济开发试验区管理委员会、化州市林业局先后审核，化州市人民政府于2003年4月1日作出“同意办证”的审批意见，并向旺竹圩经济合作社颁发1500×号《林权证》。该证登记内容为：小地名长岸岭，面积为40亩，林地所有权、林地使用权、森林或林木所有权和使用权均为旺竹圩村所有，四至为东至旺竹圩村一队田、南至河边、西至高朗地边、北至高朗地。除了面积之外，该证登记长岸岭的岭名和四至，与旺竹圩经济合作社提供的1962年编号为20×6号的《化州县社员土地房产证》附页第16栏登记的“长岸”岭内容基本一致。

高朗经济合作社以其持有的1962年编号为20×6号和20×7号的《化州县社员土地房产证》登记有37丘坡地坐落在“上岸坡”为由，认为化州市人民政府发证行为侵犯其合法权益，提起行政诉讼，请求撤销化州市人民政府核发给旺竹圩经济合作社1500×号《林权证》中关于长岸岭的林权登记，并重新确权。

另查明，1962年“三包四固定”时期，化州县人民政府对南盛公社旺竹大队高朗一生产队颁发编号为20×6号的《化州县社员土地房产证》，该证附页第2页第1栏登记有坐落“上岸坡”长形坡地36丘，面积6亩1分，东至四斗种、南至上岸尾、西至古流坑边、北至田子。同时，南盛公社旺竹大队高朗二生产队领有编号为20×7号的《化州县社员土地房产证》，该证附页倒数第一栏登记有坐落“上岸坡”圆形坡地1块，面积5亩，东至高一队田、南至坡边、西至高二队田、北至田子。

【裁判结果与理由】

广东省茂名市中级人民法院一审认为，关于原告高朗经济合作社是否具有本案原告诉讼主体资格的问题：虽然被告化州市人民政府核发给第三人旺竹圩经济合作社1500×号《林权证》中关于长岸岭林权登记的权属依据是“该山历史和现在都是旺竹圩村集体所有及使用”的事实，第三人旺竹圩经济合作社提供其1962年编号为20×号《化州县社员土地房产证》有关“长岸”岭的登记内容来看，两证登记的岭名和四至内容基本一致。即登记了长岸岭的1962年编号为20×号的《化州县社员土地房产证》是1500×号《林权证》有关长岸岭林权登记的权属来源。相反，原告高朗经济合作社所持的1962年编号为20×6号和20×7号的《化州县社员土地房产证》登记的“上岸坡”坡地的坐落、地名、类别、面积和四至均与涉案土地不一致，不足以证实"上岸坡"在长岸岭的范围内或上岸坡即是长岸岭。因此，被告化州市人民政府将长岸岭登记发证给第三人旺竹圩经济合作社，与原告高朗经济合作社没有法律上的利害关系，原告高朗经济合作社不具备本案原告的诉讼主体资格。依照《最高人民法院关于执行〈中华人民共和国行政诉讼法〉若干问题的解释》（法释〔2000〕8 号，现已失效）第 44 条第 1 款第 2 项的规定，裁定：驳回原告高朗经济合作社的起诉。

高朗经济合作社不服，提起上诉。

广东省高级人民法院二审认为，本案为林权登记行政纠纷，二审争议焦点是上诉人高朗经济合作社是否具有提起本案诉讼的原告资格。根据《行政诉讼法》（2017 年修正）第 25 条第 1 款规定："行政行为的相对人以及其他与行政行为有利害关系的公民、法人或者其他组织，有权提起诉讼。"本案中，上诉人因不服被上诉人核发 1500 × 号《林权证》的行为提起诉讼。从涉案《林权证》记载林地的四至来看，原审第三人所持 1500 × 号《林权证》记载林地"长岸岭"四至为：东至旺竹圩村一队田、南至河边、西至高朗地边、北至高朗地。"西至高朗地边、北至高朗地"的记载，说明证载林地与上诉人高朗经济合作社所属林地具有相邻关系。且从经营管理使用情况来看，一审的庭审笔录反映，上诉人及第三人均未否认对方对涉案林地有管理使用的事实。根据上述理由，上诉人高朗经济合作社与本案发证行政行为有利害关系，具有提起本案诉讼的原告资格。原审法院仅以原审第三人提供的 1962 年编号为 20 × 号的《化州县社员土地房产证》与涉案《林权证》登记的地名及四至内容基本一致，上诉人所持 1962 年编号为 20 ×6 号和 20 ×7 号的《化州县社员土地房产证》登记的"上岸坡"坡地的坐落、地名、类别、面积和四至均与涉案土地不一致为由，认定本案上诉人不具有提起本案诉讼的原告主体资格，并据此裁定驳回上诉人的起诉不当，应依法予以纠正。依照《行政诉讼法》（2017 年修正）第 89 条第 1 款第 2 项、《最高人民法院关于适用〈中华人民共和国行政诉讼法〉的解释》（法释〔2018〕1 号）第 109 条第 1 款的规定，裁定：（1）撤销一审行政裁定；（2）本案指令广东省茂名市中级人民法院继续审理。

【裁判者说】

一、背景情况介绍

当事人资格是土地林地权属登记纠纷类案件审查的首要环节。当事人资格审查过于宽泛，导致不应当进入诉讼领域的案件进入诉讼，反而不利于纠纷的解决和社会生产生活关系的稳定。将应当进入诉讼领域给予当事人权利救济的案件拒之门外，与行政诉讼保护相对人合法权益的立法目的背道而驰。而且《行政诉讼法》自 2014 年修改以来，立案的机制由审查制转变为登记制，目的就在于进一步拓宽诉讼渠道，加强对相对人及利害关系人合法权益的保护，行政诉讼在立案环节的审查不宜过于严格。一审法院仅以第三人持有的《林权证》有权属来源为由驳回原告的起诉不当。

二、确立裁判要旨的理由

第一，该案中原告有权提起诉讼，请求撤销涉案 1500 × 号《林权证》。虽然第三人就涉案 1500 × 号《林权证》提供了权属来源，且权属来源的四至记载和换发的 1500 × 号《林权证》均一致，但一方面原告使用和管理的林地和涉案 1500 × 号《林权证》记载的土地位置相邻，第三人领取涉案 1500 × 号《林权证》并不能排除可能和上诉人所有的林地范围存在部分重叠或者界限不明的情况，应当赋予原告针对被告核发涉案 1500 × 号《林权证》的行为提起诉讼的权利。另一方面，原告对争议林地存在使用和管理的事实，第三人对此亦予以认可。如果原告具有长期使用和管理的事实，第三人却取得争议地 1500 × 号《林权证》，造成了所有权和使用权的分离，势必埋下产生新的纠纷的隐患，因此，赋予原告诉讼主体资格，厘清争议地的权属，才能够解决双方的争议，实现案结事了。

第二，行政诉讼中原告主体资格确定，必须考虑多方面的因素，不能单一线性考虑问题。该案中第三人领取涉案 1500 × 号《林权证》有权属来源，并不能否认 1500 × 号《林权证》可能影响原告所有或使用的林地的合法权益。林权登记纠纷案中的原告资格认定，除了林地位置相邻，需要考虑争议各方的林地是否可能存在界限不明或范围重叠的可能，也要考虑争议地的客观使用事实，尽可能避免在审查林权登记时机械审查发证行为的合法性，造成争议地的权利人和地上作物的权利人不一致，给诉讼程序结束后的现场清理环节埋下新的隐患。

三、运用裁判要旨需要注意的问题

第一，对于林权登记纠纷案中原告主体资格审查要求既不能过于严格，也不提倡放弃审查。立案登记制不等于“收材料”，必要的审查仍是需要的。如果原告针对林权登记提起诉讼，其提出的理由和证据材料无法证明其基本的利害关系，仍不能轻易对其起诉予以立案，避免将长期以来已经形成的稳定林地使用和管理现状打破，形成新一轮纠纷。

第二,林权登记类案件中,虽然当事人提起的诉讼请求为撤销权属凭证,但纠纷产生的真正原因可能是涉案林地存在权属争议,在撤证诉讼中即便撤销了合法性存疑的权属凭证,当事人之间的林权争议仍无法解决。因此,如果当事人争议的林权权属凭证记载的四至不清,或者证载林地和实地不符,或者争议双方持有的权属凭证记载的林地范围包含、部分或全部重叠,可以指引当事人遵循行政裁决的途径解决争议。

(撰稿人:窦家应　广东省高级人民法院)

【专家评析】

该案涉及原告资格的界定问题。原告资格的界定是一个理论性和实践性都非常强的议题,尽管最高人民法院司法解释和指导性案例试图澄清这个问题,理论界也花费了不少笔墨,但依旧存在模糊之处。这其中的关键就在于《行政诉讼法》确定原告资格的法律文本具有相当大的解释空间,《行政诉讼法》(2017 年修正)第 25 条第 1 款规定:“行政行为的相对人以及其他与行政行为有利害关系的公民、法人或者其他组织,有权提起诉讼。”其中,行政行为的相对人较好确定,但有“利害关系”其他人则很难得到精确界定,不同的法官在不同的情境下可能会有不同的认识。本案中,一审法院认为“被告化州市政府将长岸岭登记发证给第三人旺竹圩经济合作社,与原告高朗经济合作社没有法律上的利害关系,则原告高朗经济合作社不具备本案原告的诉讼主体资格”。二审法院对此予以纠正,认为“上诉人高朗经济合作社与本案发证行政行为有利害关系,具有提起本案诉讼的原告资格”。一审法院与二审法院的不同态度,正彰显了“利害关系”的模糊属性。

那么,到底什么样的影响才构成法律上的利害关系,进而值得诉讼保护?归根结底它包含着对所涉利益的权衡:一方面,应当考虑通过诉讼保护当事人权利的需要;另一方面,也要考虑维护行政秩序的安定性。总体来讲,随着社会发展和观念转变,“利害关系”的范围是在不断扩大的。裁判要旨结合本案具体案情提出由于“原告所有的林地和争议林地相邻,且存在使用管理事实”而具有原告资格的说法,也许可以抽象概括为以下两个方面:

第一,法律上的利害关系是对特定人产生,有别于其他一般人。本案原告高朗经济合作社所有的林地与争议林地是相邻关系，对于相邻的两块林地来讲，通风、采光、日照等都有可能互相影响，界限不明或范围重叠的情况也有可能存在，因此就产生了特别的利害关系。这种利害关系的程度会随着物理距离的增加而逐渐降低，直到不产生关系，彼此丧失特定性。被告化州市人民政府将"长岸岭"登记发证给第三人旺竹圩经济合作社，本案原告作为相邻林地的所有权人，就会产生特别的利害关系；对于生活在旺竹圩经济合作社，路过该地的村民，就不存在法律上的利害关系。第二，法律上的利害关系要求相关利益是现实利益，而非期待利益。本案中，原告高朗经济合作社对争议林地存在长期使用和管理的事实，而且，第三人旺竹圩经济合作社对这种事实亦予以认可。因此，原告高朗经济合作社的这种利益是现实存在的，一旦法院认可将1500×号《林权证》颁发给本案第三人旺竹圩经济合作社，那么原告长期使用和管理争议林地的利益将有可能遭受现实损失。因此，本案原告高朗经济合作社与本案发证行政行为的利害关系可以纳入诉讼保护的范围，原告具有对该争议林地登记行为提起诉讼的原告资格。

（撰稿人：高秦伟　中山大学法学院）

案例 04

土地实际使用人属于法律上的利害关系人*

【裁判要旨】

行政裁决机关在处理土地权属争议过程中，未将与争议土地有利害关系的实际使用人列为争议主体并通知其参与调处，作出对争议土地实际使用人不利的确权结果，构成程序违法。

【关键词】

土地确权　实际使用人　程序违法

【基本案情】

本案争议的土地位于茂名市电白区黄岭镇黄羊公路北面的大坡园霍香油厂内（旧址），面积约 20 亩。争议地上如今仍有第三人茂名市电白区黄岭镇政府（以下简称黄岭镇政府）转让给本案原告梁某强的厂房、职工住房及树木。

从 20 世纪 50 年代初至 1970 年，争议土地属本案第三人茂名市电白区黄岭镇黄岭村龙垌经济合作社（以下简称龙垌合作社）所有，由其管理使用。1970 年，黄岭镇政府为了发展当地经济使用争议地建砖厂，并承诺每年为龙垌合作社减免 7800 斤购粮。之后，该争议地一直由黄岭镇政府建厂使用，并每年为龙垌合作社减免购粮 7800 斤直至 2002 年，期间 30 多年，从无任何单位或个人对该地权属提出异议。2003 年 6 月 3 日，黄岭镇政府为了大力发展乡镇企业，也为筹集经费修建乡村公路，在梁某强捐赠 8 万元公路修建费的情况下与梁某强签订了《转让黄岭公社砖厂旧址协议》，约定以 405,000 元的价格转让涉案土地及地上附属物给

---

* 梁某强诉茂名市电白区人民政府、茂名市人民政府行政裁决及行政复议案，广东省茂名市中级人民法院（2016）粤 09 行初 101 号行政判决书；广东省高级人民法院（2017）粤行终 759 号行政判决书。

梁某强，作为扩大生产的建设用地。协议签订后，梁某强于同年6月11日一次性支付了转让款405,000元给黄岭镇政府。据此，争议地由梁某强建厂使用至今，现争议地上仍有梁某强雇请的工人在此看管厂房并居住。

2004年12月25日，龙埛合作社因黄岭镇政府不再使用争议地，且自2002年起没有得到黄岭镇政府为其减免7800斤的购粮补偿而引发争议地权属纠纷，并据此向原电白县（电白区前身）人民政府提出争议地权属确权申请。原电白县人民政府作出《立案通知》，要求龙埛合作社按期提交申请确权的相关证据及通知黄岭镇政府进行举证、提交书面答辩意见，但没有通知争议地的实际使用人梁某强参加调处。电白区政府经调查后组织黄岭镇政府和龙埛合作社进行调解，因双方意见分歧较大，未能达成调解协议。电白区政府遂于2015年11月6日作出电府行决字〔2015〕5号《行政处理决定书》，将争议地的所有权和使用权确权给龙埛合作社所有。黄岭镇政府不服上述确权处理决定，向茂名市政府申请行政复议。茂名市政府经审查作出茂府行复〔2016〕7号《行政复议决定书》，维持行政处理决定。黄岭镇政府不服，向原审法院提起行政诉讼，要求撤销电白区政府作出的电府行决字〔2015〕5号《行政处理决定书》。梁某强获知其建厂的土地已被电白区政府确权给龙埛合作社所有后向原审法院申请作为第三人参加诉讼。2016年6月14日，黄岭镇政府申请撤回起诉。原审法院裁定准许黄岭镇政府撤回起诉。据此，梁某强遂于2016年6月22日提起行政诉讼，请求：撤销电府行决字〔2015〕5号《行政处理决定书》及茂府行复〔2016〕7号《行政复议决定书》，判令电白区政府就涉案土地重新作出行政处理决定。

【裁判结果与理由】

广东省茂名市中级人民法院一审认为：(1)关于原告梁某强与本案被诉行政行为是否有法律上的利害关系的问题。从本案现有的证据显示，黄岭镇政府于2003年6月3日与梁某强签订《转让黄岭公社砖厂旧址协议》，将其经营使用的厂房及土地转让给梁某强建厂使用。之后，梁某强便在争议地上建起工厂并一直管理使用争议地至今，据此可以认定梁某强是争议地的占用人和实际使用人。因此，梁某强与本案争议的土地及被诉行政行为存在法律上的利害关系。电白区政府作出电府行决字〔2015〕5号《行政处理决定书》时，未将梁某强列为土地权属争议的当事人，属于遗漏争议主体。茂名市政府在行政复议程序中，亦认为梁某强与争议地没有利害关系，不属本案的争议主体而不通知其参与调处，应属认定事实错误和行政复议程序违法。(2)关于黄岭镇政府建厂使用的争议地是租借地或是征用地的问题。黄岭镇政府自 1970 年在争议地上建厂至 2003 年转让给梁某强,每年都为龙垌合作社减免购粮 7800 斤,该减免购粮的行为应视为黄岭镇政府占用集体土地建厂的补偿行为。根据《确定土地所有权和使用权的若干规定》(1995 年修订,现已被修改)第 16 条第 2 款规定,黄岭镇政府建厂使用的争议地已由农村集体土地转为国有土地。关于电白区政府及龙垌合作社关于黄岭镇政府使用争议地建厂的行为是租地行为,每年减免购粮 7800 斤是租金而不是补偿的意见,因没有提供书面的租地协议等有效证据予以证实,只是口头上的陈述,无法确认。况且,依据当时现行的法律规定,不得转让和租借农村集体土地,故电白区政府及龙垌合作社主张黄岭镇政府使用争议地的行为是租借行为,没有事实根据,也不符合当时的法律规定,对其主张不予支持。电白区政府所作的行政处理决定,认定黄岭镇政府建厂使用的争议地为租借地,土地性质为集体土地,应属认定事实错误。

一审法院依照《行政诉讼法》(2014 年修正)第 70 条第 1 项、第 3 项的规定,判决:(1)撤销电白区政府作出的电府行决字〔2015〕5 号《行政处理决定书》和茂名市政府作出的茂府行复〔2016〕7 号《行政复议决定书》;(2)责令电白区政府在法定期限内重新作出行政行为。

龙垌合作社不服,提起上诉。广东省高级人民法院二审认为,关于电白区政府在调处程序中未将梁某强列为涉案土地权属的争议主体且未通知其参与调处,是否构成程序违法的问题,根据本案电白区政府调处卷宗中的证据材料反映,电白区政府在调处涉案土地权属争议过程中,已经清楚知悉黄岭镇政府于 2003 年 6 月 3 日与梁某强签订了《转让黄岭公社砖厂旧址协议》,将经营使用的厂房所有权及涉案土地使用权转让给梁某强所有;之后,梁某强根据上述转让协议支付了 405,000 元转让款给黄岭镇政府,并对涉案土地和厂房进行管理使用。根据上述事实,梁某强具有独立主张涉案土地权属的主体资格,电白区政府作出被诉的电府行决字〔2015〕5 号《行政处理决定书》时,应当对上述转让行为以及管理使用行为对本案确权处理的影响予以综合考虑和评判,在全面查清案件事实之后依法对涉案土地的权属作出处理决定。原审法院经审理认定,梁某强是争议地的占用人和实际使用人,梁某强与本案土地权属争议存在法律上的利害关系,电白区政府作出电府行决字〔2015〕5 号《行政处理决定书》时,未将梁某强列为土地权属争议的当事人，属于遗漏争议主体，构成程序违法。茂名市政府也未通知梁某强参与行政复议程序，亦属程序违法。原审法院以此为由判决撤销电白区政府电府行决字〔2015〕5 号《行政处理决定书》及茂名市政府茂府行复〔2016〕7 号《行政复议决定书》，由电白区政府在法定期限内重新作出行政行为，并无不当，依法予以维持。依照《行政诉讼法》（2017 年修正）第 89 条第 1 款第 1 项之规定，判决：驳回上诉，维持原判。

【裁判者说】

一、背景情况介绍

随着土地制度改革的不断深入，土地权属争议问题不断出现，集体经济组织因土地权属与镇政府产生纠纷而向上一级人民政府申请确权。然而在现实生活中，土地实际使用人往往并非争议双方当事人，政府在处理争议过程中未将其列为有利害关系的第三人参与调处，进而作出对其不利的确权结果。

二、确立裁判要旨的理由

第一，关于土地实际使用人是否具有独立主张土地权属的主体资格。判断土地实际使用人是否具有独立主张涉案土地权属的主体资格，关键在于其与涉案土地是否具有利害关系。本案中，梁某强是争议地的占用人和实际使用人，与本案土地权属争议存在法律上的利害关系，具有独立主张涉案土地权属的主体资格。

第二，政府在调处程序中未将土地实际使用人列为涉案土地的争议主体且未通知其参与调处，是否构成程序违法。土地实际使用人的合法权益受法律保护。本案电白区政府在调处涉案土地权属争议过程中，已经清楚知悉黄岭镇政府与梁某强的转让行为，电白区政府应当对上述转让行为以及管理使用行为对本案确权处理的影响予以综合考虑和评判，在全面查清案件事实之后依法对涉案土地的权属作出处理决定。但电白区政府未将梁某强列为土地权属争议的当事人，属于遗漏争议主体，构成程序违法。茂名市政府也未通知梁某强参与行政复议程序，亦属程序违法。根据《行政诉讼法》（2017 年修正）第 70 条第 1 项、第 3 项规定，应判决撤销被诉行政行为并限期重作。

（撰稿人：林俊盛　李穗珍　广东省高级人民法院）

【专家评析】

在行政行为的司法审查中,行政程序是一个重要的方面。正如本案裁判要旨所传达的意蕴,行政机关违反法定程序,在当事人完全不知情的情况下作出损害其权利的决定,是一种不可接受的违法行为。本案中适用《行政诉讼法》(2017 年修正)第 70 条第 3 项规定,行政行为"违反法定程序的",人民法院判决撤销或者部分撤销,并可以判决被告重新作出行政行为。在行政程序制度快速发展和行政程序理念被广泛接受的背景下,行政行为不但要在行政主体中立无偏的情况下按照法定的形式和时限作出,在作出的过程中,还要保障当事人的知情和参与权利。通常来说,这包含以下几个环节的要求:第一,行政机关在作出对当事人不利的决定前,应当向其告知行政人员的身份、行政决定所依据的事实和理由,以及当事人所享有的程序权利。第二,行政机关应当给当事人陈述和申辩的机会,在必要的时候举行听证,充分听取当事人的意见。第三,行政决定应当以恰当的方式送达当事人。第四,行政机关作出对当事人不利的决定前,应当说明理由。在本案中,电白区政府在调处涉案土地权属争议过程中,已经清楚知悉黄岭镇政府与梁某强的转让行为,对于梁某强是争议地的占用人和实际使用人的事实是知悉的,但是电白区政府却未将梁某强列为土地权属争议的当事人,茂名市政府在行政复议中同样未通知梁某强参加。两级政府在梁某强完全不知情的情况下对涉案土地作出确权,没有履行事先告知义务,损害了梁某强的合法权益,无法满足基本的程序要求。

在行政机关作出对当事人不利的决定前,应预先告知当事人行政机关和行政机关工作人员的身份、拟作出的处理决定、相关的事实和理由、当事人享有的基本权利等,使当事人明白决定主体是谁、决定内容为何、依据什么事实理由和享有什么程序权利等,是最基本的程序要求。即便是适用简易程序当场作出的决定,也是如此。本案中,法院以行政机关没有履行告知义务,构成程序违法为由,判决撤销被诉行政行为并限期重作,彰显了基本的程序正义。

(撰稿人:高秦伟　中山大学法学院)

案例 05

被查封土地的普通债权人与商品房预售许可之间具有法律上的利害关系*

【裁判要旨】

人民法院依普通债权人申请查封国有土地使用权期间，房屋主管部门给查封土地上所建房屋颁发商品房预售许可证导致普通债权人权利受损，该普通债权人有权就颁发商品房预售许可行为提起诉讼。

【关键词】

商品房预售许可　普通债权人　司法查封　实际影响　利害关系人

【基本案情】

2011 年年底至 2013 年年初，再审申请人（一审原告、二审上诉人）朱某某陆续借款共 220 万元给李某某，供后者购买位于广东省清远市清新县（2012 年更名清新区）的 732.35 平方米国有土地，约定以该土地作为抵押，但未办理抵押登记。李某某届期未还款，反而于 2013 年 6 月将涉案土地转移登记到其任法定代表人的清远市铭隆房地产开发有限公司（以下简称铭隆公司）名下，用于开发商品房。

2013 年 11 月 26 日，清远市清城区人民法院审理朱某某诉铭隆公司、李某某确认土地使用权转让合同无效纠纷过程中，依据朱某某申请，法院向当时的清远市国土资源局清新分局发出《协助执行通知书》，查封铭隆公司名下涉案国有土地使用权，查封期限从 2013 年 11 月 27 日起至 2015 年 11 月 26 日止，之后又办理

---

* 朱某某诉清远市清新区住房和城乡建设局商品房预售许可案，广东省清远市清新区人民法院（2018）粤 1803 行初 158 号行政裁定书；广东省清远市中级人民法院（2019）粤 18 行终 19 号行政裁定书；广东省高级人民法院（2019）粤行申 3335 号行政裁定书。

了续封和轮候查封手续。查封期间,铭隆公司于 2014 年 6 月 26 日就涉案被查封国有土地向清远市清新区住房和城乡建设局(以下简称清新区住建局)申请核发《商品房预售许可证》,该局于 2014 年 7 月 2 日发给铭隆公司(清新)房预售证第 20140××号《商品房预售许可证》。清远市清城区人民法院于 2016 年 1 月 28 日作出判决,确认李某某将涉案土地使用权转让给铭隆公司的合同无效。

清远市清城区人民法院于 2016 年 12 月 20 日就朱某某诉铭隆公司财产损害赔偿作出民事判决,判令铭隆公司对李某某不能清偿朱某某 220 万元借款本金及利息部分承担补充清偿责任,铭隆公司的赔偿责任应当以涉案土地的价值为限。

该民事判决执行期间,清远市清城区人民法院于 2017 年 11 月 23 日作出《执行裁定书》,认为被执行人铭隆公司的涉案土地已被该院依法查封,但经核实,铭隆公司在该地上建有 7 层楼房,办理了《商品房预售许可证》,并于 2014 年和 2015 年期间出售,购房者已经办理了房屋网签手续,导致无法单独对地块价值进行评估,无法拍卖变现,铭隆公司在该院辖区没有其他可供执行的财产,裁定终结本次执行。

朱某某于 2017 年 11 月 30 日签收上述执行裁定,后于 2018 年 7 月 31 日以清新区住建局违法核发《商品房预售许可证》导致其债权无法实现为由,提起诉讼,请求判决确认涉案《商品房预售许可证》违法,判令清新区住建局赔偿朱某某无法实现债权的损失。

【裁判结果与理由】

广东省清远市清新区人民法院一审认为,《最高人民法院关于适用〈中华人民共和国行政诉讼法〉的解释》(法释〔2018〕1 号)第 13 条规定:"债权人以行政机关对债务人所作的行政行为损害债权实现为由提起行政诉讼的,人民法院应当告知其就民事争议提起民事诉讼,但行政机关作出行政行为时依法应予保护或者应予考虑的除外。"商品房预售许可是行政机关准许房地产开发企业将其开发未建成的商品房出售的一种行政许可,指向的标的虽然是房屋,但是不涉及房屋权属的变更。行政机关作出商品房预售许可时,需要考虑的是未建成的商品房是否符合《城市商品房预售管理办法》(2004 年修正)第 5 条规定的条件,并不负有考虑商品房购买业主及所在地块其他关系人权益的义务。另外,预售许可是对整个小区作出的,涉及全体业主的整体利益,个别业主及非业主原则上没有诉权。因此,朱某某与商品房销售许可之间没有利害关系,据此裁定驳回朱某某的起诉。

朱某某不服并向广东省清远市中级人民法院上诉。清远市中级人民法院二审认为，朱某某受到损害的是债权，其实现主要靠债务人履行义务，债权的相对性也决定了债权人一般情形下不能向第三方提出债权主张。根据《最高人民法院关于适用〈中华人民共和国行政诉讼法〉的解释》（法释〔2018〕1 号）第 13 条规定，本案应着重审查涉案《商品房预售许可证》作出时，朱某某是否存在依照行政规范应予保护、考虑的权益。《城市商品房预售管理办法》（2004 年修正）第 5 条规定了行政机关核发《商品房预售许可证》应审查、考虑的条件，朱某某受损的债权不在行政机关依照上述行政规范应该保护、考虑的范围内。商品房预售许可并未实际处分预售房屋的物权，不属于《城市房地产管理法》（2019 年修正）第 37 条所指的房地产转让行为，清新区住建局核发涉案《商品房预售许可证》并不违反法律规定。同时，涉案《商品房预售许可证》涉及全体业主的权利，具有公共性质，不宜承认朱某某的利害关系。据此裁定驳回上诉，维持原裁定。

朱某某不服并向广东省高级人民法院申请再审。广东省高级人民法院再审审查认为，朱某某在与铭隆公司及其法定代表人李某某的民事诉讼中，为保障将来债权实现，申请法院保全财产，法院据此查封铭隆公司名下涉案国有土地。查封期间，土地不得转让。2014 年 7 月 2 日清新区住建局向铭隆公司核发涉案《商品房预售许可证》，当时，涉案土地仍处于被法院查封的状态。涉案《商品房预售许可证》导致已被查封土地上建成的商品房被出售给购房者，进而导致朱某某胜诉后、民事判决执行期间法院无法将土地拍卖变现，朱某某作为查封债权人的利益受损。类推适用《最高人民法院关于审理房屋登记案件若干问题的规定》（法释〔2010〕15 号）第 4 条“房屋登记机构为债务人办理房屋转移登记，债权人不服提起诉讼，符合下列情形之一的，人民法院应当依法受理……（三）人民法院依债权人申请对房屋采取强制执行措施并已通知房屋登记机构的……”的规定，朱某某作为查封债权人，与涉案《商品房预售许可证》有利害关系，有权起诉该预售许可。据此裁定：（1）本案指令广东省清远市中级人民法院再审；（2）再审期间，中止原裁定的执行。

【裁判者说】

本案中，朱某某主张受《商品房预售许可证》影响的是债权，该债权虽然由法院保全查封涉案土地加以保障，但查封并非抵押，故仍属普通债权。就该保全措施，房屋主管部门并不知情，而《最高人民法院关于适用〈中华人民共和国行政诉讼法〉的解释》(法释〔2018〕1 号)第 13 条又规定:“债权人以行政机关对债务人所作的行政行为损害债权实现为由提起行政诉讼的,人民法院应当告知其就民事争议提起民事诉讼,但行政机关作出行政行为时依法应予保护或者应予考虑的除外。”因此,需要探讨的是房屋主管部门核发《商品房预售许可证》时,主观上是否应考虑拟预售商品房所在的土地查封情况。

一、主观上是否应考虑拟预售商品房所在土地的查封情况

当前,在商品房预售许可制度与土地查封制度各自独立生长、未协调整合的背景下,拟预售商品房所在土地有无被查封,房屋主管部门通常并不知情。以本案为例,法院查封裁定尽管送达了土地主管部门,但未送达房屋主管部门,债务人铭隆公司向房屋主管部门申请商品房预售许可时,虽然提交了《国有土地使用证》原件,但该证未注记土地已被查封。

依照现行法律,房屋主管部门判断是否许可商品房预售时,主要考虑预防商品房是否会“烂尾”、如何保障预购人的利益,处理的是预售人和预购人之间的关系,并不处理预售人及其债权人之间的关系,无需考虑拟预售商品房所在土地有无被查封。建设部《城市商品房预售管理办法》(2004 年修正)第 5 条规定:“商品房预售应当符合下列条件:(一)已交付全部土地使用权出让金,取得土地使用权证书;(二)持有建设工程规划许可证和施工许可证;(三)按提供预售的商品房计算,投入开发建设的资金达到工程建设总投资的 25% 以上,并已经确定施工进度和竣工交付日期。”《广东省商品房预售管理条例》(2014 年修正)第 6 条规定:“预售商品房时,应当取得商品房预售许可证。取得商品房预售许可证应当具备下列条件:(一)预售人已取得房地产开发资质证书、营业执照;(二)按照土地管理部门有关规定交付土地使用权出让金,已取得土地使用权证书;(三)持有建设工程规划许可证和建设工程施工许可证,并已办理建设工程质量和安全监督手续;(四)已确定施工进度和竣工交付使用时间;(五)三层以下的商品房项目已完成基础和结构工程;四层以上的商品房项目,有地下室工程的,已完成基础和首层结构工程,无地下室工程的,已完成基础和四层结构工程;(六)已在项目所在地商业银行开设商品房预售款专用账户;(七)预售商品房项目及其土地使用权未设定他项权;(八)法律、法规规定的其他条件。”上述地方性法规、部门规章设定的预售许可条件,不含“土地未被查封”,预售人债权人的利益依法不在房屋主管部门审查预售申请时应予考虑、保护的范围。这一结论,即使那些肯定查封债权人起诉商品房预售许可资格的类案裁判，如(2017)晋行申238号行政裁定，也未予以否定。

二、《商品房预售许可证》对查封债权人有无法律上的不利影响

债务人铭隆公司经许可预售商品房之后，涉案土地虽仍处于查封状态，并未从债务人名下转移到预购人名下，但客观上法院无法拍卖土地，查封这一财产保全措施已失去作用。债权人朱某某作为该保全措施的启动者、受益者，利益受损，因果关系清晰。

对于因果关系是否存在或者造成的影响是否是负面的，有些类案裁判持否定看法。例如(2019)川05行再3号行政裁定，认为查封债权人可申请对相应的购房款予以冻结，以保障其债权的实现，故商品房预售许可并非必然导致债权受损，两者之间没有法律上的因果关系。本案中，房屋主管部门也辩称朱某某的债权在核发涉案《商品房预售许可证》之后仍有保障，因为债务人铭隆公司申请预售许可的目的是销售房屋，收取销售款后是有经济能力偿还债务的，朱某某的债权无法实现，原因是铭隆公司拒绝履行还款义务、朱某某未向法院提供财产线索或法院执行力度不够，与该局无关。

上述否定说实际上也承认，预售导致被查封土地已无法拍卖，只是假设有外力介入(如债务人主动以预售款清偿债务、法院就预售款采取新的保全措施)，从而消除负面影响，甚至扭转为正面影响。但是，至被查封土地无法拍卖时，因果关系已经形成，至于债务人或执行法院有无采取其他补救措施，不影响已经完成的因果关系。譬如行政行为导致抵押权无法实现时，因果关系就已经形成，即使抵押权人通过其他方式受偿，抵押权赋予债权的保障仍被减损，故仍有权起诉该行政行为。为保障期房如期建成，预售款的收存和使用受到严格监管，专款专用，只能用于建房。《城市商品房预售管理办法》(2004年修正)第11条规定："开发企业预售商品房所得款项应当用于有关的工程建设。商品房预售款监管的具体办法，由房地产管理部门制定。"《广东省商品房预售管理条例》(2014年修正)第四章"商品房预售款的监督管理"，规定预售款直接存入专用账户，动用需经监管部门同意，在项目竣工之前，预售款只能用于购买项目建设必需的建筑材料、设备和支付项目建设的施工进度款及法定税费，不得挪作他用。预售人将预售款用于清偿与建房无关的债务，违反专款专用规定。法院冻结预售款，影响期房建设和预购人利益，明显不可行。

三、"行政行为作出时主观上是否应考虑"标准的预设前提和定位

房屋主管部门许可预售时主观上应考虑的范围比较狭窄，只需考虑预购人的利益，查封土地的债权人的利益并不在其考虑的范围内，但许可商品房预售客观上又造成查封措施失去作用，损害了查封债权人通常能获得的利益。此种情形应引起我们对《最高人民法院关于适用〈中华人民共和国行政诉讼法〉的解释》（法释〔2018〕1 号）第 13 条的反思。虽然该条规定的情形只是债权人为保护债权而起诉，但实践中却涉及其他情形，例如房地产被征收人起诉发改委立项批复、土地竞得人就加油站规划确认条件申请行政复议等。

"行政行为作出时主观上是否应考虑"作为标准，实际上隐含了一个预设前提，即行政行为作出时亦应考虑客观影响，且客观影响范围不会随着时间的流逝发生变化。但这个预设前提并不成立。理由如下：

一是主观应考虑范围小于客观影响范围。不少行政行为作出时，主观上应考虑的范围狭窄，而客观上影响的范围较大，后者包含前者。例如无线电管理局许可运营商设立通信基站，依据是《无线电管理条例》（2016 年修订）和《无线电台执照管理规定》（2009 年），许可时需要考虑的都是技术问题，包括通信基站在频率、发射设备、管理资质、电磁环境及电台与电台间干扰等方面是否符合要求，而不需要考虑相邻人利益。该行政许可的客观影响范围，大于作出时应考虑的范围。

二是客观影响范围会随着时间的流逝变动。以加油站规划确认文件为例，成品油主管部门在确认他人的加油站规划时，加油站用地尚未挂牌出让，土地竞得人尚未出现，不可能受到主管部门确认加油站规划的影响，但是由于先前他人加油站规划确认文件的排他性，土地竞得人无法取得属于自己的加油站规划确认文件，无法建设加油站，最高人民法院（2020）最高法行申 6994 号金某、张某某诉湖南省人民政府驳回行政复议申请案裁定认为事后竞得土地者与先前的加油站规划确认文件有利害关系。[①] 可见，行政行为作出时的影响范围，事后可能会扩大。行政行为作出时无需考虑的利益，事后可能受到影响。

以上两点说明，"行政行为作出时主观上是否应考虑"并不能涵盖全部值得

---

① 参见孙茜、刘青、徐磊：《资源配置类行政许可案件中的利害关系》，载《人民司法》2021 年第 11 期。

保护且需要保护的利益。为了应对这个问题，有些裁判采取的方法是扩大主观上应予考虑的范围，具体而言是扩大行政行为作出时应予考虑的法规范。例如（2019）最高法行申 293 号北京联立房地产开发有限责任公司诉北京市东城区人民政府驳回行政复议申请案裁定，要求行政机关考虑与幼儿园设立许可无关的房屋租赁规范；又如（2019）最高法行再 107 号韶关市浈江区东联精工电线厂诉广东省住房和城乡建设厅行政处罚案判决，要求考虑与建设工程质量处罚决定无关的《产品质量法》。上述要求行政机关考虑的法规范，已经不止于行政行为的根据规范，还包括起诉人所受不利影响的根据规范，这样一来，主观标准其实已经与客观标准并无二致了。

客观标准体现在《最高人民法院关于适用〈中华人民共和国行政诉讼法〉的解释》（法释〔2018〕1 号）第 69 条第 1 款："有下列情形之一，已经立案的，应当裁定驳回起诉……（八）行政行为对其合法权益明显不产生实际影响的……"的规定。据此，对权益有无"实际影响"是有无利害关系的判断标准。有实际影响即有利害关系，无实际影响即无利害关系，至于行政行为作出时主观上是否需考虑该实际影响，在所不问。上述（2019）最高法行再 107 号韶关市浈江区东联精工电线厂诉广东省住房和城乡建设厅行政处罚案判决，实际上就采用了客观标准。①

综上，主观标准应定位为客观标准的情形之一，即符合主观标准的，也符合客观标准，有利害关系；但不符合主观标准，未必没有利害关系，仍应回归客观标准作出判断。

（撰稿人：戴剑飞　广东省高级人民法院）

【专家评析】

本案争议的焦点在于作为申请查封土地的普通债权人是否可以就房屋主管

---

① 该案住房和城乡建设厅对开发商处以罚款，原告作为建材供应商，最高人民法院判决认为原告与该处罚有利害关系，理由是"广东省住建厅虽然是对产品使用者就建设工程质量问题作出行政处罚决定，但由于建设工程使用的建筑材料属于产品范围，该处罚决定认定科彩牌电线不合格，客观上也是对建筑材料的产品质量作出负面评价，必然对该产品的生产者产生不利影响，即生产者可能会因此承担《产品质量法》所规定的行政处罚。"

部门对其申请查封的土地上所建房屋颁发商品房预售许可行为提起诉讼，即申请查封土地的普通债权人是否适格的问题。根据《行政诉讼法》(2017 年修正)第 25 条第 1 款的规定："行政行为的相对人以及其他与行政行为有利害关系的公民、法人或者其他组织，有权提起诉讼。"而本案的核心在于判定申请查封土地的普通债权人朱某某与清新区住建局对其申请查封的土地上所建房屋颁发商品房预售许可行为之间是否存在"利害关系"。

《最高人民法院关于适用〈中华人民共和国行政诉讼法〉的解释》(法释〔2018〕1 号)第 12 条以列举的形式明确了以下情形属于"与行政行为有利害关系"："(一)被诉的行政行为涉及其相邻权或者公平竞争权的；(二)在行政复议等行政程序中被追加为第三人的；(三)要求行政机关依法追究加害人法律责任的；(四)撤销或者变更行政行为涉及其合法权益的；(五)为维护自身合法权益向行政机关投诉，具有处理投诉职责的行政机关作出或者未作出处理的；(六)其他与行政行为有利害关系的情形"等。但司法解释所列情形只是实践中高频出现的情形，并没有办法囊括实践中的所有场景，因此，出现了司法解释所列以外的情形时，则需要一套能够广泛适用的判断标准用来指导司法实践。

最高人民法院通过刘某明案推广了一套将保护规范理论与请求权相结合用来判断行政诉讼所规定的与行政行为有无利害关系的方法。即行政机关作出行政行为时所依据的行政实体法和所适用的行政实体法律规范，是否要求行政机关考虑、尊重和保护原告诉请保护的权利或法律上的利益。① 但这一标准也有不足，最高人民法院后续通过联立公司案发展了前述方法，行政机关作出行政行为时所依据的"法"不限于行政实体法规定，将值得法律保护且需要法律保护的利益纳入到行政行为作出时需要考量的范围。此时，相关领域间接适用、潜在适用的法律规范，法律规范的负面规定，制裁当事人行为的法律规范也要纳入参酌的范围。②

本案原告作为申请查封土地的普通债权人，与清新区住建局对其申请查封的土地上所建房屋颁发商品房预售许可行为之间是否存在利害关系，本案判决吸收了最高人民法院这两个判决的核心要旨并结合《最高人民法院关于适用〈中华人

---

① 参见刘某明案，最高人民法院(2017)最高法行申 169 号行政裁定书。

② 参见联立公司案，最高人民法院(2019)最高法行申 293 号行政裁定书。

民共和国行政诉讼法〉的解释》(法释〔2018〕1 号)第 69 条第 1 款第 8 项规定[①],将其提炼为主观与客观标准两个方面依次进行。在主观方面考量行政机关作出行政行为时应否考虑有关权益,以实体法规范作为依据;如无,则需要进一步看行政行为是否会在客观上对原告产生实际影响。如会,则认可原告具备“利害关系”。主客观相结合的标准用来判断“利害关系”在一定程度上扩大了原告的资格范围,有助于尽可能地提供无漏洞的司法救济。

(撰稿人:覃　慧　华南师范大学法学院)

① 《最高人民法院关于适用〈中华人民共和国行政诉讼法〉的解释》(法释〔2018〕1 号)第 69 条第 1 款规定满足特定情形,已经立案的,应当裁定驳回起诉,其中第 8 项规定的情形为“行政行为对其合法权益明显不产生实际影响的”。

案例 06

未备案的业主委员会对不予备案行为有权提起诉讼*

【裁判要旨】

经业主大会选举产生的尚未备案的业主委员会对行政机关不予备案登记的行政行为不服,可以自己的名义提起行政诉讼。

【关键词】

业主委员会　行政备案　原告资格

【基本案情】

佛山市禅城区利豪花园第二届业主委员会(以下简称利豪花园第二届业主委员会)因换届选举产生后,向佛山市禅城区住房城乡建设和水利局(以下简称禅城区住建局)申请办理备案登记。2019 年 1 月 15 日,禅城区住建局作出《关于不予办理备案登记的函》,认为利豪花园第二届业主委员会提供的利豪花园物业小区业主委员会备案申请资料描述的业主大会表决程序及投票权数未按照已生效的《佛山市禅城区利豪花园业主大会议事规则》第 11 条第 2 项第 1 点"业主人数,按照权属登记证的数量计算(即一个房屋权属证书按一人计算)。建设单位尚未出售和虽已出售但尚未交付的部分,按一人计算"的约定实施,违反了《物业管理条例》(2018 年修订)第 15 条"业主委员会执行业主大会的决定事项"的规定,以及《业主大会和业主委员会指导规则》(建房〔2009〕274 号)第 37 条"业主

---

* 佛山市禅城区利豪花园第二届业主委员会诉佛山市禅城区住房城乡建设和水利局备案登记案,广东省佛山市顺德区人民法院(2019)粤 0606 行初 203 号行政裁定书;广东省高级人民法院(2019)粤行申 1441 号行政裁定书。

委员会应当按照业主大会议事规则的规定及业主大会的决定召开会议”的规定，决定不予办理备案登记。利豪花园第二届业主委员会对此不服向法院起诉，请求撤销《关于不予办理备案登记的函》，责令禅城区住建局重作并准予办理登记。

【裁判结果与理由】

广东省佛山市顺德区人民法院一审裁定驳回利豪花园第二届业主委员会的起诉。利豪花园第二届业主委员会不服，提起上诉。

广东省佛山市中级人民法院二审裁定驳回上诉，维持原审裁定。利豪花园第二届业主委员会不服，申请再审。

广东省高级人民法院再审审查认为，本案是备案登记行政纠纷，争议焦点是利豪花园第二届业主委员会是否具有提起本案诉讼的原告主体资格。业主委员会经业主大会选举产生之后，依法具有相应的权利能力。行政机关不予备案的行为针对的对象即是申请备案的业主委员会，如果不赋予其原告资格，其合法权益无从保障，因此，经业主大会选举产生的业主委员会（未备案）起诉行政机关对该业主委员会不予备案的行为，具有原告主体资格。本案利豪花园第二届业主委员会因换届选举产生后向禅城区住建局申请备案登记，其对禅城区住建局不予办理备案登记的行政行为不服，可以自己的名义提起行政诉讼。原一审、二审法院经审理认定，利豪花园第二届业主委员会未经备案，不能对外行使权利、承担义务，亦不能以其名义提起行政诉讼，杨某某等7名诉讼代表人以利豪花园第二届业主委员会的名义起诉禅城区住建局不予备案行为，不符合行政诉讼的起诉条件，据此裁定驳回利豪花园第二届业主委员会的起诉，认定事实不清，适用法律不当，依法应予以纠正。利豪花园第二届业主委员会申请再审，主张其是本案适格原告，依法有权就禅城区住建局不予备案登记的行为提起行政诉讼，请求依法改判，理由成立，予以采纳。据此裁定：指令广东省佛山市中级人民法院再审。

【裁判者说】

一、背景情况介绍

近年来，涉及物业服务和业主委员会事务的纠纷数量不断攀升。在当前的司法实践中，除了物业服务纠纷、业主知情权、业主对业主大会决议撤销权纠纷等民事案件外，还有业主诉请撤销主管部门给予业主委员会备案，业主委员会对主管部门无法定正当理由不予备案、要求履行法定职责等行政诉讼案件。最高人民法院已明确业主委员会有民事诉讼主体资格，但是否具备行政诉讼主体资格尚未统一意见，各地法院做法不一致。《行政诉讼法》(2017 年修正)第 25 条第 1 款规定："行政行为的相对人以及其他与行政行为有利害关系的公民、法人或者其他组织，有权提起诉讼。"《最高人民法院关于适用〈中华人民共和国行政诉讼法〉的解释》(法释〔2018〕1 号)第 18 条第 1 款规定："业主委员会对于行政机关作出的涉及业主共有利益的行政行为，可以自己的名义提起诉讼。"从以上规定可知，我国在行政诉讼立法方面，对原告主体资格采取适度宽松的标准，即与行政行为具有法律上利害关系的公民、法人或者其他组织对该行为不服的，均可以依法提起行政诉讼。在司法实践中，应当从"法律"和"利害关系"两个切入点着手，并结合具体案情作出合乎实际的判断。

二、确立裁判要旨的理由

本案争议焦点是业主大会选举产生的利豪花园第二届业主委员会(未备案)起诉行政主体就该业主委员会备案申请作出的不予备案决定，是否有原告主体资格。对该问题存在两种不同意见：

一种意见认为，当事人资格包括当事人能力和当事人适格两个层面的问题。所谓当事人能力是指具有诉讼上当事人之一般资格。所谓当事人适格，是指有具体诉讼事件中可为正当之原告(主动适格)或被告(被动适格)的资格。不适格的当事人系在特定的案件中不能作为当事人，如不具有利害关系的公民、法人。无当事人能力者，其所为诉讼行为无效。本案中，利豪花园第二届业主委员未经备案，不属于已经依法成立的组织，不能对外行使权利、承担义务，其对行政主体作出的不予备案登记的决定亦无权以自己的名义提起行政诉讼。

另一种意见认为，业主委员会经业主大会选举产生之后，依法具有相应的权利能力。行政机关不予备案的行为针对的对象即是申请备案的业主委员会，如果不赋予其原告资格，其合法权益无从保障。因此，经业主大会选举产生的业主委员会(未备案)起诉行政机关对该业主委员会备案申请决定不予备案的行为，具有原告主体资格。本案利豪花园第二届业主委员会因换届选举产生后对禅城区住建局不予办理备案登记的行政行为不服，可以自己的名义提起行政诉讼。

本案法院采纳第二种意见。主要理由是：第一，《物业管理条例》(2018 年修订)第 16 条第 1 款规定："业主委员会应当自选举产生之日起 30 日内，向……备案。"其中"选举产生"这一概念说明业主委员会在初步"成立"后再依法申请备案。因此,经业主大会选举产生的业主委员会可认定属于《行政诉讼法》(2017 修正)第 2 条第 1 款规定的"其他组织"的范畴。《最高人民法院关于适用〈中华人民共和国行政诉讼法〉的解释》(法释〔2018〕1 号)第 18 条第 1 款已明确业主委员会具备诉讼主体资格。虽然该条解释未对"业主委员会"这一主体是否需要经过备案予以明确,但根据《物权法》(2007 年,现已失效)第 76 条、《物业管理条例》(2018 年修订)第 11 条、第 16 条的规定可以明确,由业主大会选举产生是业主委员会初步成立的标志。业主委员会是因为行政机关不予备案而提起诉讼,如果此时人民法院以业主委员会换届选举后行政机关未备案因而不具备诉讼主体资格为由驳回其起诉,就可能陷入了"先有鸡还是先有蛋"的无解循环中,相当于变相剥夺了业主委员会的诉权。第二,从法理看,"独立承担责任"并不是判断一个组织是否具有法律上诉讼主体资格的前提条件。业主委员会通常由物业管理区域内业主代表组成,代表业主的利益,并监督物业管理公司管理运作。业主委员会作为业主大会的执行机构,背后真正的权利义务主体是全体业主,业主委员会对外行为的法律后果也是由全体业主来承担。第三,业主委员会在向行政主管部门申请备案之前,虽然已经由物业管理区域内小区业主通过召开业主大会投票选举产生,但根据住房和城乡建设部《业主大会和业主委员会指导规则》(建房〔2009〕274 号)第 33 条、第 34 条以及《广东省物业管理条例》(2008 年修订)第 27 条、第 28 条等规定,如果业主委员会不履行备案登记手续,没有获得备案证明,就无法向公安机关申请刻制印章。而业主委员会刻制印章是其作为民事主体对外进行民事活动的重要凭证,业主委员会如果没有合法有效的印章,将很难进行实际运作且其代表全体业主所为的法律行为将不被外界认可,这将对物业管理区域内业主的相关物业活动产生实际影响。本案中,利豪花园第二届业主委员会因换届选举产生后,依法向禅城区住建局申请备案登记,禅城区住建局以业主大会表决程序及投票权数违反相关规定为由决定不予办理备案登记,该决定直接影响到利豪花园第二届业主委员会作为行政相对人的权利义务,应认定其与该决定具有法律上的利害关系。利豪花园第二届业主委员会对不予备案行为不服提起诉讼,如果不赋予其原告资格,其合法权益无从保障。基于这种特殊情形,应赋予未备案的业主委员会针对行政机关不予备案行为提起诉讼的原告主体资格,更有利于涉案纠纷的实质性化解。

(撰稿人:林俊盛　李穗珍　广东省高级人民法院)

【专家评析】

《行政诉讼法》(2017 年修正)第 25 条第 1 款规定:“行政行为的相对人以及其他与行政行为有利害关系的公民、法人或者其他组织,有权提起诉讼。”这一款规定了原告的基本类型,即公民、法人或者其他组织,也规定了取得原告资格的基本条件,即与行政行为有利害关系。行政诉讼原告类别和取得原告资格所需的利害关系这两方面,是判断本案中业主委员会是否具有原告资格的关键。

首先,行政诉讼原告类别。本案中的原告为业主委员会,其应当为“公民、法人或者其他组织”这三个类别中“其他组织”包含的主体。《行政诉讼法》(2017 年修正)所规定的“其他组织”,又称为非法人组织,是指依法设立、不具有法人资格,但能够以自己名义从事民事活动的组织。其他组织的具体类型,法律没有专门规定。根据既往实践,它包括领取营业执照的个人独资企业、合伙企业、中外合资经营企业、外资企业;领取营业执照的法人的分支机构,依法成立的社会团体的分支机构、代表机构;领取合伙、个体性质登记证书的民办非企业单位以及业主委员会等。《最高人民法院关于适用〈中华人民共和国行政诉讼法〉的解释》(法释〔2018〕1 号)第 18 条第 1 款已明确业主委员会具备诉讼主体资格。虽然该条解释未对“业主委员会”这一主体是否需要经过备案予以明确,但根据《物权法》(2007 年,现已失效)第 76 条、《物业管理条例》(2018 年修订)第 11 条、第 16 条的规定可以明确,由业主大会选举产生是业主委员会初步成立的标志。业主委员会本身是因为行政机关不予备案而提起诉讼,如果此时人民法院以业主委员会换届选举后行政机关未备案因而不具备诉讼主体资格为由驳回其起诉,就相当于变相剥夺了业主委员会的诉权。保障人民寻求司法救济的基本权利,是基本的法治底线。

其次,取得原告资格所需的利害关系。在我国,要成为行政诉讼原告,应满足两方面条件:主观方面,必须是公民、法人或者其他组织认为合法权益受到行政行为侵犯;如果没有主观方面的主张,就不会发生行政纠纷。客观方面,公民、法人或者其他组织必须与该行为有利害关系,而不是凭空认为自己的合法权益受到侵犯。通常来讲,争议发生在客观方面,即公民、法人或者其他组织与行政行为有利害关系。在司法实践中,“利害关系”一词有相当大的解释空间,容易被司法机关不恰当地限缩,因此,为了避免由于不当解释“利害关系”而导致限制公民起诉权利,法院对“利害关系”的界定,应当在具体情形中作出精确判断,而不能抽象地随意适用。业主委员会作为业主选出的业主大会的执行机关,当然与全体业主具有利害关系。

其实,业主委员会是否具有行政诉讼原告资格,现行司法解释已规定得非常明确。《最高人民法院关于适用〈中华人民共和国行政诉讼法〉的解释》(法释〔2018〕1 号)第 18 条第 1 款规定:“业主委员会对于行政机关作出的涉及业主共有利益的行政行为,可以自己的名义提起诉讼。”因此,业主委员会具有行政诉讼主体资格在法律规范上争议不大。

(撰稿人:高秦伟　中山大学法学院)

二、证据与举证责任

案例 07

环境监测报告作为证据的审查*

【裁判要旨】

在水污染案件中，环境监测报告属于关键性证据，应当对其真实性、合法性、关联性予以全面审查。行政执法程序中，生态环境部门应对环境监测报告能否作为执法证据予以严格审查，决定采用环境监测报告作为执法证据的，应以适当方式将环境监测报告告知行政相对人并听取其意见，保障其能充分行使陈述权和申辩权。诉讼程序中，人民法院应围绕环境监测报告出具机构及人员是否具备相应资质、污水取样是否有效、样品封存是否合法、监测方式方法是否符合技术规范、结论所援引的环保标准是否准确适当、是否符合法定程序或正当程序要求等方面进行审查。

【关键词】

环境监测报告　行政诉讼证据　审查标准　正当程序

【基本案情】

2018 年 5 月 7 日，广东省生态环境厅组织开展小东江污染源联合交叉执法检查。茂名市环境保护监测站（以下简称茂名环保监测站）对吴川市裕邦皮革有限公司（以下简称裕邦公司）排放的废水进行采样监测，制作了《污染源废水采样原始记录表》，并进行现场检查拍照。现场检查照片显示，该站监测人员在厂区内贴有排污口标识处前端的废水收集池取样，裕邦公司的法定代表人现场陪同检

---

* 吴川市裕邦皮革有限公司与湛江市生态环境局、湛江市人民政府责令停产整治决定及行政复议案，广东省湛江经济技术开发区人民法院（2018）粤 0891 行初 464 号行政判决书；广东省湛江市中级人民法院（2019）粤 08 行终 88 号行政判决书；广东省高级人民法院（2020）粤行申 61 号行政裁定书。

查。《污染源废水采样原始记录表》记载的“采样地点”为“废水排放口”。之后，茂名环保监测站出具的《监测报告》显示：裕邦公司生产废水氨氮的浓度为25.1mg/L（超标0.67倍），化学需氧量的浓度为217mg/L（超标1.17倍），总铬的浓度为9.94mg/L（超标5.63倍）。湛江市生态环境局收到《监测报告》后，于同年6月8日到裕邦公司进行现场检查并制作了《现场检查（勘查）笔录》和《调查询问笔录》。《现场检查（勘查）笔录》记载“现场情况：1.……检查时，制革车间排放口没有废水外排；废水处理设施正在运行，总排放口有少量废水外排。2.……查看该公司生产记录，该公司在2018年5月7日省环保厅组织开展小东江污染源联合交叉执法检查期间正常生产……”但未记录现场取样过程。《调查询问笔录》记载：“……制革车间排放口没有废水外排；废水处理设施正在运行，总排放口有少量废水外排……在2018年5月7日当天公司正常生产，污水处理设施正常运行，废水经处理后正常外排。”两份笔录均有裕邦公司法定代表人的签字并加盖了公司公章。同年7月13日，湛江市生态环境局作出《责令停产整治决定书》，认为根据《监测报告》的结论裕邦公司超标排污违法事实清楚，责令裕邦公司停产整治、改正违法行为，并在责令改正的依据中认定裕邦公司“废水总铬的浓度为9.94mg/L，总铬超标5.63倍的环境违法行为涉嫌污染环境罪，我局将移交公安机关依法查处”。裕邦公司不服，申请行政复议。湛江市人民政府于同年9月28日作出《行政复议决定书》，决定维持《责令停产整治决定书》。复议期间，湛江市生态环境局拟对裕邦公司上述超标排污行为另行作出罚款80万元的处罚决定，并组织召开听证会，听证会中该局工作人员陈述称：2018年5月7日现场检查时看到裕邦公司未进行生产，废水量不大但能采样（由茂名环保监测站采样）。同年10月23日，裕邦公司诉至法院，请求：撤销《责令停产整治决定书》及《行政复议决定书》。

【裁判结果与理由】

广东省湛江经济技术开发区人民法院一审认为，现有证据无法证实茂名环保监测站现场取样样本与送检样本一致，亦无法证明取样样本封存的合理性，故湛江市生态环境局认定裕邦公司超标排污事实的证据不足。《现场检查（勘查）笔录》中没有对裕邦公司现场取样监测予以记录，程序违法。依照《行政诉讼法》（2017年修正）第70条第1项的规定，判决撤销《责令停产整治决定书》及《行政复议决定书》。

宣判后，湛江市生态环境局提起上诉。

广东省湛江市中级人民法院二审认为，茂名环保监测站的取样地点并无不当，《工业污染源现场检查技术规范》（HJ 606—2011）属于推荐性标准，不具有强制性，裕邦公司主张工作人员未按规范要求进行封存属程序违法理据不足。《监测报告》合法，湛江市生态环境局采信《监测报告》并无不当。依照《行政诉讼法》（2017 年修正）第 89 条第 1 款第 2 项、第 69 条的规定，判决撤销一审判决，驳回裕邦公司的诉讼请求。宣判后，裕邦公司申请再审。

广东省高级人民法院再审审查认为，本案的争议焦点为湛江市生态环境局作出的《责令停产整治决定书》是否合法。

从《地表水和污水监测技术规范》5.2.1.5 规定看，执法监测采瞬时样必须满足排污单位的污水稳定排放这一前提条件，但本案现有证据尚不足以证明 2018 年 5 月 7 日检查当天裕邦公司的废水稳定排放，涉案监测取样具备采瞬时样的前提条件。关于取样地点，湛江市生态环境局也未能充分举证证实茂名环保监测站取样的废水收集池可视同裕邦公司污染物排入的“外环境”以及该废水收集池的废水即是裕邦公司对外排放的污染物，即取样地点合法的证据不足。且湛江市生态环境局没有证据证明茂名环保监测站在 2018 年 5 月 7 日取样时按照《工业污染源现场检查技术规范》（HJ 606—2011）的规定对样品进行封存并由裕邦公司代表在封条上签名确认，即取样样品是否满足唯一性要求证据不足。可见，《监测报告》涉及的取样及样品封存均存在不合法之处，《责令停产整治决定书》所依据的主要证据不足。此外，湛江市生态环境局未将涉案《监测报告》送达裕邦公司并听取裕邦公司的意见，直接采纳《监测报告》作为主要证据，程序违法。依照《行政诉讼法》（2017 年修正）第 92 条第 2 款、《最高人民法院关于适用〈中华人民共和国行政诉讼法〉的解释》（法释〔2018〕1 号）第 118 条的规定，裁定：（1）本案指令广东省湛江市中级人民法院再审；（2）再审期间，中止原判决的执行。

【裁判者说】

在事实认定方面，环保行政决定高度依赖环境监测机构出具的环境监测报告的结论，抓住环境监测报告的合法性审查这一“主线”，对准确办理案件十分重要。

一、关于环境监测报告的审查内容

环境监测报告一般会记载监测方法标准、监测点位、样品编号、分析人员、监测内容、数值等，人民法院在审查环境监测报告时不仅要关注报告记载的内容要素是否齐全，还要审查行政机关提交的相关台账记录、现场检查（勘查）笔录、调查笔录、原始记录表等其他证据材料，并进行综合判断。影响监测报告的事实因素主要有：（1）监测点位的正确性；（2）现场监测和采样的有效性以及样品保存、运输、交接的规范性；（3）实验室资质及分析人员资格的有效性；（4）监测方法和监测分析仪器的适用性；（5）原始记录类别及所载信息的完整性；（6）环境监测报告的有效性，包括数据的逻辑性和结论的正确性。其中，第 3 项至第 6 项因素可以通过行政机关提供的相关证据、资格证明、标准文件等作出判断，较为简单，而第 1 项与第 2 项因素直接关系到环境监测报告结论的准确性和可靠性，往往是行政相对人提出异议的部分。

（一）采样的有效性应重点审查取样点位是否正确、采样频次是否合法

1. 关于取样点位。法院应结合当事人提交的执法照片、检查记录等先固定取样具体地点，再评价是否符合法律等规定的取样点。本案中，湛江市生态环境局提交的取样当天现场检查照片显示工作人员是在废水排放口之前的废水收集池取样。而 2017 年 1 月 25 日由环境保护部、公安部、最高人民检察院印发的《环境保护行政执法与刑事司法衔接工作办法》第 37 条第 2 项规定："（二）'外环境'是指污染物排入的自然环境。满足下列条件之一的，视同为外环境：1. 排污单位停产或没有排污，但有依法取得的证据证明其有持续或间歇排污，而且无可处理相应污染因子的措施的，经核实生产工艺后，其产污环节之后的废水收集池（槽、罐、沟）内。……4. 对排放含第一类污染物的废水，其产生车间或车间处理设施的排放口。无法在车间或者车间处理设施排放口对含第一类污染物的废水采样的，废水总排放口或查实由该企业排入其他外环境处。"湛江市生态环境局无法提供充分证据证明该废水收集池可视同裕邦公司污染物排入的"外环境"以及其中废水即是裕邦公司对外排放的污染物，因此，取样地点的合法性存在问题。

2. 关于采样频次。《地表水和污水监测技术规范》5. 2. 1. 5 规定："排污单位如有污水处理设施并能正常运转使污水能稳定排放，则污染物排放曲线比较平稳，监督监测可以采瞬时样；对于排放曲线有明显变化的不稳定排放污水，要根据曲线情况分时间单元采样，再组成混合样品。正常情况下，混合样品的单元采样不得少于两次。如排放污水的流量、浓度甚至组分都有明显变化，则在各单元采样时的采样量应与当时的污水流量成比例，以使混合样品更有代表性。"相对于

采混合样,监测机关选择采瞬时样,降低了执法成本,但若排污者并非稳定排放污水,则容易产生不同时刻采样的排污监测结果差异过大的问题,某次瞬时采样难以全面、客观反映其排污状况。因此,在环境监测报告记载采样频次为瞬时样时,法院应审查现有证据能否证明排污单位的污水排放稳定,如满足排污单位有污水处理设施并能正常运转的条件,在没有相反证据的情况下通常可认为排污单位的污水排放稳定,监测机构采瞬时样合法。本案中,裕邦公司虽有污水处理设施,但关于是否符合正常运转的事实不清,行政机关提供的证据尚不足以证明涉案监测取样具备采瞬时样的前提条件。

(二)判断样品封存、运输、交接是否符合规范应准确识别适用相关技术标准

样品封存涉及唯一性问题,法院审查时要充分了解样品封存、运输、交接的技术规范要求,比对行政机关提供的相关证据,审查执法过程是否符合要求。环保行政案件由于专业性强,法律、法规规定较为原则,实践中主要是以生态环境部印发的规范性文件或行业技术规范为执法依据。在办理此类案件时,技术规范如何适用是案件查明和法庭辩论的重要内容,受案法院应充分听取各方意见,以准确识别适用技术规范。本案中,裕邦公司与湛江市生态环境局的分歧在于《工业污染源现场检查技术规范》(HJ 606—2011)作为推荐性标准,能否适用于本案。《标准化法》(2017 年修订)第 2 条第 3 款规定:"强制性标准必须执行。国家鼓励采用推荐性标准。"裕邦公司主张适用的《工业污染源现场检查技术规范》(HJ 606—2011)作为推荐性标准不具有强制性,而湛江市生态环境局主张应适用的《地表水和污水监测技术规范》(HJ/T 91—2002)(部分废止),亦属推荐性规范。《地表水和污水监测技术规范》(HJ/T 91—2002)与《工业污染源现场检查技术规范》(HJ 606—2011)在样品采集的具体规范上并无冲突,所规定的适用范围均涵盖本案执法监测活动。本案采样的关键问题,即裕邦公司代表是否应该在样品封条上签名。法院要求湛江市生态环境局提交能证实其同类执法惯例的采样封存照片,被告方提供的相关照片显示:该局实际执法过程中会对采集样品进行封存并由排污者代表在封条上签名确认。采样程序是否合法,样品是否按规定进行封存,能否确定送检样品的唯一性,直接关系到环境监测报告结论的准确性和可靠性。综合考虑,法院认定《工业污染源现场检查技术规范》(HJ 606—2011)可适用于本案,湛江市生态环境局未提供证据证明其在取样时依法对样品进行封存并由排污者代表在封条上签名确认,样品封存行为不合法。

二、环境监测报告的效力及遵守的正当程序

行政行为遵守正当程序是法治政府的必然要求。保障行政相对人的知情权，以适当方式听取其陈述、申辩意见，有助于保障执法的公正性。关于环境监测报告是否应送达行政相对人并听取其意见，相关法律、法规没有直接规定，执法实践中也没有统一的做法。对于行政机关是否应当履行告知及听取陈述申辩的程序，笔者认为，可结合案情综合判断：第一，环境监测报告是否为关键证据；第二，行政机关对环境监测报告是否已尽审查职责；第三，环境监测报告对行政相对人权利义务是否会造成重大影响；第四，环境监测报告送达并听取意见的可行性。本案中，法院审查后认为湛江市生态环境局对是否应采信《监测报告》作为证据负有审查职责，而保障行政相对人的知情权和异议权，有利于行政机关对环境监测报告的效力作出准确判断，这是正当程序的必然要求。涉案《监测报告》采瞬时样，是湛江市生态环境局认定行政相对人实施环保违法行为的关键证据，且《监测报告》的结论还可能导致相关人员被追究刑事责任。基于正当程序的要求，湛江市生态环境局不仅应该对《监测报告》进行严格审查，还应将《监测报告》送达给行政相对人并听取其意见，确保其充分行使陈述权和申辩权。可见，法院基于《监测报告》对执法结果的重要性及对责任人的影响程度，综合考虑后要求湛江市生态环境局保障行政相对人的陈述、申辩权利。需要注意的是，正当程序的把握不宜过于机械，除非有明确规定要求行政机关应履行特定的正式程序，否则只要行政机关能提供证据证明其在执法过程中已实际告知行政相对人并已实际听取其陈述和申辩，足以保障行政相对人充分行使陈述、申辩权利的，法院应予认可。

三、行政机关对环境监测报告的证据审查及举证说明义务

湛江市生态环境局主张《监测报告》属于广东省生态环境厅在组织交叉执法检查时发现的环境违法行为而移交的证据，属于《行政诉讼法》（2017 年修正）第 33 条第 1 款第 8 项规定的“鉴定意见”，该局无须审查，可以直接使用作为执法依据。同时，根据《最高人民法院关于行政诉讼证据若干问题的规定》（法释〔2002〕21 号）第 62 条关于“对被告在行政程序中采纳的鉴定结论，原告或者第三人提出证据证明有下列情形之一的，人民法院不予采纳：（一）鉴定人不具备鉴定资格；（二）鉴定程序严重违法；（三）鉴定结论错误、不明确或者内容不完整”的相关规定，本案应由裕邦公司承担证明《监测报告》无效的举证责任。司法解释是法院在审查鉴定结论时的原则性规定，不等于可以免除行政机关对其行政行为负有举证责任的义务,包括举证证明《监测报告》符合真实性、关联性、合法性要求。《环境行政处罚办法》(2010 年修订,现已失效)第 32 条规定:“环境行政处罚证据,主要有书证、物证、证人证言、视听资料和计算机数据、当事人陈述、监测报告和其他鉴定结论、现场检查(勘察)笔录等形式。证据应当符合法律、法规、规章和最高人民法院有关行政执法和行政诉讼证据的规定,并经查证属实才能作为认定事实的依据。”根据该规定,湛江市生态环境局只有在查证属实后,才能采信涉案《监测报告》并将其作为认定裕邦公司实施违法行为的证据,即湛江市生态环境局对《监测报告》能否作为证据负有审查职责。考虑到环境监测报告的专业性、在环境执法领域的普遍性以及与执法结果的高度关联性,在举证责任分配上,应当区分行政机关和行政相对人的举证能力,进行合理的举证责任分配。如果将证明环境监测报告不合法或无效的举证责任完全加诸于行政相对人一方,不符合公平原则,也不符合客观实际。由行政机关对行政相对人针对环境监测报告提出的异议进行适当说明,有助于查明案件事实。

(撰稿人:林劲标　邓丽华　广东省高级人民法院)

【专家评析】

本案涉及行政程序证据制度问题。一般来说,行政程序证据是指行政主体在行政执法程序中为作出具体行政行为,根据行政法律规范所设置的事实要素而收集、运用以证明相对人法律行为或事实的证据。行政程序证据与行政诉讼证据中“程序”“诉讼”的定性差异使两者存在的程序领域有所不同,从而导致两者众多的差别:

第一,行政程序证据与行政诉讼证据是存在于不同法律程序中的证据。行政程序证据存在于行政程序中,而行政诉讼证据存在于行政诉讼中,这是二者的范围界限。在行政程序中,是运用行政程序证据,在行政诉讼中,则是审查行政程序证据的运用,这一差别决定了二者在范围上的不一致。

第二,在行政程序中,审查证据的主体是行政机关,行政机关有权对自己以及行政相对人和行政第三人提交的证据进行审查,决定是否采用及其证明力;在行政诉讼中,审查证据的主体是法院,上述权力由法院享有。

第三,在行政程序中,行政机关对行政程序证据的运用是第一次运用,而在行政诉讼中,法院对证据的运用是第二次运用,其目的在于审查行政机关对证据的运用是否正当。

第四,行政诉讼证据的证明责任分配规则存在区别于行政程序证据证明责任分配规则的情形。虽然行政诉讼证据制度要尊重行政程序证据制度,原则上会尽可能和行政程序证据制度保持一致,但证明责任的分配应作为例外。因为行政诉讼作为对权利的救济程序必然要比相对注重效率的行政程序更为关注行政相对人的权利保护,而且行政机关对最终作出的行政行为必须说明理由,这就使在行政诉讼中加重行政机关的证明责任变得经济和理所当然。

行政诉讼法律规范对行政程序阶段收集证据的程序作了规定。这些规定解决了行政程序证据的合法性问题。收集证据的程序合法,要求行政主体应当遵守法定的步骤、顺序、方式、时限,对证据进行收集、审查和采纳,并使之成为事实认定的根据。证据的收集、审查和采纳不能违反法定程序是证据法律性要求的体现。《行政诉讼法》(2017 年修正)、《最高人民法院关于适用〈中华人民共和国行政诉讼法〉若干问题的解释》(法释〔2000〕8 号,现已失效)中规定行政主体在诉讼期间自行向相对人、第三人和证人收集的证据和严重违反法定程序收集的证据不能作为人民法院的定案根据,《最高人民法院关于行政诉讼证据若干问题的规定》(法释〔2002〕21 号)对行政程序证据的程序合法性问题作出更为详细的规定。这些规定虽然是对人民法院审查证据的要求,但实质上却是对行政程序证据程序合法的具体要求。行政程序证据的取得首先必须符合法定程序。现代行政法治的基本要求是行政活动必须符合法定程序,这一要求同样适用于行政主体取得行政程序证据的活动。严重违反法定程序收集的证据属于非法证据。这种非法证据不但在行政诉讼中要被排除,在行政活动中同样应予排除。本案中,湛江市生态环境局据以作出处罚的《监测报告》取样地点、采样频次均存在合法性问题,样品封存、运输、交接亦不符合技术规范,因此,《监测报告》在行政活动和行政诉讼中都不能直接作为证据。

(撰稿人:伍劲松　华南师范大学法学院)

案例 08

人民法院在当事人的损失无法评估时应酌定赔偿数额*

【裁判要旨】

行政机关及其工作人员在行使职权时侵犯行政相对人的财产权造成损害的，应当按照直接损失给予赔偿。在直接损失已无法通过评估确定的情况下，人民法院应根据案件的实际情况，综合各方面因素合理酌定赔偿金额。

【关键词】

行政强制　行政赔偿　地上物损失　直接损失

【基本案情】

法院审理查明：2013 年 4 月 2 日，肖某宁、黄某艺与秀山经济社签订《中山市农村土地租赁经营权流转合同》，承租 230 亩土地用于花卉种植，合同期限为 2013 年 1 月 1 日至 2020 年 12 月 21 日。2013 年 6 月 9 日，沙溪镇政府与秀山经济社签订征地补偿协议，征收秀山经济社 77.9723 亩土地，其中 63.6656 亩属于肖某宁、黄某艺承包的土地。2014 年 5 月 20 日，中山市安平房地产评估有限公司受沙溪镇政府委托，以 2013 年 8 月 7 日为评估基准日对涉案 4 个地块共 63.6656 亩土地的青苗市场价值、搬迁补偿价值进行评估并出具《安平公司评估报告》，合计市场价值 2,977,301 元、搬迁价值 1,627,235 元。2015 年 11 月 23 日，沙溪镇住建局委托恒宇测绘公司对涉案土地中的地块二范围内的青苗进行清

---

* 肖某宁、黄某艺诉中山市人民政府、中山市沙溪镇人民政府行政强制及赔偿案，广东省中山市中级人民法院（2016）粤 20 行初 6 号行政赔偿判决书；广东省高级人民法院（2017）粤行赔终 13 号行政判决书。

点，随后恒宇测绘公司出具了树木登记表及地上附着物登记表。肖某宁、黄某艺委托中山市安大资产评估有限公司进行评估，该公司以将该两份登记表为基础，以2016年1月16日为基准日，出具了《安大公司评估报告》，对地块二的花木、基础设施、租金及收益等资产进行了评估，评估价值为2,850,731元。

肖某宁、黄某艺因其承租土地花木及附属设施被损毁补偿与沙溪镇政府相关部门协商未果，于2016年2月23日向人民法院提起行政诉讼，请求：(1)确认被告沙溪镇政府强行征收致毁坏原告花木、生产设施等地上物的具体行政行为违法；(2)判令被告对所征收土地上的青苗、生产设施等地上物补偿费及强征造成的一切经济损失21,126,003.9元承担连带赔偿责任；(3)判令被告赔偿原告红线外被肢解得无法生产经营的边角地块53亩土地上青苗、生产设施等地上物的损失17,586,863.34元。

【裁判结果与理由】

广东省中山市中级人民法院一审认为，沙溪镇政府无实施征地的权限，亦无证据证明受有权机关委托实施涉案行政行为，其与秀山经济社签订征地补偿协议，未经合法程序征收土地并强行收地，损毁肖某宁、黄某艺承租地上的花木及附属设施的行为违法，因此，对给肖某宁、黄某艺造成的损失应依法进行赔偿。根据《安平公司评估报告》及有利于行政相对人的原则，判决：(1)确认沙溪镇政府被诉行为违法；(2)沙溪镇政府赔偿肖某宁、黄某艺2,977,301元，补偿肖某宁、黄某艺595,460元，共计3,572,761元；(3)驳回肖某宁、黄某艺其他诉讼请求。

肖某宁、黄某艺不服，提起上诉。广东省高级人民法院二审认为：(1)关于涉案63.6656亩土地上的花木、生产设施等地上物的损失赔偿问题。由于沙溪镇政府于2014年9月18日实施强制拆除涉案地上物的行为被确认违法，故沙溪镇政府应当依照《国家赔偿法》(2012年修正)的规定承担赔偿责任。从《安平公司评估报告》形成的时间及过程来看，该报告是在双方协商阶段形成的数据及评估结果，虽然是沙溪镇政府单方委托而形成，但该报告是在补偿协商阶段，被诉行政行为尚未实施的时期，沙溪镇政府为主动解决补偿问题而制作，具备较高的可信度。上述评估报告以涉案土地征收补偿阶段的时间(2013年8月7日)为评估基准日确定涉案土地地上物的市场价格较为合理。但将该报告中关于地块二地上花木的种类、棵数等调查确认的结果，与恒宇测绘公司受沙溪镇住建局委托对地块二现存的青苗及地上物进行清点后于2015年12月2日制作的《沙溪镇秀山村地块二树木登记表》《沙溪镇秀山村地块二地上附着物登记表》中记载的各项花木种类及棵数比对,存在有些登记项目记载数量偏多或偏少的现象,总体上略为偏少。考虑到上述登记表记载的内容是沙溪镇住建局为解决涉案补偿纠纷而重新委托恒宇测绘公司与上诉人共同对地块二进行现场清点后记载的清点结果,且上述登记表经上诉人签名确认并送交沙溪镇住建局签收,因此,处理涉案 63.6656 亩地上物的赔偿问题时应一并考虑上述登记表记载的清点结果。由于涉案 63.6656 亩土地的绝大部分面积已经彻底改变原貌,无法进行重新评估,鉴于沙溪镇政府组织强制拆除涉案土地的地上物时,未通知上诉人到现场清点确认,且沙溪镇政府前后两次委托第三方公司对地块二地上物的清点结果存在误差,因此,对于涉案 63.6656 亩土地上的花木、生产设施等地上物的损失赔偿问题,二审法院在采信《安平公司评估报告》评估结果的基础上,综合考虑《安平公司评估报告》与恒宇测绘公司登记表中有关地块二的花木种类、棵数等记载内容存在偏差的情况,酌情增加赔偿金 10%,即在一审判决沙溪镇政府向上诉人肖某宁、黄某艺赔偿涉案 63.6656 亩地上物损失 2,977,301 元的基础上,再增加 10% 的赔偿,由沙溪镇政府向肖某宁、黄某艺赔偿涉案 63.6656 亩地上物损失 2,977,301 + 297,730 = 3,275,031 元。

(2)关于上诉人肖某宁、黄某艺起诉请求对因涉案土地的征收改造而受到不利影响涉案地块的相邻地块苗木、附属设施及经营的经济补偿问题。由于沙溪镇政府的实施行为必然对肖某宁、黄某艺涉案地块的相邻地块苗木、附属设施及经营造成不利影响,且肖某宁、黄某艺主张的受影响地块面积与直接受损毁土地面积相近,沙溪镇政府应对肖某宁、黄某艺进行补偿,原审法院酌定补偿金额为肖某宁、黄某艺被直接损毁花木及附属设施价值的 20%,即 595,460 元(2,977,301 元 × 20% = 595,460.2 元)合理,被上诉人沙溪镇政府对此项判决内容并不持异议,二审法院予以维持。

综上,二审判决:(1)维持一审行政判决中第 1 项、第 3 项判项;(2)变更一审判决中第 2 项为沙溪镇政府赔偿肖某宁、黄某艺 3,275,031 元,补偿肖某宁、黄某艺 595,460 元,共计 3,870,491 元。

【裁判者说】

一、背景情况介绍

行政机关在征地拆迁中的违法行为常引发一系列法律问题,其中,因强拆引发的国家赔偿案件因直接关系到依法行政、建设法治政府,格外引人注目。人民法院在案件审理过程中,必须结合案件,依据现有法律规定和法律精神,对此类案件审慎处理,并明确行政赔偿标准。

二、确立裁判要旨的理由

根据《国家赔偿法》(2012 年修正)的相关规定,行政赔偿的范围限于行为本身对受害人人身、财产造成的直接损失。本案中,上诉人要求赔偿其因强制征收而造成的红线外边角地块 53 亩土地的损失,理据不足。确定直接损失的赔偿金时,应考虑如下因素:被征土地的绝大部分面积已经彻底改变原貌,已无法进行重新评估,人民法院根据案件的实际情况,可在原评估结果的基础上,综合各方面因素合理酌定赔偿金额。对相邻地块的苗木、附属设施及经营造成不利影响的,应当考虑酌情补偿。

(撰稿人:林俊盛　李穗珍　广东省高级人民法院)

【专家评析】

本案中最大的争点是违法强拆中在直接损失无法判定的情况下应当如何确定赔偿金额。从现行法律规定来看,对于违法强拆的赔偿和补偿,具体标准是多少并没有明确规定,一般按照当事人的实际损失来决定。《国家赔偿法》(2012 年修正)第 36 条第 8 项规定,对财产权造成其他损害的,按照直接损失给予赔偿。《国有土地上房屋征收与补偿条例》(2011 年)第 17 条第 1 款规定:"作出房屋征收决定的市、县级人民政府对被征收人给予的补偿包括:(一)被征收房屋价值的补偿;(二)因征收房屋造成的搬迁、临时安置的补偿;(三)因征收房屋造成的停产停业损失的补偿。"但在实践中,存在由于某些情形,如经过太长时日导致起诉时无法评估直接损失的情况。例如本案中,由于被征土地的绝大部分面积经过几年的变迁原貌已经彻底改变,重新进行评估不具有可能性。在此情况下,如何确定赔偿或补偿数额就成了一个比较棘手的实践问题。

在本案处理中,法院在确定直接损失时考虑了以下几个因素:

一是综合考虑了两次清点及两份评估报告。第一份是沙溪镇政府提交的《安平公司评估报告》及其所依据的中瀚测绘公司提供的《秀山苗木场树木记录表》《秀山村(黄某艺、肖某宁)苗木场用地图》,对此,法院认为系沙溪镇政府单方委托，未通知肖某宁、黄某艺共同现场清点，不能完全采信。第二份是恒宇测绘公司于2015年12月2日作出的《沙溪镇秀山村地块二树木登记表》《沙溪镇秀山村地块二地上附着物登记表》，以及肖某宁、黄某艺基于该次清点，单方委托安大公司评估形成的《安大公司评估报告》。法院认为，从形成时间及过程看，《安大公司评估报告》及恒宇测绘公司的清点、评估，距2014年9月18日实施拆除行为之日已过一年，不排除现场已被改变的可能性，询价对象、询价区域范围虽符合形式要求，但不排除询价结果虚高的可能性。因此，上述登记表及评估报告也不能完全采信。很显然，法院对两次的清点及在此基础上形成的两份报告，既没有完全采信，又没有直接否定其效力，而是综合考虑了各自的形成背景和具体内容作了折中处理。

二是遵循了法官的职业道德伦理。在抽象意义上，法官服从法律和良心。但在具体裁判领域有不同内容和表现形式。在行政案件处理中，首先考虑选择适用有利于行政相对人的处理。即是说，在存有多种可能性或者不确定性中，从适度有利于行政相对人的角度来思考和处理案件，既是一个职业道德伦理的要求，又是行政法规范的内在考量。正是基于此，二审法院综合考虑《安平公司评估报告》与《安大公司评估报告》的差异，在采信《安平公司评估报告》评估结果的基础上，综合考虑《安平公司评估报告》与恒宇测绘公司出具的登记表中有关地块二的花木种类、棵数等记载内容存在的偏差，依法作出裁决，在一审判决沙溪镇政府赔偿2,977,301元的基础上，酌情增加赔偿金10%，是符合本案实际和法官职业道德伦理的。

三是充分参照了基本常识和生活经验。虽然常识、常理和生活经验不能成为法院裁判的理由，但一个可被接受的裁判一定不能背离常识、常理和常情，也不能与人们的一般生活经验过度分离。在土地征收案件中，被直接征收的土地无疑是确定损失的依据，但如果被征收地块对周围地块及其附着物产生了明显可见的不利影响，自然也应将这种不利影响考虑在内。在本案处理中，法院不仅考虑所征收地块本身，还对给相邻地块的苗木、附属设施及经营造成的不利影响酌情进行考虑，符合基本常识，值得肯定。

（撰稿人：卢护锋　广州大学法学院）

案例 09

行政赔偿案件的举证责任分配*

【裁判要旨】

在行政赔偿案件中,原告应当对行政行为造成的损害提供证据。因被告的原因导致原告无法举证的,由被告承担举证责任。对普通财物损失数额,被告无法举证的,人民法院可根据日常生活经验,比照同类商品的市场价格,酌定赔偿数额。但是,对原告提出的超出普通人正常生活消费水平的贵重稀有物品的损失,仍应当由原告承担举证责任。

【关键词】

行政强制　行政赔偿　举证责任　裁量标准

【基本案情】

原告古某奇为连南瑶族自治县寨岗润丰市场有限公司承租人,租期为 2013 年 1 月 1 日至 2015 年 12 月 30 日。在租赁期内,连南瑶族自治县人民政府(以下简称县政府)决定对该市场进行升级改造,并由县政府办公室发出了南府办函〔2014〕18 号《关于成立寨岗润丰市场升级改造工作领导小组的通知》,决定成立连南瑶族自治县寨岗润丰市场升级改造工作领导小组,负责连南瑶族自治县寨岗润丰市场升级改造项目的日常管理工作。2014 年 2 月 21 日,县政府办公室又发出了南府办〔2014〕13 号《关于印发连南瑶族自治县寨岗润丰市场升级改造工作方案的通知》。2014 年 4 月 24 日,清远市人民政府办公室发出了清府办函〔2014〕72 号清远市人民政府办公室《关于印发清远市县、镇两级肉菜市场升级改

* 古某奇诉清远市连南瑶族自治县人民政府行政强制及行政赔偿案,广东省清远市中级人民法院(2016)粤 18 行初 170 号行政判决书;广东省高级人民法院(2017)粤行终 850 号行政判决书。

造实施方案的通知》。

在推进连南瑶族自治县寨岗润丰市场改造升级过程中，少数租户多次进场阻挠施工。经寨岗镇人民政府、县经济和信息化局等多部门协调动员，少数租户仍滞留不愿搬离。县政府召集县公安局、县消防大队、县经济和信息化局、县工商局、县综合执法局、寨岗镇政府等单位，于2014年12月4日再次到寨岗润丰市场进行清场。古某奇经营的蔬菜行铺摊位在寨岗润丰市场一楼，2014年12月4日清场对象包括了其经营的蔬菜行铺摊位。古某奇认为，县政府组织实施的清场行为侵犯其合法财产权益，于2016年4月12日，向县政府提交《行政赔偿申请书》，县政府收到上述申请后超过3个月没有作出是否赔偿的决定，古某奇遂向广东省清远市中级人民法院提起诉讼，请求：(1)依法判令县政府指挥组织并实施对寨岗润丰市场租户们的合法财产进行没收的行为违法；(2)依法判令被告赔偿原告合法财产损失52,731元，以及由被告造成的原告失业损失费70,000元及误工损失。

【裁判结果与理由】

广东省清远市中级人民法院一审判决：驳回古某奇的诉讼请求。古某奇不服，提起上诉。

广东省高级人民法院二审认为：(1)关于被上诉人县政府对上诉人古某奇经营摊位进行清拆的行为是否合法的问题。《行政强制法》(2011年)第35条规定："行政机关作出强制执行决定前，应当事先催告当事人履行义务。催告应当以书面形式作出，并载明下列事项：(一)履行义务的期限；(二)履行义务的方式；(三)涉及金钱给付的，应当有明确的金额和给付方式；(四)当事人依法享有的陈述权和申辩权。"据此，行政机关在实施强制执行前，应履行发出书面催告通知书的义务。本案中，被上诉人主张其在市场改造前发布了通告，并向上诉人发出了通知，在进行清拆前，也向上诉人进行了告知。但是，被上诉人对其主张并未提供相应证据予以证明，因此，被上诉人的主张不能成立。原审法院认定在市场升级改造之前，被上诉人及其下属相关部门已经向各经营者发出了书面通知、通告，要求各经营者配合市场的升级改造工作，该认定并无证据证明，二审法院不予认可。在上诉人未自行清理其遗留在摊位的财物的情况下，被上诉人县政府并未依据上述法律规定，作出强制清拆的决定，并通过书面形式催告上诉人履行行政决定所确定的义务。基于上述事实和理由，县政府组织对上诉人经营的摊位实施强制清拆的行为,应当确认违法。原审判决驳回上诉人有关确认县政府组织实施对其合法财产进行没收属违法的诉讼请求不当,二审法院予以纠正。

(2)关于上诉人提出的有关行政赔偿请求是否应予支持的问题。《国家赔偿法》(2012 年修正)第 36 条规定:“侵犯公民、法人和其他组织的财产权造成损害的,按照下列规定处理:(一)处罚款、罚金、追缴、没收财产或者违法征收、征用财产的,返还财产……(三)应当返还的财产损坏的,能够恢复原状的恢复原状,不能恢复原状的,按照损害程度给付相应的赔偿金……(八)对财产权造成其他损害的,按照直接损失给予赔偿。”根据上述规定,上诉人因县政府的违法清拆行为而产生的损失,有要求获得行政赔偿的权利。县政府应当对给上诉人所经营摊位上遗留的财物造成的经济损失承担赔偿责任。

上诉人提出的强制清拆行为给其造成的合法财产损失,主要包括:生姜、香芋等蔬菜,台称、电饭煲等物品,另有价值 15,000 元的针线山水画,合计 52,731 元。对上述财产损失,虽然上诉人未提供相关证据证明,但是,根据《行政诉讼法》(2014 年修正)第 38 条第 2 款规定:“在行政赔偿、补偿的案件中,原告应当对行政行为造成的损害提供证据。因被告的原因导致原告无法举证的,由被告承担举证责任。”本案由于被上诉人未先行通知上诉人自行清理其摊位货物,清拆时亦未对上诉人的财物进行清点和登记保管,无法证明损失的具体情况,明显违反法定程序,该行为导致上诉人无法举证,应当由被上诉人承担举证不能的法律责任。据此,被上诉人应当依法对上诉人的财物损失进行赔偿。《最高人民法院关于行政诉讼证据若干问题的规定》(法释〔2002〕21 号)第 54 条规定:“法庭应当对经过庭审质证的证据和无需质证的证据进行逐一审查和对全部证据综合审查,遵循法官职业道德,运用逻辑推理和生活经验,进行全面、客观和公正地分析判断,确定证据材料与案件事实之间的证明关系,排除不具有关联性的证据材料,准确认定案件事实。”对被上诉人应当向上诉人赔偿的具体数额,因上诉人称其经营的摊位面积约为 6 平方米,清拆前摊位遗留的物品主要是蔬菜、台称和电饭煲等物品,对上述财物的损失,根据日常的生活经验,比照同行业其他经营者的经营规模以及参照购买同类物品的市场价格,二审法院酌定为 5000 元,被上诉人应当予以赔偿。至于上诉人提出的其摊位上遗留有价值 15,000 元的针线山水画,要求被上诉人赔偿的主张,因该山水画属于超出普通人正常生活消费水平的贵重稀有物品,上诉人对该项损失仍应当承担举证责任。因上诉人未能提供该贵重物品确实遗留在摊位上以及其相关价值的证据或线索，二审法院对该项主张不予支持。对于上诉人提出的要求被上诉人赔偿长期失业损失费 70,000 元及误工损失的请求，根据《国家赔偿法》(2012 年修正)第 36 条的规定，对财产权造成其他损害的，按照直接损失给予赔偿。上诉人提出的上述赔偿请求，并不属于被上诉人清拆行为导致的直接损失，因此，对其该项赔偿请求二审法院亦不予支持。综上，二审判决：(1)撤销广东省清远市中级人民法院一审行政判决；(2)确认县政府强制清拆上诉人古某奇经营摊位的行为违法；(3)县政府向上诉人古某奇赔偿经济损失 5000 元；(4)驳回上诉人古某奇的其他诉讼请求。

【裁判者说】

行政诉讼中一般由被告负举证责任，即行政机关应当提供作出被诉行政行为的证据和所依据的规范性文件，如果不提供或无正当理由逾期提供证据，视为没有相应证据。但是，对于行政赔偿案件，《行政诉讼法》(2017 年修正)第 38 条第 2 款规定："在行政赔偿、补偿的案件中，原告应当对行政行为造成的损害提供证据。因被告的原因导致原告无法举证的，由被告承担举证责任。"本案的处理，很好地诠释了上述有关行政赔偿案件中不同情况下原告、被告各自承担举证责任的规定。

首先，行政赔偿案件中原告承担部分举证责任符合"谁主张、谁举证"的诉讼证据原理。《行政诉讼法》(2017 年修正)和《最高人民法院关于行政诉讼证据若干问题的规定》(法释〔2002〕21 号)中，都明确被告对作出的行政行为负有举证责任，主要原因在于：一是符合行政程序的客观要求。行政程序要求行政机关遵循"先取证，后裁决"的基本原则，即行政机关只有在充分调查取证的基础上，才能根据查明的事实依法作出相应的行政行为，违反这一原则作出的行为就是违法的。二是符合行政法律关系的特性。行政法律关系中，行政机关处于主动的地位，其作出的行为一般无须行政相对人同意。因此，要求在行政程序中居于主动地位的行政机关承担举证责任是合理的。三是符合各方举证能力的情况。行政机关的专业性、权威性，以及其作为行使国家公权力的代表，决定了其举证能力要远胜于普通的行政相对人。许多行政执法中，只有行政机关才能掌握重要的事实材料，这也决定了由行政机关承担举证责任的科学性。由此可见，行政诉讼的举证责任并非特殊的"举证责任倒置"，而是同样符合诉讼程序科学规律的"谁主张、谁举证"这一基本原则的。在一般的案件中，因行政行为的合法性是行政机关的主张，原告提出的诉讼请求并未超出行政行为之外，因此由行政机关承担全部举证责任。但是在行政赔偿案件中，原告在针对行政行为提出诉求的同时提出了赔偿的主张，那么，由原告对该部分主张提供相应证据是理所当然的。

其次，原告承担的是说服责任。有观点认为，其实在任何一个行政案件中，原告都会提出很多证据，用以主张被诉行政行为的违法性，这也属于原告的举证责任，原告不仅仅在主张赔偿时举证。这个问题涉及举证责任及其在行政诉讼中的理解。初期的举证责任概念是指提供证据的责任，但这无法解决各方均提供证据但仍然事实不明的问题。于是，举证责任理论发展为与诉讼结果相连接，即无法完成举证责任的当事人需承担败诉的后果。因此，行政诉讼中被告承担举证责任，是指在各方当事人都提供了有关证据之后，案件事实仍无法查明时，应当由被告而非原告承担败诉的后果。有的学者为区分原、被告行政诉讼中的举证行为的性质，进一步提出了英美法系的推进责任和说服责任在行政诉讼中运用的理念。推进责任，即当事人对自己提出的主张提供证据，无须证明自己主张成立或对方主张不成立，只要证明自己主张可能成立或对方主张可能不成立，引起合理怀疑即可；说服责任，即当事人必须提供充分证据证明自己主张，并对这些证据加以解释和说明，使法庭能够相信其主张的成立，否则可能承担不利的裁判结果。二者的区别在于，推进责任可以根据证据证明的案件事实情况，在当事人各方之间移转，而说服责任则不能移转，始终为一方当事人所承担。行政诉讼在一般情况下都是由被告承担说服责任，被告在无法证明自己主张成立时必然败诉。原告和第三人只承担推进责任，原告启动诉讼程序，当无法证明自己主张成立时只是存在不能否定对方主张的不利后果，即有败诉风险，但不是必然败诉。但是，在特殊的行政赔偿中，原告"对行政行为造成的损害提供证据"这一举证责任属于说服责任，这与普通案件中原告的举证属于推进责任是完全不同的性质，对此必须有明确和清晰的认识。

再次，"原告应当对行政行为造成的损害提供证据"，这表明在赔偿和补偿案件中原告只是承担部分而非全部的举证责任，即只需要证明其因行政行为而遭受的实际损害。因违法行为遭受的损害取得行政赔偿权利，因合法行为遭受的损害取得行政补偿权利。具体包括以下证明义务：(1)证明损害的存在及其程度。在赔偿和补偿案件中，原告需要提供证据证明因行政行为遭受的实际损害是什么，严重程度如何，这是《行政诉讼法》(2017 年修正)第 38 条第 2 款的最基本含义。

审判实践中,法院在判断原告是否完成对“损害的存在及其程度”的证明义务时,应当综合考量损害的性质、损害发生的可能性以及原告诉求的合理性等因素,在个案中形成内心确信后,最终对原告是否完成说服责任作出判断。(2)证明损害属于合法权益。“任何人不得从自己的违法行为中获利”这是一个基本的原则,不合法的利益,法律并不保护。因此,原告需要证明其遭受的损害属于法律保护的合法权益。(3)证明损害是行政行为(不作为)造成的。因果关系的证明较为复杂,原告必须证明被诉行政行为与损害之间具有直接因果关系或是相当因果关系。前者一般针对被告单一过错导致损害发生的情形,后者则针对多因一果导致损害发生的情形,或是原告与被告存在混合过错致害的情形。

复次,因被告原因导致原告无法完成举证责任的,应当由被告承担举证责任。“因被告原因导致原告无法完成举证责任”是指原告无法对行政行为造成的损害提供证据。主要包括两个方面:一是原告无法提供证据证明其实际损害。类似行政强制的行政行为致害发生时,行政相对人往往无法及时有效地保存其合法财产,因此,《行政诉讼法》对采取强制措施的行政机关课以严格的程序义务,如行政机关违法实施强制行为导致损害发生,在原告无法证明其损害程度时,要求被告举证是科学、合理和公平的。二是原告无法证明其损害是行政行为(不作为)造成的。实践中,有的行政机关实施行政强制行为前并未给予行政相对人有效的通知,更没有书面的文件,发生诉讼时被告往往会拒不承认自己的强制行为,这时要求原告举证就非常困难。这种情况下,如原告提供了实施强制行为的现场视频、照片或者之前被告或其委托的单位与原告就补偿事宜等进行过协商的初步证明,在被告无反驳性证据证明其并非强制行为的实施机关时,法院可以推定被告就是采取强制措施的行政机关。“应当由被告承担举证责任”是指被告对原告的损害程度以及行政行为是否与损害结果存在因果关系承担说服责任,被告无法完成举证责任就需承担败诉的责任。本案中,原告提出了生姜、香芋等蔬菜,台称、电饭煲等普通的市场物品的实际损害。因原告摊位是在凌晨被突然拆除的,被告虽然主张其在市场改造前发布了通告,并向原告发出了通知,在进行清拆前,也向原告进行了告知,但是,被告对其主张并未提供相应证据予以证明。所以,虽然原告无法提供证据证明其主张的上述损害实际存在,但是法院依据《行政诉讼法》(2017 年修正)第 38 条第 2 款的规定,将举证责任课以被告。

最后,特殊财物损失的举证责任和法院的裁量权。在被告无法完成《行政诉讼法》(2017 年修正)第 38 条第 2 款的举证责任时,法院如何裁判,是必须慎重研判的。被告无法举证,意味着原告的实际损害情况无法查明。此时,判决被告败诉是无疑的,但是能否判决被告向原告进行赔偿,如何掌握赔偿的标准需要法院在个案中进行甄别。法院可以根据原告的生产经营和生活状况,根据市场价格或生活经验合理评估原告的损失,依法、科学、客观地行使司法裁量权。当然,法院之所以能够行使裁量权,是因为存在裁量的基础,即普通人的知识理性能够推算出大致合理的原告损失。本案中,对原告提出的蔬菜、台称和电饭煲等物品损失,二审法院根据原告自述的其经营的摊位面积约为 6 平方米的事实,结合日常的生活经验,比照同行业其他经营者的经营规模以及参照购买同类物品的市场价格,酌定被告向原告赔偿 5000 元,是合理的。但是,在原告主张的损害超出一般人合理的认知范围时,法院就不能任意行使裁量权。对于超出一般市场价值的物品,如仍要求被告举证,否则一律判决被告赔偿显然是不合理的,一方面可能导致不诚信的原告利用国家赔偿获取不正当利益,另一方面也会造成国家财政的损失。因此,这种情况仍应当由原告对其"特殊财物损失"承担举证责任。本案中,原告另提出其损失包括一幅针线山水画,价值 15,000 元。由于该项损失属于超出原告经营及生活范围的贵重物品,二审法院将该损失的举证责任仍课以原告,最终并未支持该项赔偿请求。

(撰稿人:刘德敏　广东省高级人民法院)

【专家评析】

本案的核心要点在于两个方面:一是被告行为合法性的证明;二是财物损失的证明。

被告行为合法性的证明。依据《行政诉讼法》(2017 年修正)及其相关证据规则,在行政赔偿案件中,原告要承担一部分举证责任,但是这并未动摇行政诉讼举证责任倒置这个基本规则,即对于行政行为合法与否的证据仍应由被告提供,否则,被告就应当承担相应的诉讼后果。在本案一审中,被告主张其在市场改造前发布了通告,并在市场内张贴,同时也向原告发出了通知;同时主张在进行清拆前,还向原告进行了告知。但是,对于上述主张,被告并没有相应的证据作支撑,那么理应认定为被告的上述行为违反相应的法定程序,属于违法行政行为。在二审中，广东省高级人民法院依据《行政强制法》（2011年）第35条“行政机关作出强制执行决定前，应当事先催告当事人履行义务”之规定，判定县政府强制清拆上诉人古某奇经营摊位的行为违法。可以说，二审法院准确地纠正了一审法院在行为性质认定上的错误。

关于财物损失的证明。《最高人民法院关于审理行政赔偿案件若干问题的规定》（法释〔2022〕10号）第11条第1款规定：“行政赔偿诉讼中，原告应当对行政行为造成的损害提供证据；因被告的原因导致原告无法举证的，由被告承担举证责任。”该条规定表明，原告需要就以下几个方面提供证据：一是损害事实与行政行为的因果关系，即行政机关仅就其行为造成损害的部分进行赔偿，而非对原告的一切损害进行赔偿。二是损害的具体程度。损害的具体程度是确定赔偿数额的最重要标准，因而也是行政赔偿诉讼中原告应当证明的核心问题。本案中，原告（上诉人）所提出的强制清拆行为给其造成的合法财产损失，主要包括生姜、香芋等蔬菜和台称、电饭煲等物品，但对于前述物品的灭失，原告（上诉人）已无法提供明确的清单予以证明，由此产生了证明不能的法律问题。对此，司法解释规定，如果无法证明是“因被告的原因导致原告无法举证的”，则产生“由被告承担举证责任”的法律后果。据此，本案中由被告来承担举证责任自是合理的。但从案件实际情况来看，由于物的灭失，如蔬菜等已经不存在，被告亦是无法履行举证责任，所以被告承担败诉风险是本案可能的唯一结果。但问题是，在原被告双方均无法确定实际损失的情况下，法院该如何确定被告应当赔偿的额度呢？在此，只能借助于基本的常识。根据原告（上述人）的自述，其经营的摊位面积约为6平方米，那么法院只需结合摊位面积、同市场其他摊主的经营状况和日常生活经验便可大体作出推算。二审法院很好地考虑了这一点，亦值得肯定。

至于原告（上诉人）所主张的价值15,000元的针线山水画，由于与摊位本身并无直接关联，所以其存在与否以及有多大价值，只能由原告提供证据予以证明，否则，法院不能支持其主张。

综上，关于本案的处理，二审法院很好地将行政诉讼法理、证据规则以及生活经验结合起来，纠正了一审法院的错误判决，实现了法律之内的正义。

（撰稿人：卢护锋　广州大学法学院）

案例 10

政府信息不予公开的举证责任*

【裁判要旨】

行政机关以申请公开的政府信息涉及商业秘密为由不予公开的，应当对该政府信息涉及商业秘密承担举证责任。行政机关未审查信息是否涉及商业秘密，径行以第三方不同意公开为由决定不予公开的，缺乏法律依据。

【关键词】

政府信息公开　商业秘密　举证责任

【基本案情】

2017 年 4 月 17 日，汕头市正集源投资有限公司（以下简称正集源公司）向汕头市濠江区达濠街道办事处（以下简称达濠街道办事处）提交《政府信息公开申请书》，申请公开“达濠街道办平整 B—5—06 地块及迁移坟地、电线杆、线缆、变压器施工等合同、结算资料”。达濠街道办事处受理后，认为正集源公司申请公开的信息涉及第三方汕头市达濠建筑总公司一公司的利益，就正集源公司申请公开的内容征求了第三方意见。2017 年 5 月 18 日，汕头市达濠建筑总公司一公司作出《关于征求政府信息公开权利人意见的复函》，函复达濠街道办事处，明确“青云山庄居住片区 B—5—06 地块平整、迁移坟地、施工等工程资料信息涉及合同价款约定，属商业秘密，我司不同意公开”。2017 年 5 月 25 日，达濠街道办事处作出《关于征求政府信息公开意见的复函》（以下简称《复函》），答复正集源公

---

* 汕头市正集源投资有限公司与汕头市濠江区达濠街道办事处、汕头市人民政府案，广东省汕头市金平区人民法院（2017）粤 0511 行初 56 号行政判决书；广东省汕头市中级人民法院（2018）粤 05 行终 27 号行政判决书。

司，内容主要是转述第三方的回复意见。正集源公司不服，于 2017 年 6 月 29 日向汕头市人民政府（以下简称汕头市政府）提出行政复议申请。汕头市政府于 2017 年 9 月 26 日作出汕行复案〔2017〕176 号《行政复议决定书》，决定维持达濠街道办事处作出的《复函》。正集源公司不服，提起行政诉讼。

【裁判结果与理由】

广东省汕头市金平区人民法院作出（2017）粤 0511 行初 56 号行政判决：（1）撤销达濠街道办事处作出的《复函》；（2）撤销汕头市政府作出的汕行复案〔2017〕176 号《行政复议决定书》；（3）责令达濠街道办事处在判决生效之日起 15 个工作日内重新作出答复。广东省汕头市金平区人民法院一审认为，《最高人民法院关于审理政府信息公开行政案件若干问题的规定》（法释〔2011〕17 号）第 8 条第 1 款规定，人民法院在合法性审查中，应当根据行政机关的举证作出是否构成商业秘密的判断。但在本案诉讼中，达濠街道办事处、汕头市政府均未能提供正集源公司所申请公开的政府信息涉及商业秘密的任何证据和依据供一审法院审查，致使法院无法判断正集源公司申请公开的政府信息是否涉及第三方的商业秘密。因此，达濠街道办事处作出的《复函》及汕头市政府作出的《行政复议决定书》证据不足，属明显不当，应予撤销。达濠街道办事处不服，提起上诉。

广东省汕头市中级人民法院于 2018 年 7 月 17 日作出（2018）粤 05 行终 27 号行政判决：驳回上诉，维持原判。

法院生效判决认为，《最高人民法院关于审理政府信息公开行政案件若干问题的规定》（法释〔2011〕17 号）第 5 条第 1 款规定："被告拒绝向原告提供政府信息的，应当对拒绝的根据以及履行法定告知和说明理由义务的情况举证。"本案达濠街道办事处以正集源公司申请公开的政府信息涉及商业秘密为由，答复正集源公司不予公开。依据《反不正当竞争法》（2017 年修订）第 9 条第 3 款的规定，商业秘密是指不为公众所知悉、具有商业价值并经权利人采取相应保密措施的技术信息、经营信息等商业信息。达濠街道办事处应当依此标准进行审查。人民法院在合法性审查中，亦应当根据达濠街道办事处的举证作出是否构成商业秘密的判断。但达濠街道办事处在收到正集源公司的政府信息公开申请后，仅以经征询第三方的意见，第三方认为涉及商业秘密不同意公开为由而不予公开。在诉讼程序中，也没有向法院提供相关政府信息涉及商业秘密的证据和依据，导致一审法院无从对被诉《复函》认定"涉及商业秘密"的事实证据进行审查，无法对该认定结论是否正确作出判断。而汕头市政府作为行政复议机关,在达濠街道办事处没有提供涉及商业秘密的证据或依据的情况下,认定达濠街道办事处作出的《复函》符合法律规定,予以维持,属事实不清,证据不足。因此,一审法院在达濠街道办事处和汕头市政府均未能提供能够证明正集源公司所申请公开的政府信息涉及商业秘密的任何证据和依据供其审查的情况下,认定达濠街道办事处作出《复函》及汕头市政府作出《行政复议决定书》的证据不足,判决予以撤销,并无不当,依法予以维持。

【裁判者说】

一、背景情况介绍

商业秘密一般作为政府信息强制性公开的例外。由于该条规定过于原则、模糊,主观色彩太重,缺乏可操作性,导致实践中行政机关容易出现滥用的情况,行政机关常常会以政府信息涉及第三方商业秘密且第三方不同意公开为由不予公开相关信息。由此而引发的行政纠纷也已然成为政府信息公开行政案件审理中颇具争议的问题之一。由于行政诉讼领域缺乏明确界定商业秘密的法律依据,审判实践中也欠缺统一标准,更增加了司法审查的难度。

二、法院对政府信息涉及商业秘密的审查

(一)对政府信息是否涉及商业秘密应当进行实质性审查

本案发生时依据《政府信息公开条例》(2007 年)第 14 条第 4 款的规定:"行政机关不得公开涉及国家秘密、商业秘密、个人隐私的政府信息。但是,经权利人同意公开或者行政机关认为不公开可能对公共利益造成重大影响的涉及商业秘密、个人隐私的政府信息,可以予以公开。"第 23 条规定:"行政机关认为申请公开的政府信息涉及商业秘密、个人隐私,公开后可能损害第三方合法权益的,应当书面征求第三方的意见;第三方不同意公开的,不得公开。但是,行政机关认为不公开可能对公共利益造成重大影响的,应当予以公开,并将决定公开的政府信息内容和理由书面通知第三方。"根据上述规定,行政机关以政府信息涉及商业秘密为由不予公开的,必须具备以下三个条件:第一,行政机关接到政府信息公开申请后,经过审查认为政府信息可能涉及第三方商业秘密,公开后可能损害第三方合法权益;第二,行政机关书面征求第三方意见,第三方以涉及自身商业秘密为由不同意公开;第三,行政机关经过审查认为第三方不同意公开的理由成立且不公开相关信息不会给公共利益造成重大影响。本案中,达濠街道办事处收到正集源公司的政府信息公开申请后，未经依法审查该信息是否涉及商业秘密，是否存在不予公开不会对公共利益造成重大影响的情形，仅根据第三人不同意公开的意见，便决定不予公开相关信息，明显缺乏法律依据。

（二）对政府信息是否涉及商业秘密应当如何进行实质性审查

对政府信息是否涉及商业秘密进行实质性审查，主要涉及两个问题：一是如何认定“商业秘密”，二是如何认定是否属于不予公开不会对公共利益造成重大影响的情形。

首先，由于《政府信息公开条例》及相关配套规定并未对“商业秘密”作出具体解释，审判实践中一般是参考《反不正当竞争法》和知识产权保护领域关于“商业秘密”的相关规定进行判断。《反不正当竞争法》中规定，“本法所称的商业秘密，是指不为公众所知悉、具有商业价值并经权利人采取相应保密措施的技术信息、经营信息等商业信息。”根据上述规定，认定“商业秘密”的重点在于涉案信息是否具有商业价值并在通常状态下不会为权利人以外的人所知悉，以及涉案信息一旦公开是否会对权利人的合法权益（主要是经济利益）造成损害两个方面。

其次，解决政府信息公开争议与侵犯商业秘密的民事争议的法律依据，在立法宗旨上有本质的不同：《反不正当竞争法》旨在保护经营者权益，侧重保护私益，不涉及知情权问题；而《政府信息公开条例》的立法目的则在于保障行政相对人依法获取政府信息，发挥政府信息对人民生产、生活和经济社会活动的服务作用，侧重规定的是政府信息公开，对商业秘密等不予公开的例外规定体现公益与私益之间的平衡。因此，参考《反不正当竞争法》对“商业秘密”作出界定的同时，必须结合《政府信息公开条例》的立法精神，在第三方经济利益和公共利益之间进行衡量。对于那些无法确定是否构成商业秘密，第三方主张为商业秘密，但如果不予公开将明显侵犯公民知情权、监督权乃至其他合法权益的信息，对于公共利益的影响明显大于对第三方经济利益的影响，则不应作为“商业秘密”，可依法要求公开。对于确定是商业秘密，但不公开可能对公共利益造成重大影响，也应当依照《政府信息公开条例》的相关规定予以公开。

（三）行政机关以政府信息涉及商业秘密为由不予公开的应当承担举证责任

《最高人民法院关于审理政府信息公开行政案件若干问题的规定》（法释〔2011〕17 号）第 5 条第 1 款规定：“被告拒绝向原告提供政府信息的，应当对拒绝的根据以及履行法定告知和说明理由义务的情况举证。”如前所述，行政机关在行政程序中对政府信息是否涉及商业秘密应当进行实质性审查；相应地，在行政诉讼中法院也应当对政府是否履行上述义务进行审查。《行政诉讼法》（2017 年修正）并未规定第三人的举证责任，一般情况下法院只需根据行政机关举证情况对行政行为的合法性进行审查。本案中，达濠街道办事处在收到正集源公司的政府信息公开申请后，向第三方征询意见，第三方认为涉及其商业秘密不同意公开。达濠街道办事处遂作出《复函》，向正集源公司转述了第三方的意见。《复函》的实质是以涉案信息涉及第三方商业秘密为由不予公开。而且在复议程序和诉讼程序过程中，达濠街道办事处与复议机关汕头市政府均未提供涉案信息构成商业秘密的证据，法院根据现有证据亦无法认定涉案信息是否涉及商业秘密、是否依法可不予公开。因此，法院最终判决撤销达濠街道办事处作出的《复函》和复议机关的复议决定，并责令达濠街道办事处限期重新作出答复。该判决符合立法本意，保护了原告的合法权益，对行政机关依法行政起到了监督作用，对同类案件的处理具有一定借鉴意义。

（撰稿人：陈壮丽　广东省汕头市中级人民法院）

【专家评析】

如何处理政府信息依申请公开中的利益冲突，是政府信息公开案件中的一个难点。造成困难的直接原因是《政府信息公开条例》对行政机关作出决定的依据和程序的规定不够清晰。实践中大量此类申请被行政机关简单化处理，即征求第三方意见后，直接以第三方不同意公开的意见和理由作为不予公开相关信息的理由和依据。行政机关采取这种处理方式，是对依申请公开政府信息制度的理解不到位，也没有依法履行《政府信息公开条例》规定的审查义务，由此而引发政府信息公开行政诉讼也就不足为奇。

本案中两审法院都认为行政机关对作出不予公开决定的证据和规范性文件依据负有举证责任，强调了行政机关在处理有利益冲突的政府信息公开案件时对阻却公开的理由有实质审查的义务，不能简单以第三方的意见和理由作为行政决定的证据和法律依据。两审法院结合了《行政诉讼法》（2017 年修正）规定的被告的举证责任和对政府信息公开制度的理解，对《政府信息公开条例》相关条文及其与《反不正当竞争法》中关于商业秘密保护的相关规定之间关系的解读，符合立法精神，具有说服力。本案判决为此类纠纷的解决提供了一条比较清晰的思路，也为行政机关处理相关案件提供了可行的参考。

（撰稿人：刘文静　暨南大学法学院）

案例 11

村民履行集体义务的举证责任*

【裁判要旨】

“外嫁女”案件中认定村民是否属于集体经济组织成员，应当把握“户口 + 义务”的双重标准，即该村民的户口在集体经济组织所在地，且该村民履行了法律法规和集体经济组织章程规定的村民义务。如果集体经济组织否认村民履行了村民义务，考虑到集体经济组织属于保存证据的一方，结合举证能力等因素，对于村民是否履行上述义务的事实，应当由集体经济组织承担举证责任。

【关键词】

村民义务　集体经济组织成员资格　举证责任分配

【基本案情】

本案第三人古某华、古某柱和古某欢均系红星经济合作社（以下简称红星社）社员古某英的子女，出生后均随母亲古某英入户罗岗村红星社，且户口从未迁出。

2013 年 4 月，因增城市挂绿湖水利工程项目在原告广州市增城区荔城街罗岗村红星社进行征地，原告在获得政府支付的征地补偿款后，就征地补偿款（包括青苗补偿款等）分配问题召开了村民大会，并表决通过分配方案。原告根据该方案对村民进行分配，但未分配给古某华、古某柱、古某欢。古某华等三人认为原告损害其合法权益，于 2016 年 7 月 21 日向荔城街道办事处（以下简称荔城街道

---

* 广州市增城区荔城街罗岗村红星经济合作社诉广州市增城区人民政府行政复议决定案，广州铁路运输中级法院（2018）粤 71 行初 167 号行政判决书；广东省高级人民法院（2018）粤行终 1812 号行政判决书。

办）书面提出行政处理申请，要求确认集体经济组织成员资格并责令原告及第三人罗岗村联社向其支付征地补偿款各 8.6 万元。荔城街道办立案受理后，于 2016 年 12 月 20 日向原告及第三人罗岗村联社送达《行政处理决定答复及举证通知书》。原告收到上述通知后，提交了《罗岗村红星合作社社规民约》及户主签名表。该社规民约第 10 条规定："本社女方嫁出后，其户口没有迁出本社的，及其子女，一律不享受本社待遇。如未生育的离婚后其户口可入回本社同样享受本社待遇。"2017 年 11 月 10 日，荔城街道办作出（2017）增荔街行决字第（33）号《行政处理决定书》，决定对古某华等第三人行政处理申请的请求不予支持，并于 12 月 4 日送达各方当事人。

古某华等第三人收到决定书后不服，于 2017 年 12 月 18 日向被告增城区政府书面申请行政复议，被告于当天受理。2018 年 3 月 14 日，被告作出增府行复[2017]102 号《行政复议决定书》。复议决定认为，古某华等第三人是红星社社员古某英的子女，出生后即入户罗岗村红星社，应当具有罗岗村红星社的社员资格；荔城街道办主张古某华等三人未履行法律法规及组织章程规定的相关成员义务，但未能提供充分的证据证明，其作出的行政处理决定缺乏事实依据；根据《村民委员会组织法》（2010 年修订）第 27 条第 2 款的规定，荔城街道办应当对罗岗红星社社规民约中的违法部分予以纠正，其适用广东省人民政府制定的《广东省农村集体经济组织管理规定》（2013 年修订）的相关规定不予支持古某华等三人的请求，属于适用法律错误，应予以纠正。故根据《行政复议法》（2017 年修正）第 28 条第 1 款第 3 项第 1 目、第 2 目及《行政复议法实施条例》（2007 年）第 45 条的规定，决定撤销荔城街道办作出的（2017）增荔街行决字第（33）号《行政处理决定书》，责令其在收到行政复议决定书之日起 60 日内对古某华等第三人的申请重新作出处理。该复议决定于 2018 年 3 月 16 日送达各方当事人。红星社收到复议决定书后不服，提起本案诉讼。

【裁判结果与理由】

广州铁路运输中级法院一审认为，本案审理的是增城区政府作出的被诉复议决定是否合法。广东省人民政府制定的《广东省农村集体经济组织管理规定》（2013 年修订）第 15 条第 2 款规定："实行以家庭承包经营为基础、统分结合的双层经营体制时起，集体经济组织成员所生的子女，户口在集体经济组织所在地，并履行法律法规和组织章程规定义务的，属于农村集体经济组织的成员。"本案中，第三人古某华、古某柱和古某欢均系原告红星社社员古某英的子女，出生后均随母亲古某英入户罗岗村红星社，且户口从未迁出。在无充分证据证明古某华等三人未履行法律法规及组织章程规定的相关成员义务的情况下，应当认定其具有原告红星社的社员资格。被告增城区政府认定古某华等第三人应当具有红星社社员资格，荔城街道办作出的行政处理决定缺乏事实依据，并无不当，法院予以支持。

《村民委员会组织法》(2010 年修订)第27 条第2 款规定："村民自治章程、村规民约以及村民会议或者村民代表会议的决定不得与宪法、法律、法规和国家的政策相抵触，不得有侵犯村民的人身权利、民主权利和合法财产权利的内容。"本案中，原告红星社根据《罗岗村红星合作社社规民约》中关于"本社女方嫁出后，其户口没有迁出本社的，及其子女，一律不享受本社待遇"的条款，以古某华等三人的母亲是出嫁女、父亲是入赘人员为由，不给予古某华等三人社员资格及待遇，不符合《妇女权益保障法》(2005 年修正)第 2 条第 1 款、第 33 条第 1 款和《广东省实施〈中华人民共和国妇女权益保障法〉办法》(2007 年修订)第 24 条的规定。该条款不能作为不给予古某华等三人社员资格的依据。被告增城区政府在被诉复议决定中对荔城街道办作出的错误行政决定予以纠正，亦无不当。

综上，依照《行政诉讼法》(2017 年修正)第 69 条之规定，判决：驳回原告红星社的诉讼请求。

红星社不服，提起上诉。广东省高级人民法院二审认为，本案中原审第三人古某华、古某柱、古某欢因不服荔城街道办作出的涉案《行政处理决定书》向被上诉人提出行政复议申请。荔城街道办认为古某华等三人虽然户口保留在上诉人处，但没有证据证明其履行了法律法规及组织章程规定的成员义务，因此，古某华等三人不具有上诉人集体经济组织成员资格。但荔城街道办并未查明作为上诉人集体经济组织成员应当履行哪些义务，却以古某华等三人未履行法律法规和组织章程义务为由，认定其不具有上诉人集体经济组织的成员资格事实依据不足。增城区政府经复议决定撤销《行政处理决定书》，并责令荔城街道办针对古某华等三人的申请重新作出处理，符合上述规定，上诉人红星社关于撤销被诉复议决定的诉讼请求理由不能成立，原审判决予以驳回并无不当，依法予以维持。依照《行政诉讼法》(2017 年修正)第 89 条第 1 款第 1 项的规定，判决：驳回上诉，维持原判。

【裁判者说】

俗称的“外嫁女”案件，其实质是村民待遇资格争议，即村民要求享有集体经济组织成员资格，并享受集体经济组织的股份分红或其他村民福利待遇，而集体经济组织拒绝给予导致双方产生纠纷，村民向行政机关申请对双方的纠纷进行行政裁决引发的案件。根据广东省人民政府制定的《广东省农村集体经济组织管理规定》（2013 年修订）第 15 条第 2 款“实行以家庭承包经营为基础、统分结合的双层经营体制时起，集体经济组织成员所生的子女，户口在集体经济组织所在地，并履行法律法规和组织章程规定义务的，属于农村集体经济组织的成员”的规定，判断村民是否属于集体经济组织成员，应当把握的标准是“户口 + 义务”的原则。即只有村民的户口在集体经济组织所在地，且村民履行了法律法规和组织章程规定的义务，才能认定该村民属于集体经济组织成员。对于村民是否履行了法律法规和组织章程规定的义务的待证事实的查明应当由谁举证，审判实务中存在不同的看法。

一、关于集体经济组织成员资格案件举证责任分配的观点分歧

一种意见认为，村民和集体经济组织之间有关村民资格和待遇的纠纷，属于发生在平等民事主体之间的纠纷。村民申请行政机关对其和集体经济组织之间有关村民资格和待遇的纠纷作出裁决，行政机关在裁决过程中，应当参照民事诉讼“谁主张、谁举证”的举证责任分配模式，要求提出主张的一方承担提交相应的证据证明其主张的义务。在此类案件中，村民主张其应当享有村民资格和享受集体经济组织股份分红，其应当按照“户口 + 义务”的双重标准，提交其户口情况材料，以及履行相关义务的证据材料，只有其提交的证据能够证明其符合“户口 + 义务”的双重标准，才可以确认其具备集体经济组织的成员资格，以及有权享受集体经济组织股份分红或其他福利待遇。

另一种意见认为，在此类纠纷中，对于村民是否符合“户口 + 义务”的双重标准，有关村民户口的情况应当由村民本人提交证据加以证明，而有关村民是否履行了法律法规和组织章程规定的义务的证明问题则应当具体情况具体分析。随着国家多种惠农政策的出台，农村农民负担减轻，大多数集体经济组织已经不存在需要集体成员履行的集资或者参加义务劳动等村民义务，所以要求村民提交履行法律法规和组织章程规定的义务的证据材料存在客观困难。如果集体经济组织否定村民履行了法律法规和组织章程规定的义务的，其应当提交证据证明其反驳意见具有事实依据，即采取举证责任倒置的方式，确定集体经济组织应当负有的举证责任。笔者同意这种意见。

二、集体经济组织对村民是否履行义务应当负举证责任的理由

村民主张其具有集体经济组织成员资格，应当具备“户口 + 义务”的条件，集体经济组织反驳村民的主张，则可以从村民户口不在本集体经济组织所在地，或者村民未履行法律法规或组织章程规定的义务等角度提出抗辩。集体经济组织作为否定村民主张的一方，要求其对村民是否履行了相应义务负举证责任，是否违背了“否定者无须举证”的原理？其实，将村民是否履行相应义务的举证责任分配给集体经济组织具有充分的理由：

第一，集体经济组织内部要求其成员应当履行哪些义务是由集体经济组织确定的，对于具体的义务种类和要求，集体经济组织的了解程度远远高于村民。集体经济组织完全有能力和条件举证证明集体经济组织内部的义务状况。

第二，集体经济组织内部成员是否履行了集体义务，集体经济组织应当进行统计和记录，并由此形成证据材料。如果集体经济组织抗辩村民未履行集体义务，可以提交其他成员履行集体义务的统计情况，即能够反映主张成员资格的村民是否履行集体义务的客观情况。因此，集体经济组织虽然属于否定主张的一方，但完全可以提交证据材料，证明其反驳意见具有事实依据，增强其抗辩意见的说服力。

第三，在集体义务已基本不存在的情形下，集体经济组织作为有权设定和要求其成员履行集体义务的一方，如果未能举证证明其设定了集体义务，则不能要求村民举证证明其履行了成员集体义务。因此，对集体经济组织科以证明村民未履行集体义务的责任，如举证不能则集体经济组织需要承担败诉的责任，这才能达到举证责任分配机制中形式公平和实质公平的统一。因此，集体经济组织在未能举证证明本集体经济组织存在哪些集体义务的前提下，直接主张村民未履行集体义务的抗辩主张，人民法院一般不予采纳。

三、判断是否履行集体义务应当注意的问题

在“外嫁女”案件中审查村民是否履行了法律法规或组织章程规定的义务时除了客观公正分配举证责任以外，还需要注意个案中针对一些特殊情形的分析判断及裁判理由选择：

一是村民在抗辩其已经履行了法律法规和组织章程规定的义务时，主张其履行了积极参加村民选举的集体义务。村民参加村民代表选举或村委会选举，是行使村民权利而不是履行村民义务，因此，村民以参加选举作为其履行了集体义务的抗辩理由不充分。

二是审查村民是否履行了法律法规和组织章程规定的集体义务，除了要求集体经济组织负举证责任外，还需要结合其他案件事实作客观分析。如村民主张其具有集体经济组织成员资格，但其长期以来并不在该集体经济组织内居住生活，其居住和生活状况，也可以作为判断是否履行了法律法规和组织章程规定的集体义务的事实依据之一。

三是审查村民是否履行了法律法规和组织章程规定的集体义务时把握的判断标准，在同一集体经济组织内部应当保持统一，平等对待每一位村民的诉求，避免出现同等情况未能同等对待的情形，造成司法不公的结果。

（撰稿人：窦家应　广东省高级人民法院）

【专家评析】

本案的核心在于进一步明晰户籍仍在原集体经济组织的"外嫁女"是否属于原集体经济组织的成员，以及其是否履行集体经济组织章程要求的义务。目前，我国法律对于所谓"外嫁女"能否享受与普通村民同等获得征地补偿待遇的问题，并未作出特殊规定。对于直接涉及"外嫁女"切身利益的民生问题，一般应从以下几方面予以综合考量：一是户籍在征地拆迁完成前是否仍然在原集体经济组织；二是其是否履行集体经济组织章程要求的义务。一般而言，户籍在集体经济组织所在地，但不履行集体经济组织章程义务的，则不应享有与该集体经济组织其他成员平等的权益。

根据《妇女权益保障法》（2005 年修正）第 32 条、第 33 条的规定："妇女在农村土地承包经营、集体经济组织收益分配、土地征收或者征用补偿费使用以及宅基地使用等方面，享有与男子平等的权利。""任何组织和个人不得以妇女未婚、结婚、离婚、丧偶等为由，侵害妇女在农村集体经济组织中的各项权益。因结婚男方到女方住所落户的，男方和子女享有与所在地农村集体经济组织成员平等的权益。"广东省人民政府制定的《广东省农村集体经济组织管理规定》（2013 年修订）第 15 条第 2 款规定："实行以家庭承包经营为基础、统分结合的双层经营体制时起，集体经济组织成员所生的子女，户口在集体经济组织所在地，并履行法律法规和组织章程规定义务的，属于农村集体经济组织的成员。”《广东省实施〈中华人民共和国妇女权益保障法〉办法》(2007 年修订)第 24 条规定：“农村集体经济组织成员中的妇女，结婚后户口仍在原农村集体经济组织所在地，或者离婚、丧偶后户口仍在男方家所在地，并履行集体经济组织章程义务的，在土地承包经营、集体经济组织收益分配、股权分配、土地征收或者征用补偿费使用以及宅基地使用等方面，享有与本农村集体经济组织其他成员平等的权益。符合生育规定且户口与妇女在同一农村集体经济组织所在地的子女，履行集体经济组织章程义务的，享有前款规定的各项权益。”如上规定，外嫁女的基本权益应得到平等保障，外嫁女是否因履行集体经济组织章程要求的义务而获得基本权益保障应在权益分配时予以认定清楚。而对于农村集体经济组织所得收益的使用分配、土地承包经营方案、征地补偿费的使用分配等涉及村民利益的事项应由村民大会讨论决定。本案中，原告红星社根据分配方案对村民进行了分配，但未分配给古某华、古某柱、古某欢，对于这三人是否履行法律法规及组织章程规定的义务，应由村民会议作出分配方案时予以认定，由此产生的权益分配纠纷，应由集体经济组织承担举证责任。这就要求集体经济组织对于外嫁女具体的义务种类和要求予以明确，对于外嫁女是否履行了集体义务，集体经济组织也应当进行统计和记录，并形成证据材料，否则集体经济组织对外嫁女未履行集体义务而无法获得权益分配的抗辩主张，人民法院应不予采纳。

（撰稿人：伍劲松　华南师范大学法学院）

案例12

行政程序轻微违法的举证与认定*

【裁判要旨】

原告主张行政行为程序不合法，被告应就行政行为符合法定程序进行举证，被告无正当理由拒绝提交相关证据的，人民法院可以认定行政行为不符合法定程序。行政行为程序轻微违法，但对原告权利不产生实际影响的，适用确认违法判决。

【关键词】

行政处罚　举证责任　程序轻微违法　确认违法

【基本案情】

2018年2月15日13时40分左右，陈某悦驾驶汽车从曙光新城车库出发行至该小区停车场出口处，因物业管理费问题质询管理人员郭某如。本案原告陈某英也从该小区的车库驾驶汽车行至该小区出口。陈某英看到陈某悦后，也将汽车停在陈某悦汽车后面，帮助陈某悦与郭某如等人争执。后物业管理处负责人林某霞到现场与陈某悦、陈某英争论物业管理费用问题。物业管理处向揭西县公安局棉湖派出所报案称，该小区二期出口有业主开车堵门。揭西县公安局棉湖派出所接案后，派出多名民警到现场制止陈某悦、陈某英的相关行为。陈某英要求堵车者陈某悦"担不直，就勿开走"，民警反复宣讲法律和批评教育，陈某悦、陈某英仍拒绝离开，后陈某悦、陈某英被民警带回棉湖派出所接受调查。揭西县公安局调取相关视频，向陈某英、陈某悦，证人林某霞、郭某如、王某纯等调查，并制作询问

---

* 陈某英诉揭西县公安局行政处罚决定案，广东省揭阳市榕城区人民法院（2018）粤5202行初13号行政判决书；广东省揭阳市中级人民法院（2018）粤52行终20号行政判决书。

笔录。揭西县公安局认定,2018 年 2 月 15 日 13 时 40 分许,陈某悦、陈某英与曙光新城物业管理人员因管理费用发生纠纷,故意将车辆停放在小区二期停车场出口处达一个小时,严重影响小区其他业主的正常出入。根据《治安管理处罚法》(2012 年修正)第 23 条规定,拟对陈某悦、陈某英作出行政处罚,并告知陈某悦、陈某英依法享有陈述和申辩权。陈某悦、陈某英放弃陈述和申辩,并在揭西县公安局提供的行政处罚告知笔录上签名。2018 年 2 月 15 日,揭西县公安局对陈某悦、陈某英分别作出揭西公(棉湖)行罚决字〔2018〕00055 号、00056 号《揭西县公安局行政处罚决定书》,对陈某悦、陈某英分别处行政拘留 5 日的处罚,并向陈某悦、陈某英宣告送达。揭西县公安局将陈某悦、陈某英送到揭西县拘留所执行拘留(自 2018 年 2 月 15 日至 20 日),并通知陈某悦、陈某英家属。陈某悦、陈某英均不服上述决定,2018 年 2 月 27 日,陈某英向本案一审法院提起行政诉讼,陈某悦另案起诉。

【裁判结果与理由】

广东省揭阳市榕城区人民法院一审认为,揭西县公安局认定陈某英因管理费用问题与曙光新城二期停车场工作人员发生争执,故意将车辆停放在停车场出口处,严重影响小区其他业主正常出入的事实,有证人证言、监控视频等证据,证据充分,应予以认定。揭西县公安局受理曙光新城物业管理处报案后,进行了调查取证,在作出行政处罚决定前,向陈某英告知拟作出处罚的事实、理由和依据以及其享有陈述、申辩的权利,揭西县公安局对陈某英进行行政处罚即向陈某英宣告送达《揭西县公安局行政处罚决定书》。但陈某英提出揭西县公安局干警杨某新、方某畅于 2018 年 2 月 15 日在棉湖派出所办案区没有对陈某英、陈某悦进行询问,而是由没有执法资格的辅警进行询问,申请一审法院调取其询问时的录音录像。揭西县公安局向一审法院说明该视频丢失,也未能提供该办案区设置的专门台账载明的承办人杨某新、方某畅进出办案区时间等信息,依据《最高人民法院关于适用〈中华人民共和国行政诉讼法〉的解释》(法释〔2018〕1 号)第 46 条的规定,可以推定陈某英基于该主张的事实成立。揭西县公安局安排辅警对陈某英、陈某悦询问并制作的询问笔录,违反《公安机关执法办案场所办案区使用管理规定》(2014 年)第 17 条和《广东省公安机关警务辅助人员管理办法》(2016 年)第 10 条第 3 项的规定,属于违反法定程序收集的证据材料,不能作为认定案件事实的依据。但揭西县公安局提供的其他证据足以认定陈某英实施涉案违法行为的事实。因此，揭西县公安局主体适格且具有行政管理职责，对陈某英作出的治安行政处罚认定事实清楚，证据充分，适用法律正确，处理得当。揭西县公安局对陈某英、陈某悦的调查取证程序轻微违法，该证据不能作为定案依据，但并未对陈某英的权利产生实际影响，不影响其行政处罚决定的公定力及效力，不予撤销，但应当确认行政处罚程序轻微违法。依照《行政诉讼法》(2017 年修正)第 74 条第 1 款第 2 项和《最高人民法院关于审理行政赔偿案件若干问题的规定》(法发〔1997〕10 号，现已失效)第 32 条、第 33 条的规定，判决确认揭西县公安局于 2018 年 2 月 15 日对陈某英作出揭西公(棉湖)行罚决字〔2018〕00056 号《揭西县公安局行政处罚决定书》的行为违法。

陈某英不服，提起上诉。广东省揭阳市中级人民法院二审认为，揭西县公安局作出处罚是依据 7 位证人的询问笔录、监控视频等证据材料，能够证实陈某英因物业管理费用，故意实施堵塞小区停车场出口，严重影响他人车辆正常行驶的违法行为。但由于揭西县公安局对陈某英询问取证轻微违法，故原审判决认定揭西县公安局上述程序违法但对陈某英的权利不产生实际影响，不会影响整体行政行为的合法性，并依据《行政诉讼法》(2017 年修正)第 74 条第 1 款第 2 项的规定，确认揭西县公安局所作行政处罚决定的行为违法并无不当，二审法院予以维持。《治安管理处罚法》(2012 年修正)第 93 条规定："公安机关查处治安案件，对没有本人陈述，但其他证据能够证明案件事实的，可以作出治安管理处罚决定。但是，只有本人陈述，没有其他证据证明的，不能作出治安管理处罚决定。"本案中，虽然揭西县公安局安排辅警对陈某英、陈某悦进行询问并制作询问笔录，因程序不当不能作为认定案件事实的依据，但是根据上述规定，揭西县公安局提供的其他证据能够证明陈某英实施违法行为的事实，揭西县公安局可依法作出行政处罚决定。依照《行政诉讼法》(2017 年修正)第 89 条第 1 款第 1 项的规定，判决：驳回上诉，维持原判。

【裁判者说】

根据《治安管理处罚法》(2012 年修正)第 7 条第 1 款的规定，县级以上地方各级人民政府公安机关负责本行政区域内的治安管理工作。公安机关办理案件应当遵守《公安机关执法办案场所办案区使用管理规定》(2014 年)第 7 条、第 17 条以及《广东省公安机关警务辅助人员管理办法》(2016 年)第 10 条的规定，办理案件应当建立办案区使用管理登记制度，对案件进行调查取证，应当由不少于两名民警完成，不得由辅警代为完成。规范办案区的使用，是规范公安机关的行政行为；对案件进行环节登记，有利于案件的有序处理，有利于保障程序的合法性和实体的有效性。在公安机关的日常工作中，辅警是一支不可或缺的重要力量，能协助公安机关处理繁重事务，缓解警力紧张的矛盾，在维护社会治安、打击违法犯罪、进行社会管理和社会服务等方面发挥了重要作用。但是，辅警并不能完全代替民警，特别是案件调查取证等法律法规规定必须由公安机关人民警察从事的事务。为了保障案件处理的合法性和公平性，公安机关应当严格按照有关规定，分清警察和辅警的职责，统筹协调有关人力，加强业务培训，使各方面警力发挥出最大作用。

根据《广东省行政执法全过程记录办法》（粤府办〔2021〕13 号）第 3 条的规定，揭西县公安局应当记录并保存在办案区询问陈某英等人的录像视频资料。根据《最高人民法院关于适用〈中华人民共和国行政诉讼法〉的解释》（法释〔2018〕1 号）第 46 条的规定，原告申请人民法院责令被告提交而被告无法提交的，人民法院可以推定原告的该项主张成立。本案中，陈某英质疑揭西县公安局对其所做的询问笔录的合法性，对此，举证责任由揭西县公安局承担，揭西县公安局应对其行政行为程序合法性进行举证，无法举证的，应承担不利的后果。对于行政机关违反法定程序收集的证据材料，不能作为认定案件事实的依据。但该案中，揭西县公安局提供的其他证据足以认定陈某英实施涉案违法行为的事实，根据《治安管理处罚法》（2012 年修正）第 93 条的规定，虽然没有陈某英本人的陈述，但其他证据能够证明案件事实的，可以作出行政处罚决定。

本案中，揭西县公安局的执法过程程序轻微违法，但认定事实清楚，对陈某英的权利不产生实际影响，不影响其行政处罚决定的效力，依照《行政诉讼法》（2017 年修正）第 74 条第 1 款第 2 项的规定，不予撤销，但应当确认揭西县公安局作出的行政处罚决定行为违法。

（撰稿人：林潮书　广东省揭阳市榕城区人民法院）

【专家评析】

本案争议的焦点在于公安机关在执法过程中，程序存有瑕疵时是否会影响其作出的行政处罚的效力。根据我国《行政诉讼法》及司法实践的经验，程序瑕疵的不同类型匹配了完全不同的法律后果。可以分为以下三类：其一，《行政诉讼法》(1989 年，已被修改)将“违反法定程序”规定为撤销行政行为的法定事由之一，修改后继续保留了这一规定。[①] 当程序瑕疵达到对原告权利产生实际影响的程度时，则采用撤销判决。其二，2014 年修正后的《行政诉讼法》第 74 条第 1 款第 2 项新增对于行政行为程序轻微违法，但对原告权利不产生实际影响，适用确认违法但不撤销的判决。实践中对“轻微”存有多种理解。《最高人民法院关于适用〈中华人民共和国行政诉讼法〉的解释》(法释〔2018〕1 号)第 96 条对此规定明确，将“程序轻微违法”限定在处理期限，通知、送达等程序的轻微违法且对原告依法享有的听证、陈述、申辩等重要程序性权利不产生实质损害的情形。其三，特别是在 2014 年《行政诉讼法》修正之前，大量的司法实践案例在面对“步骤”“期限”“方式”“顺序”等程序方面存在的瑕疵时，由法院采取对程序进行指正，但驳回原告诉讼请求的做法。可忽略不计的程序瑕疵是我国法院在审判中“创造”出来的一种程序瑕疵类型。这一规定也在 2014 年《行政诉讼法》修正后引发讨论。支持的观点认为存在一种在“违反法定程序”与“程序瑕疵轻微违法”之外的“程序轻微不当”类型，这一类程序瑕疵可以允许补正，但应驳回原告诉讼请求。为了防止驳回的方式被误用，支持者主张要对这一范围进行审慎限定，并建议交由法院通过审判实践来积累经验。[②] 反对者认为在新法的背景下，立法者已经对程序违法的问题作了抉择，过去经由实践生成的“程序瑕疵，驳回原告诉讼请求”的处理方式的适用空间已经被大大压缩，甚至严格说来在立法层面已经不复存在了。[③]

本案中，揭西县公安局未能按照《行政诉讼法》及其司法解释的有关规定、《广东省行政执法全过程记录办法》(粤府办〔2021〕13 号)的要求提交已按照规定由符合资格、人数的执法人员在办公区内对涉案人员进行调查取证的证据，推定原告主张公安机关在办案中调查取证程序违法的观点成立。但结合全案来看，即使没有公安机关对当事人调查取证的证据，监控视频、证人证言已足以认定原

---

① 参见《行政诉讼法》(2017 年修正)第 70 条。

② 参见梁君瑜：《行政程序瑕疵的三分法与司法审查》，载《法学家》2017 年第 3 期。

③ 参见陈振宇：《行政程序轻微违法的识别与裁判》，载《法律适用》2018 年第 11 期。

告存在违反《治安管理处罚法》的行为,公安机关在作出行政处罚的程序虽存有瑕疵,但不影响其对实体内容的判断,不影响作出的最终处罚结果。法院采用确认违法判决,但不影响行政行为效力的做法,一方面节约司法资源,减少无谓的程序反复;另一方面也实现对行政机关的有效监督。

(撰稿人:覃　慧　华南师范大学法学院)

三、行政机关的法定职权

案例 13

房屋产权登记行为中善意第三人的抵押权保护*

【裁判要旨】

房屋产权登记行为违法，但善意第三人在该房屋设立的抵押权仍应受法律保护。

【关键词】

抵押登记　确认违法　善意第三人

【基本案情】

2012 年至 2013 年 1 月，汕尾市房地产管理局（以下简称汕尾市房管局）向许某煜颁发了君华楼整栋楼房的《房地产权证》。2013 年 1 月 25 日，许某煜以方便楼房管理为由向汕尾市房管局申请将该房产分割为 5 处房产（其中君华楼第 4 层涉案 401 号套房、402 号套房为一处），并委托该局对 5 处房产进行测绘。2013 年 1 月 30 日，汕尾市房管局向许某煜颁发了涉案 401 号套房、402 号套房的《房地产权证》（粤房地权证汕房登字第 0100003 × × × 号），其中《汕尾市房屋所有权变更登记（分割）》载明：房屋所在土地的使用权证号为汕国用（2003）第 × × 号，填证机关为汕尾市国土资源局。2013 年 2 月 5 日，汕尾市房管局依许某煜、原汕尾市城区农村信用合作联社营业部的共同申请向原汕尾市城区农村信用合作联社营业部颁发《房地产他项权证》（粤房地他项权证汕房他字第 0100008 × × × 号）。

---

* 何某羽、黄某鸿诉汕尾市房地产管理局房产登记及抵押登记案，广东省汕尾市海丰县人民法院（2018）粤 1521 行初 39 号行政判决书。

2017 年 3 月 21 日，广东省汕尾市城区人民法院作出（2015）汕城法民二初字第 193 号民事判决，认定许某煜与原汕尾市城区农村信用合作联社营业部（后续相应债权债务由汕尾农商银行承继）签订《个人借款合同》《抵押担保合同》，许某煜向原汕尾市城区农村信用合作联社营业部借款 300 万元，提供涉案 401 号套房、402 号套房作为抵押物之一，并办理了抵押登记手续；并判决汕尾农商银行享有包括涉案 401 号套房、402 号套房在内"君华楼"的抵押权。其后，汕尾市城区人民法院依汕尾农商银行的申请强制执行上述抵押物。2018 年 7 月 5 日，何某羽、黄某鸿以涉案 401 号套房、402 号套房所有权人的身份向法院提起行政诉讼。

另查，嘉信代理公司于 2012 年 7 月 12 日、8 月 17 日分别与何某羽、黄某鸿签订两份《君华楼认购合同》（合同编号分别为 JX20 × × × × 12A、JX20 × × × × 12B），约定：嘉信代理公司将涉案 401 号套房、402 号套房分别以总价款 347, 932 元、272, 836 元出售给何某羽、黄某鸿，并暂定于 2013 年 2 月 1 日前将楼房交付给何某羽、黄某鸿使用。合同签订后，嘉信代理公司于 2012 年年底前后分别将涉案 401 号套房、402 号套房交付给何某羽、黄某鸿。何某羽、黄某鸿对楼房进行装饰后入居至今。嘉信房地产公司的法定代表人李某某出具《声明书》，声明称嘉信房地产公司以许某煜的名义申请办理君华楼的房产证，嘉信房地产公司、许某煜分别在庭审中确认嘉信房地产公司就涉案 401 号套房、402 号套房向汕尾市房管局申请登记在许某煜的名下。

再查，嘉信代理公司成立于 2002 年 8 月 15 日，法定代表人李某某，经营范围为房地产开发、销售，物业管理等，并于 2014 年 5 月 16 日将公司名称变更为嘉信房地产公司。

在本案审理期间，法院依何某羽、黄某鸿的证据调取申请分别向汕尾市房管局、汕尾市国土资源局调取涉案整栋楼房的初始登记档案资料、证号为汕国用（2003）第 × × 号《国有土地使用权证》的相关材料。汕尾市房管局复函称：该局的房地产档案正在进行数据整合之中，暂时无法查到初始登记档案信息资料。汕尾市国土资源局复函载明：该幅国有土地坐落于汕尾市区香洲西路、文明路交界处，权属人为汕尾市城区第一建筑工程公司一分公司（朱某生），使用权类型为出让，用途为住宅用地，使用期限至 2073 年 3 月 13 日止，使用权面积为 2763. 7 平方米（实用面积为 2463. 7 平方米）；该幅土地已建成房屋并销售，产权实际已转移。

另外,2018 年 10 月 25 日,许某煜、汕尾农商银行以许某煜已偿还汕尾农商银行的借款为由共同向汕尾市房管局申请注销涉案 401 号套房、402 号套房的抵押登记。汕尾市房管局依该申请注销了上述两套房产的抵押登记。2018 年 10 月 30 日,许某煜以其涉案房产存在纠纷,多次协商未果为由向汕尾市房管局申请注销涉案 401 号套房、402 号套房的房屋产权登记。汕尾市房管局依该申请注销了上述两套房产的房产登记。

【裁判结果与理由】

广东省海丰县人民法院一审认为,何某羽、黄某鸿通过其与嘉信房地产公司签订《君华楼认购合同》分别取得涉案 401 号套房、402 号套房占有、使用权利并居住至今,是涉案 401 号套房、402 号套房的实际使用权人。汕尾市房管局针对涉案 401 号套房、402 号套房而颁发的被诉房产登记、抵押登记,已对何某羽、黄某鸿的权利义务产生了实际影响,二人具有本案原告诉讼主体资格。

根据《房屋登记办法》(2008 年,现已失效)第 11 条第 3 款、第 30 条的规定,建设用地使用权(证明)系申请人为新建房屋申请房产登记的必要申请资料之一,申请人应当对申请登记材料的真实性等负责,不得隐瞒真实情况申请房产登记。本案中,嘉信房地产公司在向汕尾市房管局申请将君华楼第 4 层 401 号套房、402 号套房的房产登记在许某煜名下时提供了证号为汕国用(2003)第 × × 号《国有土地使用权证》。经查,证号为汕国用(2003)第 × × 号《国有土地使用权证》所对应的国有土地位于汕尾市区香洲西路、文明路交界处,使用权面积为 2763.7 平方米(实用面积为 2463.7 平方米),而涉案楼房位于汕尾市区新楼村新安片 5 巷 14 号;同时,嘉信房地产公司在庭审中确认该处的土地为留成地,尚未办理建设用地使用权。也就是说,嘉信房地产公司、许某煜使用其他土地的建设用地使用权证向汕尾市房管局申请办理尚未取得建设用地使用权的涉案整栋楼房的房产登记,属于使用与事实不相符的资料取得房产登记的情形,汕尾市房管局为涉案 401 号套房、402 号套房所进行的房产登记行为违法,且已达到应予以撤销的程度。

《物权法》(2007 年,现已失效)第 106 条第 1 款规定:“无处分权人将不动产或者动产转让给受让人的,所有权人有权追回;除法律另有规定外,符合下列情形的,受让人取得该不动产或者动产的所有权:(一)受让人受让该不动产或者动产时是善意的;(二)以合理的价格转让;(三)转让的不动产或者动产依照法律规定应当登记的已经登记,不需要登记的已经交付给受让人。”第 3 款规定:“当事人善意取得其他物权的,参照前两款规定。”根据上述规定,抵押权系设立在所有权之外的受法律保护的其他物权之一,其他物权包括抵押权亦可以适用善意取得制度。如果房屋抵押权符合善意取得的事实构成要素,则该善意取得亦可以构成撤销房屋登记的阻却事由。认定善意取得的核心要件是第三人属于善意、有偿取得抵押权。本案中,广东省汕尾市城区人民法院生效的(2015)汕城法民二初字第193 号民事判决确认了汕尾农商银行与许某煜之间的担保债权,该判决确认了许某煜将涉案 401 号套房、402 号套房抵押行为的效力,并认定汕尾农商银行依法享有抵押权。汕尾农商银行在与许某煜签订抵押担保合同时,已依据物权公示公信原则对涉案 401 号套房、402 号套房登记证书等材料尽了审慎审查义务,且不存在重大过失,应当认定为善意第三人。而且,汕尾农商银行已依约向许某煜发放贷款 300 万元,根据借款合同完成了支付抵押权对价义务。故涉案 401 号套房、402 号套房的抵押登记行为合法有效,汕尾农商银行所取得涉案 401 号套房、402 号套房的抵押权属于善意取得,应受法律保护;且该善意取得构成对何某羽、黄某鸿主张撤销依房屋登记作出的抵押登记的法定阻却事由。

根据《行政诉讼法》(2017 年修正)第 74 条和《最高人民法院关于审理房屋登记案件若干问题的规定》(法释〔2010〕15 号)第 11 条的规定,对于涉及国家利益、社会利益或者涉及善意第三人的,以及对于被诉行政行为确实违法,但不具有可撤销内容的,或者被诉行政机关改变原违法行政行为,原告仍要求确认原行政行为违法的,对被诉行政行为的合法性作出否定性评价时可作出情势判决即确认违法。本案中,一方面,汕尾农商银行已善意取得涉案 401 号套房、402 号套房的抵押权,该抵押登记应该受到法律保护;同时,如果撤销涉案 401 号套房、402 号套房的房产登记行为,则抵押登记的物权基础不复存在,抵押权人汕尾农商银行的合法权利得不到保护,势必造成社会公共利益的损害,故不宜撤销涉案 401 号套房、402 号套房的房产登记。另一方面,涉案 401 号套房、402 号套房的房产登记已在本案审理期间被汕尾市房管局依许某煜的申请予以注销,涉案的房产登记已经不复存在,即已不具有可撤销内容。据此判决:(1)确认被告汕尾市房管局向第三人许某煜颁发的粤房地权证汕房登字第 0100003 × × × 号《房地产权证》违法;(2)驳回原告何某羽、黄某鸿的其他诉讼请求。

一审宣判后,各方当事人均未提起上诉,判决已生效。

【裁判者说】

一、房屋登记机关的审查义务

不动产登记机关采用形式审查抑或实质审查,对登记的公信力、登记的效率以及登记错误的责任承担有不同的影响。形式审查原则要求房屋登记机关对于申请人的申请登记材料,只作书面的、形式上的审查,即只审查申请人提交的申请登记材料是否完整和齐备、是否符合法定形式。实质审查原则在形式审查责任的基础上,要求房屋登记机关同时审核申请登记材料的真实性和合法性。司法实践中,多数观点认为房屋登记机关应当履行审慎审查义务。审慎审查义务介于二者之间,即要求房屋登记机关工作人员以其法定职责和专业能力为标准,对申请登记材料尽到合理审慎的审查义务。本案中,嘉信房地产公司、许某煜使用其他土地的建设用地使用权证向汕尾市房管局申请办理涉案楼房的房产登记,属于使用与事实不相符的资料申请房产登记。在此情形下,汕尾市房管局仍予以登记并颁发产权证书系未履行审慎审查义务,依法应予撤销。

二、确立裁判要旨的理由

《房屋登记办法》(2008 年,现已失效)第 81 条规定:"司法机关、行政机关、仲裁委员会发生法律效力的文件证明当事人以隐瞒真实情况、提交虚假材料等非法手段获取房屋登记的,房屋登记机构可以撤销原房屋登记,收回房屋权属证书、登记证明或者公告作废,但房屋权利为他人善意取得的除外。"首先,房屋登记过程中当事人提供虚假材料、房屋登记机关事后发现的,需要通过调查确认是否应当撤销房屋登记。如果符合该条规定情形,房屋登记机关应当撤销房屋登记。根据该条款规定,如果第三人符合善意取得的情形,构成对撤销房屋登记的阻却事由。《物权法》(2007 年,现已失效)第 106 条规定的保护善意第三人制度,目的并非仅仅在于保护善意第三人的合法权益,更重要是保护对社会交易秩序的稳定性和可期待性,亦属于公共利益的范畴。撤销房产登记行为将会损害善意第三人的合法权益,属于损害公共利益的情形,应当依照《行政诉讼法》(2017 年修正)第 74 条第 1 款第 1 项判决确认违法,但保留其效力。这也与《最高人民法院关于审理房屋登记案件若干问题的规定》(法释〔2010〕15 号)第 11 条第 3 款的规定相呼应。值得注意的是,上述被确认违法保留效力的行政行为,应当是指以虚假事实取得不当权利的房产登记行为;而使善意第三人基于该房产登记行为获得权利的行政行为,应当是合法有效的。引申到本案,如果第三人善意取得其他物权能否构成撤销其他物权登记的阻却事由。根据《物权法》(2007 年,现已失效)第 106 条第 3 款的规定,当事人善意取得其他物权的,参照前两款规定。显然,其他物权包括抵押权亦可以适用善意取得制度。因此,作为第三人的汕尾农商银行在与许某煜签订抵押担保合同时,属于善意第三人。善意第三人依据房产登记而进行的抵押登记行为,应当受法律保护。据此,该善意取得构成撤销房产抵押登记的法定阻却事由。

三、运用裁判要旨需要注意的问题

运用本裁判要旨,重点是准确把握什么样的情形属于《物权法》(2007 年,现已废止)第 106 条规定的"善意取得"的范围,即第三人受让该房产相关权利时是善意的,符合法定的要件。另外,本案中嘉信房地产公司、许某煜提供与事实不符的资料申请房产登记,汕尾市房管局仍予以登记并颁发产权证书系其未履行审慎审查义务,依法本应予以撤销。但如果法院判决撤销该房产登记行为,那么基于该行为而产生的抵押登记法律效力也会受影响,而且对被诉行政行为作出否定评价并不意味着该行政行为必须被撤销。《行政诉讼法》(2017 年修正)及司法解释明确规定了情势判决为行政诉讼裁判方式之一,即仅对被诉行政行为的合法性作否定评价却不改变该行政行为所形成的法律关系。根据《行政诉讼法》(2017 年修正)第 74 条第 1 款第 1 项及其司法解释的规定,在被诉行政行为违法,但撤销会给国家利益或社会公共利益造成重大损害的情况下,人民法院应当判决确认违法,而不撤销行政行为。如前所述,对于社会公共利益的保护,更重要的是对社会交易秩序稳定性、可期待性的保护。因此,法院在处理涉案房产登记案件时,不宜撤销涉案房产登记,而是依法确认违法。

(撰稿人:何振生　广东省汕尾市海丰县人民法院)

【专家评析】

本案案情较为复杂,存在多重法律关系,涉及行政行为合法性审查、信赖利益保护、善意取得构成要件判断以及行政诉讼判决类型选择等问题。

本案的第一个争议焦点是涉案房屋登记行为是否合法。《房屋登记办法》(2008 年,现已失效)第 11 条和第 30 条规定,申请人在为新建房屋申请房产登记时,必须提供真实、合法、有效的建设用地使用权证明。同时,《房屋登记办法》

(2008年,现已失效)第22条规定,房屋登记机构负有审慎审查申请登记材料的义务。本案中,申请人使用其他土地的建设用地使用权证向房屋登记机构申请办理尚未取得建设用地使用权的房产登记,属于《房屋登记办法》(2008年,现已失效)第11条第3款"隐瞒真实情况或者提供虚假材料申请房屋登记"和第22条第2项"申请人不能提供合法、有效的权利来源证明文件或者申请登记的房屋权利与权利来源证明文件不一致的"的情形,依法应当不予登记。但涉案房屋登记机构未尽审慎审查义务,仍对其予以登记并颁发产权证书,构成行政行为违法。

本案的第二个争议焦点是善意第三人对登记错误的房产设立抵押权的行为是否应受保护。《房屋登记办法》(2008年,现已失效)第81条规定:"司法机关、行政机关、仲裁委员会发生法律效力的文件证明当事人以隐瞒真实情况、提交虚假材料等非法手段获取房屋登记的,房屋登记机构可以撤销原房屋登记,收回房屋权属证书、登记证明或者公告作废,但房屋权利为他人善意取得的除外。"因此,房屋权利为他人善意取得的,可以阻却违法房屋登记行为的撤销。而依据《民法典》(2020年)第311条第1款和第3款规定,若同时满足受让时善意、具有合理对价、已登记三个条件,担保物权亦适用善意取得制度。本案中,汕尾农商银行基于对房屋登记行为的信赖而同债务人签订抵押担保合同、支付合理对价并办理抵押登记,属于善意取得房屋抵押权,依法应受保护。同时,依据《行政诉讼法》(2017年修正)第74条第1款第1项的规定:"行政行为依法应当撤销,但撤销会给国家利益、社会公共利益造成重大损害的",人民法院判决确认违法但不撤销行政行为。由于撤销附着因善意取得抵押权的违法行政行为会破坏正常市场交易秩序,引发社会公共利益的减损,故不宜撤销该违法行政行为而应确认其违法。

整体上,本案的主要价值在于说明了善意取得属于阻却撤销违法不动产登记行为的正当事由。善意取得作为民法的一项基本法律制度,在维护市场交易秩序稳定方面具有积极作用。它适用于民事主体的交易活动,约束着行政机关的行政行为,具有保护行政相对人信赖利益和维护政府公信力的重要行政法意义。随着法治政府建设的推进,信赖利益保护原则愈发重要,其基本含义是行政机关不得随意变更自身作出的行为或承诺,以保护政府公信力、法的安定性和行政相对人的合法权益。善意取得之所以能够阻却撤销违法行政行为,正是因其契合了保护信赖利益的法治政府建设需要,是信赖利益保护这一行政法基本原则在制度层面的具体表现。因此，人民法院在审理涉及物权善意取得的行政案件时，应当重点审查物权善意取得是否成立，并结合《行政诉讼法》(2017 年修正)第 74 条第 1 款第 1 项规定，在审慎权衡利弊基础上作出撤销判决或是确认违法判决。

（撰稿人：刘　恒　中山大学法学院）

案例 14

行政机关作出环评行政许可时应进行实质审查*

【裁判要旨】

环保行政机关作出环评行政许可时,对申请人所提交的材料应尽到实质审查义务,对申请材料的真实性、合法性、完整性作出全面审查。

【关键词】

环评行政许可　实质审查　全面审查

【基本案情】

2015 年 12 月 7 日,潮州市潮安区东洋抛光厂(以下简称东洋抛光厂)向潮州市潮安区环境保护局(以下简称潮安环保局)递交关于五金不锈钢制品生产迁建项目的环境影响评价(以下简称环评)文件报批申请,并提交了申请报告、抛光废气治理工程设计方案以及广州环发环保工程有限公司编制的建设项目《环境影响评价报告表》。《环境影响评价报告表》中显示,建设项目的基本情况是:根据潮州市潮安区东凤镇人民政府出具的证明,东洋抛光厂原场址位于潮州市潮安区东凤镇东一新三角符片,现因企业发展需要,迁至潮安区东凤镇下张村上塭顶片养殖池片和平整二片用地开办,该项目为潮安区东凤镇规划的集中抛光点。项目用地性质为建设用地,用地功能为工业用地,符合当地城镇建设规划。建设项目环境功能属性一览表中"是否农田基本保护区"一栏标为"否"。主要环境保护目标中,项目环境敏感点显示目标名称"下张村",相对方位"东",距离"350m",目标性质"村庄"。环评总结论为:东洋抛光厂五金不锈钢制品生产迁建项目选址

* 张某兴、张某诉潮州市潮安区环境保护局环保行政许可案,广东省潮州市湘桥区人民法院(2017)粤 5102 行初 66 号行政判决书;广东省潮州市中级人民法院(2018)粤 51 行终 20 号行政判决书。

于潮安区东凤镇下张村上塭顶片养殖池片和平整二片，地理位置较好，基础设施已配套完善，能满足本项目的生产需要，选址符合《潮州市土地利用总体规划》（2006—2020年）要求。本项目主要从事水壶及不锈钢锅的加工生产，年加工量8000万件，符合国家产业政策，满足清洁生产要求。产生的污染物经治理后对当地的环境影响不大。本项目只要落实本次环评提出的各项治理措施，严格执行“三同时”制度，在安全生产、确保污染物达标排放、加强环保管理的前提下，本次环评认为，项目的实施是可行的。

2015年12月8日，潮安环保局受理了东洋抛光厂（建设单位）五金不锈钢制品生产迁建项目环评报告表中关于审批行政许可事项的申请并于同日通过网上信息公开网上专栏进行受理公示。2015年12月22日，潮安环保局在上述网站发布《潮州市潮安区东同东洋抛光厂五金不锈钢制品生产迁建项目环境影响报告表审批前公示》，公示期共5个工作日，并告知听证权利。公示期间没有公众提出意见及申请。2015年12月31日，潮安环保局作出安环建[2015]112号《关于潮州市潮安区东凤东洋抛光厂五金不锈钢制品生产迁建项目环境影响报告表的批复》，并于2016年1月8日在上述网站发布《关于潮州市潮安区东洋抛光厂五金不锈钢制品生产迁建项目环境影响评价文件批复的公告》。张某兴、张某系潮州市潮安区东凤镇下张村村民，居住地距项目地20多米，自2015年6月起不间断地通过不同渠道投诉东洋抛光厂的环境问题，2016年1月12日通过上网获悉该批复，遂于2017年12月18日向广东省潮州市湘桥区人民法院提起行政诉讼。

此外，东洋抛光厂为迁建上述五金不锈钢制品生产项目，在案外人张某宏向潮州市潮安区东凤镇下张村村民委员会承租的位于东凤镇下张村上塭顶片养殖池片4.61亩和平整二片1.31亩地块上进行建设，将其作为经营场地。因上述地块土地规划用途为基本农田，潮州市潮安区国土资源局于2017年2月21日对张某宏作出安国土资卫决〔2017〕2号《行政处罚决定书》，决定：(1)对被处罚人擅自非法占用1216.25平方米耕地搞非农建设的行为，处以每平方米25元罚款，共计罚款人民币30,406.25元；(2)对不符合规划的1216.25平方米耕地，自接到本处罚决定书之日起15日内自行拆除地上新建的建筑物。处罚决定作出后，当事人在法定期限内没有申请行政复议，也没有提起行政诉讼，上述《行政处罚决定书》已发生法律效力。

【裁判结果与理由】

广东省潮州市湘桥区人民法院作出(2017)粤5102行初66号行政判决,撤销了潮安环保局于2015年12月31日作出的安环建[2015]112号《关于潮州市潮安区东凤东洋抛光厂五金不锈钢制品生产迁建项目环境影响报告表的批复》。广东省潮州市湘桥区人民法院一审认为,根据《环境影响评价法》(2016年修正)第1条的规定,建设项目环评报告是否许可的关键在于建设项目的环境影响,环境保护行政主管部门在决定是否许可时必须要确保符合法律设定环评许可的目的,同时必须遵守相关法律、法规、规章对环评许可的具体规定。

首先,《建设项目环境影响评价分类管理名录》(2015年修订,现已失效)第3条规定:"本名录所称环境敏感区,是指依法设立的各级各类自然、文化保护地,以及对建设项目的某类污染因子或者生态影响因子特别敏感的区域,主要包括:……(二)基本农田保护区、基本草原、森林公园、地质公园、重要湿地、天然林、珍稀濒危野生动植物天然集中分布区、重要水生生物的自然产卵场、索饵场、越冬场和洄游通道、天然渔场、资源性缺水地区、水土流失重点防治区、沙化土地封禁保护区、封闭及半封闭海域、富营养化水域"。第4条第2款规定:"环境影响评价文件应当就该项目对环境敏感区的影响作重点分析。"本案所涉建设项目用地在申请环评批复时的土地利用总体规划为基本农田,与东洋抛光厂提交给潮安环保局审批的《环境影响评价报告表》所罗列的项目概况不相符,《环境影响评价报告表》以该项目概况为基础进行相应的环评,属未能依法就该项目实施后对环境的影响程度进行符合客观实际的评估,与环评制度设立的目的相违背。

其次,《广东省建设项目环境保护管理条例》(2012年修正,现已失效)第4条规定:"建设项目的选择、布局、选址必须符合环境规划的要求,必须同时考虑拟建地区整体环境质量的保护和改善。在水源保护区、自然保护区及其他需要特殊保护的地区内,不得建设污染环境或破坏生态的项目。"由此可以看出,项目选址是否符合环境规划的要求是环保部门在进行环评审批时必须审查的。具体到本案,虽然潮州市潮安区东凤镇人民政府出具了有关"该项目为潮安区东凤镇规划的集中抛光点"的证明,潮安环保局也应以此作为审查建设项目是否符合相关规划的依据,但该证明并非法定规划许可文件,也缺乏合法的审批依据,更与建设项目所在地的土地利用总体规划不相符,目前潮州市潮安区国土资源局于2017年2月21日作出限期拆除地上新建建筑物的行政处罚决定。因此,潮安环保局作出涉案批复主要证据不足,依法应予撤销。宣判后,潮安环保局不服一审判决提起上诉。

广东省潮州市中级人民法院认为,潮安环保局作出安环建[2015]112 号《关于潮州市潮安区东凤东洋抛光厂五金不锈钢制品生产迁建项目环境影响报告表的批复》的主要证据不足,应依法撤销该批复。故于 2018 年 11 月 28 日作出(2018)粤 51 行终 20 号行政判决:驳回上诉,维持原判。

【裁判者说】

国家实行建设项目环评制度。本案所涉五金不锈钢制品生产项目按《建设项目环境影响评价分类管理名录》(2015 年修订,现已失效)的规定,属应编制环境影响报告表的建设项目。环境保护行政主管部门审批建设项目环境影响报告表时,究竟负有何种审查职责?1998 年 11 月 29 日施行的《建设项目环境保护管理条例》并没有作出明确具体的规定,该条例主要针对环境影响报告表、环境影响登记表的内容和格式,授权国务院环境保护行政主管部门作出规定。之后,1999 年环境保护部发布环发〔1999〕178 号《关于公布〈建设项目环境影响报告表〉(试行)和〈建设项目环境影响登记表〉内容及格式(试行)》(现已失效),明确上述两类环评文件的内容及格式。根据该规定,《建设项目环境影响报告表》由具有从事环境影响评价工作资质的单位编制,主要列明:(1)项目名称;(2)建设地点;(3)行业类别;(4)总投资;(5)主要环境保护目标;(6)结论和建议;(7)预审意见;(8)审批意见。上述规定未对环境保护行政机关应当履行的审查职责作出明确规定,审判实践中,行政机关经常以上述规定未明确其具体审查职责为由,认为只要环境影响报告表由具有相应资质的评价机构编制,内容符合《建设项目环境保护管理条例》的规定,就应当作出批准决定。法院认为,建设项目的用地性质、土地利用总体规划也是环境保护主管部门在进行环评审批时应当考量的因素,环境行政许可申请人提交的《建设项目环境影响报告表》应附相关法定规划依据,并就该项目实施后的环境影响进行符合客观实际的评估,环境行政主管部门才能作出批准的决定。具体理由如下:

第一,建设项目应当符合相关规划要求是环评制度设立的目的要求。环评是运用各种科学技术手段对建设项目实施后可能对环境造成的影响进行分析、预测和评估,并提出预防和减轻不良环境影响的对策和措施。环评文件及其批复,系针对建设项目实施后有关环境影响的评估。根据《建设项目环境影响评价分类管理名录》(2021 年)第 3 条规定,基本农田属于环境敏感区,环评文件应当对此作重点分析。本案所涉建设项目用地在申请环评批复时的土地利用总体规划为基本农田,而东洋抛光厂提交给潮安环保局审批的《环境影响报告表》中所罗列的项目概况却是"项目用地性质为建设用地,用地功能为工业用地,符合当地城镇建设规划",出现这种状况的根本原因是《环境影响报告表》中只附潮州市潮安区东凤镇人民政府出具的有关"该项目为潮安区东凤镇规划的集中抛光点"的证明,根据《村庄和集镇规划建设管理条例》第 14 条第 1 款"村庄、集镇总体规划和集镇建设规划,须经乡级人民代表大会审查同意,由乡级人民政府报县级人民政府批准"的规定,镇规划应由县级人民政府批准,故上述证明并非法定规划许可文件,也缺乏合法的审批依据,更与建设项目所在地的土地利用总体规划不相符。环评机构以此为基础进行相应的环境影响评价,未依法就该项目实施后对基本农田保护区这一环境敏感区域的影响作出分析、预测和评估,也未提出预防或者减轻不良环境影响的对策,未能依法就该项目实施后对环境的影响程度进行符合客观实际的评估,与环境影响评价制度设立的目的相违背。

第二,环境保护相关行政法规修订后,进一步明确环境保护主管部门对不符合相关法定规划的建设项目环境影响评价文件应当作出不予批准的决定。尽管本案环评批复作出时施行的《建设项目环境保护管理条例》(1998 年)、《广东省建设项目环境保护管理条例》(2012 年修正,现已失效)未明确规定环保部门对是否符合规划负有审查职责,但 2017 年修订的《建设项目环境保护管理条例》第 11 条规定,"建设项目有下列情形之一的,环境保护行政主管部门应当对环境影响报告书、环境影响报告表作出不予批准的决定:(一)建设项目类型及其选址、布局、规模等不符合环境保护法律法规和相关法定规划"。该条明确规定,对不符合相关法定规划、基础资料明显不实的建设项目环评文件应当作出不予批准的决定,进一步明确了行政机关负有的具体审查职责及司法审查的具体标准。

(撰稿人:林丽如　广东省潮州市湘桥区人民法院)

【专家评析】

行政机关依申请作出可能影响他人利益、社会公共利益的行政许可、行政登记行为时,对申请人提交的申请材料是否应当履行审查职责以及履行什么强度的审查职责,一直是困扰行政机关和司法机关的难题。

《行政许可法》(2019 年修正)第 34 条第 1 款规定:“行政机关应当对申请人提交的申请材料进行审查。”第 3 款规定:“根据法定条件和程序,需要对申请材料的实质内容进行核实的,行政机关应当指派两名以上工作人员进行核查。”上述规定是行政机关应当承担审查职责的法定依据。《民法典》第 212 条第 1 款规定,“登记机构应当履行下列职责:(一)查验申请人提供的权属证明和其他必要材料;(二)就有关登记事项询问申请人”。第 2 款规定:“申请登记的不动产的有关情况需要进一步证明的,登记机构可以要求申请人补充材料,必要时可以实地查看。”虽然《民法典》的上述规定针对的是不动产登记行为,但其确定的基本规则应普适于所有依申请作出的行政登记行为。以上即为行政许可机关或者登记机关在作出许可或者登记行为时应当履行审查职责的基本法律依据,行政机关对申请材料应当履行审查职责应已成为共识,无须深入讨论。

行政许可机关和登记机关履行审查职责的强度应当如何界定。行政许可是针对有限资源开发利用、国家和社会公共安全、公民生命健康和财产安全等实施的强管制行政行为,根据《行政许可法》(2019 年修正)的立法宗旨和具体规定,行政许可机关在实施许可管理的重要行政领域,例如,环境保护行政管理领域中,负有对申请材料进行实质审查的义务。该实质审查义务包括对申请材料的真实性、合法性、完整性的全面审查,行政机关不得以没有《行政许可法》(2019 年修正)之外的其他法律规定为由,怠于履行审查职责。具体到本案,东洋抛光厂提供的许可申请材料中,广州环发环保工程有限公司编制的建设项目《环境影响报告表》将项目用地性质填写为建设用地,明显不符合项目用地性质为基本农田的事实,并且潮州市潮安区东凤镇人民政府出具的证明也不是正式的规划文件,不具有规划文件的法律效力,故本案中的《环境影响报告表》不能作为本案争议行政许可的依据。潮安环保局对《环境影响报告表》中如此重要的内容之真实性、合法性没有尽到法定审查义务,其仅以广州环发环保工程有限公司具有出具《环境影响报告表》的资质为由进行抗辩,属放弃履行实质审查职责,应当确认其作出的行政许可违法并予以撤销。

另外,对于登记行为中行政机关的审查职责强度问题,笔者认为,行政登记属行政确认行为,行政机关的审查强度要求应低于行政许可的审查强度要求,一般认为,登记行为中行政机关应尽到审慎审查义务。所谓审慎审查义务,是指对相应申请材料进行能够满足公众合理期待，适应相应工作需要的真实性审查。例如对于材料所盖公章，仅凭肉眼即可判断与备案公章不一致，而行政机关工作人员未能甄别的，即可认为其未尽到审慎审查义务。如果仅凭肉眼无法辨认申请材料所盖公章与备案公章不一致的，则不应认定其未尽到审查义务。

（撰稿人：付洪林　华南师范大学政府改革与法治建设研究院）

案例 15

环境保护主管部门“完全履行”职责的审查标准*

【裁判要旨】

对环境保护主管部门履行环境修复法定职责是否达到“完全履行”①标准，应从有效治理、全面修复及消除当地环境污染危险等方面进行综合认定。以行政相对人尚未确定或相应刑事案件未有审理结果等为由，超过合理期限，未实施代履行行为的构成“不履行法定职责”。

【关键词】

环境公益诉讼　环境修复　代履行　完全履行职责

【基本案情】

2017 年 5 月 1 日，开平市环境保护局(以下简称开平市环保局)接群众举报投诉，派出执法人员和监测人员到开平市金鸡镇大同村村委会泉步村(土名)虎山堆进行现场执法检查。通过现场调查、取样监测、调查询问等，发现 2016 年至 2017 年间陈某华等人涉嫌在该处承租林地私挖废渣填埋场，开挖了 4 个填埋坑，并收集运输疑似皮革废渣、边角料及其他不明废料等固体废物倾倒其中。该填埋场总面积约 10,000 平方米，约有 8000 立方米废渣，未采取防漏、防流失等措施，该填埋场有废水渗透到下游，呈黑色，散发恶臭气味，该填埋场产生的重金属渗滤液流向下游的鱼塘，已造成鱼塘内的鱼大量死亡。同年 9 月 13 日，开平市人民检

---

* 开平市人民检察院诉开平市环境保护局不履行法定职责环境公益诉讼案，广东省江门市江海区人民法院(2017)粤 0704 行初 370 号行政判决书。

① 本文中出现的“完全履行”“完全履职”均为表述“完全履行职责”之义，在前后文已出现“职责”一词后，使用“完全履行”更为简洁。——笔者注

察院(以下简称开平市检察院)向开平市环保局送达《检察建议书》,建议该局尽快采取有效措施,依法处置涉案危险废物,消除环境污染。同年 10 月 9 日,开平市环保局回函反馈称,目前不具备代履行及正式落实"代为处置"工作的条件,但该局已采取了部分应急措施并计划采取下一步措施。同年 11 月,开平市检察院认为,在涉案危险废物的原产生单位在案发后 5 个月尚无法认定的情形下,开平市环保局未能依法充分履行职责,涉案危险废物依然存放在原地,环境污染仍未消除,社会公共利益持续处于受侵害的状态,根据《行政诉讼法》(2017 年修正)第 25 条第 4 款的规定,向法院提起行政公益诉讼。

该案起诉后,开平市环保局辩称,至 2018 年 1 月 4 日止,该填埋场已经清挖完成,清运的污泥全部堆放在恩平市华新环境工程有限公司等待下一步处理。2018 年 1 月 17 日、3 月 26 日,开平市环保局对涉案填埋场的现场检查(勘查)记录均写明:"现场已种桉树苗复绿,未见有异常情况,该场下方的鱼塘已养殖肉鹅。"

【裁判结果与理由】

广东省江门市江海区人民法院就开平市环保局继续对陈某华等人收集和倾倒涉案固体废物的行为依法履行法定职责作出一审行政判决。法院认为:

1. 关于开平市环保局在收到检察建议书后的合理期限内是否应当代履行以及如不履行是否会构成"不履行法定职责"。开平市环保局在案发后,已经采取了实施调查取证、锁定相关嫌疑人、及时将案件移送公安机关、称在涉案填埋场下游加设简易栏坝防治渗滤液流向下游鱼塘、定期抽走渗滤液、不定期进行水质监测等一定的应急措施,但开平市检察院发出涉案检察建议半年后,涉案固体废物依然存放在涉案填埋场原地,开平市环保局收到检察建议 2 个月后仍未对涉案填埋场的固体废物采取实质、有效的进一步治理处置措施,当地环境污染仍未消除,国家、社会公共利益持续处于受侵害的状态。虽然开平市环保局提出"鉴于该案件还在公安机关侦查期间,在法院未对其作出有罪判决之前,开平市环保局不能对嫌疑人作出行政处理;且代履行的前提是应当存在确定的被代履行的主体,行政相对人还不确定的情况下不能依法对产生危险废物的单位责令改正违法行为,不具备代履行的条件"等主张,但《行政强制法》(2011 年)第 52 条、《固体废物污染环境防治法》(2016 年修正)第 55 条规定以及全国人大常委会法制工作委员会 2005 年对国家环境保护总局作出的《关于申请解释固体废物污染环境防治法第七十七条有关规定的答复意见》,均提及代履行基于及时性和紧迫性的现实需要,不能将危险废物的产生单位局限在原始产生单位上,亦不能以行政相对人未能确定作为未能及时实施代履行义务的正当理由;当事人不能清除的,环保部门应当决定立即实施代履行。且本案代履行行政程序与陈某华等人涉嫌污染环境案的刑事案件属于不同的法律关系,亦非属于必须以刑事案件审理结果为依据的行政程序,涉案固体废物的治理处置具有及时性和紧迫性,开平市环保局应当依照法律规定先行启动行政处理程序,指定具备法定资质的单位按照国家有关规定代为处置,及时消除当地环境污染,维护国家利益和社会公共利益,再循法律途径向环境污染者实施追偿。开平市环保局超过合理期限未实施代履行义务,构成《行政诉讼法》(2017 年修正)第 72 条规定的"不履行法定职责"。

2. 关于在诉讼过程中开平市环保局是否已依法充分履行前述职责而使公益诉讼起诉人的诉讼请求全部实现的问题。涉案废渣填埋场的 4 个填埋坑已经清挖完成,清运的污泥全部堆放在恩平市华新环境工程有限公司等待下一步处理,开平市环保局在本案诉讼过程中已履行了部分职责。但涉案填埋场的 3 个采样点及污染源水坑、鱼塘上游水坑中均检出重金属铬,涉案填埋场及周边土壤的总铬、铜、锌和铅均超出检出限,其中,"1 号井""2 号井"的总铬监测结果分别达到 800.9mg/kg、948.5mg/kg,比《土壤环境质量　农用地土壤污染风险管控标准(试行)》规定的三级标准最高值 300mg/kg 超标 2 倍多,有毒有害物质超标严重,给周边环境造成极大污染,可能对人体健康造成有害影响,不能排除具有危险特性。尤其在经过大半年时间后,现场环境状况较为复杂,仅凭表面观察或单纯依靠对涉案填埋场土壤或下方鱼塘的水质进行一般的环境监测难以有效判断是否已有效治理、修复当地环境污染,而开平市环保局委托的深圳市政院检测有限公司作出的 ZYHJC—2017120000《检测报告》仅为鉴定涉案固体废物是否为危险废物,且检测项目为总铬的单一性检测报告,不符合《最高人民法院关于行政诉讼证据若干问题的规定》(法释〔2002〕21 号)第 14 条关于"鉴定结论"等相关规定,并不足以证明涉案填埋场及其周边环境已达到有效消除污染的程度。因此,本案应当经有资质的第三方机构或相关专业部门机构等进行生态环境鉴定评估,确定是否已经达到有效治理、修复或消除当地环境污染等验收合格标准。开平市环保局未能举证证明涉案填埋场及其周边环境已达到修复治理完成并经验收合格的标准,依法应承担举证不能的不利法律后果。开平市环保局应当继续履行监管职责。

宣判后,双方当事人均未提出上诉。

【裁判者说】

目前,由于未有法律法规的明确规定,司法实践中对于环境公益诉讼案件的审理规则未尽细化完善,尤其是对于环保部门代履行环境修复责任这一核心问题的审查标准未有统一做法。环境修复性司法原则起源于刑事司法的革新运动,是指以生态环境修复为根本价值取向及最重要诉讼目的,贯彻司法办案及裁判全程,责令修复义务者对被损害的生态环境落实必要的、合理的救济措施,最终实现恢复受损环境达至原本应该具备的资源水平或生态系统服务水平的目标原则。本案贯彻"以生态环境修复为根本价值取向",探索确认环保部门的环境修复责任"代履行"以及"完全履行"的司法审查标准与审理规则,为环境公益诉讼的类案审理提供可供参考与具有可操作性的适用意见,达到了法律效果、社会效果与环境效果的有机统一。

一、运用"代履行"举证分配规则发挥司法审查功能

《环境保护法》(2014 年修订)等单行法对环保部门的职责多以"监督管理职能"作出概括性规定。本案中,环保部门提供相应反驳证据拟证明其已依法及时履行相关监督管理职责的表现形式及相应抗辩理由呈现多样化的态势,如已经采取了实施调查取证、锁定相关嫌疑人、及时将案件移送公安机关、在涉案填埋场下游加设简易栏坝防治渗滤液流向下游鱼塘、定期抽走渗滤液、不定期进行水质监测等应急措施,虽表面上都构成环保部门已履行监督管理职责的事实支撑或已作为的正当理由,但都未达到生态环境实质性修复工作的完全甚至初步效果。又囿于制度设计困境,生态环境救济绝大部分通过由检察院或公益社会组织提起民事公益之诉、刑事附带民事公益之诉和适用生态环境损害赔偿制度等方式来实现,程序启动烦琐、周期冗长、费用成本高、证明标准不统一,难以成为支撑生态环境救济的主要力量。当前对于行政行为强制执行的法律法规设计仍以"向法院申请"为基本方式,环保部门多数情形下未被赋予行政强制执行权。即使是通过较为便捷的非诉执行程序,仍需要经历当事人既不申请复议又不提起诉讼的 6 个月期限,以及审查、移送执行部门立案、正式进入执行程序等较长周期。代履行的实质意义在于"将行政行为所确定义务实现过程中遇到的曲折离奇难题直接简化"。以环境修复性司法原则为价值目标,本案探索把"是否应当代履行"引入对环保部门是否构成“违法行使职权或者不作为”的司法审查及举证责任构成要件中，避免必须等待污染者直接治理修复，以及经过诉讼、申请法院强制执行而错过治理修复环境的最佳时间。以《行政强制法》（2011 年）第 50 条、《水污染防治法》（2017 年修正）第 76 条第 1 款、第 83 条第 1 款，《固体废物污染环境防治法》（2016 年修正）第 55 条，《放射性污染防治法》（2003 年）第 56 条等法律为依据，无论环保部门是滥用职权、完全不作为，还是已经积极作出有关行为，只要公益诉讼起诉人证明环保部门未依法代履行且环境侵害的状态仍存在，环保部门便构成“违法行使职权或者不作为”。本案中，开平市环保局提出“鉴于该案件还在公安机关侦查期间，在法院未对其作出有罪判决之前，开平市环保局不能对嫌疑人作出行政处理；且代履行的前提是应当存在确定的被代履行的主体，行政相对人还不确定的情况下不能依法对产生危险废物的单位责令改正违法行为，不具备代履行的条件”等主张。前述法律规范基于具有及时性和紧迫性的现实需要设定代履行，不能将危险废物的产生单位局限在原始产生单位上或将行政相对人未能确定作为未能及时实施代履行的正当理由。即当事人不能自行清除的，环保部门应当决定立即实施代履行。本案代履行行政程序与陈某华等人涉嫌污染环境案的刑事案件属于不同的法律关系，亦非属于必须以刑事案件的审理结果为依据的行政程序，对涉案固体废物的治理处置具有及时性和紧迫性，环保部门应当依照法律规定先行启动行政处理程序，指定具备法定资质的单位按照国家有关规定代为处置，及时消除当地环境污染，维护国家利益和社会公共利益，再循法律途径向环境污染者进行追偿。由于代履行可由环保部门在日常行政程序中径行进行，基于司法的指引评价预测功能，此种审理规则会使环保部门在检察建议发出前或起诉前主动、及时代为治理修复。

二、以专业评价力量修缮环境修复“完全履行”的司法审查标准

与环保部门相比，法院及检察院办案人员的专业调查及认定力量仍有不足，这就造成认定环保部门是否已全面、及时、妥当履行法定职责时存在一定的困难。本案中，涉案污染现场的污染物已经清理完成。表面上环保部门已经处置完毕涉案污染物，行政处置措施业已穷尽。但基于生态环境修复工作的专业性、技术性，取证难，周期长，修复情况复杂等因素，在环境修复验收举证中引入由第三方鉴定机构进行的生态环境鉴定、评估或委托国务院环境保护主管部门推荐的机构或者其他依法成立的科研机构出具的意见，或者相关技术专家出具的咨询意见以及相关检验报告、检测报告、评估报告、监测数据，以作出权威、有效、审慎的认定。作为涉案污染环境验收合格的强制性标准，明确环保部门是否已全面、及时、妥当履行法定职责的"完全履行"，能够防止环保部门在清除表面环境污染物的情况下主张完全履行法定职责。同时，针对检察机关在环保部门清除表面环境污染物后以"诉讼请求全部实现"为由主动撤诉的情形，应在撤诉前置条件中设定该强制证明要件，在环保部门举证涉案污染环境经专业机构验收合格后方能准许撤诉，确保有效治理、全面修复环境并消除环境污染危险，依靠技术机构和专家意见对法律技术问题作出判断，充分体现环境修复性司法原则下环保部门履职的科学性、合理性和公正性。

（撰稿人：廖杰华　广东省江门市江海区人民法院）

【专家评析】

本案为环境公益类行政诉讼案件，主要涉及三个值得讨论的问题：一是对检察机关提起行政公益类诉讼的评价；二是环境修复性司法原则的内涵及适用；三是代履行制度的完善和发展。有关检察机关提起行政公益诉讼的话题已有较多讨论，此处不再讨论其成效得失，以下仅就后两个问题进行探讨。

一、关于环境修复性司法原则的内涵与适用

环境损害影响生态环境等重大公共利益，存在修复难度大、修复代价高等特点，故环境修复的紧迫性和完整性一直是公众关注的焦点，对环境致害人加以法律制裁反而成为退居次席的关注目标。但这并不等于认为对致害人实施法律制裁不重要，而是认为对环境致害人实施法律制裁需要遵循严谨的法律程序，过程较为烦琐漫长，如果等待相关法律程序终结再解决环境修复问题，与环境修复的紧迫性相矛盾。另外，环境得到及时完整修复的价值应远远大于对环境致害人施以惩罚的价值；故在西欧、北美环境司法领域，结合环境保护类案件的特点，逐渐发展出环境修复性司法原则。环境修复性司法原则要求应优先保障损害生态环境的违法犯罪行为得到及时有效制止、受损害的生态环境得到快速全面的恢复，故诉前禁令、先予执行、代履行等可以满足上述要求的诉讼制度得到比较广泛的适用。本案裁判虽然没有明确提及环境修复性司法原则，但是有意识地借鉴了该原则的重要价值内核，对于环境行政执法水平及司法水平的提升无疑具有重要的参考价值和推动作用。

二、对环境保护类行政案件中“代履行”制度的思考与完善

《行政强制法》(2011 年)第 50 条规定的“代履行”和第 52 条规定的“立即实施代履行”,适用的前提条件之一是存在明确的当事人(环境违法行为人),只有在当事人不履行、不能履行或没有履行条件时,行政机关才可以代履行。但是根据被告的举证,本案中其没有及时代履行,是因为“涉案危险废物的原产生单位在案发后 5 个月尚无法认定”。那么,在十分紧迫的情形下,若环境违法行为人暂无法确定,是否就无法代履行呢? 根据环境修复性司法原则,法理上显然不应如此,本案裁判认为“不能简单地将……行政相对人未能确定作为未能及时实施前述‘代履行’的正当理由”,正是该原则的体现。《行政强制法》(2011 年)有关代履行的规定中虽有“当事人”的表述,但是该法条的重点在于规范情势紧迫情形下行政机关代履行或者委托第三人代履行,本案被告将该表述拘泥理解为只有已经明确具体的当事人时才能实施代履行,显与立法目的不符。从立法角度看,《行政强制法》(2011 年)有关代履行的规定有少许疏漏,值得认真检视并予以填补。

有关代履行的另一个问题是,代履行职责或者义务是否已履行应以何种标准衡量。法官在评析意见中已对此问题进行了重点阐释,笔者认为,衡量标准应区分为实质性标准和程序性标准。所谓实质性标准,即《行政强制法》(2011 年)第 50 条规定的实际上已经“排除妨碍、恢复原状”,具体到本案,应为污染物已经得到彻底清理并被妥善处置,环境致害行为已经停止,受到污染的环境已经得到有效治理或者已经采取有效措施进行治理;程序性标准即应当由无利害关系的第三方专业评估鉴定机构对于代履行是否已达标作出判定,而不能由代履行单位自己评判是否已完成代履行的职责或义务。确定这样的评判标准,也是本案裁判对环境类行政公益诉讼作出的一个贡献。

(撰稿人:付洪林　华南师范大学政府改革与法治建设研究院)

案例 16

超越法定职权作出的行政行为应予撤销*

【裁判要旨】

责令关闭环境违法企业应由县级以上人民政府环境保护主管部门报请有批准权的人民政府批准,未经报批直接作出关闭决定的,属于超越职权。责令停业关闭均属重大行政处罚,行政机关应当严格履行法定审批程序。

【关键词】

行政处罚　超越职权　程序违法　判决撤销

【基本案情】

法院经审理查明:2008 年 1 月,揭阳市环境保护局针对新侨实业公司建设项目出具环境影响报告表,并提出 5 条意见。其中第 2 条:对该项目须加强环境管理,落实"三同时"制度,切实做好污染防治;工艺废气收集处理达标后集中排放,排放高度应大于 15 米;应配套安装污水处理设施,对厂区的生活废水进行处理,在达标后排放。第 4 条指出,污染物排放应达到如下标准:废水排放达到《水污染物排放值》(DB 44/26—2001)第二时段二级标准,废气排放达到《大气污染物排放限值》(DB 44/27—2001)第二时段二级标准,噪声排放达到《工业企业厂界噪声标准》(GB 12348—90)的Ⅱ类标准。2010 年 12 月 15 日,揭阳市环境保护局和揭阳市普宁华侨管理区环境保护管理局(以下简称普侨环保局)到新侨实业公司检查,该公司没有进行生产。新侨实业公司主要生产设备有 6 个反应釜、1 个导

---

* 揭阳市普侨区新侨实业发展公司诉揭阳市普宁华侨管理区环境保护管理局责令关闭案,广东省揭阳市榕城区人民法院(2017)粤 5202 行初 24 号行政判决书;广东省揭阳市中级人民法院(2018)粤 52 行终 3 号行政判决书。

热油炉，没有安装配套的污染防治设施，导热炉用木材作燃料，配套湿式除尘设施一套，废气经水淋后高空排放；湿式除尘产生废水经三级沉淀池沉淀后外排，沉淀池边有一排放口。新侨实业公司现场无法提供环保审批手续。普侨环保局于同年12月23日委托揭阳市环境监测站对所采集样品进行检测，该站对含第二类污染物的污水进行检测，于2010年12月24日作出(揭)环境监测水字(2010)第TSA1012002号监测报告，载明：厂房锅炉下排水口样品的pH值为4.12、化学需氧量为8460(毫克/升)，厂区排水口样品的pH值为4.75、化学需氧量为8620(毫克/升)，上述指标均超标。因新侨实业公司涂料及其类似产品制造项目需要配套建设的环境保护设施未经环保部门验收合格即投入生产，生产废水超标排放，揭阳市环境保护局分别于2011年1月19日、2月17日对其作出揭环改字[2011]第001号责令改正违法行为决定、揭环罚字[2011]第001号行政处罚决定。新侨实业公司对上述两份决定不服，提起行政诉讼。法院经审理后作出判决，将揭阳市环境保护局对新侨实业公司的罚款从10万元变更为6万元，并驳回新侨实业公司请求撤销揭阳市环境保护局作出的揭环改字[2011]第001号责令改正违法行为决定。

揭阳市环境保护局于2015年5月22日分别以新侨实业公司环保设施未经验收违反了《建设项目环境保护管理条例》(1998年)第23条的规定，作出揭环罚字[2015]第012号行政处罚决定书，责令其涂料化工生产项目停止生产，并处罚款4万元；以新侨实业公司未取得排污许可违反了《环境保护法》(2014年修订)第45条、《广东省环境保护条例》(2004年)第18条的规定，作出揭环罚字[2015]第013号行政处罚决定书，罚款5万元，并于2015年5月27日将上述处罚决定向普侨环保局通报，要求其对新侨实业公司加强环境监管。2015年9月11日，新侨实业公司向揭阳市环境保护局申请建设项目环境保护设施验收，但未获批准。2016年6月，普侨环保局作出的《环保违法违规建设项目清理汇总表》《环保违法违规建设项目清理明细表》将新侨实业公司归入清理整顿违法违规项目范畴。同年11月25日，普侨环保局作出《关于开展清理整顿环境违法违规建设项目工作的通知》(以下简称《整顿通知》)，责令新侨实业公司停业、关闭，并于2016年11月26日送达该公司。宣判后，新侨实业公司不服提起行政诉讼，一并请求赔偿。

【裁判结果与理由】

广东省揭阳市榕城区人民法院作出(2017)粤5202行初24号行政判决:(1)撤销普侨环保局于2016年11月25日对新侨实业公司作出的《整顿通知》;(2)驳回新侨实业公司请求普侨环保局行政赔偿的诉讼请求。广东省揭阳市榕城区人民法院一审认为,普侨环保局属于县级环境保护主管部门,对本行政区域环境保护工作实施统一监督管理。普侨环保局发现新侨实业公司生产不符合国家环保政策要求,并在上级揭阳市环境保护局多次责令停止生产、处罚未果后,对新侨实业公司发出"停业、关闭"的通知,是对辖区内的企业依法行使监管职权,履行职责,原审法院予以确认。根据《行政处罚法》(2009年修正)第8条、《环境行政处罚办法》(2010年修订,现已失效)第10条的规定,责令停业、关闭属行政处罚种类之一,故普侨环保局在通知中对新侨实业公司作出的"责令停业、关闭"是行政处罚,不是行政命令。根据《环境保护法》(2014年修订)第60条、《环境保护主管部门实施限制生产、停产整治办法》第8条的规定,实施责令停业、关闭的行政处罚,须经有批准权的人民政府批准实施,而不应该由普侨环保局作出通知限时责令实施。法律、法规、规章并未赋予普侨环保局作出责令企业停业、关闭的行政处罚决定权,普侨环保局对新侨实业公司作出的限时责令停业、关闭的行政处罚行为主体不适格、超越职权,违反合法行政原则。普侨环保局未向一审法院提供其履行行政处罚前告知当事人、听取当事人陈述和申辩或举行听证等程序的材料,根据《行政诉讼法》(2017年修正)第34条的规定,视为普侨环保局没有遵循行政处罚程序对新侨实业公司作出涉案行政处罚,行政程序明显不当。新侨实业公司认为因普侨环保局作出"责令停业、关闭"违法,侵犯其财产权,可以请求赔偿,但因新侨实业公司无证据证明其合法权益遭到损害与普侨环保局作出的行政行为有因果关系,依据《国家赔偿法》(2012年修正)第4条第1项、第9条和《最高人民法院关于审理行政赔偿案件若干问题的规定》(法发〔1997〕10号,现已失效)第32条、第33条的规定,新侨实业公司要求普侨环保局赔偿经济损失200万元、精神损失等请求缺乏依据,应予驳回。

宣判后,普侨环保局不服一审判决提起上诉。广东省揭阳市中级人民法院于2018年3月22日作出(2018)粤52行终3号行政判决:驳回上诉,维持原判。

法院生效裁判认为,《环境保护法》(2014年修订)第60条规定:"企业事业单位和其他生产经营者超过污染物排放标准或者超过重点污染物排放总量控制指标排放污染物的,县级以上人民政府环境保护主管部门可以责令其采取限制生产、停产整治等措施;情节严重的,报经有批准权的人民政府批准,责令停业、关闭。"据此,责令关闭应当由县级以上人民政府环境保护主管部门报请有批准权的人民政府批准。本案上诉人并未报请政府批准就作出决定关闭上诉人的公司,属于超越职权。而且,上诉人提供的《环保违法违规建设项目清理汇总表》《环保违法违规建设项目清理明细表》将被上诉人公司归类为清理整顿违法违规项目,根据《揭阳市清理整顿环境违法违规建设项目工作实施细则》规定,被上诉人必须在2016年12月15日前全面完成备案。上诉人于2016年11月25日作出《整顿通知》所依据的揭阳市环境保护局揭环罚字[2015]第012号、第013号行政处罚决定书中只是责令被上诉人涂料化工生产项目停止生产和罚款,并没有涉及对被上诉人进行关闭的处罚。一审法院认定上诉人所作《整顿通知》系行政处罚,且在行政处罚前未履行告知当事人、听取当事人陈述和申辩或举行听证的义务,程序违法,依法予以撤销并无不当。

【裁判者说】

《中共中央关于全面推进依法治国若干重大问题的决定》中提出"用严格的法律制度保护生态环境,加快建立有效约束开发行为和促进绿色发展、循环发展、低碳发展的生态文明法律制度,强化生产者环境保护的法律责任,大幅度提高违法成本"。《环境保护法》(2014年修订)第60条赋予环境保护主管部门通过直接限制甚至停止生产,督促环保违法行为人有效完成污染整改义务的执法手段。

根据《行政诉讼法》(2017年修正)第34条规定,行政机关负有向法院提供证据证明其作出的行政行为合法之义务。根据《行政处罚法》(2009年修正)第8条、第31条、第32条,以及《环境行政处罚办法》(2010年修订,现已失效)第10条的规定,"责令停产停业"属行政处罚种类之一,是行政机关对行政相对人科以义务的行为,具有较强的惩罚性质,应严格按照行政处罚的程序,给予相对人陈述、申辩以及听证等权利,给相对人合法辩解的机会。另根据《环境保护法》(2014年修订)第60条、《环境行政处罚办法》(2010年修订,现已失效)第8条的规定,实施责令停业、关闭的行政处罚,须经有批准权的人民政府批准实施,否则,属于超越职权。本案中,普侨环保局未向新侨实业公司履行行政处罚前告知、听取当事人陈述和申辩或举行听证等程序,在超越职权的情况下对新侨实业公司作出《整顿通知》,行政程序显然违法。据此,法院经过审查并作出撤销该《整顿通知》的判决是正确的。

另外，根据《环境保护法》（2014 年修订）、《环境行政处罚办法》（2010 年修订，现已失效）等相关规定，环境保护主管部门既具有对其管辖范围内的公民、法人或者其他组织的环境违法行为作出行政处罚的职权，又有责令其改正行政命令的职权。故在司法审查过程中，需要对行政行为具体引用的法律规范进行甄别，准确识别行政行为的类型。

（撰稿人：陈　锋　揭阳市中级人民法院）

【专家评析】

环境保护属强管制行政管理领域，此种“强管制”从行政职权角度看，体现为凌厉的管制手段和严厉的惩罚后果；从行政职责角度看，则体现为严格的职权法定和严密的程序遵循，目的是实现职权职责、公权私权的平衡。职权法定体现为职权来源于法律法规规章的授予，行政机关不可逾越法律规范设定的边界行使权力。从程序上考察，以行政处罚为代表的损益性行政行为，对行政机关的程序约束相较其他类型的行政行为也更为严格，并且处罚越严厉，对行政相对人的利益影响越大，对行政机关的程序约束也就越强。根据《行政处罚法》（2021 年修订）的规定，处罚的基本程序包括立案、调查取证、听取相对人陈述申辩、处罚前告知、送达处罚文书等。在作出重大疑难复杂行政处罚行为时，还应当加入法制审核、告知听证权利、召开听证会举行听证等程序。越是强管制的行政领域，行政机关享有的职权越大；享有的职权越强大，就意味着职责越大，法律要求越高。对于人民法院而言，行政行为对行政相对人的权益影响越严重，司法审查标准就应当越高。

本案中，普侨环保局以《整顿通知》的形式，责令新侨实业公司停业、关闭，实际上对新侨实业公司作出的是严厉的行政处罚，将对新侨实业公司的权益产生重大影响，故人民法院应当坚持严格的合法性审查标准。根据《环境保护法》（2014 年修订）第 60 条、《环境行政处罚办法》（2010 年修订，现已失效）第 8 条的规定，实施责令停业、关闭的行政处罚须经有批准权的人民政府批准，也即只有经过普宁市人民政府批准，普侨环保局才能作出责令新侨实业公司停业关闭的行政处罚。但是普侨环保局作出的《整顿通知》中没有显示其作出该行政行为已经得到普宁市人民政府的批准，诉讼中也没有提供证据证实其作出该行政行为前，已经得到普宁市人民政府批准，故其未经批准作出被诉行政行为显已超出自己的职权范围，属越权行政，人民法院将超越职权作为撤销被诉行政行为的依据之一正确。

从程序上看，普侨环保局仅根据《环保违法违规建设项目清理汇总表》《环保违法违规建设项目清理明细表》两份表格，直接对新侨实业公司作出《整顿通知》，责令其停业关闭，几乎没有履行立案、听取新侨实业公司陈述申辩、告知其申请听证的权利、举行听证、告知拟作出的行政处罚内容及事实等任何行政处罚程序，构成重大程序违法，人民法院应判决撤销其作出的《整顿通知》。

（撰稿人：付洪林　华南师范大学政府改革与法治建设研究院）

案例 17

规划土地监察部门不具有管理未定级不可移动文物的法定职权*

【裁判要旨】

对受保护建筑物的维护、使用应当优先适用文物保护相关法律规定。对于违法擅自修缮不可移动文物的行为，应由文物行政部门负责查处，规划土地监察部门不具有对未定级不可移动文物的修缮行为进行查处的行政职权。

【关键词】

特别法优于一般法　文物修缮　超越职权

【基本案情】

“长隆世居”客家围屋建于1794年，占地面积6485平方米，整体结构和布局保存较为完好，位于深圳市龙岗区坑梓街道金沙社区金沙居民小组。2012年第三次全国文物普查时，“长隆世居”被原坪山新区公布为未定级不可移动文物。原告叶某的祖屋为“长隆世居”客家围屋的一角，因年久失修，仅剩外墙四壁，内墙坍塌仅剩一米多高。原告向被告深圳市坪山区规划土地监察局申请对祖屋进行修缮，被告于2016年5月27日作出回复，告知原告其没有相关审批职责。2016年3月15日，原告通过原坪山新区坑梓办事处文体服务中心向原坪山新区公共事业局申请维修加固祖屋。2016年3月29日，原坪山新区公共事业局作出回复，内容为：“一、根据《广东省实施〈中华人民共和国文物保护法〉办法》（2014

---

* 叶某诉深圳市坪山区规划土地监察局责令停止违法行为通知案，广东省深圳市盐田区人民法院（2017）粤0308行初1177号行政判决书；广东省深圳市中级人民法院（2018）粤03行终856号行政判决书。

年修正）第21条的规定，原则上同意原告出资对其所属物业进行加固、保养、维护，对不可移动文物进行修缮、保养、迁移，必须遵循不改变文物原状的原则，且必须遵守其他相关法律、法规，施工中不得乱建、超建，同时，设计施工图纸需报备……”但原告没有进行图纸报备。2016年8月24日，被告发出《责令停止（改正）违法行为通知书》，内容为：原告没有取得建设工程规划许可证，于2016年8月24日被发现在“长隆世居”施工建设（老屋修缮）。根据《行政处罚法》（2009年修正）第23条及《城乡规划法》（2015年修正）第64条的规定，责令原告立即停止违法行为，并于2016年8月29日前自行拆除新建砖墙，逾期不拆除的将根据有关法律规定实施行政处罚，并可根据需要采取行政强制措施。被告将《责令停止（改正）违法行为通知书》交给现场工人。后原告未自行拆除，被告于2017年1月17日，将原告新建的5面内墙拆除。原告叶某不服，提起行政诉讼。

另查明，（1）深圳市规划和国土资源委员会坪山管理局针对一审法院就原告“长隆世居”祖屋的施工是否需要取得建设工程规划许可证的询问，回复称：①根据《文物保护法》（2015年修正）第21条规定，若对该文物进行修缮或保养，相关事项需报文物行政部门批准；②根据《文物保护法》（2015年修正）第22条规定，若文物已经全部损坏，需进行重建，相关事项需由文物行政部门报省、自治区、直辖市政府批准。相关规划审批事宜需遵守《城乡规划法》和《深圳市城市规划条例》的有关规定。（2）深圳市坪山区文体旅游局承接原坪山新区公共事业局文物保护的管理职能。深圳市坪山区文体旅游局针对一审法院就原告的建设行为属于修缮还是重建的询问，回复称：“长隆世居”整体作为未定级不可移动文物，占地面积6485平方米，整体结构和布局保存较为完好，原告自有权属部分的祖屋为“长隆世居”整体围屋中的一小部分。根据原告提交的申请资料显示，其对自有权属部分祖屋维修加固属局部维修。

【裁判结果与理由】

广东省深圳市盐田区人民法院作出（2017）粤0308行初1177号行政判决，确认被告深圳市坪山区规划土地监察局拆除原告叶某祖屋内墙的行为违法。深圳市盐田区人民法院一审认为，《城乡规划法》（2015年修正）第11条第2款规定：“县级以上地方人民政府城乡规划主管部门负责本行政区域内的城乡规划管理工作。”第31条第2款规定：“历史文化名城、名镇、名村的保护以及受保护建筑物的维护和使用，应当遵守有关法律、行政法规和国务院的规定。”根据《立法法》

（2015 年修正）第 92 条所确立的法律适用原则，相对于城乡规划主管部门具有的对城乡规划的监督管理职权而言，文物主管部门对受保护建筑物的维护、使用的管理权属于特别权限。对受保护建筑物的维护、使用应当优先适用文物保护方面的法律规定。《文物保护法》（2015 年修正）没有要求未定级不可移动文物的修缮应当报规划部门批准，对于违法擅自修缮不可移动文物的行为，应由文物主管部门负责查处，被告不具有对叶某祖屋的建设行为进行查处的行政职权。被告不服，提起上诉。

广东省深圳市中级人民法院作出（2018）粤 03 行终 856 号行政判决：驳回上诉，维持原判。终审判决裁判理由与一审判决相同。

【裁判者说】

法律对于行政机关职权范围的规定已较为明确，行政机关违反法律规定越权行政的情形已较少出现，但在个别领域，在行政职权交叉情形下，判断特定机关是否享有特定的行政职权仍较为复杂。

本案涉及的建筑为有两百多年历史的“长隆世居”，该建筑在 2012 年第三次全国文物普查时被登记为不可移动文物。原告主张其修缮已经征得辖区文物主管部门同意，依据《文物保护法》（2015 年修正）被告无权进行查处。被告认为，原告没有取得《建设工程规划许可证》，是擅自毁损文物后实施的违法建设行为，依据《深圳经济特区规划土地监察条例》（2014 年修订）被告具有对原告规划违法行为进行查处的职责。因此，应当依照哪部法律来确定被告是否具有对原告建设行为进行查处的职责是双方争议的核心。

《立法法》（2015 年修正）第 92 条规定：“同一机关制定的法律、行政法规、地方性法规、自治条例和单行条例、规章，特别规定与一般规定不一致的，适用特别规定；新的规定与旧的规定不一致的，适用新的规定。”《最高人民法院关于印发〈关于审理行政案件适用法律规范问题的座谈会纪要〉的通知》（法〔2004〕96 号）中“（二）特别规定与一般规定的适用关系”规定：“同一法律、行政法规、地方性法规、自治条例和单行条例、规章内的不同条文对相同事项有一般规定和特别规定的，优先适用特别规定。”因此，法律适用的一般规则为：同一部法律或法规中，特别条款优于一般条款；同一位阶的不同法律或法规中，特别法优于一般法。本案特殊在于，《文物保护法》（2015 年修正）是由全国人民代表大会常务委员会制定的，《深圳经济特区规划土地监察条例》（2014 年修订）是经济特区法规，并不能简单运用上述规则确定应当适用的法律。因此，只有把本案转化成能适用上述规则的情形才能解决被告是否具有职权的问题。

《深圳经济特区规划土地监察条例》(2014 年修订，已被修改)是经济特区法规，是对深圳经济特区范围内规划土地监察工作的规定。该条例第 2 条第 2 款规定："本条例所称规划土地监察，是指规划土地监察机构对公民、法人和其他组织遵守、执行城市规划和土地管理法律、法规、规章的情况进行监督检查，并依法对违反城市规划法律、法规、规章的行为(以下简称规划违法行为)和违反土地管理法律、法规、规章的行为(以下简称土地违法行为)进行查处的行政执法活动。"纵观全文，该条例仅仅对主管部门、执法程序等结合深圳实际作出了变通规定，对于违反城市规划法律、法规、规章的情形并未作出特殊规定，因此，判断原告的建设行为是否合法的依据仍是包括《城乡规划法》(2015 年修正)在内的城市规划与开发建设法律、法规。据此，原告的建设行为是否违反了《城乡规划法》成为厘清被告职权的关键。

《城乡规划法》(2015 年修正)第 11 条第 2 款规定："县级以上地方人民政府城乡规划主管部门负责本行政区域内的城乡规划管理工作。"第 31 条第 2 款规定："历史文化名城、名镇、名村的保护以及受保护建筑物的维护和使用，应当遵守有关法律、行政法规和国务院的规定。"根据同一部法律中，特别条款优于普通条款的法律适用规则，本案的"长隆世居"作为未定级不可移动文物，对其监督管理应当优先适用文物保护方面的法律规定。

《文物保护法》(2015 年修正)第 21 条第 2 款规定："对未核定为文物保护单位的不可移动文物进行修缮，应当报登记的县级人民政府文物行政部门批准。"第 22 条规定，不可移动文物已经全部毁坏的，因特殊情况需要在原址重建的，由省、自治区、直辖市人民政府文物行政部门报省、自治区、直辖市人民政府批准。本案中，虽然原告祖屋内墙坍塌，但外墙完好，且其仅占"长隆世居"6485 平方米建筑群的一小部分，故原告的建设行为应当被认定为修缮而不是重建，原告修缮"长隆世居"祖屋并不需要取得建设工程规划审批手续，并且，原告的修缮行为已经经过文物主管部门批准，故原告没有违反《城乡规划法》(2015 年修正)。根据《文物保护法》(2015 年修正)第 66 条规定，对于违法擅自修缮不可移动文物的行为，也是由文物主管部门按照违法行为的情节作出责令改正、罚款等行政处罚。因此，被告没有对原告的修缮行为进行查处的行政职权。

为对本案法律适用争议作出准确判断，合议庭开展了以下两项工作：一是秉持司法谦抑精神，为审慎认定原告行为的性质，合议庭曾向“长隆世居”所在辖区的文物主管部门发函询问，最终，法院根据案件整体事实采纳了文物主管部门的意见，认定原告对其祖屋的施工行为属修缮；二是经查阅中国裁判文书网，并未查到相同案件，仅有一宗类似案件即黄某诉北京市规划和国土资源管理委员会不履行法定职责案[①]，针对黄某主张北下关娘娘庙无证施工的举报，法院认为，北下关娘娘庙属于在册文物，对其进行迁移、拆除应由文物行政部门审批，并非由北京市规划和国土资源管理委员会监管、查处。虽然此类案件全国仅此一例，但一定程度上能反映出法院对不可移动文物的修缮、迁移是否需要规划审批的观点。

（撰稿人：孙　静　广东省深圳市盐田区人民法院）

【专家评析】

有关不可移动文物修缮、重建领域的行政管理职权划分争议较少，正因为相关案例较少，本案对于厘清该领域行政管理职权划分才具有重要价值：一方面避免推诿履行职责，对不可移动文物提供更及时的保护；另一方面明确由文物行政部门履行相关行政管理职责，有利于对不可移动文物提供更专业有效的保护。

本案涉及的第一个问题是对文物的界定，《文物保护法》（2015 年修正）第 2 条第 2 款规定：“文物认定的标准和办法由国务院文物行政部门制定，并报国务院批准。”2009 年 8 月 10 日文化部公布的《文物认定管理暂行办法》，对文物认定主管机关、文物认定程序作出了详尽规定。据此，文物认定应经法定程序并由法定机关作出，未被认定为文物的古建筑，不应适用《文物保护法》进行管理。合议庭首先查明涉案古建筑“长隆世居”已于 2012 年全国第三次文物普查时被认定为未定级不可移动文物，为本案审理方向定好了基调，即涉案古建筑物的行政管理职权划分问题。

本案涉及的不可移动文物为古民居建筑，对该栋古民居的行政管理职权关涉建设管理机关和文物管理机关的职权划分。《文物保护法》（2015 年修正）第 21

---

① 参见黄某诉北京市规划和国土资源管理委员会不履行法定职责案，（2017）京 02 行终 1694 号行政判决书。

条第2款规定，“对文物保护单位进行修缮，应当根据文物保护单位的级别报相应的文物行政部门批准；对未核定为文物保护单位的不可移动文物进行修缮，应当报登记的县级人民政府文物行政部门批准”。该法第66条第1款规定，“有下列行为之一，尚不构成犯罪的，由县级以上人民政府文物主管部门责令改正，造成严重后果的，处五万元以上五十万元以下的罚款；情节严重的，由原发证机关吊销资质证书”。该款下第4项违法行为为“擅自修缮不可移动文物，明显改变文物原状的”。以上规定明确了文物行政部门对不可移动文物具有排他的行政管理职权。本案不可移动文物为古建筑，除了是文物外，其当然也具有“建筑”的属性，但其首先应被视为文物。《城乡规划法》和《文物保护法》均为全国人大常委会制定和发布的法律，两者的法律位阶相同，涉及已公布为文物的古建筑的行政管理职权划分问题时，《城乡规划法》为一般法，而《文物保护法》为特别法，根据一般法和特别法的关系原理，作为特别法的《文物保护法》应当优先得到适用。故本案所涉不可移动文物的行政管理职权应由文物主管机关行使，被告深圳市坪山区规划土地监察局并不具有相关行政管理职权和职责。

值得指出的是，原告叶某曾经向被告申请对祖屋进行修缮，被告于2016年5月27日已回复，称自己并无相关审批职责，说明被告知道自己没有不可移动文物的行政管理职权。但在原告取得文物行政部门许可对建筑物进行修缮时，被告又对原告作出行政处罚，属故意越权，性质较为严重，人民法院判决确认被告违法是正确的。

（撰稿人：付洪林　华南师范大学政府改革与法治建设研究院）

案例 18

行政机关不能收回已被司法查封标的物的使用权*

【裁判要旨】

司法查封行为是人民法院为限制债务人处分财产而采取的一种强制措施,该行为一经作出即具有法律约束力。在查封期限内,行政机关一般不能收回国有土地使用权。

【关键词】

司法查封　闲置土地　收回国有土地使用权

【基本案情】

2013 年 8 月 23 日,东莞市第三人民法院因王某森提出的财产保全申请,作出民事裁定查封了广东恒辉实业集团有限公司(以下简称恒辉公司)享有的涉案国有土地使用权。9 月 30 日,该院作出民事判决,要求恒辉公司偿还王某森借款本息 3000 万元,同时确认王某森对涉案国有土地使用权及地上附着物处理款享有优先受偿权。判决生效后,王某森向该院申请强制执行,该院对涉案国有土地使用权及地上附着物价值进行评估并准备拍卖。在获知法院将进行拍卖后,连平县人民政府于 2015 年 9 月 28 日作出连府(2015)33 号收回恒辉公司闲置土地的决定,认定涉案土地构成闲置,决定收回涉案土地的国有土地使用权,注销土地使用证。王某森认为连平县人民政府收回恒辉公司土地的行为违法,导致其无法通

---

* 王某森诉连平县人民政府收回闲置土地决定案,广东省河源市中级人民法院(2015)河中法行初字第 68 号行政判决书;广东省高级人民法院(2016)粤行终 1263 号行政判决书。

过处理恒辉公司的土地而实现债权，造成其重大经济损失，向广东省河源市中级人民法院提起行政诉讼，请求确认被诉收回闲置土地决定行为违法并予以撤销；判令连平县人民政府赔偿损失 1700 万元。在诉讼过程中，连平县人民政府于 2015 年 11 月 25 日以相关程序有误为由，决定撤销被诉收回闲置土地决定。

【裁判结果与理由】

广东省河源市中级人民法院一审认为，被诉收回闲置土地决定因程序存在瑕疵，在诉讼期间被连平县人民政府撤销。该行政行为已经不存在，王某森为保障合法权益诉请法院要求确认原行为违法，理由充分。但王某森要求赔偿损失 1700 万元没有提供合法有效的证据予以证实，不予支持。广东省河源市中级人民法院于 2016 年 5 月 2 日作出（2015）河中法行初字第 68 号行政判决：（1）确认连平县人民政府收回涉案闲置土地行为违法。（2）驳回王某森的其他诉讼请求。

王某森不服，向广东省高级人民法院提起上诉。

广东省高级人民法院二审认为，《最高人民法院、国土资源部、建设部关于依法规范人民法院执行和国土资源房地产管理部门协助执行若干问题的通知》（法发〔2004〕5 号）第 22 条第 1 款规定："国土资源、房地产管理部门对被人民法院依法查封、预查封的土地使用权、房屋，在查封、预查封期间不得办理抵押、转让等权属变更、转移登记手续。"依据上述规定，对于司法机关依法进行的查封，在查封期限内，政府不能收回国有土地使用权。本案被上诉人连平县人民政府在东莞市第三人民法院查封国有土地使用权期间作出上述被诉决定，收回涉案国有土地使用权，违反了上述规定，依法应予撤销。鉴于连平县人民政府于 2015 年 11 月 25 日作出连府（2015）42 号《连平县人民政府关于撤销（2015）33 号文的决定》，认为 2015 年 9 月 28 日作出的连府（2015）33 号《连平县人民政府关于收回广东恒辉实业集团有限公司闲置土地的决定》相关程序有误，撤销了被诉决定。因此，原审判决确认被上诉人连平县人民政府收回恒辉公司闲置土地的行政行为违法并无不当。王某森起诉请求判令连平县人民政府向其赔偿损失，因王某森在诉讼期间未能向原审法院提供连平县人民政府的违法行为给其造成经济损失的相关证据，原审判决驳回王某森的该项诉讼请求正确。综上，二审判决驳回上诉，维持原判。

【裁判者说】

一、背景情况介绍

受让国有土地使用权的公司对土地无力开发，导致土地闲置，符合收回土地使用权的条件下，政府决定收回本无不妥。但公司因经营不善，往往为了资金周转在国有土地使用权上已设定抵押担保。后因财产保全，该国有土地使用权被法院查封。在法院查封期间，政府是否可以收回国有土地使用权，以及在执行涉及国有土地的此类案件中，如何平衡当事人的债权利益和政府的管理职权，是司法实践经常遇见的问题。

二、确立裁判要旨的理由

本案东莞市第三人民法院在执行程序中，向连平县国土局发函，称涉案土地上并未建设任何建筑物，地块上长满野草，处于闲置状态，闲置期限已超过两年。为避免本次拍卖后产生不必要的纠纷，如你局认为本次拍卖的处理结果将可能涉及你局的相关权益，或对本院的本次执行有其他意见，主张相关权利的，可以向法院书面提出。虽有法院的询问函在前，政府在国有土地使用权被法院查封期间，是否有权收回闲置土地？因土地闲置而决定收回并注销土地登记是否属于《最高人民法院、国土资源部、建设部关于依法规范人民法院执行和国土资源房地产管理部门协助执行若干问题的通知》（法发〔2004〕5号）第22条规定所称的办理权属变更、转移登记手续？

《国土资源部对收回被司法机关查封国有土地使用权问题的批复》（国土资函403号，现已失效）中载明："司法机关因债权债务纠纷而查封国有土地使用权，应当依法进行，被查封的土地也必须是诉讼当事人拥有合法使用权的土地。对于司法机关依法进行的查封，在查封期限内，人民政府不能收回国有土地使用权；查封期限结束后，则可以依法收回国有土地使用权。"该批复虽已失效，但其中提出的"被查封的土地也必须是诉讼当事人拥有合法使用权的土地"条件在《最高人民法院、国土资源部、建设部关于依法规范人民法院执行和国土资源房地产管理部门协助执行若干问题的通知》（法发〔2004〕5号）中亦有体现。《最高人民法院、国土资源部、建设部关于依法规范人民法院执行和国土资源房地产管理部门协助执行若干问题的通知》（法发〔2004〕5号）第14条规定："被执行人部分缴纳土地使用权出让金但尚未办理土地使用权登记的，对可以分割的土地使用权，按已缴付的土地使用权出让金，由国土资源管理部门确认被执行人的土地使用权,人民法院可以对确认后的土地使用权裁定预查封。对不可以分割的土地使用权,可以全部进行预查封。被执行人在规定的期限内仍未全部缴纳土地出让金的,在人民政府收回土地使用权的同时,应当将被执行人缴纳的按照有关规定应当退还的土地出让金交由人民法院处理,预查封自动解除。"在被执行人未履行缴纳全部土地出让金义务的情况下,被执行人尚未合法取得土地使用权,人民法院虽然可以预查封,但不影响政府之后因未履行缴纳土地出让金义务而决定收回土地使用权。

但法院查封土地后,政府是否可以闲置土地的名义收回需要进一步商榷。《闲置土地处置办法》(2012 年修订)第 2 条规定:"本办法所称闲置土地,是指国有建设用地使用权人超过国有建设用地使用权有偿使用合同或者划拨决定书约定、规定的动工开发日期满一年未动工开发的国有建设用地。已动工开发但开发建设用地面积占应动工开发建设用地总面积不足三分之一或者已投资额占总投资额不足百分之二十五,中止开发建设满一年的国有建设用地,也可以认定为闲置土地。"可见,闲置土地是指使用权人已取得国有建设用地使用权后,开发建设不符合规定要求的国有建设用地。而司法查封是法院为限制债务人处分财产而采取的一种强制措施,目的在于保持债务人财产现状,保障经过审判程序或者其他程序确认的债权尽可能得到清偿。司法查封一旦作出,包括实施查封行为的法院在内的社会公众与国家机关均应受此司法强制行为的约束。《最高人民法院、国土资源部、建设部关于依法规范人民法院执行和国土资源房地产管理部门协助执行若干问题的通知》(法发〔2004〕5 号)第 3 条第 2 款"国土资源、房地产管理部门在协助人民法院执行土地使用权、房屋时,不对生效法律文书和协助执行通知书进行实体审查。国土资源、房地产管理部门认为人民法院查封、预查封或者处理的土地、房屋权属错误的,可以向人民法院提出审查建议,但不应当停止办理协助执行事项"及第22 的规定,体现了行政机关对司法行为效力的尊重。即使政府认为被司法查封的土地属于闲置土地,但该土地使用权已出让给被执行人,被执行人已合法取得了被查封土地的使用权。在法院实施查封时,被执行人仍合法保有该土地使用权。政府在之后决定收回土地使用权,发生权属变更的效果,不符合该通知的规定,也不利于实现司法查封的功能。《闲置土地处置办法》(2012 年修订)第 19 条规定:"对依法收回的闲置土地,市、县国土资源主管部门可以采取下列方式利用:(一)依据国家土地供应政策,确定新的国有建设用地使用权人开发利用;(二)纳入政府土地储备;(三)对耕作条件未被破坏且近期无法安排建设项目的,由市、县国土资源主管部门委托有关农村集体经济组织、单位或者个人组织恢复耕种。”根据上述规定,设置闲置土地收回制度的目的是促进国有土地的有效利用,防止土地资源闲置浪费,打击囤地、炒地现象。即使在查封期间政府认为该土地构成闲置,可以考虑收回闲置土地后确定新的国有土地使用权人开发利用。而法院在民事执行程序中进行司法拍卖、变卖后,不改变原土地用途和出让年限,买受人作为新的国有土地使用权人,可以继续在土地上开发建设。政府加强对该土地的后续开发建设监管,同样可以实现促进国有土地的高效利用的目标。因此,对于司法机关依法进行的查封土地,在查封期限内,政府不能收回国有土地使用权。

三、运用裁判要旨应当注意的问题

法院对土地进行了预查封,但被执行人未按规定全部缴纳土地出让金的,政府可以收回土地使用权,同时将被执行人缴纳的应退还的土地出让金交由法院处理。

(撰稿人:邓丽华　广东省高级人民法院)

【专家评析】

本案的关键在于政府在国有土地使用权被法院依法查封期间,是否有权收回土地使用权。查封土地系司法机关为保证案件的执行而作出的保全措施,收地决定是行政机关依据相应事实和法律作出的行政决定,两者分别是司法权与行政权的运用,两种权力的行使应当互相配合和尊重。

《最高人民法院关于人民法院执行工作若干问题的规定(试行)》(法释〔1998〕15号)第44条规定:“被执行人或其他人擅自处分已被查封、扣押、冻结财产的,人民法院有权责令责任人限期追回财产或承担相应的赔偿责任。”《最高人民法院、国土资源部、建设部关于依法规范人民法院执行和国土资源房地产管理部门协助执行若干问题的通知》(法发〔2004〕5号)第22条第1款规定:“国土资源、房地产管理部门对被人民法院依法查封、预查封的土地使用权、房屋,在查封、预查封期间不得办理抵押、转让等权属变更、转移登记手续。”依据上述规定,对于人民法院依法进行的查封,在查封期限内,任何单位不得擅自进行处分;同理,行政机关亦不可擅自变更国有土地使用权。而上述通知限制的是在土地使用权被查封的情况下擅自处分和非法转移土地使用权的情形，并未限制政府依法收回土地，也未禁止国土相关部门在政府收回土地后注销土地登记，也即通知不能作为禁止政府依法收回土地的依据。

本案中，连平县人民政府作出连府(2015)33 号收回恒辉公司闲置土地的决定，该行政行为是行政机关行使行政权的表现，本着行政机关对司法行为效力应予以尊重的原则，需具体分析行政机关作出的“收地决定”是否具有合法合理的依据。“收地决定”[连府(2015)33 号]中作出收回土地决定的理由，是认定涉案土地构成闲置。而所涉土地已被人民法院裁定查封，已进入执行程序，法院在民事执行程序中进行司法拍卖、变卖后，不改变原土地用途和出让年限，买受人作为新的国有土地使用权人，可继续在土地上开发建设，事实上可以促进国有土地的高效利用。根据《最高人民法院、国土资源部、建设部关于依法规范人民法院执行和国土资源房地产管理部门协助执行若干问题的通知》(法发〔2004〕5 号)第 3 条第 2 款“国土资源、房地产管理部门在协助人民法院执行土地使用权、房屋时，不对生效法律文书和协助执行通知书进行实体审查。国土资源、房地产管理部门认为人民法院查封、预查封或者处理的土地、房屋权属错误的，可以向人民法院提出审查建议，但不应当停止办理协助执行事项”的规定，涉案土地无论是否构成闲置，在司法机关依法查封期间，行政机关不能直接收回国有土地使用权，但可以向法院提出审查建议，等待司法机关查封程序结束再对涉案土地进行处理。

（撰稿人：伍劲松　华南师范大学法学院）

案例 19

形式作为但实质不作为的审查认定*

【裁判要旨】

行政机关对投诉举报事项履行调查处理职责，不仅要在形式上符合法律规定的程序，还要在实体上查清事实，依法作出实质处理。对于形式作为但实质不作为的，人民法院应当认定为未全面、正确履行法定职责，应当判令行政机关重新履行法定职责。

【关键词】

投诉举报　招标投标监管　形式作为但实质不作为

【基本案情】

2016 年 6 月 30 日，原告大连中睿科技发展有限公司向深圳市政府采购中心（以下简称采购中心）就“探地雷达综合检测车采购”进行质疑，质疑事项为：供应商武汉滨湖电子有限责任公司没有探地雷达研制能力，也没有探地雷达产品，该公司提供的招标文件中关于其多通道雷达主机及天线产品的资料均是虚假的。采购中心于 2016 年 8 月 19 日组织专家就大连中睿科技发展有限公司的投诉组织复评，《专家评审意见表》中可见“依据武汉滨湖电子有限责任公司提供的承诺函，对投标文件的真实性承担法律责任，质疑无效”等意见，评议结果为“维持原评标结果”。2016 年 8 月 30 日，采购中心作出深府购函[2016]451 号《关于探地雷达综合检测车采购项目有关情况的答复函》，未支持大连中睿科技发展有限公

* 大连中睿科技发展有限公司诉深圳市财政委员会招投标监管行政处理决定案，广东省深圳市盐田区人民法院(2017)粤 0308 行初 1241 号行政判决书；广东省深圳市中级人民法院(2018)粤 03 行终 378 号行政判决书。

司的质疑请求。2016 年 9 月 24 日,大连中睿科技发展有限公司向深圳市财政委员会递交投诉书,同时提交了证据材料及其向采购中心进行质疑的函及该中心的复函。2016 年 9 月 28 日,深圳市财政委员会将上述投诉书送达给采购中心及武汉滨湖电子有限责任公司。2016 年 9 月 29 日,采购中心回函给深圳市财政委员会称,其已就大连中睿科技发展有限公司的质疑向该公司回函,现将该函抄送深圳市财政委员会,并无新的意见。武汉滨湖电子有限责任公司对深圳市财政委员会转交的投诉书并未回应。2016 年 10 月 31 日,深圳市财政委员会作出深财书〔2016〕229 号《投诉处理决定书》,驳回了大连中睿科技发展有限公司的投诉,并送达至大连中睿科技发展有限公司。原告对深圳市财政委员会的行为不服,遂提起诉讼。

另查明,大连中睿科技发展有限公司在一审庭审中提交了一张照片,拟证明武汉滨湖电子有限责任公司实际交付的产品系 GSSI 的产品,其本身并无投标产品,大连中睿科技发展有限公司投诉有依据;深圳市财政委员会对大连中睿科技发展有限公司该份证据真实性不予认可。双方在庭审中均确认投标文件中对产品的描述为“探地雷达综合检测车,拒绝进口”。

再查明,2017 年 7 月 11 日,武汉滨湖电子有限责任公司取得《机动车整车出厂合格证》,显示其湖光牌 BHJ5043TLJ 型号道路检测车经过检验,准予出厂。2017 年 9 月 6 日,武汉滨湖电子有限责任公司交付的探地雷达综合检测车通过专家验收。2017 年 9 月 20 日,美国劳雷工业公司在其网站发布新闻,标题为“劳雷八通道探地雷达综合检测车解决方案助力深圳道路安全”。内容为:“日前,劳雷技术团队研发集成的深圳市道路综合检测车成功完成验收。作为国内首套采用美国 GSSI 八通道探地雷达高精度快速扫描系统为核心单位的道路综合检测车,未来将在路面平整、路基结构、易塌陷区、混凝土层脱空等方面发挥重要作用,为城市道路安全保驾护航……2016 年,劳雷技术团队接到了深圳市地面坍塌防治工作领导小组办公室关于道路综合检测车的需求,从开始设计方案到最终集成,经过多轮磨合,最后终于在 2017 年 9 月如期完成验收……”

【裁判结果与理由】

广东省深圳市盐田区人民法院一审判决驳回大连中睿科技发展有限公司的诉讼请求。

大连中睿科技发展有限公司不服,提起上诉。广东省深圳市中级人民法院二审认为,涉案的探地雷达综合检测车采购项目招投标文件中明确规定产品拒绝进口,大连中睿科技发展有限公司认为项目中标人存在申报材料弄虚作假的行为,向深圳市财政委员会提出投诉。深圳市财政委员会在接到投诉材料后,向被投诉人采购中心和中标人转交了投诉材料,但一方面中标人没有作任何回复,另一方面,被投诉人采购中心回复函也没有对投诉书的内容作针对性回应。在此情况下,深圳市财政委员会未对大连中睿科技发展有限公司投诉材料中提及的问题进行实质性调查,就直接作出涉案行政处理决定,属于认定事实不清,依法应予撤销。此外,大连中睿科技发展有限公司在二审中提交的经过公证的美国劳雷工业公司在其网站的新闻截图中关于"劳雷八通道探地雷达综合检测车解决方案助力深圳道路安全"的描述,可能与大连中睿科技发展有限公司投诉的相关事实存在关联性。深圳市财政委员会应当结合新出现的证据对大连中睿科技发展有限公司投诉的相关事实进行调查并重新作出处理决定。根据《行政诉讼法》(2017年修正)第70条第1项、第89条第1款第2项之规定,判决:(1)撤销一审行政判决;(2)撤销被上诉人深圳市财政委员会作出的涉案《投诉处理决定书》;(3)被上诉人深圳市财政委员会于判决生效之日起30个工作日内针对上诉人大连中睿科技发展有限公司的投诉重新作出处理。

【裁判者说】

一、形式作为而实质不作为的行为界定

传统观点认为,行政不作为是指行政主体负有积极作为的义务但逾期没有履行该义务,包括作为义务的存在、作为之可能性和程序上的不作为三个构成要件。但是,随着实践发展,行政执法出现形式作为而实质不作为这种新情形。从形式上看,行政机关已按照法律规定的程序履行了应尽的义务,但没有作出任何实质性决定,没有解决实际问题,没有对当事人的权利义务产生新的实际效果。本案就属于这种情形。投诉人主张,招投标项目是拒绝进口,但中标人武汉滨湖电子有限责任公司在投标文件中对其所谓多通道探地雷达产品技术指标的说明全盘照抄了美国GSSI探地雷达的指标,就连格式也写的是GSSI专有的,并且其产品外观尺寸和重量也与美国的GSSI雷达SIR—30完全一样。行政机关却以武汉滨湖电子有限责任公司投标文件提供的承诺函对其投标文件的真实性作出承诺,其产品证明文件均符合招标文件要求,评委会予以认可为由驳回投诉,但对投诉人提出的问题却一概不予审查和回应。投诉人拿出GSSI公司在中国的唯一销售代理商美国劳雷工业公司在其官网发布的新闻图片，内容为劳雷技术团队研发集成的深圳市道路综合检测车于 2017 年 9 月成功完成验收，被告仍坚持认为已经全面履行了法定职责，不具有说服力，属于形式作为但实质不作为。

二、法院对行政机关履行法定职责的全面审查

行政机关对投诉举报事项的调查处理，不仅要在形式上符合法律规定的程序，还要在实体上查清事实真相，在处理结果上实现公平正义。法院对这类行政案件的审查，不能流于形式，一方面要对照法定程序进行形式审查，另一方面要对照作为程度进行实质审查。对于形式合法但实质内容明显与常理不符的，也应认定为没有全面履行法定职责，应当判决其全面履行法定职责。

（撰稿人：王成明　广东省深圳市中级人民法院）

【专家评析】

本案中对深圳市财政委员会行为合法与否的判断，应围绕其是否已经履行了法定职责展开。如若履行了法定职责，其行为便无可指责；如若未履行法定职责或者未充分履行法定职责，其行为便因不作为而违法。

财政部制定的《政府采购供应商投诉处理办法》（2004 年，现已失效）第 14 条规定："财政部门处理投诉事项原则上采取书面审查的办法。财政部门认为有必要时，可以进行调查取证，也可以组织投诉人和被投诉人当面进行质证。"可见，对于接受投诉的财政部门而言，该规定属于裁量性条款，即财政部门接到投诉后可以采用书面审查的形式对投诉内容予以处置，也可通过调查取证的方式查清事情的来龙去脉；甚至还可要求投诉人与被投诉人双方当面进行对质以澄清疑点。依此规定，在形式法治意义上，只要作为被告的深圳市财政委员会完成了其中的任何一种行为并给出了相应结论，其行为便是合法的。

经过法庭调查，深圳市财政委员会在接到大连中睿科技发展有限公司（原告）的投诉后，向被投诉人采购中心及涉案采购项目的中标人武汉滨湖电子有限责任公司送达了投诉书副本；采购中心为此向深圳市财政委员会提交复函及相关专家复核结果，深圳市财政委员会在书面审查的基础上，对投诉人作出了投诉事项不能查证属实的认定。一审法院亦据此认为深圳市财政委员会是依照财政部制定的《政府采购供应商投诉处理办法》（2004 年，现已失效）第 14 条之规定履行了法定职责，遂判决驳回了原告的诉讼请求。

然而，二审法院对此作出了另一种理解。认为虽然从形式上看，深圳市财政委员会已按照法律规定的程序履行了应尽的义务，但没有作出任何实质性决定，没有解决实际问题，没有对原告的权利义务产生新的实际效果，故而属于形式上作为但实质上却没作为的行为。二审法院从形式与实质的角度来划分不作为的思路，实际上是形式法治与实质法治在不作为治理领域的自然延伸。在行政法意义上，形式法治考察的主要是外观，即主体适格、有法定权限、遵循了基本程序，至于行政主体在多种可选择的手段、方式、方法中是否采取了最有效、最适当的那种，则不在考虑范围之内。实质法治的提倡很好地弥补了形式法治的不足，能充分将“裁量权”这匹“难以驯服的野马”关进制度的“笼子”里。在本案中，虽然深圳市财政委员会履行职能过程中有多种选择，这是立法者赋予的自由裁量权，但这种裁量权的行使必须与设置投诉处置权的立法目的，即能基本查明投诉事项的真伪，能基本达成个案的实体正义基本一致。也就是说，深圳市财政委员会选择何种方法来履行职责，应依具体案件的实际需要而定，这是依立法内在精神所作的当然解释。但深圳市财政委员会错误地理解和适用了该条文，没有考虑案件的实际情况，机械地以书面审查为审查方法，对可以查明的事实未进行调查取证、实地考察，在未组织投诉人与被投诉人就重大分歧进行质证的情况下，轻率地否定了投诉人的一切投诉，从审理行政案件的角度来说，实质法治对人民法院提出了更高的要求，即法院不仅应当从法律形式上审查行政行为的合法性，还应当从目的的实现程度、手段的适当以及方法的合理与否来审查行政行为的合法性。

综上，二审法院的裁判具有“类案”意义和可复制价值。

（撰稿人：卢护锋　广州大学法学院）

四、行政行为的事实认定

案例 20

行政机关变更工商登记的审查*

【裁判要旨】

公司股权质押登记中,法律规定登记的是质押股权数额而非出质股权比例。公司增资扩股后质押人享有的股权比例发生变化,不等同于质押股权数额变化,仅凭此亦不足以得出质押股权价值发生了实质贬损并影响质权人通过行使质权实现主债权的结论,商事登记机关不得仅以此为由拒绝办理公司增资的变更登记。

【关键词】

股权质押　增加注册资本　公司变更登记

【基本案情】

第三人东银房地产公司于 2016 年 9 月 7 日成立,注册资本为 20,000 万元人民币。2016 年 12 月 9 日,第三人东银房地产公司的单一股东深圳市东方银座集团有限公司(以下简称东银集团)与第三人兴业银行股份有限公司深圳龙华支行(以下简称龙华支行)签订了《非上市公司股权最高额质押合同》,约定东银集团将持有的第三人东银房地产公司 100% 股权为第三人龙华支行与鸿泰利公司签订的《基本额度授信合同》(总合同)及其项下所有分合同(授信额度共折合人民币 19,000 万元)的所有债权提供质押担保,并于同年 12 月 15 日在被告深圳市市场监督管理局(以下简称深圳市市场监管局)处办理了相应的股权质押登记。在

---

* 江苏南通二建集团有限公司诉深圳市市场监督管理局不予办理公司变更登记案,广东省深圳市盐田区人民法院行政判决书(2019)粤 0308 行初 153 号,广东省深圳市中级人民法院行政判决书(2019)粤 03 行终 1440 号。

股权出质设立登记申请书中，东银集团作为出质人及第三人龙华支行作为质权人共同填写的登记事项中出质股权数额为“20,000 万元/万股股权比例 100%”。被告处的股权质押信息显示为“将深圳市东方银座集团有限公司持有的 100% 股权质押给兴业银行股份有限公司深圳龙华支行”。2018 年 10 月 25 日，第三人东银房地产公司股东决定：同意公司新增一个股东江苏南通二建集团有限公司（本案原告）；同意公司注册资本由人民币 20,000 万元变更为 39,216 万元，新增注册资本 19,216 万元，由原告以货币方式认缴，于 2021 年 12 月 31 日前缴足。2018 年 11 月 13 日，第三人东银房地产公司前往被告处办理公司变更登记申请，主要内容为：公司注册资本由 20,000 万元变更为 39,216 万元；公司股东由东银集团变更为东银集团及原告。被告经审查，于同日出具了意见：“经审查，我局依法决定不予受理，原因如下：1. 股东 100% 股权被质押，如需增资请先解除质押；2. 请确定是否设立董事会，按材料清单准备对应材料；材料不齐全，不符合法定形式，不予登记。”原告认为，由于被告违法增设公司变更登记的条件，拒绝为第三人东银房地产公司办理公司变更登记，已经严重损害第三人东银房地产公司的正常经营活动和包括原告在内的股东的合法权益，故诉至法院。

【裁判结果与理由】

深圳市盐田区人民法院一审判决：撤销被告不予办理变更登记决定。

深圳市市场监管局不服，提起上诉。深圳市中级人民法院二审认为：

首先，关于“股东 100% 股权被质押，如需增资请先解除质押”，该项理由实系深圳市市场监管局以解除涉案股权质押登记为受理和准予东银房地产公司增加注册资本变更登记申请的理由。但无论是经济特区条例还是行政法规，均无此项不予受理或不予登记的法定事由，故深圳市市场监管局以此为由作出被诉不予变更登记决定，明显缺乏直接的法律依据。

其次，关于深圳市市场监管局援引的《物权法》（2007 年，现已失效）第 226 条第 2 款关于“股权出质后，不得转让，但经出质人与质权人协商同意的除外”的规定，本案仅涉及东银房地产公司增加注册资本事宜，并不属于东银集团对外转让其持有的东银房地产公司股权，故本案情形并不适用《物权法》（2007 年，现已失效）第 226 条第 2 款的规定。

再次，关于深圳市市场监管局援引的《工商行政管理机关股权出质登记办法》（2016 年修订）第 6 条第 1 款关于“申请股权出质设立登记、变更登记和注销登记,应当由出质人和质权人共同提出”的规定,2008 年国家工商行政管理总局《关于印发〈工商行政管理机关股权出质登记文书格式文本〉的通知》(工商企字〔2008〕192 号)中各种股权出质登记格式文本中对“出质股权数额”均是以“万元/万股”为单位进行表述的,而非以股权比例表述“出质股权数额”。同时东银房地产公司股权质押档案显示,东银集团与龙华支行共同提交的股权出质设立登记申请书中载明的“出质股权数额”表述为“20,000 万元/万股股权比例 100%”,结合《关于印发〈工商行政管理机关股权出质登记文书格式文本〉的通知》的要求,该出质股权数额应当界定为 20,000 万元,而深圳市市场监管局将该出质股权数额登记表述为 100% 股权质押登记,存在表述不规范的问题。即使本案东银房地产公司申请的增加注册资本变更登记获得审批同意,出质股权比例的变更亦不能直接等同于出质股权数额变更,与之关联的亦仅是深圳市市场监管部门对此前股权质押登记信息表述不规范的问题予以更正,而非对已有的股权出质登记予以变更登记。故本案深圳市市场监管局援引《工商行政管理机关股权出质登记办法》(2016 年修订)第 6 条第 1 款的规定,将涉案增加注册资本登记申请条件等同于股权出质变更登记的申请条件的主张,显然是将纠正质押登记表述不规范等同于股权出质变更登记,明显不能成立,法院不予采纳。

最后,关于深圳市市场监管局援引的东银集团与龙华支行股权质押合同的约定,仅从涉案股权质押合同相关条文的字面意思而言,关于涉案增加注册资本事宜是否属于前述股权质押合同明示约定情形的问题并不明确,但是考虑到本案被质押股权数额的特殊性(出质股权数额在股权比例上的占比为 100%),东银房地产公司申请增加注册资本,对龙华支行通过行使质权实现主债权确有利益关联。虽然现有法律法规对股权出质与增加注册资本的关系和衔接方面尚缺乏明确规定,但基于保护质权人利益的考量,深圳市市场监管局在审核东银房地产公司提出的增加注册资本申请时,可通过征询质权人意见,要求申请人提交评估报告、资产清单等进一步补正材料以表明质押股权实际价值在增资扩股后的变动情况;甚至可以在必要时组织听证,使质权人、出质人、目标公司、增资股东等各方利害关系人有机会参与到行政程序中陈述意见和提交材料,以排除相关增加注册资本申请存在导致质押股权价值实质明显贬损,足以影响质权人通过行使质权实现主债权的情形。综上,深圳市市场监管局关于先解除股权质押登记才能办理涉案增加注册资本的理由不能成立,其以此为由不予办理公司注册资本变更登记,缺乏事实和法律依据,应予以撤销。据此,二审判决:驳回上诉,维持原判。

【裁判者说】

商事登记机关对商事登记的申请材料享有审查权。《公司登记管理条例》(2016 年修订,现已失效)及《深圳经济特区商事登记若干规定》(2019 年修正,已被修改)规定了商事登记机关对申请人提交的材料进行形式审查,同时亦赋予了其对申请材料不齐全或者不符合法定形式的告知补正义务。形式审查权行使的边界何在?本案的核心法律问题是公司股权质押后再办理增资登记,商事登记机关应在多大程度上行使审查权。对此,现有法律法规中均未有直接明确的规定,必须结合《物权法》等相关法律及案件事实来进行分析。

一、公司股权质押登记中,法律法规规定登记的是质押股权数额而非出质股权比例

根据《公司法》(2018 年修正)、《担保法》(1995 年,现已失效)、《物权法》(2007 年,现已失效)的相关规定,有限责任公司股东有权将其持有的股份出质,质权自工商行政管理部门办理出质登记时发生效力。《工商行政管理机关股权出质登记办法》(2016 年修订)第 8 条规定了出质股权数额变更的,应当申请办理变更登记。由上述规定可知,股权质押登记中登记的是股权出质数额。何为出质数额?当时的国家工商行政管理总局对此虽在该办法中没有明文规定,但由其印发的股权出质登记文书格式文本可见,出质股权数额要求载明的是“万元/万股”,而非比例。因此,公司股权质押登记中要求登记的股权数额是指股权的万元或万股数值,而非占公司股权的比例。本案中,应当予以登记的出质股权数额为 20,000 万元,该数额占比 100% 是一事实状态而非法定登记事项,深圳市市场监管局将该出质股权数额登记表述为 100% 股权质押登记,存在表述不规范问题。

二、商事登记机关以“需增资请先解除质押”的理由不予办理变更登记欠缺法律依据

首先,《公司法》(2018 年修正)、《担保法》(1995 年,现已失效)、《物权法》(2007 年,现已失效)等相关实体法律中并设有公司股份出质后,该公司不得增资的明确禁止性规定,即被告此项理由并无明确的实体法依据。

其次,虽然《工商行政管理机关股权出质登记办法》(2016 年修订)第 8 条规定了出质股权数额变更的,应当申请办理变更登记,第 6 条第 1 款明确规定申请股权出质变更登记,应当由出质人和质权人共同提出,深圳市市场监管局也是据此主张应由出质人与质权人共同协商申请办理；但是，如前所述，出质股权数额是20,000万元而非100%股权，增资后只带来出质股权比例的变更而非出质股权数额变更。深圳市市场监管局之前质押登记为被诉行为亦无直接相关法律依据。

三、商事登记机关以“需增资请先解除质押”的理由不予办理变更登记欠缺事实依据

商事登记机关对申请材料是否齐备进行形式审查。在审查过程中，不可避免地会涉及申请材料是否符合公司章程、合同等基础性材料所规定的文件形式。本案中，东银集团与第三人龙华支行签订的《非上市公司股权最高额质押合同》第11条第7款约定“出质人如发生变更股权结构或主要管理人员或发生其他重大事件和重大交易，应事先征得质权人书面同意”。第12条第2款约定“在本合同有效期内，如出质人发生转股、改组、合并、分立、股份制改造、合资、合作、联营、承包、租赁、经营范围和注册资本变更、重大资产转让，或有负债等事项，或发生任何可能影响或严重影响其责任承担能力的事项，均将提前三十个日历日以书面形式通知质权人，当变更的股权达到百分之三十时，应事先取得质权人的书面同意”。

深圳市市场监管局也正是依据上述合同约定，认为公司办理增资变更登记须取得作为质权人的第三人龙华支行的书面同意。但是，本案中，出质人系东银集团而非第三人东银房地产公司，增资事宜是否属于前述股权质押合同明示约定情形并不明确。当然，应该承认，公司股权质押后再予以增资对质押权人行使权益可能存在影响，其中的原因在于增资后原有股份得到稀释，所对应的财产价值亦可能发生变动甚至是巨大变动。从《物权法》(2007年，现已失效)、质押合同约定中所体现出的保护质权人利益的意旨出发，商事登记部门在审核公司提出的增加注册资本申请时可以对此是否构成质押合同中约定的“任何可能影响或严重影响其责任承担能力的事项”进行一定限度的审查，例如征询质权人意见，要求申请人提交评估报告、资产清单等进一步补正材料等，用以排除恶意稀释股份、质押股权价值发生实质贬损，足以影响质权人通过行使质权实现主债权的结论。一言以蔽之，仅凭质押人享有的股权比例发生变化，不足以得出质押股权价值发生了实质贬损，足以影响质权人通过行使质权实现主债权的结论，商事登记机关不得仅以此为由拒绝办理公司增资的变更登记。

四、商事登记机关的审查权限应遵从审慎的形式审查

根据《公司登记管理条例》及《深圳经济特区商事登记若干规定》的规定，商事登记机关对申请材料进行形式审查,即审查材料是否齐备、是否符合法定形式。对此处形式审查的理解,既不能完全狭义化,将之限缩为登记机关仅对材料是否符合法律规定的种类、数量进行审查,而对其真实性一概不论,也不能无限扩大化,将之扩大为登记机关对申请材料是否具备实质法律效力进行无限深度审查。商事登记机关的审查应遵从审慎的形式审查,这包括:第一,材料的齐备性审查。第二,材料的表面真实性审查,即材料是否具有明显的伪造变造等虚假情形。如身份证明材料、签名、公章等是否明显属伪造。随着信息系统乃至人脸识别等技术条件的发展,此项的审查要求逐步提高。第三,材料的法定形式审查,即材料形式上是否符合《公司法》、公司章程、合同等重要基础法律文件的约定。如股东会决议是否符合《公司法》、是否按公司章程规定的人数行使表决权、申请材料是否需要符合质押合同规定的获得质押权人同意等。在审查过程中,商事登记机关应履行审慎审查义务。对于超出审慎形式审查边界的事由,例如股权转让合同是否有效,股份质押后公司增资是否稀释了股权、损害了质权人利益等实质事项,不属于商事登记机关的审查内容,登记机关不应该以此为由拒绝办理登记。

(撰稿人:王惠奕　广东省深圳市中级人民法院)

【专家评析】

本案的价值在于股权质押中,平衡不同主体的利益关系。股权质押中涉及质权人、出质人、公司及其他股东等多重主体的权利。股权质押法律关系不仅仅限于传统质权关系的出质人和质权人,还涉及出质人基于股东身份在公司享有的权利以及公司其他股东等利益相关者。出质股权实际比例发生变化后,是否允许变更登记的问题,在更深层次上,体现出商事登记机关对质权人和出质人、公司及其他股东间的利益权衡。出质人的正常商业投资活动不得被随意限制,同时质权人的合法权益也需要得到保护。

股权质押是保障债权得以实现、债务得到清偿的一种方式。随着市场经济的发展,股权通过质押实现融资的功能被激活,股权质押以其融资成本低、流通性强等优点受到越来越多的融资者的青睐。但是作为质押标的物的股权,其价值本身受到公司经营状况、公司股东变更、行业态势等诸多因素的影响,本身的价值波动比较大。基于股权质押的这一特殊性,与传统动产质押以及其他权利质押相比,股权质押面临更多不确定因素，很多时候质权人无法保证股权赎回时的价值，质权人的风险可预期性应当得到一定程度的倾斜性保护。因而，商事登记机关需要对质权人权益进行考量的现实依据即在于防范股权质押制度中的风险，保障债权安全。

股权质押中，股东掏空公司、套现脱身等现象屡见不鲜。股权质押仅仅是将其中的经济性权利质押，出质股东仍然拥有公司经营管理的权利。实践中易出现股东尤其是大股东在股权质押后，通过关联交易等方式掏空公司价值，快速套现后迅速脱身的情况。此时由于出质股东已经将股权出质，相当于已经将股权贬值的风险转移给了质权人，对出质股东影响较小，但质权人通过拍卖、变卖或折价方式取得股权价值的可能性已经极低，最终损失由质权人实际承担。同时，行业竞争行为、市场投机行为、政策变动等企业外部市场环境变化带来的外部风险以及企业内部经营行为带来的内部风险，都是股权价值变动的市场风险。并且，随着《公司法》修订进行公司资本制的改革，公司资本实缴制变更为认缴制，允许股东采用灵活的认缴资本方式，可以自由设定缴足资本的时间，不需要一次缴足自己认缴的股份，使股东取得股权更容易，股东不用等到缴足出资以后再进行出质，这使得股权质押在更加高效的同时，增添了质权人的风险。就本案而言，出质人将原本的公司股权质押后增加注册资本，出质股权比例降低，原有股份被稀释，所对应的财产价值发生变化，可能对质押权人行使权益产生影响。因而对于其变更出质股权比例的申请，商业登记机关至少应当考虑以下三方面的情况：第一，是否为正常的商业投资行为，也即是否存在恶意稀释股份的情况；第二，大股东的质押比例变化等企业内部原因是否会带来质押股权价值降低的市场风险；第三，以认缴制新增资本，根据出资人目前的运营状况和行业发展趋势，评估到期及时补足出资的可能性大小。简言之，出质人的正常商业投资活动不得被随意限制，同时质权人的合法权益也需要得到保护，两者间的平衡有赖于商事登记机关根据征询质权人意见，要求申请人提交评估报告、资产清单等进一步补正材料等得到合理认定，得出是否会影响质权人通过行使质权实现主债权的结论，而非简单认定拒绝变更。

（撰稿人：刘　恒　中山大学法学院）

案例 21

互联网联盟模式下广告发布者的认定*

【裁判要旨】

网站加入广告经营者组建的网站联盟,发布网站联盟受广告主委托发布的图片广告链接目标广告,应当认定该网站为目标广告发布者。目标广告内容为广告主的违法广告,发布图片广告的网站应当承担发布违法广告的法律责任。

【关键词】

行政处罚　互联网广告　广告链接　目标广告

【基本案情】

一审法院经审理查明:2015 年 8 月 24 日,深圳市市场和质量监督管理委员会罗湖市场监督管理局(以下简称罗湖市监局)接到深圳市市场和质量监督管理局广告处转办的案件线索和证据,对深圳市本地宝科技有限公司(以下简称本地宝公司)网站发布的涉嫌违法广告进行调查核实。同年 8 月 27 日,罗湖市监局进行现场检查并制作了现场检查笔录,本地宝公司法定代表人对检查过程(从本地宝公司网站进入下一级广告发布者深圳仁爱医院的医疗广告网页截图)予以确认;同年 8 月 28 日,罗湖市监局向本地宝公司法定代表人进行询问调查,调查笔录载明:本地宝公司网站健康频道于 2015 年 8 月 19 日出现了百度联盟广告,以图片形式发布深圳仁爱医院广告,广告发布地址是 http://bendibao. com/,涉案广告目标地址是 http://yechou. ral20. com/special/ycyy20130822. html#google - wm。

---

* 深圳市本地宝科技有限公司诉深圳市市场和质量监督管理委员会罗湖市场监督管理局行政处罚案,广东省深圳市盐田区人民法院(2016)粤 0308 行初 833 号行政判决书;广东省深圳市中级人民法院(2017)粤 03 行终 322 号行政判决书。

涉案广告目标网页含有“韩式第五代 LSG 大汗腺消融术”“闫某某、仁爱腋臭科首席专家”等内容;本地宝公司于同日向罗湖市监局提交了情况说明书,述称没有与深圳仁爱医院签署广告发布合同,没有向深圳仁爱医院收取广告费用;本地宝公司网站上出现的百度联盟广告系基于百度公司与本地宝公司签订的百度联盟会员协议,由百度联盟根据用户搜索习惯以及本地宝公司网站上设定的代码而随机显示的图片链接,并由百度联盟按网民点击及收费付费给本地宝公司。罗湖市监局认为本地宝公司在官网以网络联盟广告的方式发布医疗广告的行为违反了《医疗广告管理办法》(2006 年修改)第 7 条第 1 项和第 6 项的规定,构成广告的表现形式含有涉及医疗技术和利用卫生技术人员的名义、形象作证明的违法行为。经听取本地宝公司的陈述申辩,罗湖市监局于 2015 年 12 月 24 日作出处罚决定,责令本地宝公司立即改正违法行为,并根据《医疗广告管理办法》(2006 年修改)第 22 条的规定对本地宝公司罚款 30,000 元。本地宝公司对该处罚决定不服,向深圳市人民政府申请行政复议;复议机关维持了罗湖市监局的处罚决定。本地宝公司不服,提起行政诉讼,请求撤销行政处罚决定和行政复议决定。

【裁判结果与理由】

广东省深圳市盐田区人民法院作出(2016)粤 0308 行初 833 号一审行政判决,撤销被诉行政处罚决定及复议决定。广东省深圳市盐田区人民法院一审认为,2015 年 9 月 1 日起施行的《广告法》第 2 条第 4 款规定:“本法所称广告发布者,是指为广告主或者广告主委托的广告经营者发布广告的自然人、法人或者其他组织。”涉案医疗广告发布时间为 2015 年 8 月 19 日,根据法律规范适用的一般原则,应适用违法行为实施时生效的 1995 年施行的《广告法》。据此,广告发布者的认定需符合三个要件:第一,与广告主或广告主委托的广告经营者之间存在发布广告的合意意思表示;第二,客观上进行了广告发布行为;第三,对所发布的广告内容具有相应的审核、决定的权力。涉案医疗广告的行为模式具体为:百度联盟整合包括深圳仁爱医院在内的广告主需求,同时基于与本地宝公司签订的百度联盟会员协议,提供代码并由本地宝公司将该代码投放在自身网站中;百度联盟根据本地宝公司网站用户习惯,通过该代码在本地宝公司网站中随机显示图片链接,引导用户点击跳转至最终目标广告;本地宝公司与百度联盟根据百度联盟会员网站上代码的有效显示、点击以及百度服务播放而产生的效果数据进行结算。因此,涉案医疗广告的模式属于程序化购买广告模式。罗湖市监局认定本地宝公司属于程序化购买广告模式中的广告发布者并应对涉案医疗广告承担相应的审核责任,应提交证据证明:本地宝公司就涉案医疗广告的发布与深圳仁爱医院或百度联盟存在合意;对涉案医疗广告内容知情并具有一定的审核决定权力;从百度联盟上获取代码投放在自身网站并根据用户点击率获取百度联盟相应报酬的行为系广告发布行为。然而,罗湖市监局既未调查本地宝公司与深圳仁爱医院之间是否存在广告发布的合意,仅凭本地宝公司与百度联盟签订的百度联盟会员协议内容并不能直接得出本地宝公司就涉案医疗广告(包括网站图片链接及目标广告)与百度联盟间存在发布的合意,也未就本地宝公司对目标广告内容是否知情、是否对目标广告内容具有审核决定的权力进行调查。因此,罗湖市监局认定本地宝公司属于涉案医疗广告发布者,因未对涉案医疗广告存在违反《医疗广告管理办法》(2006 年修改)第 7 条第 1 项、第 6 项规定的情形进行审核而应承担相应的行政责任没有法律依据,其作出的行政处罚决定主要证据不足,依法应予撤销。深圳市人民政府作出的复议决定认定事实有误,亦应予以撤销。宣判后,罗湖市监局、深圳市人民政府不服,提起上诉。

广东省深圳市中级人民法院于 2018 年 12 月 18 日作出(2017)粤 03 行终 322 号行政判决:(1)撤销一审行政判决;(2)驳回本地宝公司的诉讼请求。

法院生效判决认为,《广告法》(1995 年)第 2 条第 5 款规定:"本法所称广告发布者,是指为广告主或者广告主委托的广告经营者发布广告的法人或者其他经济组织。"本地宝公司为广告主深圳仁爱医院委托的广告经营者百度联盟发布深圳仁爱医院的医疗广告,可以被认定为广告发布者。《医疗广告管理办法》(2006 年修改)第 7 条规定:"医疗广告的表现形式不得含有以下情形:(一)涉及医疗技术、诊疗方法、疾病名称、药物的……(六)利用患者、卫生技术人员、医学教育科研机构及人员以及其他社会社团、组织的名义、形象作证明的……"罗湖市监局通过调查、取证,查明本地宝公司在其网站"本地宝"健康频道以图片链接形式发布深圳仁爱医院违法医疗广告,履行处罚程序,依照《医疗广告管理办法》(2006 年修改)第 22 条作出罚款 3 万元的行政处罚决定的处罚行为合法。深圳市人民政府的行政复议审查了处罚行为的合法性,复议决定合法。原审判决适用法律有误,应予纠正。

【裁判者说】

一、案件背景介绍

本案广告管理机关查处的违法广告，属于互联网联盟广告，当时属于一种新的广告形式，《广告法》(1995 年)对此没有专门规定。行政机关实施行政处罚时，2015 年 9 月 1 日施行的《广告法》增加了利用互联网从事广告活动的规定。诉讼过程中，2016 年 9 月 1 日起施行的专门调整互联网广告的部门规章《互联网广告管理暂行办法》(现已失效)施行，对互联网广告的发布者、程序化购买广告、媒介方平台及成员的权利义务等问题作出了专门规定。关于本地宝公司是不是违法医疗广告的发布者以及应否承担相应责任的问题，行政机关认为，行政处罚适用行为时的《广告法》(1995 年)，根据广告发布规定和广告经营实践，广告发布者应当履行查验证明文件、核实广告内容的义务，本地宝公司是违法医疗广告发布者并应承担违法责任；本地宝公司则主张，在网络广告联盟这一新型广告发布形式下，联盟成员对通过其网站发布的广告内容失去了传统的查验和核实手段，故其不是违法医疗广告的发布者，不应当对违法目标广告承担广告发布者责任。鉴于本案，一审法院认可本地宝公司的意见，二审法院认为一审判决适用法律错误，应当认定本地宝公司为违法医疗广告发布者并承担违法责任。

二、确立裁判要旨的理由

其一，《广告法》(1995 年)没有关于互联网广告的专门规定，但实践中互联网广告仍需规范，互联网不能成为规避法律责任的因素。《广告法》(1995 年)第 2 条第 1 款规定："广告主、广告经营者、广告发布者在中华人民共和国境内从事广告活动，应当遵守本法。"第 2 条第 5 款规定："本法所称广告发布者，是指为广告主或者广告主委托的广告经营者发布广告的法人或者其他经济组织。"第 27 条规定："广告经营者、广告发布者依据法律、行政法规查验有关证明文件，核实广告内容……"在《广告法》对广告发布者应当承担的义务尚未作出修订的情况下，广告发布者采用互联网广告的新模式所带来的查验核实工作的困难，并不能成为广告发布者免除义务的理由。在本案中，本地宝公司正是在立法尚未对网络广告联盟作出特别规定，自身又对广告内容进行查验核实存在困难的情况下，以图片广告链接目标广告的形式发布了违法医疗广告。广告管理机关对其依法查处是有事实和法律依据的，并不存在打压新型经济活动发展的不利后果。

其二，2015 年修订的《广告法》新增的专门规定并未免除广告发布者的义务和责任,适用其并不更利于当事人,本案适用《广告法》(1995 年)予以查处适用法律正确。《广告法》(2015 年修订)第 44 条第 1 款规定:“利用互联网从事广告活动,适用本法的各项规定。”第 34 条第 2 款规定:“广告经营者、广告发布者依据法律、行政法规查验有关证明文件,核对广告内容……”其中增加的内容,是明确对互联网广告行为的法律适用,而不是改变对互联网广告行为的法律适用。本案一审判决前,2016 年 9 月 1 日起施行的《互联网广告管理暂行办法》(现已失效)的目的在于规范互联网广告活动,保护消费者的合法权益,促进互联网广告业健康发展,维护公平竞争秩序。《互联网广告管理暂行办法》(2016 年,现已失效)第 11 条规定:“为广告主或者广告经营者推送或者展示互联网广告,并能够核对广告内容、决定广告发布的自然人、法人或者其他组织,是互联网广告的发布者。”本地宝公司认为自己发布的广告都是网站联盟投放的,自己没有能力核对目标广告内容、没有能力决定发布广告,所以不是违法医疗广告的发布者。从该部门规章的立法目的和条文体系理解,是否“能够核对广告内容、决定广告发布”,应结合主观意志、客观条件和实际行为来认定,依据相应法规条文进行评价。因此,本地宝公司的理由并不成立。

三、运用裁判要旨需要注意的问题

《互联网广告管理暂行办法》(2016 年,现已失效)第 11 条关于“为广告主或者广告经营者推送或者展示互联网广告,并能够核对广告内容、决定广告发布的自然人、法人或者其他组织,是互联网广告的发布者”的表述,容易产生争议,互联网广告发布者可以据此作出有利于自己的辩解。在该条文有效适用期间,实践中应结合实际情况,准确判定行为人是否“能够核对广告内容、决定广告发布”。

（撰稿人:王强力　广东省深圳市中级人民法院）

【专家评析】

本案的直接争议是对原告是否实施了涉案违法行为的认定,应当适用违法行为发生时(2015 年 8 月 19 日)仍有效的《广告法》(1995 年),还是适用处罚决定作出时修改后的《广告法》(2015 年修订),值得关注的是对利用信息技术和互联网实施的违法行为如何依法认定和查处。

一、一审判决存在的问题

一审法院根据《广告法》(1995 年)第 2 条第 5 款的规定总结出认定广告发布者需要符合的三个条件,其中对于“存在发布广告的合意意思表示”和“客观上进行了广告发布行为”这两个条件的考虑,如果是用于广告主和广告发布者之间的合同纠纷,或许有一定的参考价值;但是在行政机关认定违法发布广告的行为人时,违法嫌疑人(广告发布者)与获益者(广告主)是否存在“合意”并不影响对行为违法与否的判断;而一审法院提出的第三个条件即(广告发布者)“对所发布的广告内容具有相应的审核、决定的权力”不仅远远超出《广告法》(1995 年)第 2 条第 5 款所表达的意思,而且混淆了国家机关对广告发布者所发布的广告内容的审查权和民事主体(广告发布者与广告主)之间的“合意”这两种不同的法律关系,无论是在民事争议还是行政争议中,对于明确民事主体双方权利义务或者行政机关认定相对人是否从事了违法行为,都没有帮助。审判机关对法律的明确规定作明显的扩大解释,这种做法值得商榷。

二、二审法院的判决和相关评析、解释符合立法原意

(一)关于事实认定

本案原告本地宝公司与百度公司之间签订了百度联盟会员协议,并从百度联盟在本地宝网站健康频道发布的广告中获益,足以证明本地宝公司知道或者应当知道自己是百度公司(广告主或者广告主的委托人)的广告发布者。

(二)关于规范性文件的适用

其一,《互联网信息服务管理办法》(2011 年修订)第 24 条规定:“互联网信息服务提供者在其业务活动中,违反其他法律、法规的,由新闻、出版、教育、卫生、药品监督管理和工商行政管理等有关主管部门依照有关法律、法规的规定处罚。”在互联网上发布广告,属于互联网信息服务提供者的业务活动之一。百度公司和本地宝公司作为互联网信息服务提供者,罗湖市监局(作为工商行政管理部门)对他们发布广告的行为,有权依照前述行政法规的规定实施监管。二审法院指出《广告法》(2015 年修订)没有关于互联网广告的专门规定,但实践中互联网广告仍需规范,互联网不能成为规避法律责任的因素,这个观点符合《互联网信息服务管理办法》(2011 年修订)第 24 条的规定。

其二,《广告法》(2015 年修订)虽然是 2015 年 9 月 1 日起施行的,但是已经于 2015 年 4 月 24 日审议通过并公布。其第 44 条第 1 款增加了“利用互联网从

事广告活动，适用本法的各项规定”的规定，只是明确了《广告法》(2015 年修订)对互联网广告行为的适用；其第 34 条第 2 款“广告经营者、广告发布者依据法律、行政法规查验有关证明文件，核对广告内容”的规定，与《广告法》(1995 年)第 27 条“广告经营者、广告发布者依据法律、行政法规查验有关证明文件，核实广告内容”的规定基本一致，并未作出对原告更有利的规定。二审法院指出《广告法》(2015 年修订)新增的专门规定并未免除广告发布者的义务和责任，适用其并不更利于当事人，适用《广告法》(1995 年)查处是正确的，符合《广告法》(2015 年修订)的规定。

（撰稿人：刘文静　暨南大学法学院）

案例22

治安处罚案件中正当防卫的适用与认定*

【裁判要旨】

认定正当防卫应围绕“制止正在进行的不法侵害”和“并未超过必要限度造成严重损害或不应有的损害”两个要件进行分析,并结合社会生活经验进行判断。

【关键词】

正当防卫　应激反应　必要限度　行政处罚

【基本案情】

2016年11月3日13时许,广州市公安局越秀区分局(以下简称越秀公安分局)接到报警,越秀区惠福西路广东省人民医院停车场内发生打架事件。民警现场处警了解得知,杨某平与金某珍因保险费问题发生争执,双方发生肢体冲突。经组织调解未果,越秀公安分局于次日告知杨某平拟对其作出行政处罚决定的事实、理由及依据,听取其陈述和申辩后,作出并送达穗公越行罚决字〔2016〕03187号行政处罚决定书。处罚决定认定:2016年11月3日12时许,杨某平与金某珍在越秀区惠福西路广东省人民医院停车场因赵某的保险费问题发生争论。杨某平想乘车离开时,金某珍动手拉扯杨某平不让其离开。在纠缠过程中,杨某平用拳头殴打金某珍的头部,金某珍用手抓伤杨某平的脸部和右手。根据《治安管理处罚法》(2012年修正)第43条第1款的规定,决定对杨某平处以行政拘留5日

---

* 杨某平诉广州市公安局越秀区分局、广州市越秀区人民政府行政处罚决定及行政复议案,广州铁路运输第一法院(2017)粤7101行初951号行政判决书,广州铁路运输中级法院(2017)粤71行终2214号行政判决书。

的处罚。杨某平不服,于2016年11月21日向广州市越秀区人民政府(以下简称越秀区政府)申请行政复议。越秀区政府受理后,于2017年1月20日延长行政复议审理期限至同年2月21日,并于同年2月17日作出越秀府行复〔2016〕第51号行政复议决定书,决定维持上述行政处罚决定。另,对杨某平的行政拘留处罚已执行完毕。杨某平不服,提起行政诉讼,并请求赔偿。

【裁判结果与理由】

广州铁路运输第一法院(现广州铁路运输法院)作出(2017)粤7101行初951号行政判决,驳回杨某平的诉讼请求和赔偿请求。广州铁路运输第一法院一审认为,杨某平在与金某珍争执过程中,实施了拳击金某珍头部的殴打行为,违反了《治安管理处罚法》(2012年修正)第43条的规定。越秀公安分局所作行政处罚认定事实清楚,适用法律正确,程序合法,处罚适当。关于杨某平主张其行为属正当防卫,不应对其进行行政处罚。正当防卫是指对正在进行的不法侵害采取的制止行为,本案杨某平与金某珍的打斗行为,虽因金某珍对杨某平进行拉扯并阻止其离开现场而引发,但并无充分证据证明金某珍除了拉扯之外,还实施了其他不法侵害行为在先。双方打斗过程中金某珍用手拉扯、抓挠杨某平的行为,对于在年龄、身高、力量上均占据绝对优势的杨某平而言,不会造成严重的人身侵害,杨某平不具有实施正当防卫的紧迫性及必要性,其关于拳击金某珍的行为属正当防卫的主张缺乏事实及法律依据。越秀区政府复议维持越秀公安分局作出的行政处罚决定符合法律规定。关于杨某平的赔偿请求。因越秀公安分局及越秀区政府所作行政行为合法,故杨某平要求赔偿的理由不符合《国家赔偿法》(2012年修正)第2条的规定,法院不予支持。宣判后,杨某平不服一审判决提起上诉。

广州铁路运输中级法院于2018年9月27日作出(2017)粤71行终2214号行政判决:(1)撤销一审行政判决;(2)撤销被诉的行政处罚决定书和行政复议决定书;(3)越秀公安分局向杨某平支付赔偿金1423.7元。

法院生效裁判认为:本案争议焦点是杨某平采用拳击金某珍头部等方式制止其侵害的行为是否构成正当防卫。

首先,杨某平的行为符合正当防卫"制止正在进行的不法侵害"的前提条件。杨某平与金某珍本无私人恩怨,其作为另案赵某诉中山市宏鸿船舶修造有限公司、金某珍人身损害赔偿案中原告赵某的代理律师,正常履行律师职责,在案发当日冲突发生前并未实施不法侵害金某珍合法权益的行为。对于相关民事争议,金某珍本应在相关诉讼中行使陈述、举证和辩论等诉讼权利,以维护自己的合法权益;但其阻拦杨某平离开,并抓挠杨某平头面部等部位,造成多处损伤,其行为已构成对杨某平人身权利的不法侵害,且在杨某平还击前并无主动停止或放弃侵害的迹象。在此情形下,杨某平具备实施防卫的紧迫性和必要性,其还击行为符合正当防卫的前提条件。至于正在进行的不法侵害是否属于严重不法侵害,不是判断行为人能否实施正当防卫的依据,而只是衡量防卫行为是否超过必要限度的依据。越秀公安分局辩称"金某珍用手拉扯、抓挠杨某平的行为,对于在年龄、身高、力量上均占据绝对优势的杨某平而言,不会造成严重的人身侵害,杨某平不具有实施正当防卫的紧迫性及必要性"的意见,既与法律规定不符,亦明显不合情理,法院不予采纳。

其次,杨某平的防卫行为并未"超过必要限度造成严重损害或不应有的损害"。衡量防卫行为是否超过必要限度,关键在于其是否足以有效制止不法侵害而没有"附加动作",没有造成明显不对称的损害后果。在金某珍不停用力抓挠杨某平,并已经造成杨某平左眉弓、右面部、右耳屏、右下颌、颈部左侧、左肩胛部、右手背等15处损伤的情形下,杨某平才用拳击打金某珍头顶部两下;将金某珍击退后,杨某平立即停止还击,可见杨某平并无将自己的防卫行为转变为报复性侵害行为的主观意图和客观行为,事实上该两拳也仅造成金某珍左顶部1厘米×0.7厘米头皮挫伤。金某珍在被杨某平击退倒地后,仍然起身上前继续抓挠,杨某平再次抓住其双手并僵持一阵后,金某珍才放弃其不法侵害行为。可见,杨某平有效制止不法侵害是在"拳击头顶部"和"抓住双手"两个行为叠加后才得以实现的,现有证据不能得出杨某平自始仅"抓住双手"就能有效制止不法侵害的结论。越秀公安分局认为"杨某平用双手抓住金某珍的双手就足以制止不法侵害,故其用拳击金某珍头部超出了正当防卫的必要限度"的意见是缺乏逻辑周延性的主观推断。综合本案客观事实,杨某平的防卫手段未超过必要限度,亦未造成重大或不应有的损害。

最后,对于防卫人应急反应行为的法律评价,不应过分苛求。对于防卫人应急反应行为的法律评价,不能生硬地通过防卫手段或者损害后果的简单对比即得出结论,而应根据现场具体情景及一般善良民众的认知水平进行判断。在不法侵害突然发生的情况下,要求防卫人始终保持异常清晰的头脑,以异常冷静的分析选择异常精准的防卫手段,无疑是对防卫人的过分苛求,其结果将导致正当防卫制度失去应有的效用。杨某平相对于金某珍，确实具有年轻、身高体壮的优势，如果杨某平自始即与金某珍正面对抗，金某珍甚至不可能近身，更不可能对杨某平造成十余处损伤。之所以会发生被挠伤十余处的后果，一方面是因为事发突然，另一方面也反映出杨某平在面对突如其来的不法侵害时已经采取了克制、退让的态度。在面临被人不断抓挠头面部、不排除可能因此“破相”的紧急情况下，杨某平作出的“拳击头顶部”的选择并未超出一般善良民众的认知，其行为不具有社会危害性，不应承担法律责任。

综上所述，越秀公安分局将杨某平为制止不法侵害而实施的正当防卫行为认定为“故意殴打他人”，对其处以行政拘留 5 日的处罚决定，适用法律错误，应予撤销。越秀区政府复议维持上述行政处罚决定不当，亦应一并予以撤销。

【裁判者说】

公安机关处理双方当事人相互打架斗殴的治安案件，往往根据各方当事人受伤情况给予相应处罚：对受伤严重的一方给予较轻的处罚，对受伤较轻的一方给予较重的处罚。在双方过错程度相当的情况下，具有一定的合理性；但在有些情况下，会导致明显过罚不当的处罚结果，例如，受害人被迫进行必要的抵抗防卫，意外造成恶意侵权人较重损害。简单地按照受伤情况进行处罚，会与法律惩恶扬善的精神背道而驰。正当防卫的适用范围并不限于刑事案件，当事人在行政案件和民事案件中均可主张正当防卫抗辩。根据《刑法》(2020 年修正)第 20 条的规定，正当防卫应当具备以下两个核心要件：一是正当防卫所针对的对象是正在进行的不法侵害行为；二是正当防卫行为不能超过必要限度造成重大损害。

一、正当防卫应针对“正在进行的不法侵害行为”

首先，不法侵害的范围应当包括一般违法行为。犯罪行为属于不法侵害并无异议，但不法侵害是否包含一般违法行为则存在争议。一般违法行为同犯罪行为都侵害了公民受法律保护的权益，禁止公民进行正当防卫不合常理。现实生活中公民无法轻易分辨不法侵害到底属于违法行为还是犯罪行为，将不法侵害限定为犯罪行为不利于公民行使正当防卫权。正当防卫并不针对所有的违法犯罪行为，只针对那些具有紧迫性、破坏性、进攻性的违法犯罪行为，进行正当防卫可以避免或者减轻损害时，公民才能行使正当防卫。

其次，不法侵害行为在时间上具有紧迫性。正当防卫应针对正在进行中的不法侵害行为，也就是说，不法侵害行为应具有造成严重后果的紧迫性。正当防卫所针对的不法侵害处于正在进行中，并且造成的危害结果随时可能发生。法律并未规定公民正当防卫应符合“迫不得已”的条件，由此表明公民可以选择防卫行为或者别的行为对不法侵害行为进行遏制，但公民需要在不法侵害行为达到必要的紧迫程度时才能进行正当防卫。

最后，不法侵害行为具有可防卫性。正当防卫制度的目的是保护合法权益、防止不法侵害的发生与发展，避免损害结果的发生或扩大，而非鼓励公民对不法侵害行为人泄愤报复。这决定了我国公民进行正当防卫、选择制止方法应符合防卫性要求，通过正当防卫避免或者减轻损害结果的发生和发展。

本案中金某珍的抓挠攻击行为属于正在进行的不法侵害行为。金某珍在杨某平没有防备的情况下，突然用手拉扯、抓挠杨某平脸部和手部的行为属于违法的人身攻击行为，甚至可能造成受害人眼睛伤残或脸部破相，具有紧迫性和现实可预防性，符合正当防卫针对正在进行的不法侵害行为的要件。越秀公安分局辩称“金某珍用手拉扯、抓挠杨某平的行为，对于在年龄、身高、力量上均占据绝对优势的杨某平而言，不会造成严重的人身侵害，杨某平不具有实施正当防卫的紧迫性及必要性”，缺乏事实和法律依据，故法院不予采纳。

二、正当防卫“不能超过必要限度造成重大损害”

首先，正当防卫不能明显超过必要的限度。学界针对“明显超过必要的限度”存在两种观点：一种观点为基本适应说，即防卫行为与侵害行为在强度、缓急和损害的权益上基本相适应。不法侵害的强度是指行为的性质、行为对客体已经造成的损害结果的轻重以及造成这种损害结果的手段、工具的性质和打击部位等因素的统一。不法侵害的缓急是指侵害的紧迫性，即不法侵害所形成的对国家、社会公共利益、本人或者他人的人身、财产等合法权利的危险程度。不法侵害的权益就是正当防卫所保护的权益，它是决定必要限度的因素之一，总体上可分为重大的权益和轻微的权益。另一种观点为必须说，即认为防卫行为以足以制止不法侵害为必要限度。上述两种观点均有可取之处，笔者认为应当将必要限度限定在足以制止不法侵害的范围内。

其次，防卫行为没有造成重大损害。学界针对重大损害存在以下三种观点：第一种观点认为，造成重大损害是指造成了不必要的重大损害，如对盗窃价值较小财物的小偷使用枪击造成其重伤或者死亡。第二种观点认为，造成重大损害是指损害结果具有严重性，例如人身的死亡、重伤或财产的重大损害，而人身轻微损伤和一般财产损失则不属于重大损害。第三种观点认为，造成重大损害意味着防卫行为所造成的损害与不法侵害可能造成的损害悬殊、明显失衡，或者说与不法侵害可能造成的损害相比，防卫行为造成的损失过于重大，损害结果具有严重性。

最后，正当防卫中“明显超过必要限度”与“重大损害”之间不存在因果关系。超过必要限度和重大损害虽存在密切联系，但亦存在重大区别，超过必要限度不一定会造成重大损害，如利用危险手段对不法侵害人进行抵抗但未造成损害的情形，不应认定为明显超过必要限度；造成重大损害不一定超过必要限度，如利用较轻手段对不法侵害人进行抵抗但偶然因素介入造成重大损害的，应视为未明显超出必要限度。认定防卫行为过当与否，须考虑其行为是否明显超过必要限度且造成重大损害。只有在防卫行为明显超过必要限度且造成重大损害的情况下，才能构成防卫过当。

结合本案，杨某平拳击金某珍的行为并没有超出必要限度造成重大损害。从防卫行为的必要限度来看，面对金某珍的抓挠攻击行为，杨某平拳击金某珍头部将其击退倒地，金某珍爬起身后继续上前欲对杨某平进行抓挠攻击，说明防卫行为尚不足以制止不法侵害的继续进行。从损害后果上看，该拳击防卫行为造成金某珍头皮血肿的轻微伤，不属于严重人身损害；与不法侵害的抓挠行为，以及造成杨某平脸部和手部十余处抓痕的结果相比，该防卫手段和结果均与侵害行为基本相适应，不属于明显超出必要限度造成严重损害的情形，因此不构成防卫过当。

（撰稿人：余树林　广州铁路运输中级法院）

【专家评析】

本案的重要价值在于进一步明晰“正当防卫”作为治安行政处罚中不予处罚的事由之一。“正当防卫”是否属于法定的免责情形之一《行政处罚法》与《治安管理处罚法》均没有明文规定，但从法理角度出发应将正当防卫视为“法定违法性阻却事由”。[1] 尽管没有立法的明文依据，但仍有规范性文件可供参照，《公安机关执行〈中华人民共和国治安管理处罚法〉有关问题的解释（二）》（公通字〔2007〕1号）指出：“一、关于制止违反治安管理行为的法律责任问题　为了免受正在进行的违反治安管理行为的侵害而采取的制止违法侵害行为，不属于违反治安管理行为。但对事先挑拨、故意挑逗他人对自己进行侵害，然后以制止违法侵害为名对他人加以侵害的行为，以及互相斗殴的行为，应当予以治安管理处罚。”行政与司法实践中亦不乏以正当防卫为由认定当事人的行为“不属于违反治安管理法的行为”的案例，但立法缺位易引起实践纷争。

行政违法与刑事违法中的“正当防卫”应适用同一认定标准，行政机关应当充分考虑事件的起因、行为方式、主观意图、情节，本着处罚法定的原则准确理解和适用行政处罚。《治安管理处罚法》（2012年修正）第2条规定：“扰乱公共秩序，妨害公共安全，侵犯人身权利、财产权利，妨害社会管理，具有社会危害性，依照《中华人民共和国刑法》的规定构成犯罪的，依法追究刑事责任；尚不够刑事处罚的，由公安机关依照本法给予治安管理处罚。”根据该条规定，应受治安处罚的行政违法行为与应受刑事处罚的犯罪行为在性质上具有同一性，行政处罚中“正当防卫”的解释同样应符合《刑法》的相关规定。《刑法》（2020年修正）第20条第1款和第2款规定：“为了使国家、公共利益、本人或者他人的人身、财产和其他权利免受正在进行的不法侵害，而采取的制止不法侵害的行为，对不法侵害人造成损害的，属于正当防卫，不负刑事责任。正当防卫明显超过必要限度造成重大损害的，应当负刑事责任，但是应当减轻或者免除处罚。”《最高人民法院、最高人民检察院、公安部关于依法适用正当防卫制度的指导意见》（法发〔2020〕31号）指出正当防卫的具体适用应准确把握正当防卫的起因条件，正当防卫的前提是存在不法侵害；准确把握正当防卫的时间条件，正当防卫必须是针对正在进行的不法侵害；准确把握正当防卫的对象条件，正当防卫必须针对不法侵害人进行；准确把握正当防卫的意图条件，正当防卫必须是为了使国家、公共利益、本人或者他人的人身、财产和其他权利免受不法侵害。该指导意见进一步指出：“因琐事发生争执，双方均不能保持克制而引发打斗，对于有过错的一方先动手且手段明显过激，或者一方先动手，在对方努力避免冲突的情况下仍继续侵害的，还击一方的行

---

① 参见熊樟林：《论行政处罚上的违法性阻却事由》，载《行政法学研究》2022年第4期。

为一般应当认定为防卫行为。”本案中，杨某平与金某珍因琐事发生争执并引发打斗，金某珍动手在先且行为明显过激，杨某平是为了避免本人免受正在进行的不法侵害而还击，其行为并未损害公共利益和社会秩序，不具有“社会危害性”，不应当受到处罚。人民法院通过行政诉讼纠正了行政机关违法的行政行为，重申了公民依法享有的正当防卫权利。

（撰稿人：孔繁华　华南师范大学法学院）

案例 23

加工承揽关系中产品质量责任主体的认定*

【裁判要旨】

质监部门行使产品质量监督职能时，应准确把握生产者责任主体的实质构成要件及处罚标准，直接关联行政处罚行为的正当性与合法性。

【关键词】

行政处罚　责任主体　处罚标准

【基本案情】

2012 年 4 月 6 日，杭州哈雷纳金狐狸服饰有限公司（以下简称金狐狸公司）、海丰县大流服饰实业有限公司（以下简称大流公司）签订《来料加工合同》，约定金狐狸公司委托大流公司加工休闲裤 250 条及加工单价，其中约定金狐狸公司提供面料和一切带商标标识和知识产权的辅料，对面料和辅料的质量负责，大流公司根据金狐狸公司的授权范围进行加工。2012 年 7 月 11 日，汕尾市质量技术监督局（以下简称汕尾质监局）对大流公司的成品仓库进行执法检查并随机抽样送检，检验中心于 2012 年 7 月 25 日签发的《检验报告》显示：哈雷纳金狐狸牌休闲裤"本次抽查产品所检项目（耐干洗色牢度）不符合标准要求，检验结论为不合格"。检验依据为《国家纺织品基本安全技术规范》（GB 18401—2010）、《单、夹服装》（FZ/T 81007—2003）。备注栏写明"本报告中检测项目均在相应标准规定的环境条件下进行"。《检验报告》附页显示耐干洗色牢度一等品的标准值及允

---

* 海丰县大流服饰实业有限公司诉汕尾市质量技术监督局行政处罚决定案，汕尾市城区人民法院（2013）汕城法行初字第 3 号行政判决书；汕尾市中级人民法院（2014）汕尾中法行终字第 10 号行政判决书；广东省高级人民法院（2016）粤行再 9 号行政判决书。

差为:变色≥4,沾色≥4;测试结果为:变色 4,溶剂沾色 3—4。大流公司收到《涉案物品质量检验结果告知书》后没有在规定期限内申请复检。2013 年 4 月 1 日,汕尾质监局认定大流公司生产的哈雷纳金狐狸牌休闲裤存在以不合格产品冒充合格产品的问题,决定给予行政处罚:(1)责令停止生产销售不符合国家标准的哈雷纳金狐狸牌休闲裤;(2)没收违法生产的 260 条哈雷纳金狐狸牌休闲裤;(3)处以 202,800 元的罚款。大流公司不服诉至法院,请求撤销汕尾质监局作出的(汕)质监罚字(2013)第 002 号《行政处罚决定书》。

【裁判结果与理由】

汕尾市城区人民法院一审认为,汕尾质监局随机抽样大流公司加工生产的哈雷纳金狐狸牌休闲裤,经国家纺织品服装产品质量监督检验中心(广州)检验,“本次抽查产品所检项目(耐干洗色牢度)不符合标准要求,检验结论为不合格”。《检验报告》是根据送检样品的吊牌标示的“一等品”这个相应标准而作出的。根据《产品质量法》(2009 年修正)第 26 条的规定,哈雷纳金狐狸牌休闲裤吊牌标示的“FZ/T 81007—2003”就是休闲裤明示采用的产品标准,该休闲裤的耐干洗色牢度符合明示采用的产品标准中合格品的要求,故应认定大流公司加工生产的哈雷纳金狐狸牌休闲裤为合格品。大流公司加工生产的产品不属《产品质量法》(2009 年修正)第 50 条所指的不合格品。汕尾质监局认定大流公司生产的哈雷纳金狐狸牌休闲裤存在以不合格品冒充合格品并给予行政处罚,属认定事实不清,证据不足,适用法律错误。大流公司加工生产的哈雷纳金狐狸牌休闲裤经检验符合合格品标准,却在吊牌标示为“一等品”,根据《产品质量法》(2009 年修正)第 27 条的规定,属产品标识标注不当,产品存在指示上的缺陷,应予纠正。综上所述,依照《行政诉讼法》(1989 年)第 54 条第 2 项第 1 目、第 2 目的规定,判决:撤销汕尾质监局作出的(汕)质监罚字(2013)第 002 号《行政处罚决定书》。

汕尾质监局不服,提起上诉。汕尾市中级人民法院二审认为:汕尾质监局提供了一系列证据证明其作出被诉行政处罚决定符合《质量技术监督行政处罚程序规定》(2011 年,现已失效)的程序。大流公司对此仅提出汕尾质监局没有进行复检的程序不当。经审查,汕尾质监局向大流公司送达的《涉案物品质量检验结果告知书》中已经明确告知:“如对该检验结果有异议,可于接到本告知书之日起十五日内向我局或广东省质量技术监督局书面申请复检;逾期视为放弃该权利。”且大流公司的工作人员张某明确表示不予复检,因此,应认定汕尾质监局作出被诉行政处罚决定的程序合法。汕尾质监局以该检验结论为依据作出被诉行政处罚决定,认定事实清楚。汕尾质监局以大流公司生产的产品存在违反《产品质量法》(2009 年修正)第 32 条"生产者生产产品,不得掺杂、掺假,不得以假充真、以次充好,不得以不合格产品冒充合格产品"的规定为由,根据《产品质量法》(2009 年修正)第 50 条的规定,作出被诉行政处罚决定适用法律正确。但哈雷纳金狐狸牌休闲裤的耐干洗色牢度不符合标准应属于生产产品以次充好的情形,且违法行为情节轻微,依据《产品质量法》(2009 年修正)第 50 条的规定,处以产品货值金额 50% 的罚款即 101, 400 元较为恰当,汕尾质监局处以产品货值金额 1 倍的罚款 202, 800 元偏重,应予以变更。综上所述,经汕尾市中级人民法院审判委员会讨论决定,根据《行政诉讼法》(1989 年)第 54 条第 4 项、第 61 条第 2 项之规定,作出判决:(1)撤销一审行政判决;(2)维持汕尾质监局作出的(汕)质监罚字(2013)第 002 号《行政处罚决定书》的第 1 项、第 2 项;(3)变更汕尾质监局作出的(汕)质监罚字(2013)第 002 号《行政处罚决定书》的第 3 项为:处以 101, 400 元的罚款;(4)驳回汕尾质监局的其他上诉请求。

大流公司不服,提出再审申请。广东省高级人民法院再审认为:金狐狸公司作为委托方,大流公司作为受托方,双方存在加工承揽关系,由于金狐狸公司是加工承揽合同的委托方,委托大流公司加工休闲裤,且涉案被检产品(休闲裤)的吊牌标示有"哈雷纳金狐狸牌"商标、总经销金狐狸公司及公司地址等内容,故金狐狸公司作为委托方也应对生产产品的质量负责。汕尾质监局仅认定受托方大流公司承担产品质量责任,作出被诉行政处罚决定的事实不清、证据不足。《检验报告》技术指标和备注栏的说明表明被检产品的耐干洗色牢度虽然没有达到一等品的标准,但已达到合格品的标准。而检测机构在相应标准规定的环境条件下即根据送检样品的吊牌标示的"一等品"这个相应标准得出检验结论,汕尾质监局在行政处罚决定中确认大流公司生产的哈雷纳金狐狸牌休闲裤存在以不合格产品冒充合格产品,依据不完全充分。一审法院判决撤销被诉行政处罚决定,结果正确。二审法院在未查清涉案产品是否属于委托加工产品,产品是否标注有委托企业的厂名、厂址、商标及委托企业与涉案产品是否存在关联性这一事实的情况下,就认定大流公司承担生产涉案产品的产品质量责任,判决维持被诉行政处罚决定第 1 项、第 2 项及变更处罚数额,结果明显不当。据此判决:(1)撤销广东省汕尾市中级人民法院二审行政判决;(2)维持广东省汕尾市城区人民法院一审行政判决。

【裁判者说】

本案为生产者违反《产品质量法》应如何审查认定责任主体及处罚标准的典型案例。

一、背景情况介绍

在质监部门监督查处违反《产品质量法》的案件中,除销售者外,生产者应当对其生产产品的质量负责,是责任主体认定的一般原则。本案的特殊性在于企业委托其他企业加工产品时如何认定产品质量责任主体。首先,《产品质量法》(2009 年修正)规定了生产者承担产品质量责任,却对加工承揽关系中产品质量责任主体未有明确的规定,因此企业委托其他企业加工产品时产品质量责任主体如何识别是再审程序中主要的法律问题。其次,本案中专业机构根据送检样品的吊牌标示的"一等品"这个相应标准,作出送检样品为不合格产品的检验结论,但送检样品的耐干洗色牢度符合明示采用的产品标准中合格品的要求。因此,质监部门对于行政处罚应适用何种强度的标准进行实质审查,亦是本案争议的主要法律问题。

二、确立裁判要旨的理由

本案中对产品质量责任主体如何确定是再审审查的主要法律问题。《产品质量法》(2009 年修正)第 26 条规定:"生产者应当对其生产的产品质量负责……"本案中大流公司作为被检验产品的生产者应承担产品质量责任。而金狐狸公司作为加工承揽合同的委托方是否应承担产品质量责任,法律未有明确规定。《最高人民法院关于产品侵权案件的受害人能否以产品的商标所有人为被告提起民事诉讼的批复》(法释〔2002〕22 号)规定:"任何将自己的姓名、名称、商标或者可资识别的其他标识体现在产品上,表示其为产品制造者的企业或个人,均属于《中华人民共和国民法通则》第一百二十二条规定的'产品制造者'和《中华人民共和国产品质量法》规定的'生产者'。"国家质检总局法规司《关于对委托加工行为如何确定法律责任主体问题的复函》(质检法函〔2007〕12 号)指出:"企业委托其他企业加工产品并标注委托企业的厂名厂址对外销售的,委托企业应当承担生产不合格产品的产品质量责任,但不排除受托企业的质量违约责任、无证生产的法律责任以及其他违法生产的责任。"企业将自己的名称、商标或者可资识别的其他标识体现在产品上,表示其为产品制造者的,亦可视为生产者;同时企业委托其他企业加工产品并标注委托企业的厂名厂址对外销售的，委托企业应当承担生产不合格产品的产品质量责任。一审、二审法院仅认定大流公司作为生产者承担产品质量责任，明显与上述规定不符，质监部门作出被诉行政处罚决定存在事实不清，证据不足的情形。再审法院参照上述批复及复函对生产者外延及内涵的阐释，认定金狐狸公司作为加工承揽关系的委托方，被检产品的吊牌也有该公司的商标、名称等内容，符合生产者的实质要件。

三、合理性审查的边界

本案还涉及被诉行政处罚决定的裁量结果不合理时，法院应依据何种标准干预以及实质性审查应当把握的限度的问题。合理性的实质内涵包括：第一，行政行为的动因应符合行政目的；第二，行政行为应建立在正当考虑的基础上；第三，行政行为的内容应合乎情理。本案专业机构根据送检样品的吊牌标示的"一等品"这个相应标准，作出的检验结论为送检样品是不合格产品，但送检样品的耐干洗色牢度符合明示采用的产品标准中合格品的要求。质监部门未对检验所依据的标准以及结合法定明示产品标准进一步分析，根据检验结论认定大流公司存在以不合格产品冒充合格产品的违法行为，而作出被诉行政处罚决定，导致裁量结果不合理，显失公正。因此，除了程序性审查及形式合法性审查之外，法院应对行政处罚行为的实质对错作适度的考虑，才能真正保障行政处罚相对方的合法权益。再审法院也据此作为撤销被诉行政处罚决定的裁判理由之一。

（撰稿人：方丽达　广东省高级人民法院）

【专家评析】

本案涉及贴牌产品质量责任的承担问题。贴牌生产主要包括国际贴牌生产和国内贴牌生产，国内贴牌生产是指中国国内同行业企业之间的产品代加工行为。其基本表现形式为品牌所有者不负责产品的生产和加工，只负责产品的设计和开发，完全控制销售渠道，具体的加工任务通过订立加工承揽合同的方式委托生产同类产品的其他厂家生产，加工完成之后品牌所有者将委托生产的产品低价买断，并在产品上贴上自己的商标。贴牌生产作为一种新的经济模式，有其自身的显著特点，主要表现在以下几方面：一是主体为贴牌商和生产商。双方当事人之间的内部法律关系本质为加工承揽合同法律关系，贴牌产品的商标所有人及市场拥有者为贴牌商,而承接加工任务的原产品制造商为生产商。本案中金狐狸公司是产品贴牌商,大流公司是产品生产商。二是双方存在加工承揽行为。在贴牌生产过程中,贴牌商和生产商通过缔结加工承揽合同的方式,约定双方的权利义务,贴牌法律关系的客体为加工承揽行为。三是双方为同行业或相关行业的厂商。双方对生产贴牌产品都拥有一定的技术基础。

确定贴牌产品质量责任的关键是对于产品生产者的认定。《产品质量法》(2009 年修正)中只规定了生产者承担产品质量责任却没有规定谁为法律上的生产者,对贴牌生产中生产者的概念也没有进行界定。根据《最高人民法院关于产品侵权案件的受害人能否以产品的商标所有人为被告提起民事诉讼的批复》(法释〔2002〕22 号)的规定,"任何将自己的姓名、名称、商标或者可资识别的其他标识体现在产品上,表示其为产品制造者的企业或个人"将被视为产品的生产者。可见,司法解释界定的生产者的范围很广,贴牌商也被视为贴牌产品的生产者。国家质检总局法规司《关于对委托加工行为如何确定法律责任主体问题的复函》(质检法函〔2007〕12 号)也明确了贴牌商要承担贴牌产品质量责任,即"企业委托其他企业加工产品并标注委托企业的厂名厂址对外销售的,委托企业应当承担生产不合格产品的产品质量责任"。本案中,金狐狸公司作为贴牌商,大流公司作为生产商,双方之间存在加工承揽关系,金狐狸公司是加工承揽合同的委托方,且涉案被检产品(休闲裤)的吊牌标示有"哈雷纳金狐狸牌"商标、总经销金狐狸公司及公司地址等内容,因此,金狐狸公司应当承担贴牌产品质量责任。

司法实践中贴牌产品质量责任纠纷案件越来越多,由于我国法律对加工承揽关系中产品质量责任主体未有明确的规定,对于贴牌产品质量责任的承担问题仍存在争议。实践中,由于生产者的概念不明确,消费者也很难确定被告,法院对具体责任承担主体、责任承担方式和归责原则的认定也不统一,亟待法律对生产者的概念作出统一界定。

(撰稿人:伍劲松　华南师范大学法学院)

案例 24

新三板挂牌公司信息披露违法的行政责任认定*

【裁判要旨】

对于可能对股票交易价格产生较大影响的重大信息，新三板挂牌公司即使在停牌期间亦负有同等持续披露信息义务，确保披露信息真实、准确、完整、及时，不得有虚假记载、误导性陈述或者重大遗漏。对证券服务机构出具的审计报告，证监机构在监管程序中有权审查其真实性、准确性和完整性。

【关键词】

证券监管　信息披露　审计报告　虚增利润

【基本案情】

广东证监局于 2016 年 3 月 15 日启动对中青朗顿（太湖）教育文化科技股份有限公司（以下简称中青朗顿公司）未履行信息披露义务的调查，于同年 10 月 18 日正式立案。广东证监局认定中青朗顿公司存在未及时披露重大对外投资事项、未按规定披露并购重组事项以及虚增利润事项三项违法行为，经听证后，给予中青朗顿公司警告，并处以 30 万元罚款；对直接负责的主管人员周某、谢某、宗某给予警告，分别并处罚款。中青朗顿公司不服，申请行政复议。2018 年 9 月 25 日，中国证监会作出〔2018〕134 号《行政复议决定书》，维持上述处罚决定。中青朗顿公司仍不服，诉至法院，请求撤销处罚决定及复议决定。

---

* 中青朗顿（太湖）教育文化科技股份有限公司诉广东证监局、中国证监会行政处罚决定及行政复议案，广州铁路运输中级法院（2018）粤 71 行初 542 号行政判决书；广东省高级人民法院（2019）粤行终 1629 号行政判决书。

【裁判结果与理由】

广州铁路运输中级法院一审认为，中青朗顿公司未及时披露该公司及其子公司购买“北京黄金”投资回购型金条的重大对外投资事项，事实证据充分。中青朗顿公司于2015年6月2日受让尊天文化公司100%股权，并于当日申请变更股东登记，但其2016年6月8日、6月12日发布的重大资产重组公告与上述事实不符。中青朗顿公司2014年少计营业费用380万元，导致虚增利润总额380万元。中青朗顿公司的上述行为违反有关信息披露真实、准确、完整、及时的规定，广东证监局依照《证券法》（2014年修正）第193条的规定作出涉案处罚决定，中国证监会复议予以维持，事实清楚，程序合法。依照《行政诉讼法》（2017年修正）第69条，判决驳回中青朗顿公司的诉讼请求。

中青朗顿公司不服一审判决，提起上诉。广东省高级人民法院二审认为，广东证监局及中国证监会认定中青朗顿公司未及时披露购买“北京黄金”投资型金条的行为构成未按规定披露重大对外投资的违法行为，未及时披露并购尊天文化公司股权的行为构成未及时披露公司重大资产重组信息的违法行为，未将380万元费用列入2014年当期损益的行为构成在披露信息中虚增利润的违法行为，均具有充分的事实根据和法律依据。依照《行政诉讼法》（2017年修正）第89条第1款第1项，判决驳回上诉，维持原判。

【裁判者说】

对于可能对股票交易价格产生较大影响的重大信息，新三板挂牌公司即使在停牌期间亦负有同等持续披露信息义务。本案有两个问题需要进一步澄清：一是新三板挂牌公司履行信息披露义务时采用形式性标准还是实质性标准；二是在会计处理存在争议的情况下，证监机构是否可以依职权进行认定。

一、信息披露的实质标准

信息披露制度是证券法的一项基础性制度，资本市场本质是信息市场，向投资者传递有效信息是规制和破除资本市场信息不对称等问题的关键。挂牌公司经营中所产生的信息纷繁复杂、多如牛毛，并非不分巨细、一律公开。何为影响投资者决策的有效信息，应披露信息的标准如何把握，何时以何方式披露，容易发生争议。法院在案件中要注意运用目的解释、体系解释、立法原意解释等方法，准确把握披露信息真实、准确、全面、及时原则的内核。其中，真实披露强调披露信息的客观性，不得虚伪记载或欺骗；全面披露强调披露信息的完整性，不得有重大遗漏;准确披露强调信息披露必须做到词义相符,防止误导性陈述或因语意不详等产生歧义,表述应符合一般投资者的认知;及时披露则是强调信息披露的时效性,防止故意拖延、滞后。

对于应披露信息的标准问题,《证券法》及《非上市公众公司监督管理办法》(2013 年修订,以下简称《监管办法》)等相关规定的表述为不得有“重大遗漏”,即应披露的信息以“重大性”作为标准,披露义务人对“重大信息”负有披露义务,而对于其他一般信息则无相应义务。对于“重大性”的认定,我国采取的是投资者决策标准、价格敏感标准以及发行人品质不利影响标准等多元标准,具体适用又根据一级、二级市场各有侧重。对于公司挂牌交易后的持续披露要求,重点采用价格敏感标准,以相关事实是否可能会对股票交易价格产生较大影响作为是否公开的判断标准。对于监管机关而言,“重大性”是其启动监管的实质标准,也是事后对其监管的正当性的评价标准。从某种意义上讲,这既是赋权,也是制约。

本案中广东证监局认定中青朗顿公司存在未及时披露对外重大投资事项的情况,中青朗顿公司对此抗辩的主要理由是其购买的产品为保本型委托理财,收益率较低,风险小,且当时的《全国中小企业股份转让系统挂牌公司信息披露细则(试行)》(2013 年,现已废止,以下简称《信披细则》)并未将委托理财界定为对外投资,之后修改的《全国中小企业股份转让系统挂牌公司信息披露规则》才将委托理财视为对外投资,按照法不溯及既往原则,广东证监局上述认定缺乏法律依据。对该问题,可以援引“重大性”标准来评价监管行为的合法性。中青朗顿公司及其子公司购买的“北京黄金”投资回购型金条金额高达 1.7 亿元并约定有年收益率和投资期限,相关金额为其 2014 年度净资产的近 4 倍。从常理、常识出发,按照一般人对投资的理解,该委托理财已符合“对外”“收益”“风险”等投资特点,且金额巨大,应当认定为重大投资行为,满足了信息披露的“重大性”实质标准,监管机构有对其监管之必要性。从目的解释、系统解释出发,《监管办法》(2013 年修订)第 20 条的原则性规定可以作为本案监管依据,参照《证券法》(2014 年修正)第 67 条“公司的重大投资行为”应及时予以公告之规定,广东证监局将中青朗顿公司的委托理财行为定性为重大对外投资,并无不妥。

关于中青朗顿公司未及时披露并购尊天文化公司股权的事项,争议问题实际是披露时点如何确定。《信披细则》(2013 年,现已废止)第 22 条规定:“挂牌公司应当在临时报告所涉及的重大事件最先触及下列任一时点后及时履行首次披露义务:(一)董事会或者监事会作出决议时;(二)签署意向书或者协议(无论是否附加条件或者期限)时;(三)公司(含任一董事、监事或者高级管理人员)知悉或者理应知悉重大事件发生时。"第46条第1款第7项规定:"挂牌公司出现以下情形之一的,应当自事实发生之日起两个转让日内披露:……(七)董事会就并购重组、股利分派、回购股份、定向发行股票或者其他证券融资方案、股权激励方案形成决议……"中青朗顿公司与尊天文化公司的股东于2015年6月2日签订《股权转让协议》,已就收购尊天文化公司100%股权达成合意,该股权转让具有法律效力,尊天文化公司也于当日申请变更股东登记。故在此时点,中青朗顿公司已实际触发信息首次披露义务,应最迟在2个转让日内进行披露,但其在同年6月8日发布的《重大资产进展公告》仍称"截止到本公告日,公司重组方案仍需进一步商讨、论证、细化,相关工作仍在开展中",未披露上述《股权转让协议》的签订及向工商部门申办变更登记的事实,属于未按规定准确、及时披露重组并购信息的情形。中青朗顿公司抗辩的主要理由是应以该公司于2015年6月12日签署的以3000万元为转让价款的《股权转让协议》为准,并以该日期作为信息披露时点,若按6月2日达成的前一份协议,该协议上注明的转让款仅为100万元,该金额较小不属于重大并购,一旦发布反而会误导投资者。但是,从中青朗顿公司实施涉案并购的过程看,其在2015年6月2日第一次签订《股权转让协议》之时,没有按公司治理要求履行相应的决策程序,未依法召开董事会、股东会,协议约定的转让款显然是混淆了被收购公司的原始注册资本金(100万元)与实际收购价格(3000万元)。换言之,中青朗顿公司在重组并购时存在不规范操作,其之后经董事会、股东会决议于6月12日重新签订的《股权转让协议》应视为其针对不规范并购行为所采取的补救措施,不足以阻却该信息披露行为的违法性。

二、证监机构"会计监管权"的边界

本案争议的焦点之一是中青朗顿公司两笔共计380万元的预付款是否应当结转为2014年当期费用的问题。广东证监局在处罚中认定中青朗顿公司未将该380万元预付款计入营业成本导致披露报告存在虚增利润。而中青朗顿公司主张,其披露的2014年年度报告是依据会计师事务所出具的当年度《合并审计报告》作出的,证监机构并非会计机构,无权未经委托会计机构鉴定,径直认定其已经审计的财务报告存在虚增利润。因此,双方争议的实质是在会计处理存在争议的情况下,证监机构是否可以依职权进行认定。

财务报告的基础法律依据是《会计法》,根据《会计法》、会计准则制定权归属于财政部;而依照《证券法》,证监机构对上市公司、挂牌公司披露的财报有监管权,对为公司出具报告的会计师事务所等证券服务机构有监管权,有权对会计师事务所出具的审计报告的真实性、准确性和完整性进行核查并视情形采取监管措施。针对同一情形,财政部的“会计主管权”与证监部门的“会计监管权”可能会有冲突,应当在两权力之间划定一个边界。这个权力边界的关键是“会计规则的解释权”①问题。会计准则制定权虽归属财政部门,但财政部门并不当然垄断会计规则的全部解释权。无论是证监机构还是司法机构,对相关法律、准则、规则的解释包括对会计规则的解释,实际上贯穿其执法、裁决的过程当中,客观行使了广义上的“解释权”。换言之,证监机构的监管权本身天然包含了对证券发行公司及证券服务机构相关会计行为是否符合《会计法》、会计准则及监管要求的审核认定权。人民法院对相关会计争议的裁决,是通过对证监机构行使“会计监管权”进行合法性审查来实现的。证监机构行使对“会计规则的解释权”所形成的结论是否有相应证据支持、是否已尽充分说明义务,该“会计监管权”是否合法、正确行使等都属于法院审查的内容。证监机构、法院是否应当委托第三方会计机构来辅助对会计争议作出鉴定,取决于该会计争议本身是否存在鉴定的必要性。若未委托鉴定会影响监管的合法性或裁判的公正性,则有必要进行相应委托。而且,即便委托鉴定,相关的结论仍以证据形式体现,仍须按行政诉讼证据规则在法庭上接受诉辩双方质证,必要时鉴定人员还应出庭进行说明并对各方疑问作出解释回答,法院对该委托鉴定结果有是否予以采纳的最终决定权。当然,当有关会计争议的解释可能产生普遍性执法冲突,或超出现行《会计法》需要立法机关进一步解释时,则另当别论。近年来,证监机构为适应监管需要,相继出台系列会计处理指引,有助于减少此类争议。故中青朗顿公司主张广东证监局无权进行认定,理由不成立。

关于380万元费用如何列支的问题。《企业会计准则——基本准则》(2006年修订)第19条规定:“企业对于已经发生的交易或者事项,应当及时进行会计确认、计量和报告,不得提前或者延后。”第35条第2款规定:“企业发生的支出不

① 刘燕:《从财务造假到会计争议——我国证券市场中上市公司财务信息监管的新视域》,载黄红元、徐明主编:《证券法苑》第7卷,法律出版社2012年版,第135~167页。

产生经济利益的，或者即使能够产生经济利益但不符合或者不再符合资产确认条件的，应当在发生时确认为费用，计入当期损益。”依照该会计准则，尽管涉案合同所约定的履行期限为2013年到2015年，但中青朗顿公司已于2013年预付款项，合同约定的履行内容实际完成于2014年，此时已具备了转结支付的客观条件。按照实质重于形式的会计处理原则，中青朗顿公司应将上述380万元款项列入2014年经营费用，但其披露的年报未将该款项转结为成本费用，导致利润相应增加，广东证监局据此认定其虚增380万元利润并无不妥。

中青朗顿公司还主张其不能替会计师事务所出具错误的审计报告承担法律责任，实际上是混淆了公司的会计责任和证券服务机构的审计责任。《监管办法》（2013年修订）第12条规定，挂牌公司应当按照相关规定建立会计核算体系、财务管理和风险控制等制度，确保公司财务报告真实可靠。第55条规定，证券服务机构为公司的股票转让、定向发行等活动出具审计报告等文件的，应当严格履行法定职责，遵循勤勉尽责和诚实信用原则，对公司的财务状况、公司治理、信息披露等内容的真实性、准确性、完整性进行充分的核查和验证，并保证其出具的文件不存在虚假记载、误导性陈述或者重大遗漏。审计的准确性有赖于公司提供真实可靠的基础会计资料，中青朗顿公司未举证证明其在审计前已向会计师事务所如实说明合同已在2014年履行完毕等情况，其二审向法庭提交的专家鉴定意见也存在同样的问题，最终未被法院采纳。

基于以上分析，中青朗顿公司“涉案行为发生在公司停牌期间未给投资者造成实际损害、无违法主观故意、事后主动弥补，故不应对其罚款，广东证监局处罚过重，违反比例原则”的主张不能获得支持。因为行政处罚所规制的信息披露违法行为类似于刑法上的举动犯、行为犯，并不以危害后果的实际发生为违法构成要件，其所保护的法益是资本市场监管制度和信息披露秩序。是否实际损害投资者、是否事后及时弥补可以作为执法机关选择处罚幅度的裁量因素予以考虑。对中青朗顿公司的数个违法行为，广东证监局并罚时已充分考虑上述事实，并在法定幅度范围内作了从轻处理，对公司相关管理人员的处罚也充分考虑各自岗位的不同及相应责任大小，在从轻处理的前提下适当区分量罚，符合过罚相当、量罚得当的要求，应予以支持。

（撰稿人：林劲标　广东省高级人民法院）

【专家评析】

本案是新三板挂牌公司违法信息披露行政处罚第一案，该案的司法处理对于新三板挂牌公司、证监机构正确理解信息披露义务、会计监管权的边界具有重要价值。

虽然《证券法》《信披细则》规定了挂牌公司的信息披露义务，但具体哪些属于应当披露的信息，并未明示。《信披细则》(2013 年，现已废止)第 4 条规定："挂牌公司及相关信息披露义务人应当及时、公平地披露所有对公司股票及其他证券品种转让价格可能产生较大影响的信息(以下简称"重大信息")，并保证信息披露内容的真实、准确、完整，不存在虚假记载、误导性陈述或重大遗漏。"从立法技术上来说，"重大信息"显然属于裁量概念，且这种裁量构成了相关行政机关认定行为违法性的基础，亦即理论界所说的要件裁量理论。在本案中，虽然立法者赋予了证监机构在何为"重大信息"上一定的裁量权，但是否符合裁量范围也是人民法院的审查范围。很显然，认定"重大信息"的外延无法采用形式标准，只能采用实质标准，而经验常识和专业性是实质标准的重要内容。从本案案情来看，中青朗顿公司的委托理财在金额上巨大、在效力上对外，且具风险与收益的特征，符合一般投资人对于"投资"的理解，广东证监局将其认定为"对外重大投资事项"，故而应属于"重大信息"的范畴，这与一般投资人的认知是一致的。因此，该解释并未超越经验常识和专业性要求。

"会计监管权"的边界之所以成为本案中的一个争议点，实质在于原告混淆了主管部门与相关监管部门的关系。根据《会计法》(1999 年修订)第 7 条和第 8 条的规定，财政部门为会计工作的主管部门，会计准则制定权归财政部门行使。但并不能由此得出财政部门独享了与会计工作相关的一切职权的结论。例如，《会计法》(1999 年修订)第 33 条第 1 款规定："财政、审计、税务、人民银行、证券监管、保险监管等部门应当依照有关法律、行政法规规定的职责，对有关单位的会计资料实施监督检查。"从这一规定来看，会计监督检查权的主体包括财政、审计、税务、证券监管等诸多部门。换言之，会计工作规则制定权是垄断性的，而会计监督权则是非排他性的。证监机构根据《证券法》《会计法》等履行会计监督权时，当然获得了对相关法律、法规和规则的解释权，如同执法部门在执法过程、司法部门在司法过程基于自身的理解具体适用法律规则一样，无须特别授权。可以试想，如果监管部门没有对相关规则的当然解释权，对于每个条款的理解和适用还须询问作为规则制定部门的财政部,不仅在实践上不可能,在理论上亦难以自洽。当然,证监机构具体适用和解释相关法律规则的活动是否合法,则是可以质疑的,而其判断者便是人民法院。

至于原告所主张的,已经审计的财务报告只有在委托第三方予以鉴定之后才能评判其合法性,实则无明确的法律依据。依一般的逻辑,之所以需要借助于第三方的鉴定,主要是基于专业理由。但对于专业问题的判断是否必须借助于第三方的鉴定则不尽然。在本案中,广东证监局本就是个专业部门,具有判断财务报告合法性的基本能力,相关的法律规范未将委托会计机构鉴定作为证监机构进行合法性判断的必经程序,正是基于此考虑。

（撰稿人:卢护锋　广州大学法学院）

案例 25

环保措施可行性的判断标准*

【裁判要旨】

生态环境部门作出建设项目环境影响报告批复时，应充分评价污染防治措施在技术上、经济上、法律上的可行性。环保设施必须永久性使用第三人物权的，应事先取得第三人同意；未征得第三人同意，生态环境部门对建设单位提交的环境影响报告予以批准，属于违反法定程序。

【关键词】

环境影响报告　环保设施可行性　第三人意见

【基本案情】

2018 年 7 月 4 日，广东佛盈汇建工程管理有限公司（以下简称汇建公司）向佛山市生态环境局禅城分局（以下简称禅城生态环境局）提交《申请审批的函》、《建设项目环境影响报告表》（以下简称《报告表》）、《建设项目环境影响报告表的技术评估意见》等资料，申请禅城生态环境局对《报告表》审批。禅城生态环境局于 2018 年 7 月 9 日受理并公告《雾岗路（季华路）跨线桥工程建设项目环境影响报告表审批前公示》。2018 年 8 月 6 日，禅城生态环境局根据申请举行了“雾岗路（季华路）跨线桥项目”环保听证会。经审查，禅城生态环境局于 2018 年 8 月 17 日作出《佛山市禅城区环境保护局关于雾岗路（季华路）跨线桥工程建设项目环境影响报告表的批复》（以下简称《批复》）。何某胜等 6 人对《批复》不服，

---

* 何某胜等 6 人诉佛山市生态环境局、佛山市生态环境局禅城分局行政批复及行政复议案，广东省佛山市顺德区人民法院（2018）粤 0606 行初 1357 号行政判决书；广东省佛山市中级人民法院（2019）粤 06 行终 494 号行政判决书。

于2018年8月27日向佛山市生态环境局提出行政复议申请。佛山市生态环境局于同日受理,后经审查,于2018年11月12日作出《行政复议决定书》,维持禅城生态环境局作出的《批复》。何某胜等6人不服行政复议决定,向佛山市顺德区人民法院提起诉讼。

另查明,《报告表》所涉及的雾岗路(季华路)跨线桥建设项目位于佛山市禅城区雾岗路,盘龙新村与该拟建设的跨线桥相邻,何某胜等6人均居住于盘龙新村,其房屋与拟建设的案涉跨线桥相邻。建设单位拟在与跨线桥相邻的住房窗户上加装隔声窗以使噪声达到环保标准。

【裁判结果与理由】

佛山市顺德区人民法院一审认为,禅城生态环境局作出的《批复》、佛山市生态环境局作出的《行政复议决定书》事实清楚,程序合法,但适用法律、法规错误,应予撤销。根据《行政诉讼法》(2017年修正)第70条第2项、第79条的规定,判决:(1)撤销禅城生态环境局作出的《批复》;(2)撤销佛山市生态环境局作出的佛府行复〔2018〕199号《行政复议决定书》。

禅城生态环境局不服,提起上诉。

佛山市中级人民法院二审认为:《建设项目环境保护管理条例》(2017年修订)第11条规定:"建设项目有下列情形之一的,环境保护行政主管部门应当对环境影响报告书、环境影响报告表作出不予批准的决定:……(三)建设项目采取的污染防治措施无法确保污染物排放达到国家和地方排放标准,或者未采取必要措施预防和控制生态破坏……"本案中,关于通过在居民楼窗户上加装隔声窗降噪能否使声环境质量达标的问题,《报告表》第81页显示,噪音敏感点的噪音明显超标,其超标最大值是39.3分贝,最小值是22.3分贝,《报告表》认为通过加装隔声窗可使室内噪声达标,但该《报告表》未明确不同噪声敏感点需要加装的隔声窗的等级,无法说服环境敏感点的居民相信环保措施在技术上可行。事实上,在2018年8月6日的听证会上,包括本案当事人叶某秋在内的利害关系人已在听证会上明确表示不同意在其住宅上加装隔声窗。因隔声窗属于环保设备,必须依附于现有房屋之上才能发挥降噪功能,而何某胜等6人作为噪声敏感点的房屋的所有权人,有权同意或拒绝建设单位在其房屋上加装隔声窗,如其拒绝加装环保设备,将导致《报告表》设计的噪声污染防治措施无法确保噪声排放达到国家排放标准,故环境保护行政主管部门按照上述规定不应批准建设单位提交的《报告表》。禅城生态环境局作为审批机关,在作出涉案《批复》时否定了叶某秋等人在听证会上提出的不同意见,批准了汇建公司提交的《报告表》,属于适用法律错误,一审法院判决予以撤销正确。禅城生态环境局上诉称不同意安装隔声窗的意见仅是少数人的主观意见,属于个人权利的滥用和对社会公共利益的损害。对此,二审法院认为,禅城生态环境局并未提交多数居民同意加装隔声窗的证据,且加装隔声窗确实会影响房屋的通风采光、影响居住的舒适性和便利性。政府在新建公共设施造福社会的同时也应兼顾既有的私人利益,不能以维护公共利益为借口而漠视私人利益,更何况本案何某胜等6人的住房购买、使用在先,而涉案的跨线桥工程尚处于筹备阶段。在沿线部分居民反对现有方案时,建设单位应进一步调整、优化建设方案,争取附近单位与居民的理解与支持,将好事办好而不是相反。据此,依照《行政诉讼法》(2017年修正)第89条第1款第1项的规定,判决驳回上诉,维持原判。

【裁判者说】

在道路上新建高架桥是提高汽车通行效率、治理道路拥堵的有效措施。与此同时,新建高架桥也不可避免地对周围居民带来噪声污染。如何平衡公共利益和个人利益之间的矛盾,实现人与社会的和谐共处,是立法和司法都必须考量的问题。国务院2017年新修订的《建设项目环境保护管理条例》将环境保护标准提升到了新的高度。该条例第11条第3项规定,建设项目采取的污染防治措施无法确保污染物排放达到国家和地方排放标准的,环保部门不应批准。该条主要针对污染防治措施的技术可行性进行规定,但本案的特殊性在于作为污染防治措施的隔声窗,其施工和使用必须永久依附于现有居民住宅,如物权人反对,则隔声窗无法安装,更无法投入使用。因此本案在适用法律时,应准确解读"污染防治措施无法确保污染物排放达到国家和地方排放标准"的具体含义。

环保部门认为,在审批《报告表》时,仅需考虑污染防治措施在技术上和经济上是否可行,无须考虑施工因素,住宅物权人是否同意施工单位安装隔声窗,应由建设方出面与物权人协商解决。污染防治措施是否可行,不仅仅指该措施在技术上是否可行,还要将该措施放在具体的施工场景中通盘考虑。《建设项目环境保护管理条例》(2017年修订)第15条规定:"建设项目需要配套建设的环境保护设施,必须与主体工程同时设计、同时施工、同时投产使用。"该条强调污染防治措施除了工程设计在技术上可行之外,还要满足同时施工、投产的条件。按环保部门的观点，环保审批时仅考虑技术上和经济上的可行性，一旦涉案跨线桥主体工程施工完毕而隔声窗因居民反对而无法安装，将导致整个工程无法竣工验收，更无法投入使用。假设建设方在跨线桥没有竣工验收时就将该工程投入试运行，造成跨线桥已开通使用的事实，附近居民亦很难通过行政诉讼来维权。《行政诉讼法》（2017 年修正）第 74 条就规定："行政行为有下列情形之一的，人民法院判决确认违法，但不撤销行政行为：（一）行政行为依法应当撤销，但撤销会给国家利益、社会公共利益造成重大损害的……"因主体工程已竣工，如不投入使用，将造成国有资产的闲置浪费，故人民法院可以判决交通部门试运行跨线桥的行政行为违法，但一般不会判决撤销，而隔声窗又没有安装，居民饱受噪声污染的事实将长期存在。

综上分析，笔者认为对《建设项目环境保护管理条例》（2017 年修订）第 11 条第 3 项应进行扩大解释，即环保部门在进行环境影响审批时，如该环保措施需要永久利用他人物权，除了要审查环保措施在技术上的可行性之外，还应考虑该环保措施在施工、使用时是否可行，否则环保部门不应批准建设方案。本案的裁判标准，确实会加大建设方的前期工作量，但也会减少后期可能发生的居民投诉、信访行为，消除社会不稳定因素。以个案的裁判标准倒逼企业优化建设方案、督促行政机关严控审批标准，实现人与社会的和谐发展，正是审判机关的价值与职责所在。

（撰稿人：陈智扬　广东省佛山市中级人民法院）

【专家评析】

本案的重要价值在于从平衡公共利益和个人利益的角度出发，进一步明确环评报告批复在考虑污染防治措施技术可行性的同时，也要考虑利害关系人的利益，否则生态环境部门对建设单位提交的环境影响报告不应予以批准。《建设项目环境保护管理条例》（2017 年修订）第 8 条规定："建设项目环境影响报告书，应当包括下列内容：……（三）建设项目对环境可能造成影响的分析和预测；（四）环境保护措施及其经济、技术论证……"该条表明，环评报告应当分析环境保护措施及其在经济上和技术上的可行性。《建设项目环境保护管理条例》（2017 年修订）第 9 条第 2 款规定，"环境保护行政主管部门审批环境影响报告书、环境影响报告表，应当重点审查建设项目的环境可行性、环境影响分析预测评估的可靠性、环境保护措施的有效性、环境影响评价结论的科学性等”。该条表明，环评报告批复也应当对报告中的污染防治措施进行技术、经济和法律三个方面的可行性分析。

无论是上述可行性分析还是对可行性分析的评价都应当明确两个方面的标准。首先从环境保护的角度进行分析，即对技术方案环保方面是否可行进行判断。其次，还应当对技术方案能否得以实施进行判断，即是否有条件保障环境影响报告表提出的技术方案得到实施，如缺乏实施条件，则该污染防治措施缺乏有效性。在本案中，作为污染防治措施的隔声窗的施工和使用必须永久依附于现有居民住宅，《物权法》(2007 年，现已失效)第 4 条规定：“国家、集体、私人的物权和其他权利人的物权受法律保护，任何单位和个人不得侵犯。”任何单位和个人对他人合法财产施加行为而影响物权人对物权的行使时，必须征得物权人的同意。因此，本案环保措施的实施条件是相应的利害关系人同意建设单位在其房屋内加装隔声窗，在该条件不成立的情况下，环评报告提出的方案并非有效可行的方案。此外，行政机关作出行政行为时应该考虑社会和相关利害关系人的权利保障因素，特别是新建公共设施造福社会的同时也应兼顾既有的私人利益，不能仅考虑理论上的技术可行性，更需要从具体的施工场景予以考虑。《行政诉讼法》(2017 年修正)第 74 条规定：“行政行为有下列情形之一的，人民法院判决确认违法，但不撤销行政行为：(一)行政行为依法应当撤销，但撤销会给国家利益、社会公共利益造成重大损害的……”如本案的工程进入建设阶段，法院一般不会撤销判决，利害关系人的权利救济则会受到阻碍。综上所述，在实践中环保措施的可行性标准应包含技术方案环境保护方面是否可行、技术方案的实施条件是否可行两个方面的标准，同时应衡量公共利益和个人利益，环保设施必须永久性使用第三人物权的，应事先取得第三人的同意，否则环评报告不予批准。

(撰稿人：伍劲松　华南师范大学法学院)

案例 26

《闲置土地认定书》未载明闲置原因属于认定事实不清*

【裁判要旨】

国有土地闲置原因的认定直接影响使用权人的权利义务，土地主管部门认定构成闲置土地的，应在《闲置土地认定书》中载明闲置原因，否则属于认定事实不清，应予撤销。

【关键词】

闲置土地认定　政府原因　有偿收回　无偿收回

【基本案情】

2012 年 12 月 28 日，佛山市丹灶世海钢材物流基地有限公司（以下简称佛山世海公司）竞得位于佛山市南海区丹灶镇物流中心利众路地段土地的国有建设用地使用权，面积为 109, 838. 8 平方米（折合 164. 7582 亩），土地用途为商服用地。2013 年 1 月 6 日，佛山市南海区丹灶镇人民政府（以下简称丹灶镇政府）、佛山市南海区土地储备中心受佛山市国土资源和城乡规划局（以下简称佛山国土局）委托，与佛山世海公司签订《土地移交确认书》，双方确认涉案地块周围基础设施达到"三通"，用地红线内土地基本平整，并约定确认书自土地出让人和受让人签订《佛山市国有建设用地使用权出让合同》之日起生效，作为出让人已将出让宗地交付给受让人的依据。2013 年 1 月 15 日，佛山世海公司与佛山国土局签

---

* 广东省佛山市丹灶世海钢材物流基地有限公司诉佛山市国土资源和城乡规划局闲置土地认定案，广东省佛山市顺德区人民法院（2017）粤 0606 行初 1228 号行政判决书。

订出让合同,合同第16条约定,佛山世海公司同意该合同项下宗地建设项目在2013年10月15日前正式动工建设。2013年1月31日,佛山世海公司取得涉案地块的国有土地使用权证。

2014年5月22日,佛山世海公司就佛山市南海区国土城建和水务局(以下简称南海国土局)向其发出的南国土函〔2014〕219号《关于尽快开工建设的法律提示函》,作出《佛山市丹灶世海钢材物流基地有限公司关于丹灶镇丹灶物流中心世海商贸中心地块建设的情况说明》,就涉案地块前期工作情况、近期进度情况、下一步工作计划等作了详细说明。

2014年12月17日,佛山世海公司与丹灶镇政府相关领导就涉案地块处理方案召开会议,但未达成一致。

2016年3月,因涉案地块尚未开工建设,涉嫌闲置,佛山国土局委托南海国土局、丹灶镇政府对涉案地块是否构成闲置进行调查。2016年6月15日,南海国土局向佛山世海公司送达《闲置土地调查通知书》,要求佛山世海公司提供土地权利证明文件、宗地是否闲置的原因说明等材料。佛山世海公司为此提交了《佛山市丹灶世海钢材物流基地有限公司关于164.7582亩国有商服地块延期建设的情况说明》,认为因项目开发前期公交站场规划审批耗时过长且物流园公共市政配套建设滞后,佛山市南海区人民政府(以下简称南海区政府)决定重新调整南海(丹灶)物流新城的产业布局和规划,导致涉案商服地块至今未曾开发建设,形成土地闲置;造成土地闲置既有政府未能提供施工条件、审批复杂等原因,也有整体经济环境下行的影响,请求政府有偿收回地块。经调查,佛山国土局于2016年9月23日作出《闲置土地认定书》,告知佛山世海公司涉案土地存在超过《国有建设用地使用权出让合同》约定的动工日期满两年未动工开发的情况,根据调查结果和《闲置土地处置办法》(2012年修订)的规定,认定涉案宗地为闲置土地,应按照《闲置土地处置办法》(2012年修订)的有关规定进行处置,具体处置方案按区政府批复执行。

2016年12月5日,丹灶镇政府向南海国土局发出《佛山市南海区丹灶镇人民政府关于南海区丹灶镇丹灶物流中心利众路地段一宗闲置土地处置方案的函》,告知该局经实地调查和闲置原因核定,确定佛山世海公司反映的未能动工建设的情况属实,建议协议有偿收回涉案地块的国有建设用地使用权作为丹灶镇储备土地。2016年12月6日,佛山国土局向南海区政府提交南国土闲〔2016〕9

号《佛山市国土资源和城乡规划局关于佛山市南海区丹灶镇丹灶物流中心利众路地段一宗闲置土地原因确认及协议有偿收回建设用地使用权的请示》,确认地块受周边基础设施配套不完善、物流中心产业规划调整等因素影响,致使宗地不能按合同约定如期动工建设,建议南海区政府同意丹灶镇政府的建议,按《闲置土地处置办法》(2012 年修订)第 12 条第 1 款第 4 项的规定,选择“协议有偿收回国有建设用地使用权”的方式进行处置。2016 年 12 月 27 日,南海区政府作出南府复〔2016〕1061 号《关于丹灶镇丹灶物流中心利众路地段一宗闲置土地原因确认及协议有偿收回建设用地使用权的批复》,同意:(1)选用“协议有偿收回国有建设用地使用权”的方式进行处置;(2)协议有偿收回的标准由区土地储备中心、丹灶镇政府、佛山世海公司三方协商确定。

2017 年 5 月 3 日,南海国土局与佛山世海公司等单位召开会议协调涉案闲置土地的处理,该局在会议中承认由于配套的原因及政府的原因造成土地闲置,并明确告知佛山世海公司,南海区政府已批复涉案地块有偿收回,但双方未达成一致意见。

2017 年 7 月 11 日,佛山市南海区丹灶镇国土资源管理所向佛山世海公司作出《告知函》,告知佛山世海公司拟下达《收回国有建设用地使用权决定书》,无偿收回涉案地块使用权。2017 年 8 月 17 日,某律师事务所受丹灶镇政府委托,再次向佛山世海公司发送《关于闲置土地处置事宜的律师函》,重申将无偿收回涉案地块使用权。

佛山世海公司对佛山国土局于 2016 年 9 月 23 日作出的《闲置土地认定书》不服,提起行政诉讼。

【裁判结果与理由】

广东省佛山市顺德区人民法院一审认为,《闲置土地处置办法》(2012 年修订)第 2 条规定:“本办法所称闲置土地,是指国有建设用地使用权人超过国有建设用地使用权有偿使用合同或者划拨决定书约定、规定的动工开发日期满一年未动工开发的国有建设用地。已动工开发但开发建设用地面积占应动工开发建设用地总面积不足三分之一或者已投资额占总投资额不足百分之二十五,中止开发建设满一年的国有建设用地,也可以认定为闲置土地。”第 9 条规定:“经调查核实,符合本办法第二条规定条件,构成闲置土地的,市、县国土资源主管部门应当向国有建设用地使用权人下达《闲置土地认定书》。”第 10 条规定:“《闲置土地认定书》应当载明下列事项:(一)国有建设用地使用权人的姓名或者名称、地址;(二)闲置土地的基本情况;(三)认定土地闲置的事实、依据;(四)闲置原因及认定结论;(五)其他需要说明的事项。"本案中,出让合同明确约定该地块的建设项目在2013年10月15日前正式动工建设。但原告在约定的动工开发日期满1年后未动工开发,因此,被告根据出让合同、《土地移交确认书》、2013年影像图、2014年至2015年涉案地块影像图、2016年5月现场拍摄照片、《佛山市丹灶世海钢材物流基地有限公司关于164.7582亩国有商服地块延期建设的情况说明》等证据,认定涉案地块为闲置土地并无不当。但对土地闲置的原因,被告在作出的《闲置土地认定书》中未作任何说明。虽然被告在该认定书中同时告知原告涉案闲置土地将按照《闲置土地处置办法》(2012年修订)的有关规定处置,具体处置方案按区政府批复执行,但因被告未载明适用的《闲置土地处置办法》(2012年修订)的具体条款,原告无法从中得知被告认定的土地闲置原因,又因《闲置土地处置办法》(2012年修订)第12条、第14条分别对不同原因造成的闲置土地规定了不同的处置方式,被告在作出的《闲置土地认定书》中未载明闲置原因,影响了原告对土地处置的选择权,明显损害了原告的合法权益。因此,被告作出的《闲置土地认定书》认定事实不清,主要证据不足,依法应予撤销。为明确土地闲置的原因,被告在诉讼中提交了《佛山市南海区丹灶镇人民政府关于南海区丹灶镇丹灶物流中心利众路地段一宗闲置土地处置方案的函》及南国土闲〔2016〕9号《佛山市国土资源和城乡规划局关于佛山市南海区丹灶镇丹灶物流中心利众路地段一宗闲置土地原因确认及协议有偿收回建设用地使用权的请示》等证据,根据被告于2016年12月6日向南海区政府提交的南国土闲〔2016〕9号《佛山市国土资源和城乡规划局关于佛山市南海区丹灶镇丹灶物流中心利众路地段一宗闲置土地原因确认及协议有偿收回建设用地使用权的请示》,被告已确认涉案地块闲置非原告自身原因造成,并建议根据《闲置土地处置办法》(2012年修订)第12条第1款第4项的规定"协议有偿收回国有建设用地使用权"。但上述文件均是在《闲置土地认定书》送达原告后才作出的,不能作为认定《闲置土地认定书》合法的依据。且佛山市南海区丹灶镇国土资源管理所、某律师事务所曾分别于2017年7月11日、8月17日发函给原告,告知原告拟无偿收回涉案地块使用权。而无偿收回土地使用权系除《闲置土地处置办法》(2012年修订)第8条规定的情形外,对闲置土地的处理方式。对《闲置土地处置办法》(2012年修订)第8条规定的因政府、政府有关部门的行为造成闲置的情形，才可选择协议有偿收回的方式处置。由此可知，被告对涉案地块闲置原因的认定前后不一，具有不确定性。《佛山市南海区丹灶镇人民政府关于南海区丹灶镇丹灶物流中心利众路地段一宗闲置土地处置方案的函》及南国土闲〔2016〕9号《佛山市国土资源和城乡规划局关于佛山市南海区丹灶镇丹灶物流中心利众路地段一宗闲置土地原因确认及协议有偿收回建设用地使用权的请示》不能作为认定被告已明确涉案地块闲置原因的依据。综上，被告作出的《闲置土地认定书》认定事实不清，主要证据不足，依法应予撤销，判决撤销被告佛山国土局作出的《闲置土地认定书》。宣判后，原告、被告没有提起上诉。

【裁判者说】

一、背景情况介绍

目前，我国国有土地使用权收回主要分以下四种情况：一是行政处罚收回，即土地使用者违反了法律、法规禁止性规定被依法收回土地使用权。审判实践中，适用较多的法律为《城市房地产管理法》(2009年修正)，该法第26条规定："以出让方式取得土地使用权进行房地产开发的，必须按照土地使用权出让合同约定的土地用途、动工开发期限开发土地。超过出让合同约定的动工开发日期满一年未动工开发的，可以征收相当于土地使用权出让金百分之二十以下的土地闲置费；满二年未动工开发的，可以无偿收回土地使用权；但是，因不可抗力或者政府、政府有关部门的行为或者动工开发必需的前期工作造成动工开发迟延的除外。"此外，《城镇国有土地使用权出让和转让暂行条例》(1990年)第17条对此也有类似规定。

二是土地使用权期满收回，即土地使用者在国有土地使用权期限届满后未申请续期或者申请续期未获得批准，国家无偿收回土地的情形。《土地管理法》(2004年修正)第58条第1款第3项规定："有下列情形之一的，由有关人民政府土地行政主管部门报经原批准用地的人民政府或者有批准权的人民政府批准，可以收回国有土地使用权：……(三)土地出让等有偿使用合同约定的使用期限届满，土地使用者未申请续期或者申请续期未获批准的……"《城市房地产管理法》(2009年修正)第22条第2款规定："土地使用权出让合同约定的使用年限届满，土地使用者未申请续期或者虽申请续期但依照前款规定未获批准的，土地使用权由国家无偿收回。"

三是因公共利益等其他法定事由收回,即土地使用者在未违反法律、法规等禁止性规定的情况下,因存在法定事由被自然资源主管部门收回土地使用权。《土地管理法》(2004 年修正)第 58 条规定:"有下列情形之一的,由有关人民政府土地行政主管部门报经原批准用地的人民政府或者有批准权的人民政府批准,可以收回国有土地使用权:(一)为公共利益需要使用土地的;(二)为实施城市规划进行旧城区改建,需要调整使用土地的……(四)因单位撤销、迁移等原因,停止使用原划拨的国有土地的;(五)公路、铁路、机场、矿场等经核准报废的。依照前款第(一)项、第(二)项的规定收回国有土地使用权的,对土地使用权人应当给予适当补偿。"

四是因受让人的原因或土地出让合同的约定须向出让人交回土地使用权的其他非法定情形。

综合本案的实际情况,被告作出《闲置土地认定书》的最终目的系收回国有建设用地使用权。根据上文论述,收回国有建设用地使用权分为有偿与无偿,那么闲置原因及认定结论对行政相对人的影响至关重要。因此行政机关在作出《闲置土地认定书》时必须依照《闲置土地处置办法》(2012 年修订)的规定依法处理。

二、确立裁判要旨的理由

土地闲置的情况千差万别,造成土地闲置的原因也各有不同。既有相对人囤积居奇、投机钻营试图牟取暴利或无力开发等自身原因造成的土地闲置,也有因政府及有关部门的行为造成的土地闲置,还有不可抗力造成的土地闲置。不同的闲置原因反映了相对人主观上不同的过错程度,也因此影响闲置土地的处置方式。根据《城市房地产管理法》(2009 年修正)第 25 条的规定,因非土地使用人自身的原因导致土地闲置的,不允许采取征收土地闲置费和无偿收回土地使用权等处置措施。在司法实践中,非土地使用人自身的原因主要指的是政府原因。

本案双方当事人对涉案地块为闲置土地这一事实均予以确认。但行政机关对土地闲置的原因未作任何说明。根据上文论述,不同的闲置原因会直接导致不同的处置方式,行政机关根据《闲置土地认定书》确定后续的具体处置方式,即依据土地闲置原因和情形作出相应的处置。行政机关未载明土地闲置原因即作出涉案认定书,直接损害了原告的合法权益。行政机关在作出《闲置土地认定书》

时必须依照《闲置土地处置办法》(2012 年修订)第 10 条的规定载明应当载明的事项。

此外,行政机关作为行政诉讼的一方当事人,在诉讼中亦需要遵守“禁止反言”原则,行政机关在庭审或行政调查程序中应诚实守信,这是法治政府的基本要求。本案中行政机关对土地闲置的原因在不同时间作出了不同的陈述,不仅违反了诉讼基本原则,亦形成了对行政相对人的误导,最终损害了行政相对人的合法权益。涉案裁判对行政机关自相矛盾的陈述予以分析回应,警示行政机关在行政调查程序中必须贯彻“以事实为依据,以法律为准绳”的基本原则。

三、其他问题

司法实践中,造成土地闲置的政府原因主要有以下几种情况:第一,土地“三通一平”(通水、通电、通路及平整土地)等基础建设未到位。通常出让合同有约定的按约定处理,在没有约定的情况下,行政机关会认为出让土地使用权就是按现状出让,如因未“三通一平”导致土地闲置不属于政府原因。而土地使用人则认为“三通一平”是政府的当然义务,不管双方当事人是否在合同中约定。笔者认为,“三通一平”是土地具备开发条件的前提,“三通一平”工作往往不是土地使用者依靠自己的力量可以完成的。因此在合同未明确约定的情况下,一般应认定“三通一平”是政府的义务,如因未完成“三通一平”导致土地闲置,应认定为政府原因。第二,规划调整导致报建未批或迟延批准。但土地使用者自己报建材料不符合规定或自己不断修改报建材料导致报建未批或迟延批准不能认定为政府原因。第三,政府在征地过程中没有付清农民的土地补偿款,出让土地后,农民阻挠开发建设导致无法开工或迟延开工。第四,政府实际无法交地或交地迟延。如因拆迁没有如期完成,农民的果树、房屋无法清理导致政府虽然为土地使用权人办理了土地使用权证,但事实上无法把土地交付使用权人使用。在案件审理过程中认定是否为政府原因应巧妙运用举证规则,准确查明事实。

(撰稿人:吴嘉敏　陈　威　广东省佛山市顺德区人民法院)

【专家评析】

本案的重要价值在于进一步明确国有土地闲置的不同原因,影响相对人主观过错程度的认定,从而影响闲置土地的处理方式。为了保障使用权人的权益,土地主管部门应当在《闲置土地认定书》上清晰地载明土地闲置原因。

首先,对于闲置土地的认定,《闲置土地处置办法》(2012 年修订)第 2 条明确规定:“本办法所称闲置土地,是指国有建设用地使用权人超过国有建设用地使用权有偿使用合同或者划拨决定书约定、规定的动工开发日期满一年未动工开发的国有建设用地。已动工开发但开发建设用地面积占应动工开发建设用地总面积不足三分之一或者已投资额占总投资额不足百分之二十五,中止开发建设满一年的国有建设用地,也可以认定为闲置土地。”其次,对土地闲置原因的认定,可以分为因土地使用人自身的原因导致土地闲置和因非土地使用人自身的原因导致土地闲置两种情况。对于第一种情况即土地使用人自身原因导致土地闲置,可以采用无偿收回国有建设用地使用权的方式处理。《闲置土地处置办法》(2012 年修订)第 14 条规定:“除本办法第八条规定情形外,闲置土地按照下列方式处理:(一)未动工开发满一年的,由市、县国土资源主管部门报经本级人民政府批准后,向国有建设用地使用权人下达《征缴土地闲置费决定书》,按照土地出让或者划拨价款的百分之二十征缴土地闲置费。土地闲置费不得列入生产成本;(二)未动工开发满两年的,由市、县国土资源主管部门按照《中华人民共和国土地管理法》第三十七条和《中华人民共和国城市房地产管理法》第二十六条的规定,报经有批准权的人民政府批准后,向国有建设用地使用权人下达《收回国有建设用地使用权决定书》,无偿收回国有建设用地使用权。闲置土地设有抵押权的,同时抄送相关土地抵押权人。”第二种情况即非土地使用人自身的原因导致土地闲置,实践中主要是指政府原因。《城市房地产管理法》(2009 年修正)第 26 条规定:“以出让方式取得土地使用权进行房地产开发的,必须按照土地使用权出让合同约定的土地用途、动工开发期限开发土地。超过出让合同约定的动工开发日期满一年未动工开发的,可以征收相当于土地使用权出让金百分之二十以下的土地闲置费;满二年未动工开发的,可以无偿收回土地使用权;但是,因不可抗力或者政府、政府有关部门的行为或者动工开发必需的前期工作造成动工开发迟延的除外。”并且《闲置土地处置办法》(2012 年修订)第 8 条也规定了属于政府、政府有关部门的行为造成动工开发延迟的,国有建设用地使用权人应当向市、县国土资源主管部门提供土地闲置原因说明材料,经审核属实的,依照该办法第 12 条和第 13 条规定处置的情形。本案中,原告在约定的动工开发日期满 1 年后未动工开发系政府行为导致,即南海区政府决定重新调整南海(丹灶)物流新城的产业布局和规划,导致涉案商服地块未曾开发建设,形成土地闲置。因此,对应上文论述的第二种情况“非土地使用人自身的原因导致土地闲置”,可以采用有偿收回的方式处理。

(撰稿人:伍劲松　华南师范大学法学院)

案例 27

价格欺诈行为的认定标准*

【裁判要旨】

认定经营者促销是否构成价格欺诈行为,应以其价格标示信息,尤其是被比较价格信息是否真实、完整、透明,以及消费者是否据此作出真实意思表示为衡量标准。

【关键词】

商品促销　价格欺诈　被比较价格

【基本案情】

2017 年 7 月 22 日,单某在东莞市米爱家具有限公司(以下简称米爱公司)所经营的店名为“一米爱家具旗舰店”的天猫网站网店购买了“一米爱实木双人床 1.8 米×1.5 米现代简约带抽屉储物床婚床”一张,支付金额 3499 元。购买时,该商品网页显示“价格 8999”“促销价 3499”,促销价格右侧标注“今日特促”字样。单某购买该商品后次日在同家网店查看该商品,发现仍然是以促销价 3499 元出售,依旧有“今日特促”字样。单某认为,米爱公司该行为属于价格欺诈,遂于 2017 年 9 月 4 日通过 12358 价格监管平台网上价格举报系统举报米爱公司实行价格欺诈行为,请求查处该公司的违法行为,并责令其以单某购买商品价格的 3 倍作出赔偿。东莞市发展和改革局(以下简称东莞发改局)于同年 9 月 8 日通过 12358 价格监管平台网上价格举报系统向单某发出《价格举报受理告知书》。

---

* 单某诉东莞市发展和改革局、广东省发展和改革委员会物价行政处理及行政复议案,广东省东莞市第一人民法院行政判决书(2018)粤 1971 行初 94 号,广东省东莞市中级人民法院行政判决书(2018)粤 19 行终 313 号。

9月19日，东莞发改局到米爱公司对其工作人员吕某进行了调查询问，并制作询问笔录。米爱公司向东莞发改局提交了申诉材料、网页截屏、采购单、销售数据等证据材料。综合各项证据，东莞发改局于9月29日对单某作出《价格举报处理结果告知书》，告知其举报米爱公司所售商品存在价格违法行为的依据不足。单某对该告知书不服，于10月30日向广东省发展和改革委员会（以下简称广东发改委）申请行政复议。12月26日，广东发改委作出粤发改行复〔2017〕24号《行政复议决定书》，维持上述《价格举报处理结果告知书》。单某仍不服，提起行政诉讼。

【裁判结果与理由】

东莞市第一人民法院作出（2018）粤1971行初94号行政判决，驳回单某的全部诉讼请求。单某不服，提起上诉。

东莞市中级人民法院于2018年12月14日作出（2018）粤19行终313号行政判决：驳回上诉，维持原判。法院生效裁判认为，该案争议焦点是被举报人即米爱公司是否存在价格欺诈行为，主要有两个要点：一是被比较价格是否有欺诈成分，二是"今日特促"字样是否造成误导。

关于第一个要点，《国家发展改革委关于〈禁止价格欺诈行为的规定〉有关条款解释的通知》（发改价监〔2015〕1382号，以下简称《通知》）第4条规定："经营者采用与其他经营者或者其他销售业态进行价格比较的方式开展促销活动，应当准确标明被比较价格的含义，且能够证明标示的被比较价格真实有依据。否则属于《规定》第六条第（三）项情形。"该案中米爱公司在其商品网页上的"价格说明"处对"划线价格"即被比较价进行含义解释，指出"划线的价格可能是商品的专柜价吊牌价或正品零售价指导价或该商品的曾经展示过销售价"，且米爱公司提交的商品采购单上显示的建议零售价确与被比较的划线价格一致，有真实依据，符合《通知》第4条规定，故不属于价格欺诈。

关于第二个要点，如何理解"今日特促"含义，举报人认为只有今日才有促销才属"今日特促"，被举报人则表示今日有促销即属"今日特促"。从语义上看，"今日特促"的普遍含义应为"今日的特价促销"，在没有其他附加说明或特定语境情况下，如理解为"只有今日才有特价促销"甚为牵强。作为商家，以天为单位推出当日特价促销是正常经营手法，过后再因应销售情况进行调价也属合理之举，不能因为在"今日特促"之后有更低价便认为属于价格欺诈。因此，东莞发改局作出不构成价格违法的认定并将结果告知投诉人，符合法律规定，并无不当。

【裁判者说】

日常生活中,消费者一不小心就有可能陷入价格欺诈的陷阱,随着电商平台的快速发展,网上价格欺诈案件更是呈激增态势,价格欺诈的表现方式也是层出不穷。鉴于此,2001 年国家发展计划委员会发布《禁止价格欺诈行为的规定》(现已失效,以下简称《规定》)后,国家发改委于 2015 年进一步明确了价格欺诈认定的相关情形,使《规定》更能适应经济社会的发展,更具有操作性。尽管《通知》对《规定》的内容逐条进行了解释,但是在实践操作中,对何种情形构成价格欺诈,行政机关仍有不同的认识,不利于统一法律适用,公平保护消费者的合法权益。总体而言,应重点准确把握以下两点:

一、准确界定价格欺诈的基本要素

民事欺诈是指在设立、变更、终止民事权利和民事义务的过程中,故意告知对方虚假情况,或者故意隐瞒真实情况,诱使对方作出错误的意思表示的行为。《规定》第 3 条规定:"价格欺诈行为是指经营者利用虚假的或者使人误解的标价形式或者价格手段,欺骗、诱导消费者或者其他经营者与其进行交易的行为。"分析可知,在定义价格欺诈行为时,《规定》仍然是以民事欺诈为基础理论,故在分析价格欺诈的基本构成要件时,仍需要以民事欺诈的构成要件为前提进行考虑,如其不构成民事欺诈,当然就无法构成价格欺诈。当销售行为构成价格欺诈时,经营者必须在客观上存在欺诈行为,主观上存在故意,消费者因受欺诈而陷入错误判断,并因陷入错误判断而作出购买商品的意思表示。该案中,经营者在其商品网页上的"价格说明"处对"划线价格"即被比较价进行含义解释,指出"划线的价格可能是商品的专柜价吊牌价或正品零售价指导价或该商品的曾经展示过销售价"。并且经调查,发现案涉商品采购单上显示的建议零售价确与被比较的划线价格一致,有真实依据,经营者没有虚假标注被比较的划线价格,消费者也是以经营者标注的未划线的销售价格购买了商品,经营者在比较价格方面,不存在虚假的意思表示行为。另外,关于"今日特促"的含义,举报人认为只有今日才有促销才属"今日特促",被举报人则表示今日有促销即属"今日特促"。从语义上看,"今日特促"的普遍含义应为"今日的特价促销",在没有其他附加说明或特定语境情况下,如理解为"只有今日才有特价促销"甚为牵强。作为商家,以天为单位推出当日特价促销是正常经营手法,过后再因应销售情况进行调价也属合理之举,不能因为在"今日特促"之后有更低价便认为属于价格欺诈。经营者在商品促销时以其作出特价销售的真实意思表示销售其商品，消费者也是以当日的特价购买了商品，那么就无法认为经营者存在虚假意思表示，进而无法认定其存在价格欺诈的行为。

二、准确分析价格欺诈的具体类型

确定消费者投诉的行为是否属于某类价格欺诈行为，应当适用《规定》及《通知》的规定。《规定》第6条和第7条对价格欺诈行为进行了详细列举，《通知》则对前述规定列举的情形在适用中遇到的问题进行了解释。该案主要涉及是否存在虚假的价格比较问题，而认定虚假的价格比较关键是被比较的价格是否真实。该案中，促销网页上标示“价格8999”“促销价3499”，促销价格右侧有标注“今日特促”字样。在商品网页“价格说明”部分注明：“划线价格：划线的价格可能是商品的专柜价吊牌价或正品零售价指导价或该商品的曾经展示过的销售价，仅供您参考；未划线价格：未划线的价格是商品在天猫上的销售标价，具体的成交价格可能因会员使用优惠券、积分等发生变化，最终以订单结算页价格为准。”首先，米爱公司采取与其他经营业态进行价格比较的方式促销，该行为属于价格比较行为。其次，关于被比较价格的真实性问题，经调查，被比较的划线价格与经营者提交的商品采购单上显示的建议零售价是一致的，具有真实依据，被比较价格不是虚假存在的。经营者的价格比较行为，不符合《规定》第6条，“经营者收购、销售商品和提供有偿服务的标价行为，有下列情形之一的，属于价格欺诈行为：……（三）使用欺骗性或者误导性的语言、文字、图片、计量单位等标价，诱导他人与其交易的……”以及《通知》第4条，“经营者采用与其他经营者或者其他销售业态进行价格比较的方式开展促销活动，应当准确标明被比较价格的含义，且能够证明标示的被比较价格真实有依据。否则属于《规定》第六条第（三）项情形”的规定，不构成价格欺诈。

（撰稿人：孙立凡　广东省东莞市中级人民法院）

【专家评析】

该案中单某向东莞发改局举报米爱公司实行价格欺诈行为，理由是该公司在单某购买商品后的次日，仍在其网店网页上标示“今日特促”字样，并以同样的价格销售同样的商品。换句话说，单某并非认为米爱公司向其销售商品过程中存在

《规定》《通知》所指的价格欺诈行为，而是认为米爱公司违反“今日特促”承诺，在其他日期内仍以相同价格销售同样的商品。米爱公司的行为并非构成《规定》《通知》所指的价格欺诈行为，而是涉嫌违约。东莞发改局受理单某的举报后，调查处理的方向则是米爱公司是否存在《规定》《通知》所指的价格欺诈行为；法院受理单某的起诉后，也是重点围绕米爱公司是否存在规章和规范性文件所指的价格欺诈行为问题进行审理。应当承认，行政机关和法院的处理和审理方向与单某的诉求存在一定偏差，也即存在答非所问的问题。但是，法院作出的裁判同时也回应了单某提出的“今日特促”是否构成违约问题，认为米爱公司所标示的“今日特促”，其含义应为“今日的特价促销”，在没有其他附加说明或特定语境情况下，将其理解为“只有今日才有特价促销”甚为牵强。作为商家，以天为单位推出当日特价促销是正常经营手段，过后再因应销售情况进行调价也属合理之举，不能因为在“今日特促”之后有更低价便认为属于价格欺诈。

个人认可法院对“今日特促”含义的理解，一审、二审判决驳回单某的诉讼请求是正确的。同时认为，尽管单某举报未涉及价格欺诈的具体内容，但是价格欺诈行为确为市场交易的毒瘤，有必要结合法律和其他相关规定进一步阐明价格欺诈行为的认定标准。

价格欺诈本质上系以欺骗的方式，骗取交易对方以非真实的意思表示进行交易。《民法典》第 148 条规定，“一方以欺诈手段，使对方在违背真实意思的情况下实施的民事法律行为，受欺诈方有权请求人民法院或者仲裁机构予以撤销”，该规定明确了通过价格欺诈骗取对方作出的民事法律行为为可撤销行为，受欺诈一方可以申请撤销。此规定可作为行政机关、人民法院认定和处理价格欺诈行为应遵循的一般规则。

但是，欺诈仅为一般概念，价格欺诈的具体表现可能十分复杂，令人眼花缭乱，实践中认定是否存在价格欺诈很不容易。2001 年国家发展计划委员会发布的《规定》以较大篇幅规定了价格欺诈的各种表现形式。之后发现仍无法全部覆盖实践中花样不断翻新的价格欺诈行为，遂再次作出《通知》。但在笔者看来，成文的规定始终无法完全跟上实践中的不断变化，认定是否存在价格欺诈行为，最根本的还是认定价格标示是否真实。其中，销售价格是双方的实际交易价格，其真实性不是审查的重点；重点应是被比较价格的真实性，只有消费者或者购买方获取被比较价格的真实信息，并在该真实信息基础上作出的意思表示，才是其真实意思表示。《规定》和《通知》中有关市场最低价、出厂价、批发价、特价、极品价、虚构价格、原价等表述，其实质均为对被比较价格信息的要求，即透明、对称。该案中，米爱公司在被调查过程中对东莞发改局作出解释称，划线的价格（被比较价格）可能是商品的专柜价、吊牌价，正品零售价、指导价或该商品曾经展示过的销售价，严格来讲是不符合价格标示规定的，根据《通知》规定，被标示价格必须是被实际交易过的价格，被调查对象应当提供相应证据。

（撰稿人：付洪林　华南师范大学政府改革与法治建设研究院）

案例 28

行政机关未经法定程序指定特定产品构成滥用权力*

【裁判要旨】

行政机关在履行职责过程中，未经公开公平的具有竞争性的选择程序且无国家安全需要、保守国家秘密、突发事件应对等正当理由，使用其指定的经营者免费提供的商品，使该经营者在商品市场声誉、用户使用习惯等方面受益，进而损害市场公平竞争秩序的，应当认定相关行为构成《反垄断法》（2007 年）第 8 条规定的“滥用行政权力，排除、限制竞争”的行为；行政机关仅以上级机关在履行相关职责过程中先行使用相同商品为由提出抗辩，人民法院不予支持。

【关键词】

指定商品　滥用行政权力　判决确认违法

【基本案情】

2013 年，教育部为举办全国职业院校技能大赛，把“工程造价基本技能”纳入赛项，并发文成立 2013—2015 年全国职业院校技能大赛组织委员会和执行委员会。2014 年 3 月 31 日，设立在教育部职业教育与成人教育司内的全国职业院校技能大赛执行委员会办公室对涉案赛项发布《2014 年全国职业院校技能大赛“工程造价基本技能”赛项规程》（以下简称《赛项规程》），要求在国赛中独家使用该案第三人广联达公司的相关软件。

---

* 深圳市斯维尔科技有限公司诉广东省教育厅等侵犯公平竞争权行政纠纷案，广州市中级人民法院行政判决书（2014）穗中法行初字第 149 号，广东省高级人民法院行政判决书（2015）粤高法行终字第 228 号。

2014年3月11日,广东省教育厅发文成立由广东省教育厅、行业企业、高职院校组成的“2014全国职业院校技能大赛”高职组广东省选拔赛组织委员会,也明确将“工程造价基本技能”纳入赛项。同年4月1日,广东选拔赛工程造价基本技能赛项组委会发布《关于举办2014年全国职业院校技能大赛高职组广东省选拔赛工程造价基本技能赛项的通知》(以下简称《赛项通知》),明确涉案赛项由广东省教育厅主办,广州城建职业学院承办,邀请广联达公司协办,且明确要求在涉案赛项中独家使用广联达公司的软件。2014年4月2日,广东省教育厅发布《2014年全国职业院校技能大赛高职组广东省选拔赛实施细则》(以下简称《实施细则》)。该细则明确规定2014年全国职业院校技能大赛高职组广东省选拔赛各赛项要组织成立赛项专家组,赛项专家组的主要工作任务是在承办院校的配合、支持下,制定赛项规程和赛项技术规范。上述细则还明确各赛项实施方案及举办各赛项的通知等文件电子版由各承办院校统一上传竞赛平台,经广东省教育厅在竞赛平台审核通过后在竞赛平台发布。举办各赛项的通知经广东省教育厅同意后,由各承办院校发布,通知落款为2014年全国职业院校技能大赛高职组广东选拔赛×××赛项组委会。此外,经广东省教育厅审核通过后,由涉案赛项组委会于2014年4月8日发布的涉案赛项《赛项技术规范》以及《竞赛规程》也明确要求在省赛中独家使用广联达公司的相关软件。据斯维尔公司提供的四川省2014年高等职业院校技能大赛工程造价技能赛竞赛规程显示,该省规定在工程造价技能赛竞赛可选用斯维尔公司和广联达公司的软件。据广联达公司提供的江苏省及福建省组织的2014年高等职业院校技能大赛工程造价技能赛竞赛规程显示,上述两省规定在该赛项中使用斯维尔公司的软件。

根据广东省教育厅在二审诉讼期间提供的证据反映,2014年4月2日,涉案赛项组委会召开了由王某某等11人组成的专家组并召开会议,会议确定“软件竞赛平台和合作企业:与国赛保持一致,确定合作企业为广联达公司,竞赛平台由广联达公司提供。此外还确定了比赛时间、比赛内容及分值比例等内容”。广联达公司已免费提供了其公司相关软件作为涉案赛项比赛用软件。

原告斯维尔公司起诉称,原告是生产工程造价专业软件的公司,四川省、江苏省、福建省等省的省赛都明确要使用其公司的软件,广东省教育厅指定独家使用广联达公司软件,违反了公开、公平和公正的法定程序,该指定行为不具有任何法律依据,严重扭曲工程造价软件行业的市场竞争秩序,违反了《反垄断法》(2007

年)及《反不正当竞争法》(1993 年)的相关规定,侵害了原告的公平竞争权。为此向法院提起诉讼。

【裁判结果与理由】

广州市中级人民法院一审判决:(1)确认被告广东省教育厅指定在 2014 年全国职业院校技能大赛高职组广东省选拔赛工程造价基本技能赛项中独家使用广联达公司相关软件的行为违法;(2)驳回斯维尔公司的赔偿请求。

广东省教育厅及广联达公司不服,提起上诉。广东省高级人民法院二审认为,关于广东省教育厅指定使用软件行为是否合法的问题,《反垄断法》(2007 年)第 8 条规定:"行政机关和法律、法规授权的具有管理公共事务职能的组织不得滥用行政权力,排除、限制竞争。"第 32 条规定:"行政机关和法律、法规授权的具有管理公共事务职能的组织不得滥用行政权力,限定或者变相限定单位或者个人经营、购买、使用其指定的经营者提供的商品。"根据上述规定,行政机关滥用行政权力,排除、限制竞争应符合以下三个要件:一是主体是行政主体,即行政机关和法律、法规授权的具有管理公共事务职能的组织;二是行政主体有限定或者变相限定单位或者个人经营、购买、使用其指定的经营者提供商品的行为;三是行政主体在实施上述行为过程中滥用行政权力,并且产生了排除、限制竞争的效果,损害市场公平竞争秩序。该案中,经广东省教育厅审核通过后才予以公布的涉案赛项技术规范、竞赛规程等文件均明确在涉案赛项中指定独家使用广联达公司的相关软件,该行政行为已符合上述法律规定的行政机关排除、限制竞争行为的前两个要件。至于该指定使用行为是否构成滥用行政权力,产生排除、限制竞争的效果,损害市场公平竞争秩序问题,根据修改前的《行政诉讼法》(1989 年)第 32 条"被告对作出的具体行政行为负有举证责任,应当提供作出该具体行政行为的证据和所依据的规范性文件"的规定,广东省教育厅应对其在涉案赛项中指定独家使用广联达公司相关软件的合法性负举证责任,包括对其行为不仅合法且遵循正当程序,属于正当合理地行使行政权力负举证责任,如举证不能,理应承担败诉的后果。广东省教育厅在法律未有明确规定其指定使用行为应遵循何种法定程序的情况下,其应当经过公开、公平的竞争性选择程序来决定使用相关商家免费提供的软件,除非有正当理由,否则属于滥用行政权力。经查,广东省教育厅在指定独家使用广联达公司软件的文件中,虽有与国赛保持一致的专家组会议评议决定,但没有进行合法性以及合理性论证,其亦未能提供其他证据证明其经过公开、公平的竞争性选择程序指定使用广联达公司软件，且其指定使用该软件的目的是用于学生竞赛，并非从国家安全需要、保守国家秘密、突发事件等正当理由方面考虑。另外，广东省教育厅指定独家使用广联达公司软件的后果是排除了其他软件供应商包括斯维尔公司作为合作方参与竞争提供赛项软件的权利，影响了其他软件供应商包括斯维尔公司的公平竞争权；且该指定使用行为可导致参赛院校师生在使用习惯方面产生依赖，提升广联达公司产品的知名度，从而导致广联达公司软件在市场占有份额的上升，同时导致了斯维尔公司等同类竞争者的产品在市场占有份额的下降，进而损害市场公平竞争秩序，产生了排除、限制竞争的效果。因此，广东省教育厅指定使用广联达公司相关软件属于滥用行政权力，排除、限制竞争的行为。广东省教育厅以教育部在国赛中先行指定使用广联达公司相关软件，以教育部的指定使用文件为依据，是为了更好地与国赛对接，使参赛选手尽快适应竞赛规则，有利于选手发挥为由，提出抗辩，但教育部下发的文件虽然明确要求在国赛中独家使用广联达公司相关软件，但该赛项规程并未强制规定各省选拔赛亦应独家使用广联达公司相关软件。因此，广东省教育厅以教育部在国赛中先行指定使用广联达公司相关软件为由提出抗辩，不予支持。原审判决确认广东省教育厅指定在涉案赛项中独家使用广联达公司相关软件的行为违法并无不当，应予以维持。该法院据此判决：驳回上诉，维持原判。

【裁判者说】

一、指定独家使用广联达公司软件的行为是否属于行政诉讼受案范围

该案指定使用广联达公司软件的文件包括《赛项通知》《赛项技术规范》《竞赛规程》，虽然上述三份文件均是由涉案赛项组委会发布，但《赛项通知》明确了涉案赛项由广东省教育厅主办，此外，作为赛项主办方广东省教育厅在《实施细则》中明确各赛项通知等文件须经其审核通过后才能发布，并明确各赛项通知的落款单位为×××赛项组委会。根据以上事实，尽管指定使用广联达公司软件的以上三个文件是以涉案赛项组委会名义发布的，但该行为均经广东省教育厅明确授权，通知的内容也是经广东省教育厅审核同意后发布。据此，该指定使用行为应认定是广东省教育厅的行政行为，由广东省教育厅承担相应的法律责任，一审法院将其列为被告并无不当。

《最高人民法院关于执行〈中华人民共和国行政诉讼法〉若干问题的解释》（法释〔2000〕8 号，现已废止）第 1 条第 1 款规定："公民、法人或者其他组织对具有国家行政职权的机关和组织及其工作人员的行政行为不服,依法提起诉讼的,属于人民法院行政诉讼的受案范围。”第 13 条规定:“有下列情形之一的,公民、法人或者其他组织可以依法提起行政诉讼:(一)被诉的具体行政行为涉及其相邻权或者公平竞争权的……”斯维尔公司以广东省教育厅上述指定使用行为侵犯其公平竞争权提起的诉讼,属于行政诉讼受案范围。

二、教育行政部门指定产品行为的合法性问题

《反垄断法》(2007 年)第 8 条规定:“行政机关和法律、法规授权的具有管理公共事务职能的组织不得滥用行政权力,排除、限制竞争。”第 32 条规定:“行政机关和法律、法规授权的具有管理公共事务职能的组织不得滥用行政权力,限定或者变相限定单位或者个人经营、购买、使用其指定的经营者提供的商品。”根据上述法律规定,行政机关滥用行政权力,排除、限制竞争应当具备以下三个要件:一是主体是行政主体,即行政机关和法律、法规授权的具有管理公共事务职能的组织;二是行政机关及相关组织有限定或者变相限定单位或者个人经营、购买、使用其指定的经营者提供商品的行为;三是行政机关及相关组织在实施上述行为过程中滥用行政权力,并且产生了排除、限制竞争的效果。涉及该案,经广东省教育厅审核通过后才予以公布的《赛项通知》《赛项技术规范》《竞赛规程》均明确在涉案赛项中指定独家使用广联达公司的相关软件,该行政行为已符合上述法律规定的行政机关排除、限制竞争行为的前两个要件。至于该指定使用行为是否构成滥用行政权力,产生排除、限制竞争的效果,是认定该指定使用行为的合法性的关键,可以从以下几个方面分析:

第一,广东省教育厅指定独家使用广联达公司软件的程序违反了正当程序原则。人民法院对行政行为的审查为全面审查,依据《行政诉讼法》(1989 年)第 54 条第 2 项第 3 目之规定,法院以行政机关是否违反法定程序审查其程序的合法性。这就意味着,行政机关作出行政行为时,应当遵循法定程序。该案中,就如何选定赛事软件,应当遵循哪些程序行政机关并无相关法律、法规可循。但是,如果该指定使用行为对参与竞争的斯维尔公司造成排除限制竞争的不利后果,又无正当理由,且适用正当程序原则更符合《反垄断法》(2007 年)的立法目的,保护市场公平竞争秩序,人民法院应当适用正当程序原则。

广东省教育厅在指定独家使用广联达公司软件的文件中,虽有与国赛保持一致的专家组会议评议决定,但没有进行合法性以及合理性论证,其亦未能提供其他证据证明经过了公开、公平的竞争性选择程序指定使用广联达公司软件，且该指定使用该软件的目的是用于学生竞赛，并非从国家安全需要、保守国家秘密、突发事件等正当事由方面考虑。因此，广东省教育厅指定使用广联达公司软件的程序缺乏合法性和正当性。至于广东省教育厅以教育部在国赛中先行指定使用广联达公司软件为由提出抗辩的问题，该案证据反映，教育部下发的国赛赛项规程虽然明确要求在国赛中独家使用广联达公司的软件，但该赛项规程并未强制要求各省选拔赛也独家使用广联达公司软件，而且有部分省份在省赛中也未要求使用广联达公司的软件。另外，教育部指定使用行为程序是否合法、正当，该案现有证据亦未能证明。因此，广东省教育厅以教育部在国赛中先行指定使用广联达公司软件为由提出抗辩，该理由不成立。

第二，广东省教育厅指定独家使用广联达公司软件产生了排除、限制竞争的效果。在反垄断案件的审理中，界定是否造成排除、限制竞争的后果是非常核心的问题，对于排除、限制竞争的评估和判断是否需要以市场竞争损害的数据来分析，可根据具体案情区别对待。广东省教育厅的行为是独家指定行为，完全排除所有竞争对手提供赛事软件的机会，其排除竞争的后果十分明显。此外，在比赛之后，可导致参赛学校师生在使用习惯上产生依赖，扩大其知名度，获得更多潜在的商业机会，相对于其他软件有更大竞争优势，从而获得更大的商业利益。根据以上事实认定广东省教育厅指定使用行为产生排除限制竞争，损害市场公平竞争秩序的后果是明显的。

（撰稿人：杨雪清　广东省高级人民法院）

【专家评析】

该案的争议焦点在于广东省教育厅指定在比赛中独家使用广联达公司软件的行为是否合法。该案裁判根据《反垄断法》（2007 年）第 8 条、第 32 条的规定将对行政行为合法性的判定集中到对指定行为是否为滥用行政权力，并且达到了排除、限制竞争的效果两方面进行分析。裁判认为指定行为并未遵循正当程序要求；该行为同时也导致了其他同类竞争者在市场占有份额下降，损害市场公平竞争秩序，产生了排除、限制竞争的效果，指定行为本身构成"滥用行政职权"。法院在裁判中将行政程序要素作为判定是否滥用行政职权的考量因素，而非将程序问题与滥用职权作为并列的审查要素看待。

根据《行政诉讼法》(2014 年修正)第 70 条的规定,行政行为有主要证据不足,适用法律、法规错误,违反法定程序,超越职权,滥用职权,明显不当的情形之一时,行政行为应当被撤销或部分撤销。在学理上,根据前述规定将行政行为合法性审查的要素归纳为行政主体、事实根据、法律依据、行政程序及处理结果五方面。① 这五大要素在逻辑上属于并列关系,但在具体适用时行政程序、事实根据与处理结果可能是因果关系,也可能相互独立。② 该案裁判法院认为指定行为中未被遵守的程序要求构成了滥用行政权力,行政程序作为处理结果的原因,这样的做法虽无问题,但从该案价值延伸来看则略有不足。

该案极为重要的一个贡献在于再次肯认了正当程序原则的要求属于"法定程序"的内容。法律未规定行政机关作出指定行为应该遵循何种程序要求时,并不意味着没有任何要求,除非有国家安全要求、保守国家秘密、突发事件等正当理由,否则应该遵循正当程序原则的要求采取公开、公平的竞争性选择程序选定供应商。因此在判决中将行政程序要素作为与行政处理并列的要素进行说理阐释将更能凸显该案的价值。

从田某诉北京科技大学一案开始,司法实践中不断涌现运用正当程序理念或原则径行判决的案件,正当程序原则也逐渐深入人心。在法律、法规、规章没有程序要求的情况下,行政机关作出任何使他人遭受不利影响的行使权力的决定前,都应当符合正当程序原则的基本要求。正当程序原则要求程序应该公开、公平与公正。司法审判中对正当程序原则的适用明确了即使法律并未规定行政行为的具体程序,但也不意味着可以任意为之,行政行为的作出需要满足最低限度的公正要求。

(撰稿人:覃　慧　华南师范大学法学院)

① 参见何海波:《行政行为的合法性要件——兼议司法审查根据的重构》,载《中国法学》2009 年第 5 期。

② 参见何海波:《行政诉讼法》(第 3 版),法律出版社 2022 年版,第 281 ~ 282 页。

五、行政行为的法律适用

案例 29

行政机关作出行政行为时应遵循“新法优于旧法”的原则*

【裁判要旨】

行政机关作出行政行为时，应当遵循“新法优于旧法”的原则，若在新法生效后仍适用与新法内容相抵触的旧法，则行政行为属于适用法律错误，应予撤销。

【关键词】

新法优于旧法　适用法律、法规错误　违反法定程序　主要事实不清

【基本案情】

2013 年 2 月 5 日，化州市国土资源局向化州市长岐镇东安村外村经济合作社（以下简称外村合作社）颁发了化集有（2013）第 01010000 × × 号集体土地所有证。该证所附宗地图显示，外村合作社农民集体土地并未与化州市长岐镇下山村东边经济合作社、化州市长岐镇下山村西一经济合作社、化州市长岐镇下山村西二经济合作社和化州市长岐镇下山村南边经济合作社（以下简称下山村合作社）农民集体土地相邻。

2016 年 5 月 15 日，下山村合作社以外村合作社持有的（2013）第 01010000 × × 号集体土地所有证包含了其村集体土地为由，向化州市国土资源局申请撤销外村合作社持有的化集有（2013）第 01010000 × × 号集体土地所有证。化州市国土资源局根据长岐镇国土资源所和长岐镇司法所联合调查认定的事实，认为外村合作

* 化州市长岐镇东安村外村经济合作社诉化州市国土资源局注销登记决定案，广东省茂名市中级人民法院行政判决书（2018）粤 09 行终 98 号。

社持有的化集有（2013）第01010000××号集体土地所有证登记内容错误，遂向外村合作社发出落款时间为2016年8月7日的《通知》，通知其于2016年8月20日前持化集有（2013）第01010000××号集体土地所有证和证明登记错误的相关材料到该局办理更换证书登记手续，逾期不办理，将按程序注销该证。但该《通知》于2016年9月28日才送达外村合作社。2017年5月10日，化州市人民政府根据化州市国土资源局的请示，作出化府函〔2017〕30号《化州市人民政府关于注销长岐镇东安村外村经济合作社的化集有（2013）第01010000××号〈集体土地所有证〉的批复》，原则上同意注销外村合作社持有的化集有（2013）第01010000××号集体土地所有证，宗地界址及面积以土地确权登记资料为准。2017年5月19日，化州市国土资源局作出化国土资决字〔2017〕40号《关于注销长岐镇东安村外村经济合作社的化集有（2013）第01010000××号〈集体土地所有证〉的决定》，以该证宗地图范围内的土地外村合作社和下山村合作社均有使用和收益的事实，存在权属争议，但外村合作社在申请办理该宗土地登记时没有提供相关的完整依据材料，隐瞒事实，骗取登记为由，根据《土地登记办法》第18条第1款第1项、第58条、《广东省实施〈中华人民共和国土地管理法〉办法》（2008年）第10条的规定及化府函〔2017〕30号批复，决定注销外村合作社持有的化集有（2013）第01010000××号集体土地所有证，宗地界址及面积以土地登记资料为准。外村合作社不服化州市国土资源局作出的上述行政决定，于2017年11月8日向广东省茂名市茂南区人民法院提起行政诉讼，请求撤销化州市国土资源局于2017年5月19日作出的化国土资决字〔2017〕40号《关于注销长岐镇东安村外村经济合作社的化集有（2013）第01010000××号〈集体土地所有证〉的决定》。

另查明，原化州县长岐镇东安村委会东安村（现化州市长岐镇东安村委会东安经济合作社，以下简称东安村）、东安小学与原化州县长岐镇下山村委会下山村（现下山村合作社，也称霞山村，以下简称下山村）因东安岭（又名木棉岭）的权属争议，经原化州县长岐镇政府和县工作组多次调处无效，报请原化州县人民政府裁决。原化州县人民政府于1989年9月26日作出化府裁〔1989〕15号《关于长岐镇东安村委会东安村东安小学与下山村委会下山村因东安岭权属纠纷的处理决定》，指出："把青车塘上的埇尾李卓然的责任田的北边田坎边正中处定为A点，从A点向北沿华河水延伸到该华山脚往东安村西边晒地的小路交点B处（AB线长30米），再从B点往西沿小路延伸到东安岭往刘付路口C点处（B点C

点连线距陈桂英墓顶4.7米),AB线、BC线定为分界线。一是划归东安村的山权林权范围:东至竹山往下山公路边,南至公路边,西至A、B、C三点连线,北至东安小学校门前的人行小路,面积35亩。二是划归东安小学的山权林权范围:东至学校边公路,南至学校门前东安村往外村的人行小路,西至外村林地边,北至三坟村林地边(具体界至以学校原已挖有的沟和筑的土泥墙为界,面积5亩)。三是学校门前的球场及空地,面积600平方米,东至公路边,南至戏台,西至学校厕所,北至学校门口,原权属是东安村的,但东安小学已开为球场、建了厕所,应作为东安小学和东安村的公共文娱、体育活动场所,共同使用,任何一方不能建房、造林。四是划归下山村的山权林权范围:东至AB线,南至南山塘垌,西至南山塘垌,北至BC线,面积20亩。五是青车塘的权属归东安村集体所有,面积1.5亩,东至山脚,南至山脚和田边,西至田边,北至山脚。"下山村不服该处理决定,向原化州县人民法院提起民事诉讼。已生效的(1991)茂中法行上字第25号民事判决维持化府裁〔1989〕15号《关于长岐镇东安村委会东安村东安小学与下山村委会下山村因东安岭权属纠纷的处理决定》第2项、第3项、第5项,变更其第1项、第4项为:以BC线及从B点拉一直线经李起忠纪念碑至霞山往竹山公路边为分界线,此分界线西南边的山林(面积25亩)归下山村所有,分界线东北边的山林(面积30亩)归东安村所有。

从上述(1991)茂中法行上字第25号民事判决、化府裁〔1989〕15号《关于长岐镇东安村委会东安村东安小学与下山村委会下山村因东安岭权属纠纷的处理决定》及其所附的《下山、东安、东安小学对东安岭权属争议现场图》可见,确权给下山村和东安村的林地以AB线、BC线为分界线,确权给下山村的山林位于该分界线的西南面,确权给东安村的山林位于该分界线的东北面,而该图中的"外村林地"位于确权给东安村的山林的北面,与确权给下山村的山林并不相邻,"外村林地"与确权下山村林地之间有确权给东安村的林地隔开。

还查明,从化州市长岐镇东安村东安经济合作社持有的化集有(2013)第01010000×6号集体土地所有证的宗地图可见,外村合作社持有的化集有(2013)第01010000××号集体土地所有证项下的农民集体土地与下山村合作社的农民集体土地并未相邻,两村之间相隔有东安合作社的农民集体土地。

【裁判结果与理由】

广东省茂名市茂南区人民法院作出一审判决,确认化州市国土资源局作出的化国土资决字〔2017〕40 号《关于注销长岐镇东安村外村经济合作社的化集有(2013)第 01010000 × ×号〈集体土地所有证〉的决定》行政行为违法。外村合作社不服,提起上诉。

广东省茂名市中级人民法院二审认为:首先,化州市国土资源局以案涉土地存在权属争议为由,根据《土地登记办法》(2007 年,现已失效)第 18 条第 1 款第 1 项的规定作出注销上诉人外村合作社的化集有(2013)第 01010000 × ×号集体土地所有证的决定,属于适用法律错误。《不动产登记暂行条例》于 2015 年 3 月 1 日起施行,该条例第 35 条规定,"……本条例施行前公布的行政法规有关不动产登记的规定与本条例规定不一致的,以本条例规定为准"。条例第 22 条第 2 项将《土地登记办法》(2007 年,现已失效)第 18 条第 1 款第 1 项"土地权属有争议的"规定修改为"存在尚未解决的权属争议的",故化州市国土资源局于 2017 年作出被诉行政行为时,应以《不动产登记暂行条例》(2014 年)第 22 条第 2 项的规定为准,不能再适用《土地登记办法》(2007 年,现已失效)第 18 条第 1 款第 1 项的规定。况且,《不动产登记暂行条例》(2014 年)第 22 条和《土地登记办法》(2007 年,现已失效)第 18 条均是关于不予登记的情形之规定,由于该案的案涉土地已经登记发证,故该条关于不予登记的规定不适用于该案。对于发证之后因土地权属产生争议的,权利人、利害关系人可通过更正登记、异议登记等途径予以解决。

其次,化州市国土资源局根据《土地登记办法》(2007 年,现已失效)第 58 条的规定作出注销上诉人外村合作社的化集有(2013)第 01010000 × ×号《集体土地所有证》的决定,亦属适用法律错误,且违反法定程序。《不动产登记暂行条例实施细则》(2016 年)于 2016 年 1 月 1 日公布施行,该细则第 81 条已对《土地登记办法》(2007 年,现已失效)第 58 条作了变更,根据新法优于旧法的原则,应当适用新施行的《不动产登记暂行条例实施细则》(2016 年)第 81 条的规定,即"不动产登记机构发现不动产登记簿记载的事项错误,应当通知当事人在 30 个工作日内办理更正登记。当事人逾期不办理的,不动产登记机构应当在公告 15 个工作日后,依法予以更正;但在错误登记之后已经办理了涉及不动产权利处分的登记、预告登记和查封登记的除外"。该案中,化州市国土资源局仍适用已失效的《土地登记办法》(2007 年,现已失效)第 58 条的规定报经人民政府批准后作出注销登记的决定,与《不动产登记暂行条例实施细则》(2016 年)第 81 条的规定不符,属于适用法律错误。并且,化州市国土资源局在通知外村合作社办理更换证书登记手续时，限定外村合作社须在2016年8月20日之前提交相关材料，但却在该期限届满之后的9月28日才送达该《通知》，未尽合法通知义务，且剥夺了外村合作社享有的陈述、申辩的权利，违反正当程序原则，属程序违法。此外，化州市国土资源局若认为登记事项错误，应当明确何处登记错误并办理更正登记，但是，化州市国土资源局并未明确何处登记错误，仅以“权属存在争议”为由就报人民政府批准作出注销登记的决定，该决定程序违法，且缺乏事实根据和法律依据，严重侵犯了外村合作社的合法权益。

最后，化州市国土资源局注销外村合作社持有的化集有（2013）第01010000××号集体土地所有证的行为，存在认定事实不清、主要证据不足的问题。从已发生法律效力的（1991）茂中法行上字第25号民事判决、化府裁〔1989〕15号《关于长岐镇东安村委会东安村东安小学与下山村委会下山村因东安岭权属纠纷的处理决定》及其所附的《下山、东安、东安小学对东安岭权属争议现场图》可见，东安村和下山村之间的相邻林地分别以AB线、BC线划分界线，该界限以东和以北是东安村的林地范围，该界限以南和以西则是下山村的林地范围，而该图中的“外村林地”不在该案争议地范围内，且位于确权给东安村的林地的北面，与确权给下山村的林地并不相邻，外村林地与下山村林地之间有东安村林地相隔。并且，从外村合作社持有的化集有（2013）第01010000××号集体土地所有证和东安村持有的化集有（2013）第01010000×6号集体土地所有证的宗地图亦可见上诉人外村合作社集体土地东至、南至、西至的土地均为化州市长岐镇东安村委会下属的经济合作社的土地，外村合作社的集体土地与下山村合作社的集体土地并不相邻，两村之间隔有东安村的集体土地。因此，化州市国土资源局未查明涉案登记的具体错误之处，仅以下山村合作社主张其对案涉土地有使用事实、存在权属争议为由，就作出注销外村合作社的化集有（2013）第01010000××号集体土地所有证的决定，属于认定事实不清，主要证据不足。

综上，广东省茂名市中级人民法院判决如下：（1）撤销一审行政判决；（2）撤销被上诉人化州市国土资源局于2017年5月19日作出的化国土资决字〔2017〕40号《关于注销长岐镇东安村外村经济合作社的化集有（2013）第01010000××号〈集体土地所有证〉的决定》。

【裁判者说】

新法优于旧法原则是基本的法律适用原则，其含义是当新法与旧法对同一事项有不同规定时，新法的效力优于旧法；在新的法律生效后，与新法内容相抵触的原法律内容效力终止，不再适用。行政机关作出行政行为时，应当遵循新法优于旧法的原则，若在新法生效后仍适用与新法内容相抵触的旧法，则其作出的行政行为属于适用法律错误，应予撤销。

该案中，被诉行政行为于2017年5月19日作出，应当适用2015年3月1日起施行的《不动产登记暂行条例》(2014年)或者2016年1月1日起施行的《不动产登记暂行条例实施细则》(2016年)，而不应适用2008年2月1日施行的《土地登记办法》。《不动产登记暂行条例》(2014年)第35条明确规定："……本条例施行前公布的行政法规有关不动产登记的规定与本条例规定不一致的，以本条例规定为准。"具体来说，《不动产登记暂行条例》(2014年)第22条第2项规定：不动产"存在尚未解决的权属争议的"不予登记。《土地登记办法》(2007年，现已失效)第18条则规定，"土地权属有争议的"不予登记。上述两条款规定并不一致，故应当适用新法《不动产登记暂行条例》(2014年)第22条的规定。

正当程序原则也是行政法的基本原则。行政法上的正当程序，是行政执法应当遵循的最低程序标准，内容一般包含事先向相对人告知作出行政行为的事实、理由和依据，听取相对人的陈述和申辩等。该案中，关于不动产登记错误的纠正程序，《不动产登记暂行条例实施细则》(2016年)第81条规定，不动产登记机构"应当通知当事人在30个工作日内办理更正登记。当事人逾期不办理的，不动产登记机构应当在公告15个工作日后，依法予以更正……"《土地登记办法》(2007年，现已失效)第58条第1款规定，国土资源行政主管部门应当报经人民政府批准后进行更正登记，并书面通知当事人在规定期限内办理更换或者注销原土地权利证书的手续，逾期不办理的，国土资源行政主管部门报经人民政府批准并公告后，原土地权利证书废止。根据新法优于旧法原则，行政机关应当按照《不动产登记暂行条例实施细则》(2016年)第81条的规定履行通知当事人的程序义务，而不是按照《土地登记办法》(2007年，现已失效)第58条报批后自行更正登记。此外，化州市国土资源局虽然作出了限期办理登记手续的书面通知，但却在该书面通知载明的期限届满之后才送达相对人，未尽合法通知义务，且剥夺了相对人享有的陈述、申辩的权利，违反正当程序原则，属程序违法。

（撰稿人：封桢莉　吴嘉怡　广东省茂名市中级人民法院）

【专家评析】

该案的价值在于澄清了行政法律规范冲突的处理原则,对指导行政行为和行政诉讼的法律适用具有重要作用。行政法律规范冲突是指,不同行政法律规范对同一事项的规定存在抵触或不一致的情形。依据《立法法》(2015 年修正)、《规章制定程序条例》(2017 年修订)、《法规规章备案条例》(2001 年)和《最高人民法院关于人民法院审理行政案件对地方性法规的规定与法律和行政法规不一致的应当执行法律和行政法规的规定的复函》(法函〔1993〕16 号,现已失效)等法律法规和规范性文件,不同效力位阶规范之间的冲突被称为"抵触",冲突处理原则为"上位法优于下位法";同一效力位阶规范之间的冲突被称为"不一致",冲突处理原则为"新法优于旧法""特别法优于一般法"。无论是行政机关实施行政行为,抑或是人民法院在行政诉讼中对行政行为进行合法性审查,在处理相冲突的行政法律规范时,应当受上述原则和相关规则的约束。

该案中,争议焦点为行政机关的法律适用行为是否合法。人民法院在判定行政机关法律适用行为合法性过程中,实质应援用两种不同的行政法律规范冲突处理原则。首先,对于《土地登记办法》(2007 年,现已失效)与《不动产登记暂行条例》(2014 年)之间的冲突,应采取"上位法优于下位法"的原则。"上位法优于下位法"原则适用对象是规范的层级冲突,应满足"相冲突规范位阶不一致"和"相冲突规范对同一事项作出具体规定"两个条件。效力位阶上,《土地登记办法》(2007 年,现已失效)为部门规章,《不动产登记暂行条例》(2014 年)为行政法规。《立法法》(2015 年修正)第 88 条第 2 款规定,"行政法规的效力高于地方性法规、规章",因而《不动产登记暂行条例》(2014 年)效力高于《土地登记办法》(2007 年)。作为下位法的《土地登记办法》(2007 年,现已失效),与上位法《不动产登记暂行条例》相抵触的内容应自动无效。其次,对于《土地登记办法》(2007 年,现已失效)与《不动产登记暂行条例实施细则》(2016 年)之间的冲突,应采取"新法优于旧法"的原则。"新法优于旧法"原则适用于新旧冲突的规范,应满足"相冲突规范位阶一致""相冲突规范生效日期不一致""相冲突规范对同一事项作出具体规定""受规范调整的行为发生或产生的影响持续于新法实施后"四个条件。《土地登记办法》(2007 年,现已失效)与《不动产登记暂行条例实施细则》(2016 年)均属于部门规章,效力位阶等同,但两者生效时间存在差异,《土地登记办法》(2007 年)为旧法,《不动产登记暂行条例实施细则》(2016 年)为新法。《立法法》(2015 年修正)第 92 条规定:“同一机关制定的法律、行政法规、地方性法规、自治条例和单行条例、规章……新的规定与旧的规定不一致的,适用新的规定。”因此,当《土地登记办法》(2007 年,现已失效)与《不动产登记暂行条例实施细则》(2016 年)对包含土地在内的不动产登记错误纠正程序规定不一致时,应当适用新法《不动产登记暂行条例实施细则》(2016 年)的规定。综上,行政机关依据《土地登记办法》(2007 年,现已失效)相关规定作出被诉行政行为,既同上位法规定相抵触,又与新法规定不一致,属于法律适用错误。

应注意的是,行政法律规范冲突的处理不仅仅是规范层面的方法论问题,同时牵涉更深远的法哲学、法社会学思考。随着我国“一元、两级、多层次”立法体制的逐步形成,不同类型行政法律规范之间的冲突数量不断增多、冲突形式日趋多元,如何妥善处理行政法律规范冲突成为推进法治政府建设必须审慎回答的重大现实问题。人民法院在审理涉及行政法律规范冲突的案件中,应灵活适用“上位法优于下位法”“新法优于旧法”“特别法优于一般法”的原则,根据个案情形作出符合法治要求的适度调整,以更好平衡行政合法与行政效能、规范公权与保护私权等多维关系。

(撰稿人:刘　恒　中山大学法学院)

案例30

被告在诉讼中补充法律依据的不宜判决撤销*

【裁判要旨】

被诉行政行为作出时未引用具体的法律法规，但被告在诉讼过程中补充具体的法律依据，人民法院经审查认为正确的，为避免程序空转，节约行政和司法资源，不宜再以适用法律错误为由判决撤销。

【关键词】

行政行为　补充具体法律依据　适用法律、法规错误　撤销判决

【基本案情】

2015年12月23日，三板村、广益村向珠海市国土资源局金湾分局（以下简称市国土局金湾分局）提交《珠海市国有土地使用权转让申请表》，申请办理涉案用地过户手续。2016年1月6日，市国土局金湾分局作出珠国土金函〔2016〕18号《关于金湾区红旗镇三板村民委员会、金湾区红旗镇广益村民委员会10,000平方米商住用地使用权变更问题的复函》，同意涉案用地土地使用权变更到珠海市顺旗房地产开发有限公司（以下简称顺旗公司）名下。2016年3月24日，顺旗公司办理了涉案用地的土地使用权属证书。

2016年9月2日，市国土局金湾分局收到中共珠海市金湾区纪律检查委员会（以下简称金湾纪委）作出的珠金纪函〔2016〕9号《关于移送案件线索的函》，要求市国土局金湾分局依法查处三板村、广益村涉嫌非法转让土地的违法行为，并就土地转让行为的性质及涉案用地的处置提出具体意见。

---

* 珠海市顺旗房地产开发有限公司诉珠海市国土资源局撤销变更登记案，珠海市金湾区人民法院行政判决书(2017)粤0404行初74号，广东省珠海市中级人民法院行政判决书(2018)粤04行终157号。

2016年9月19日，市国土局金湾分局分别对三板村书记兼主任周某某、广益村书记兼主任吴某某进行询问，两人均认可顺旗公司是香港华发公司向工商部门独立申请成立的房地产开发公司，有独立法人资格，与三板村和广益村无任何关系。2016年9月22日，张某某作为顺旗公司委托代理人接受市国土局金湾分局询问，其认可顺旗公司是香港华发公司以三板村和广益村的名义成立的公司，其股东分别为三板村和广益村。

2016年9月20日，市国土局金湾分局向金湾区人民政府作出请示。金湾区人民政府于2016年10月18日作出珠金府批〔2016〕130号《关于撤销金湾区红旗镇三板、广益村民委员会10,000平方米商住用地核准变更的批复》，同意依法撤销对三板村、广益村位于金湾区金湖大道以南、金二路以西10,000平方米商住用地变更核准，即撤销珠国土金函〔2016〕18号复函。

2016年10月27日，市国土局金湾分局作出珠国土金函〔2016〕461号《关于撤销金湾区红旗镇三板、广益村民委员会10,000平方米商住用地土地使用权变更核准的告知书》，告知顺旗公司撤销涉案用地土地使用权变更核准，即撤销珠国土金函〔2016〕18号复函。2016年11月25日，原市国土局金湾分局向顺旗公司送达该告知书。顺旗公司不服，提起行政诉讼，请求撤销该告知书。

【裁判结果与理由】

广东省珠海市金湾区人民法院一审判决：驳回顺旗公司的诉讼请求。

顺旗公司不服，提起上诉。广东省珠海市中级人民法院二审认为，被诉告知书作出程序并无不当。依法行政原则要求行政机关按照法律、法规的要求作出行政行为，当发现行政行为有误时，原则上应及时纠正。我国目前无专门的行政程序法，法律对行政机关纠正违法行为的程序没有明确规定。按照正当程序原则要求，行政机关作出对相对人不利的行政行为前，应当听取相对人的陈述、申辩。纠正违法的授益行政行为固然为依法行政原则所准许，但应当听取相对人的陈述和申辩。该案中，市国土局金湾分局于2016年9月22日询问了顺旗公司的委托代理人张某某，就涉案土地涉嫌非法转让，顺旗公司与广益村、三板村的关系等问题，听取了顺旗公司的陈述，被告在结合其他证据和事实的基础上作出被诉告知书，程序并无不当。

被诉告知书适用法律虽有不当，但不应因此被撤销。行政机关作出行政行为应当援引具体而明确的法律依据，如上诉人顺旗公司所言，只有明确行政机关适用的法律依据,行政相对人才能确定行政机关的确切意思表示,进而有针对性地进行权利救济。该案中,市国土局金湾分局在作出被诉告知书时未援引具体法律条款,确有不当。最高人民法院指导案例41号"宣某某等诉浙江省衢州市国土资源局收回国有土地使用权案"裁判要旨指出:行政机关作出具体行政行为时未引用具体法律条款,且在诉讼中不能证明该具体行政行为符合法律的具体规定,应当视为该具体行政行为没有法律依据,适用法律错误。申言之,行政机关作出行政行为时未引用具体法律条款,但在诉讼中可以证明该行政行为符合法律规定的,不视为该行政行为缺乏法律依据,适用法律错误。不考虑行政行为的结果是否正确,不考虑诉讼中被告是否能够提出法律依据,仅因行政法律文书形式上未援引具体法律条款,一律撤销重作,对行政秩序无益。该案诉讼过程中,被告向法院提交了一系列法律、法规及规章的规定,如《珠海市土地管理条例》(2010 年修正,现已失效)第 85 条等。[①]《珠海市土地管理条例》(2010 年修正,现已失效)第 85 条第 1 项规定:"下列土地使用权的变更登记,不视为土地使用权转让行为:(一)没有房地产开发经营资格的单位或者个人,取得土地使用权后,为开发本地块首次成立单项房地产开发企业,土地权属变更到新成立的房地产开发企业名下的……"涉案土地由广益村、三板村名下变更到顺旗公司名下属更名行为,不符合《珠海市土地管理条例》(2010 年修正,现已失效)第 85 条第 1 项规定的实质目的。该规定之所以不将这种情形视为土地使用权的转让行为,是因为没有房地产开发经营资格的单位与单项房地产开发企业具有共同的利益,更名之后的权益未对外发生转让。该案中,顺旗公司由香港华发投资有限公司实际投资、管理,涉案土地更名至顺旗公司名下与该规定的前提条件和立法目的相悖。据此,依照《行政诉讼法》(2014 年修正)第 89 条第 1 款第 1 项之规定,判决驳回上诉,维持原判。

【裁判者说】

执法实践中,行政机关作出的行政处罚、行政强制等行政行为,因有相关的法律文书样式,通常不会遗漏引用法律、法规,而当行政机关向当事人作出复函、通

---

① 该案中,被诉告知书作出的时间为 2016 年 10 月 27 日,但被告准许涉案土地更名时适用的是《珠海市土地管理条例》(2010 年修正,现已失效)第 85 条第 1 项的规定,故亦应以此规定判断被诉告知书的合法性。

知、告知时,因文书内容和样式并无统一规定,容易出现遗漏援引法律依据和救济告示的情况。此类复函、通知、告知一旦被诉,原告往往会指出这些文书没有引用法律依据,行政机关通常选择在诉讼中予以追补,法院是否准予行政机关追补、追补有无限制等,是值得思考和注意的问题。

依法认定事实、适用法律、得出结论是依法行政的基本要求。行政行为的事实、法律依据均属于行政行为的说理部分,行政行为说理充分,才能保障相对人的陈述权和申辩权;对于不说理的行政行为,相对人无法进行有针对性的申辩。因此,缺乏事实认定和法律依据的行政行为,不符合依法行政的要求,在一定程度上剥夺了相对人的申辩权。诉讼过程中准许行政机关追补行政行为的法律依据,主要基于行政秩序和公共利益考虑,否则法院以行政机关适用法律错误为由撤销行政行为,行政机关再将诉讼中追补的法律依据填充到重新作出的复函、通知、告知等文书上,相对人不服再次起诉,容易造成程序空转,浪费有限的行政和司法资源,最终有损法律秩序的稳定。

对于此类案件的裁判,法院应准确把握适用法律法规的尺度。一方面,法院应恪守中立地位,不应主动为行政机关追补法律依据。另一方面,法院应对行政机关补充的法律依据予以审查,当行政机关追补的法律依据能够证明适用法律正确的,不撤销被诉行政行为。

(撰稿人:陈　伟　广东省珠海市中级人民法院)

【专家评析】

该案的核心问题在于对《行政诉讼法》(2014 年修正)第 70 条第 2 项“适用法律、法规错误”内涵的理解,以及对行政机关在“适用法律、法规错误”情形下追补法律依据行为的效力判定。

关于行政行为“适用法律、法规错误”,《行政诉讼法》(2014 年修正)第 70 条规定,对于适用法律、法规错误的,人民法院判决撤销或者部分撤销,并可以判决重新作出行政行为。所谓“适用法律、法规错误”,是指被诉具体行政行为适用了不应适用的法律、法规,而没有适用应当适用的法律、法规。“适用法律、法规错误”在实践中主要有四种表现形式:第一,适用规范性质错误,指行政机关适用的法律规范不能调整所作出的具体行政行为,即对本该由 A 法调整的行政行为适用了 B 法;第二,适用规范条文错误,指行政机关虽适用正确的法律规范,但所援引的法律条文出现错误,即对本该由 A 法 C 条文调整的行政行为适用了 A 法 D 条文;第三,适用无效法律规范,指行政机关适用了失效、尚未生效或者本身不具法律效力的法律规范;第四,法条适用缺失,指具体行政行为虽有明确法律依据,但行政机关在作出行为时未引用,或是只引用规范名称而未引用具体条文。该案中,被告作出具体行政行为虽有法律依据但却遗漏援引,构成“适用法律、法规错误”中的第四种表现形式——法条适用缺失。因而,被诉行政行为属于《行政诉讼法》(2014 年修正)第 70 条第 2 项列举的“适用法律、法规错误”情形。

关于诉讼终结前行政机关补正行政行为法律依据的效力,现行法律规范未作出明确规定。最高人民法院指导案例 41 号“宣某某等诉浙江省衢州市国土资源局收回国有土地使用权案”亦只表明“行政机关作出具体行政行为时未引用具体法律条款,且在诉讼中不能证明该具体行政行为符合法律的具体规定,应当视为该具体行政行为没有法律依据,适用法律错误”,在逻辑上不必然能逆向推导出“行政机关在诉讼终结前补正行政行为法律依据的,不视为适用法律错误”的结论。这就需要区分两种情况,差异化对待:其一,对于引用规范名称而未引用具体条文的情形,违法行政行为具有合法转换的可能,对补正行为应予认可。尽管违法行政行为应受司法审查否定是依法行政原则的基本要义,但一味否定行政行为的法律效力并不利于公共利益的维护。若行政机关在作出违法行政行为时已明确所依据规范的性质和范围,该违法行政行为本身具有转换成合法行政行为的基本要件,且具体条文的补正对行政相对人的程序权利和实体权益影响较小,人民法院可以认可该情形下行政机关在诉讼终结前的补正行为。其二,对于完全未援引规范的情形,违法行政行为不具有合法转换的可能,对补正行为应不予认可。由于该情形下行政机关完全剥夺了行政相对人就法律适用进行陈述、申辩的程序权利,严重威胁行政相对人实体权益,即使其事后补正法律依据,亦不足以阻却违法行政行为的成立。人民法院对该情形下的补正行为应不予认可,依法撤销违法行政行为并可以要求行政机关重新作出行政行为。若撤销该行政行为可能给国家利益和社会公共利益造成重大损害,人民法院可以依据《行政诉讼法》(2014 年修正)第 74 条第 1 款第 1 项规定,判决确认违法。

(撰稿人:刘　恒　中山大学法学院)

案例31

行政处罚决定违法与瑕疵的区别*

【裁判要旨】

行政机关告知相对人复议机关错误,但在行政相对人选择直接向人民法院提起行政诉讼的情况下,不应认定该错误告知行为对行政相对人的权利救济产生实质影响,除非存在法律规定的复议前置或复议终局的情形。

行政机关在行政处罚决定书上除引用处罚所适用的规范性文件名称外,还应指明具体引用的条款。人民法院在审判中应区分行政行为适用法律错误与法律适用瑕疵,行政行为适用法律瑕疵应予以指出,但不宜判决撤销。

【关键词】

行政处罚　告知错误　法律适用瑕疵

【基本案情】

法院经审理查明:2017年9月9日,广东省渔政总队南澳大队在日常巡航监视中,发现陈某孝在禁渔期违法捕捞,依法对其船舶进行检查,陈某孝无法提供该船舶的渔业船舶证件及自身和他人的船员证件。广东省渔政总队南澳大队制作了现场检查笔录、对涉案船员的询问笔录,并经陈某孝等人签名确认。广东省渔政总队南澳大队于2018年1月23日向陈某孝发出《行政处罚事先告知书(听证程序)》,陈某孝书面回复不需要听证。广东省渔政总队南澳大队于2018年1月26日作出粤南澳渔政罚决(2017)033号《行政处罚决定书》,认定:2017年8月3日原告船舶未经检验、未取得渔业船舶检验证书在涉案浅滩捕捞作业,违反了

---

* 陈某孝诉广东省渔政总队南澳大队行政处罚决定案,广州海事法院行政判决书(2018)粤72行初4号。

《渔业船舶检验条例》第 4 条的规定。依据《渔业船舶检验条例》第 32 条第 1 款及《广东省海洋与渔业局关于规范行政处罚自由裁量权的规定》(粤海渔函〔2012〕861 号)的规定,对原告作出没收涉案渔船的决定。同日,被告将处罚决定送达原告陈某孝。陈某孝不服行政处罚诉至法院,请求撤销处罚决定。

【裁判结果与理由】

广州海事法院作出(2018)粤 72 行初 4 号行政判决,认定被告作出的行政处罚决定认定事实清楚、证据确凿,程序合法,但在法律法规适用上存在瑕疵,告知行政相对人复议机关有误。判决确认被告作出的《行政处罚决定书》违法。广州海事法院一审认为,该案争议焦点如下:

其一,被告告知复议机关错误对原告的权利没有实质性影响。《行政复议法》(2017 年修正)第 12 条第 2 款规定:"对海关、金融、国税、外汇管理等实行垂直领导的行政机关和国家安全机关的具体行政行为不服的,向上一级主管部门申请行政复议。"《汕头经济特区行政复议条例》(2013 年)第 16 条第 2 款规定:"公民、法人或者其他组织对实行省垂直领导行政机关的行政行为不服的,可以向其上一级主管部门申请行政复议,也可以向市人民政府申请行政复议。"该案被告广东省渔政总队南澳大队是广东省渔政总队下属单位,属于省垂直管理的行政机关,并非南澳县政府的工作部门。因此,被诉处罚决定的复议机关应为广东省渔政总队汕头大队或汕头市人民政府。被告告知原告可向南澳县人民政府申请复议,属告知复议机关错误。但是,行政复议与行政诉讼是相对人寻求救济的两种途径,一般情况下,相对人可以选择申请行政复议再提起行政诉讼,或者直接提起行政诉讼。被诉处罚决定不属于法律规定的复议前置或复议终局行为,且法院已受理原告提起的行政诉讼,因此被告错误告知复议机关的行为并没有影响原告寻求法律救济,也没有对原告的权利产生实质性影响。

其二,被告在被诉处罚决定中引用《广东省海洋与渔业局关于规范行政处罚自由裁量权的规定》没有记载具体条款,是否属于适用法律错误的问题。《行政处罚法》(2017 年修正)第 39 条规定:"……行政处罚决定书应当载明下列事项:……(三)行政处罚的种类和依据……"因此,行政机关在作出行政处罚时应明确告知相对人处罚的依据和具体条款。被诉处罚决定仅记载《广东省海洋与渔业局关于规范行政处罚自由裁量权的规定》的名称,未指明具体引用条款,确实不当。《渔业船舶检验条例》第 32 条第 1 款规定:"违反本条例规定,渔业船舶未经检验、未取得渔业船舶检验证书擅自下水作业的，没收该渔业船舶。”该案中，原告下水作业的渔船未经检验、未取得渔业船舶检验证书，事实清楚。被告在被诉处罚决定中引用《广东省海洋与渔业局关于规范行政处罚自由裁量权的规定》，没有载明具体条款，该行政处罚在规范适用上确有瑕疵，但不足以导致适用法律错误的后果。

【裁判者说】

若被诉处罚决定不属于法律规定的复议前置或复议终局的行政行为，行政相对人未申请复议而直接提起诉讼，即使存在行政机关告知行政相对人复议机关错误的情形，法院也不应认定行政机关的错误告知行为实质影响了行政相对人的救济权利。理由如下：

首先，行政行为不属于法律规定的复议前置或复议终局的行政行为，行政相对人可选择申请复议或者提起行政诉讼寻求救济。行政相对人未按照行政机关的指引向复议机关申请复议，而是直接向法院提起诉讼，该行为表明其主动放弃行政复议救济途径。即使行政机关告知的复议机关错误，也不会干扰、妨碍行政相对人选择通过诉讼寻求权利救济。

其次，《行政复议法》(2017 年修正)第 17 条第 1 款的规定：“行政复议机关收到行政复议申请后，应当在五日内进行审查，对不符合本法规定的行政复议申请，决定不予受理，并书面告知申请人；对符合本法规定，但是不属于本机关受理的行政复议申请，应当告知申请人向有关行政复议机关提出。”如果行政相对人没有提起行政诉讼，而是根据行政机关的指引向错误的复议机关申请复议，该机关经审查后应依法告知相对人正确的复议机关。此外，根据《行政复议法》(2017 年修正)第 9 条第 2 款的规定：“因不可抗力或者其他正当理由耽误法定申请期限的，申请期限自障碍消除之日起继续计算。”所以即使存在行政相对人向错误的复议机关申请复议，而导致申请复议时超出 60 日法定期限的情况，根据上述规定复议机关也应受理其复议申请。换言之，若行政相对人选择通过复议途径寻求救济，即使行政机关告知其错误的复议机关，相对人在申请复议阶段也可采取一定补救的措施。该错误对行政相对人的权利救济造成的负面影响十分有限。告知错误对于相对人选择径直提起行政诉讼寻求救济没有实际影响。综上可知，在该种特殊情况下错误告知复议机关，不应认定对行政相对人的权利救济产生实质性影响。

最后,《行政处罚法》(2017 年修正)第 39 条规定,行政处罚决定书应载明处罚的种类和依据。行政处罚决定书上载明的处罚依据应具体、明确。在行政处罚决定书上仅引用规范性文件的名称不足以明确告知行政相对人处罚的具体依据。在行政处罚决定书上须同时载明处罚依据的规范性文件的名称及具体的条款。该处罚决定书没有载明所适用规范性文件的具体条款,在规范适用上确有瑕疵;结合处罚决定书所适用的其他法律规范,法院认定该瑕疵不足以导致适用法律错误的后果。

(撰稿人:石望韬　广州海事法院)

【专家评析】

该案行政机关作出的行政行为存在告知复议机关错误、未在行政处罚决定书上指明具体条款两处违法行为,但两处违法均不足以对当事人权利义务产生实际影响,人民法院应当判决确认违法。

一、行政机关告知复议机关错误但对原告权利不产生实际影响的,属于程序轻微违法

告知义务是行政机关的法定义务,也是相对人享有的一项重要程序权利。行政机关应当正确履行告知义务。根据《行政处罚法》(2017 年修正)的规定,行政机关的告知义务包括两个方面:第一,针对行政行为的告知义务,行政机关在作出行政处罚决定之前,应当告知当事人拟作出的行政处罚内容及事实、理由、依据,并告知当事人依法享有陈述、申辩、要求听证等权利。一般情况下,行政机关应当告知而没有告知上述内容,或者告知错误的,行政处罚决定应当予以撤销。程序轻微违法,且对原告依法享有的听证、陈述、申辩等重要程序性权利不产生实质损害的,人民法院应当确认违法。第二,针对行政救济的告知义务,行政处罚决定书应当载明申请行政复议、提起行政诉讼的途径和期限。行政救济告知错误并不必然导致行政行为被撤销,实践中告知错误的情形主要有三种:

其一,行政机关既未告知行政救济权也未告知相应期限的,起诉期限从"知道或者应当知道"该期限之日起计算。《最高人民法院关于适用〈中华人民共和国行政诉讼法〉的解释》(法释〔2018〕1 号)第 64 条规定:"行政机关作出行政行为时,未告知公民、法人或者其他组织起诉期限的,起诉期限从公民、法人或者其他组织知道或者应当知道起诉期限之日起计算，但从知道或者应当知道行政行为内容之日起最长不得超过一年。复议决定未告知公民、法人或者其他组织起诉期限的，适用前款规定。”

其二，行政机关既告知了行政救济机关也告知了相应的期限，但告知的救济机关错误。如果相对人按行政机关的指引向无权受理的机关申请复议，《行政复议法》（2017 年修正）第 17 条第 1 款规定：“……对符合本法规定，但是不属于本机关受理的行政复议申请，应当告知申请人向有关行政复议机关提出。”如果相对人选择直接向法院提起诉讼，行政机关错误告知复议机关的行为虽然违法，但并未对相对人行政救济权造成实质损害。此种错误属于“瑕疵”类违法，不足以导致行政行为被撤销，人民法院应依法确认行政行为存在违法情形。

其三，行政机关既告知了行政救济机关也告知了相应的期限，但告知期限错误的，根据有利于相对人的原则按起诉期限延长计算。《行政诉讼法》（2017 年修正）第 48 条第 1 款规定：“公民、法人或者其他组织因不可抗力或者其他不属于其自身的原因耽误起诉期限的，被耽误的时间不计算在起诉期限内。”如果行政机关告知的起诉期限短于法定期限，应按照法定期限计算；如果行政机关告知的起诉期限长于法定期限，应视为相对人被“不属于其自身的原因耽误起诉期限”，被耽误的时间不计算在起诉期限内。申请复议的期限告知错误应同样处理。

二、行政机关作出行政行为时未引用规范性文件具体条款，但结合案件所适用的其他法律规范能判断具体条款的，属于适用法律瑕疵

行政行为所适用的法律依据应当明确、具体。根据《行政诉讼法》（2017 年修正）第 70 条的规定，行政行为“适用法律、法规错误的”，人民法院应当依法判决撤销。行政行为仅引用法律名称，而没有引用相应的条款属于“适用法律错误”的情形之一。最高人民法院指导案例 41 号“宣某某等诉浙江省衢州市国土资源局收回国有土地使用权案”裁判要点指出“行政机关作出具体行政行为时未引用具体法律条款，且在诉讼中不能证明该具体行政行为符合法律的具体规定，应当视为该具体行政行为没有法律依据，适用法律错误”。

该案中，行政行为所适用的规范包括《渔业船舶检验条例》和《广东省海洋与渔业局关于规范行政处罚自由裁量权的规定》。行政处罚决定书仅载明《广东省海洋与渔业局关于规范行政处罚自由裁量权的规定》的名称，未指明具体引用条款。一方面，行政行为所依据的主要规范是《渔业船舶检验条例》，《广东省海洋与渔业局关于规范行政处罚自由裁量权的规定》在诉讼中处于参照适用的地位；另一方面，结合前述指导案例 41 号的裁判要点，行政机关在诉讼中应当指出所适用的规范性文件之具体条款。因此，该行政处罚决定虽然存在违法之处，但此种错误并未导致行政行为法律适用不明确的后果，应当视为该行政行为法律适用瑕疵。

（撰稿人：孔繁华　华南师范大学法学院）

案例 32

行政机关作出处罚决定应充分保障相对人的程序权利*

【裁判要旨】

人民法院对申辩不加重处罚原则的审查应从程序和实体两方面入手。一方面,应审查行政机关是否充分保障当事人的申辩权,是否明确告知拟作出处罚所认定的事实、处罚内容和规范依据,是否确保相对人完整、充分行使申辩权;另一方面,应审查最终的处罚决定相较拟告知处罚决定的内容是否"加重",加重的负担义务是否具有相应的事实根据,是否同样保障了当事人的陈述和申辩权。

【关键词】

行政处罚　追诉时效　正当程序　听证

【基本案情】

法院经审理查明:2011 年 3 月 28 日至 5 月 10 日,汕头市潮阳区四海水产养殖基地(以下简称四海养殖基地)在未取得海域使用权许可的情况下,擅自占用涉案海域40 平方米,实施堤坝构筑建设。汕头市潮阳区海洋与渔业局(以下简称潮阳区海洋局)于同年 10 月 28 日对该基地作出责令退还非法占用的海域,恢复海域现状,并处罚款 54, 000 元的行政处罚决定。同年 11 月 11 日,四海养殖基地缴纳了该罚款。涉案海域位于汕头市潮阳区海门镇,根据《广东省海洋功能区划(2011—2020 年)》(粤府〔2013〕9 号)规定,属于港口航运区。

---

* 汕头市潮阳区四海水产养殖基地诉广东省海洋与渔业厅行政处罚案,广州海事法院行政判决书(2017)粤 72 行初 7 号,广东省高级人民法院行政判决书(2018)粤行终 1257 号。

2012年7月25日,潮阳区海洋局再次对四海养殖基地进行检查,发现其仍存在占用海域实施填海造地情况,并向其下达了《责令停止违法行为通知书》。相关的现场笔录显示,四海养殖基地面向海一侧有新土围填成的陆地,经用皮尺测量,长度约209米,宽度约30.6米。该基地负责人在笔录中承认施工填海。同年8月16日,潮阳区海洋局将案件移交广东省海洋与渔业厅立案调查。

2013年3月14日,广东省海洋与渔业厅向四海养殖基地送达《检查通知书》《责令停止违法行为通知书》等法律文书。同月15日,汕头市海域使用动态监管中心对该基地涉嫌违法填海占用海域的实际面积进行测绘,并出具《填海区域测量报告》。该报告显示,扣除2011年已处罚的填海面积40平方米,养殖基地未经批准填海面积为0.6693公顷。2016年4月26日,广东省海洋与渔业厅组织案件会审会议,同意执法人员作出的拟处罚意见。同年5月18日,该厅作出《行政处罚听证告知书》,告知四海养殖基地拟对其实施0.6693公顷的填海行为,作出责令退还非法占用的海域,恢复海域原状,并处非法占用海域0.6693公顷期间应缴纳的海域使用金18倍罚款16,263,990元的行政处罚决定。同年6月21日,该厅根据四海养殖基地的申请,组织召开听证会。次月25日,广东省海域使用动态监视监测中心出具《疑点疑区监测报告》。该报告记载,根据2011年至2015年卫星遥感影像对四海养殖基地围填海疑点、疑区进行的监测,2011年4月25日该基地在疑点、疑区围填情况尚不明显,在2013年3月4日填海约0.76公顷,在2014年3月22日填海约0.85公顷,在2015年7月13日新增加一码头构筑物面积约0.09公顷。

2016年11月8日,广东省海洋与渔业厅委托具有甲级海洋测绘资质的测量单位广东邦鑫勘测科技股份有限公司(以下简称邦鑫公司)进行测量,形成《测量技术报告》,并于2017年1月6日将该报告送达四海养殖基地。该报告记载的测量结果是:涉案未经批准填海、用海面积为1.0025公顷。

2017年3月21日,广东省海洋与渔业厅作出粤海执处罚〔2017〕101号《行政处罚决定书》,认定四海养殖基地在未取得海域使用权证的情况下,于2011年10月至2016年11月非法占用涉案海域,填海1.0025公顷,违反了《海域使用管理法》(2001年)第3条第2款的规定,依据该法第42条的规定,对其作出责令退还非法占用的海域,恢复海域原状,并处非法占用海域1.0025公顷期间应缴纳海域使用金16倍罚款21,654,000元。该处罚决定于同年3月24日送达。四海养殖基地不服，诉至法院，请求撤销该行政处罚决定。

【裁判结果与理由】

广州海事法院作出(2017)粤72行初7号行政判决，确认被告广东省海洋与渔业厅作出的粤海执处罚〔2017〕101号《行政处罚决定书》程序违法，驳回原告四海养殖基地关于撤销广东省海洋与渔业厅作出的粤海执处罚〔2017〕101号《行政处罚决定书》的诉讼请求。四海养殖基地不服，提起上诉。

广东省高级人民法院于2019年10月29日作出(2018)粤行终1257号行政判决，驳回上诉，维持一审判决。

法院生效裁判认为：四海养殖基地未向海洋行政主管部门提出相关海域的用海申请，未取得海域使用权证书而实施填海行为，且用海类型不符合广东省海洋功能区划的要求，在被立案处罚并多次被责令停工后仍未停止违法填海行为，情节严重。广东省海洋与渔业厅据此作出的涉案《行政处罚决定书》事实清楚，证据充分，处罚数额在法定幅度范围内，符合《海域使用管理法》的相关规定。

关于处罚程序是否违法的问题，广东省海洋与渔业厅作出的最终处罚金额，比之前告知四海养殖基地的拟处罚金额加重500多万元，但该厅并未按《行政处罚法》(2009年修正)的要求重新告知该养殖基地加重后的拟处罚金额及相应依据，未告知其享有再次听证的权利，应认定为程序违法。但鉴于处罚决定正确，责令重作并不会改变该处罚结果，故一审法院判决确认该处罚决定程序违法，但不予撤销，保留其法律效力，符合法律规定。

【裁判者说】

一、违法行为有连续或者继续状态的，从行为终了之日起计算行政处罚的追诉时效

该案中，四海养殖基地主张因违法填海行为自2011年第一次被处罚之后，至广东省海洋与渔业厅作出该案被诉行政处罚之时，已有6年，该案已超过行政处罚的追诉时效。《行政处罚法》(2009年修正)第29条规定："违法行为在二年内未被发现的，不再给予行政处罚。法律另有规定的除外。前款规定的期限，从违法行为发生之日起计算；违法行为有连续或者继续状态的，从行为终了之日起计算。"据此，自违反行政管理秩序的行为终了之时起2年内未被发现的，行政机关丧失处罚权。违法行为持续、连续的，如何判断行为终了之日是法律适用的难点：

其一,持续实施数个违法行为的,法院应结合行为是否独立可分进行判断,独立可分行为应分别计算时效;基于同一犯意持续实施数个关联行为,则应作为整体,从最后一个行为或动作完成之日起计算时效。其二,违法行为持续发生的,可比照"继续犯"的原理,自该违法状态得以排除,恢复到合法状态之时,视为行为终了。当前我国不断加强海洋执法,不断加大对违法用海行为的打击力度。从维护海洋管理秩序和加强海洋生态环境保护的角度出发,对该案涉及的未经批准实施违法填海、围海等改变海洋自然属性的行为的追诉时效,应从违法行为终了之日即应从涉案海域恢复原状之日起计算更为适当。只要被破坏的海域一直未得到恢复,那么违法行为就一直处于继续状态。

结合该案查明事实,在 2011 年被处罚后四海养殖基地并未停止违法行为并恢复海域原状。广东省海域使用动态监视监测中心出具的《疑点疑区监测报告》证实,根据 2011 年至 2015 年的卫星遥感影像对四海养殖基地围填海疑点、疑区进行的监测,该基地在 2013 年 3 月 4 日填海约 0.76 公顷,在 2014 年 3 月 22 日填海约 0.85 公顷,在 2015 年 7 月 13 日新增加一码头构筑物面积约 0.09 公顷。而且,从涉案违法填海的相关执法检查记录以及数次监测情况、测量结果来看,四海养殖基地在 2011 年因非法占用海域 40 平方米被行政处罚,2012 年在执法检查中被发现在向海一侧用新土围填陆地,2013 年 3 月汕头市海域使用动态监管中心出具的《填海区域测量报告》显示扣除 2011 年已处罚的填海面积 40 平方米,该基地违法填海面积为 0.6693 公顷,2016 年 11 月邦鑫公司出具的《测量技术报告》显示其违法填海、用海面积扩大为 1.0025 公顷。非法占用海域、填海面积持续增加,说明四海养殖基地在连续从事填海作业,直至诉讼阶段也未恢复海域原状,违法行为处于继续状态,并未终了,广东省海洋与渔业厅对其进行行政处罚,并未超过 2 年的追诉时效。

二、对违反海域使用管理秩序行为予以处罚应结合主观要件判断

国家以海域的自然环境、自然资源等自然属性为基础,基于海洋生态保护以及考虑海洋开发利用现状和社会经济发展的需要,对海洋按特定主导功能进行区域划定、规范用海行为以及进行用海管理。对于单位和个人使用海域的,应至少同时满足三个要求:一是必须符合法定许可条件;二是必须事先取得相应许可并在许可范围内使用海域,即依法取得海域使用权证并按使用权证书记载权利范围行使使用权;三是用海类型必须符合相关海洋功能区划,不能随意改变海域的自然属性。针对填海、围海等改变海域自然属性的行为，国家实行严格管理。《海域使用管理法》（2001年）第42条规定的破坏海域使用管理秩序的行为主要有两类：未经批准或骗取批准占用海域的行为，以及未经批准或骗取批准进行围海、填海活动的行为。上述违法行为所侵犯的法益，主要是国家海域使用管理秩序，但还应注意其保护法益的延伸性，即国家海域使用管理秩序所维护的海洋生态环境等公共利益。该案相关的违法填海、围海行为，相应法定罚则是责令退还非法占用的海域、恢复海域原状、没收违法所得，并处非法占用海域期间内该海域面积应缴纳的海域使用金10倍以上20倍以下的罚款。该处罚条款所苛责的是行为人违法举动或行为，故类比“行为犯”“举动犯”，不以造成危害后果或者导致某种危险作为处罚要件。当然，对于本身既违法用海，又违反环境影响评价制度、产生污染损害等的行为，其可能存在同时触犯其他行政实体法律、法规如《海洋环境保护法》（2017年修正）等情形，应当具体情况具体分析，如存在法条竞合，依照重法优于轻法原则给予处罚；对于目的行为和手段行为“牵连”的，不同的行政实体法有双罚规定的，由不同的有权机关在不违反一事不再罚原则下分别给予处罚，无此规定一般应择重处罚。

该案四海养殖基地2011年因非法占用海域实施填海被行政处罚后，未及时纠正其违法行为，在未办理任何批准手续的情况下，仍继续实施围海、填海等非法占用海域的行为，属于《海域使用管理法》规定的应当予以处罚的情形。广东省海洋与渔业厅作出被诉行政处罚事实清楚。参照《广东省海洋与渔业规范行政处罚自由裁量权标准（海洋类）》（《广东省海洋与渔业局关于规范行政处罚自由裁量权的规定》（粤海渔函〔2012〕861号）第2条关于“未经批准或者骗取批准，进行围海、填海活动的，其中不符合海洋功能区划（或区域用海规划），不按要求停止违法用海行为属于较重情节，应当予以责令退还非法占用的海域，恢复海域原状，没收违法所得，并处非法占用海域期间内应缴海域使用金16—20倍的罚款”之规定，处罚决定内容中并处非法占用海域1.0025公顷期间应缴纳的海域使用金16倍罚款，罚款金额在相应的法定幅度内，并无不妥。

《行政处罚法》（2009年修正）要求行政机关作出行政处罚应当符合主客观相结合原则。从《海域使用管理法》的相关规定看，该处罚应具备的主观要件为，行为人对其未取得海域使用许可的区域采取不正当手段骗取许可，或虽有许可但超出许可范围、明知不符合许可法定条件而采取不正当手段骗取许可，都是明知的,其存在无视、回避、逃避用海监管等主观故意。至于行为人是否基于谋取私人利益或牟取其他非法利益的目的,并非处罚的法定主观要件的内容。四海养殖基地以抵御台风为由对行为违法性进行抗辩,该抗辩欠缺证据予以佐证。即便该基地填海的动机属实,也不影响违法行为的定性,不能弥补其行为对相关管理秩序法益的客观损害,不能阻却行为的违法性。

三、行政处罚决定作出过程应充分保障当事人行使陈述权和申辩权

根据《行政处罚法》(2009 年修正)的规定,行政处罚决定作出之前的基本程序要求包括:行政机关应当告知当事人拟作出行政处罚决定的事实、理由及依据,告知当事人有权进行陈述和申辩。对于拟作出责令停产停业、吊销许可证或者执照、较大数额罚款等行政处罚决定的,应当告知当事人有要求举行听证的权利;当事人要求听证的,行政机关应当组织听证。对于当事人提出的申辩事由,行政机关应当及时核查,申辩理由成立的,应当采纳,不得因当事人申辩而加重处罚。人民法院对行政机关是否遵守法定程序应依法予以审查。一方面,从程序上审查行政机关是否充分保障当事人的申辩权,是否明确告知拟处罚的具体内容、依据、事实,是否确保其完整行使申辩权;另一方面,从实体处理上审查最终处罚内容是否较拟告知处罚内容有所"加重",加重的负担义务是否具有相应的事实根据,是否同样保障了当事人相关陈述、申辩权利。

该案中,虽然广东省海洋与渔业厅曾于 2016 年 5 月告知四海养殖基地拟作出行政处罚决定的相关事实、理由、依据,也应其申请组织了听证,但是该厅在听证后,对相关违法事实重新进行调查,并依据邦鑫公司出具的《测量技术报告》,认定涉案非法占用海域填海的面积为 1.0025 公顷,明显大于第一次听证时告知当事人拟处罚决定所认定的面积 0.6693 公顷,最终的处罚金额 21,654,000 元也较第一次听证时告知该养殖基地的拟处罚金额提高 500 多万元,数额较大。无论是违法行为相关事实的认定还是拟处罚的金额均明显存在"加重"情形。依照法定程序要求,广东省海洋与渔业厅应重新告知四海养殖基地拟加重对其处罚的具体幅度及所依据的相应事实和证据,告知其有权要求再次举行听证,但该厅并未告知,而是径直作出涉诉行政处罚决定,属程序违法。四海养殖基地在收到《测量技术报告》后未对该测量结果提出异议,不等于可以免除行政机关的法定程序义务,而且该案行政机关在处罚幅度及具体金额上享有一定的裁量权,该行政裁量权的行使也应当再次充分听取当事人的意见,其作出的涉案处罚决定有违法定程序。但是,考虑到处罚所依据的事实清楚、证据确凿,实体依据充分,若责令重新作出处罚并不会改变该案的处罚结果,相反判决撤销该处罚决定不利于已破坏的相关海洋生态环境及时得到修复,故人民法院依法作出判决,确认处罚程序违法但不予撤销,保留其法律效力,赋予该行政处罚决定以执行力。

(撰稿人:林劲标　广东省高级人民法院)

【专家评析】

该案涉及行政处罚的追诉时效、应受行政处罚行为的构成要件以及行政处罚中听证程序的适用问题,其中针对行政处罚听证程序以及该案裁判方式存在不同的观点,对此予以详述分析。

一、听证程序结束后行政机关可以补充调查或重新调查

听证是行政处罚的法定程序之一,对于部分案情复杂的行政处罚案件,听证程序结束后行政机关能否再进行补充调查或重新调查,法律并无明文规定,理论和实践上存在争议,否定者认为"一旦行政机关作出行政处罚告知行为,即丧失了继续进行案件调查的权力。理由是,此时行政机关拟将作出行政处罚决定的事实证据都已被固定,只可'减'不可'增'。因而即使发现拟作出的行政处罚存在违法事实不清、证据不足情形的,都不可进行补充调查,哪怕通过补充调查能够查清违法事实,亦不得据此给予当事人行政处罚"。① 笔者认为,听证程序结束后行政机关可以补充调查或重新调查。理由如下:

其一,行政机关补充调查或重新调查是处罚法定原则的要求。《行政处罚法》(2021 年修订)第 5 条第 2 款规定:"设定和实施行政处罚必须以事实为依据,与违法行为的事实、性质、情节以及社会危害程度相当。"听证程序的目的在于保障相对人充分行使陈述权和申辩权,充分发表意见,便于查明案件事实。处罚法定是行政处罚的基本原则之一,听证后行政程序尚未终结,行政机关通过听证程序发现案件事实不清晰,仍可以进行补充调查或重新调查。

其二,行政机关补充调查或重新调查并不违反"申辩不加重处罚原则"。《行政处罚法》(2021 年)第 45 条第 2 款规定:"行政机关不得因当事人陈述、申辩而

① 魏均新:《行政处罚案件听证后为何不可补充调查?》,载微信公众号"市场监管半月沙龙"。

给予更重的处罚。"新的处罚决定与相对人行使陈述权、申辩权之间并没有因果关系,行政机关并非因为相对人行使权利而作出新的处罚,而是根据新的违法事实作出处罚决定。或者说,给予更重处罚,不是因为当事人的陈述申辩,而是因为新证据足以改变事实认定和法律适用,因此并不违反申辩不加重处罚原则。

二、针对新的违法的事实、证据和行政处罚建议行政机关应当再次告知当事人有权要求听证

《行政处罚法》(2017 年修正)只规定了行政机关在作出行政处罚决定前应当向当事人告知有要求举行听证的权利,但并未规定听证后补充调查、重新调查是否需要再次告知当事人有权申请听证。也就是说,行政处罚案件是否只需要向当事人告知一次听证权就完成了法定义务法律并未明确。笔者认为,听证程序结束后行政机关补充调查或重新调查的,针对新的违法的事实、证据和行政处罚建议,行政机关应当再次告知当事人有权要求听证。陈述和申辩是当事人的法定权利,行政机关必须充分听取当事人的意见,对当事人提出的事实、理由和证据,应当进行复核;当事人提出的事实、理由或者证据成立的,行政机关应当采纳。《行政处罚法》(2017 年修正)第 42 条第 1 款第 6 项规定:"……(六)举行听证时,调查人员提出当事人违法的事实、证据和行政处罚建议;当事人进行申辩和质证……"第一次听证程序结束后,行政机关收集新的违法事实、证据,并据此重新拟定行政处罚建议,相对人并不充分知悉新的事实、证据和处罚建议,也没有充分发表自己的意见,其陈述权和申辩权并未得到充分保障。如果不再次举行听证,将导致当事人的陈述权、申辩权虚置。因此,法律虽未作出明确规定,但从立法目的和权利设置的立法本意出发,应当再次告知当事人有权要求听证。

三、行政处罚违反法定程序,人民法院应当依法撤销行政处罚并判决被告重新作出行政行为

该案中,行政机关在第一次听证后重新进行调查并收集证据,但没有告知当事人有权要求听证,既违反了法定程序也剥夺了当事人的陈述权和申辩权。法院生效判决指出"若责令重新作出处罚并不会改变本案的处罚结果,相反判决撤销该处罚决定不利于已破坏的相关海洋生态环境及时得到修复",据此根据《行政诉讼法》(2017 年修正)第 74 条的规定判决确认行政行为违法。

其一,陈述权与申辩权作为程序权利具有独立的法律价值,行政机关作出行政行为的过程中未给予当事人陈述、申辩权的,行政处罚违法。《行政处罚法》

(2017 年修正)第 41 条规定;"行政机关及其执法人员在作出行政处罚决定之前,不依照本法第三十一条、第三十二条的规定向当事人告知给予行政处罚的事实、理由和依据,或者拒绝听取当事人的陈述、申辩,行政处罚决定不能成立;当事人放弃陈述或者申辩权利的除外。"

其二,该案符合撤销判决的适用条件。情况判决属于确认判决之一种,而确认判决在行政诉讼判决中处于补充性的地位,是其他裁判方式都存在不恰当情况时才适用的最后选择。《行政诉讼法》(2017 年修正)第 70 条规定:"行政行为有下列情形之一的,人民法院判决撤销或者部分撤销,并可以判决被告重新作出行政行为:……(三)违反法定程序的……"根据案件事实,行政机关作出行政行为的过程中未告知当事人有权要求听证,违反法定程序,人民法院可以依法作出撤销判决。

其三,情况判决属于撤销诉讼的一种特殊情形,应谨慎适用。根据《行政诉讼法》(2017 年修正)第 74 条的规定,情况判决适用于"行政行为依法应当撤销,但撤销会给国家利益、社会公共利益造成重大损害的"情形。如果仅存在"损害"但尚没有达到"重大"的程度,并不符合情况判决的适用条件。该案行政行为违反法定程序,即使判决撤销行政机关也应依法重新作出行政行为。法院生效裁判指出判决撤销该处罚决定不利于已破坏的相关海洋生态环境"及时"得到修复。也就是说,该案中作出撤销判决或确认违法判决对国家利益和公共利益的影响是修复的时间前后问题,对于撤销判决导致延迟修复是否对公益的损害足够"重大",生效判决缺乏充分的说理和论证,法院裁判以"尊重既成事实"作为情况判决的理由。

(撰稿人:孔繁华　华南师范大学法学院)

案例33

责令关闭行为的性质应根据案件情况区别认定*

【裁判要旨】

相对人依法取得的行政许可受法律保护,行政机关由于客观情况变化作出的责令关闭行为属于行政许可的撤回,因撤回行政许可给相对人造成损失的,应当给予补偿。相对人未取得许可而擅自从事生产经营活动的行为违法,行政机关依法作出的责令关闭行为属于行政处罚,应当遵守处罚法定原则,依法给予相对人陈述权和申辩权。

【关键词】

责令关闭　行政处罚　行政命令　行政许可撤回

【基本案情】

法院经审理查明:广州市番禺区桥发混凝土有限公司(以下简称桥发公司)经核准登记于1991年11月2日成立,经营场所在广州市番禺区桥南街草河村江滨路二街8号,从事商品混凝土生产。2001年1月19日,桥发公司取得了番禺市环境保护局颁发的番环管控字〔2000〕161号番禺市建设项目环境保护"三同时"验收投产许可证,被许可投产的项目是桥发公司于2000年在东厂区建成的一个混凝土搅拌项目。广州市番禺区环境监测站于2000年对桥发公司建设项目作出的环保设施竣工验收监测表中记载,桥发公司建设项目主要生产工艺及污染物产出流程为:水泥、沙、石等原材料→石冲洗产生废水→搅拌斗产生噪音→混凝土槽

---

* 广州市番禺区桥发混凝土有限公司诉广州市番禺区人民政府行政处罚决定案,广东省广州市中级人民法院行政判决书(2015)穗中法行初字第201号,广东省高级人民法院行政判决书(2016)粤高法行终字第1351号。

车外运，在原材料的运输和混凝土生产过程中将产生一定量的粉尘。2004年，桥发公司在西厂区新建的一条混凝土搅拌生产线投入生产，但西厂区的建设项目并未办理环境影响评价报批手续。

2011年5月27日，广东省人民政府作出粤府函〔2011〕162号《关于同意调整广州市饮用水源保护区区划的批复》，原则同意广州市饮用水源保护区区划进行调整，调整后桥发公司的项目地点被划入饮用水源保护区。2013年3月28日，广州市番禺区环境保护局（以下简称番禺环保局）发现桥发公司设置临时管道向番禺区沙湾水道饮用水水源保护区排放废水。2013年4月3日、2014年6月24日，番禺环保局两次到桥发公司经营场所进行现场执法检查，发现该经营场所内设有东、西两个车间，有两条混凝土搅拌生产线，现场能够提供准建证，未能提供噪声治理设施的相关验收手续；两车间均位于番禺区沙湾水道饮用水源保护区二级区陆域范围内，未完善环保审批手续等。番禺环保局遂要求桥发公司尽快完善环保审批手续，停止违法排污行为。2014年11月5日，广州市番禺区人民政府（以下简称番禺区政府）向桥发公司发出《行政处罚听证告知书》，经过听证程序后，于同年12月16日向桥发公司作出番府环罚〔2014〕584号《行政处罚决定书》，认为桥发公司存在从事商品混凝土生产所需要配套建设的环境保护设施未经环保部门验收便投入生产，生产过程中主要产生噪声及泥浆废水等污染，以及生产项目位于番禺区沙湾水道饮用水水源二级保护区内，并于2013年设置了一个临时管道和排水泵向沙湾水道饮用水水源保护区排放废水等事实。上述的行为违反了《水污染防治法》（2008年修订）第59条第1款的有关规定，番禺区政府责令桥发公司关闭商品混凝土生产项目。桥发公司不服该行政处罚决定，向广州市人民政府申请行政复议，广州市人民政府复议决定予以维持。桥发公司不服，向法院提起行政诉讼。诉讼中，法院对东厂区和西厂区进行实地勘查，发现涉案生产项目在作业过程中产生了废水污染物，同时存在噪声污染，工厂地面的污水排放痕迹明显。

【裁判结果与理由】

广州市中级人民法院作出（2015）穗中法行初字第201号行政判决，驳回桥发公司的诉讼请求。一审法院认为，《水污染防治法》（2008年修订）第59条第1款规定："禁止在饮用水水源二级保护区内新建、改建、扩建排放污染物的建设项目；已建成的排放污染物的建设项目，由县级以上人民政府责令拆除或者关闭。"

该案中，桥发公司建成的排放污染物的商品混凝土生产项目位于番禺区沙湾水道饮用水水源二级保护区内。番禺区政府作出行政处罚决定，责令桥发公司关闭该生产项目并无不当。桥发公司不服一审判决，提起上诉。

广东省高级人民法院于 2017 年 2 月 16 日作出(2016)粤高法行终字第 1351 号判决，驳回上诉，维持原判。法院生效裁判认为，番禺区政府对桥发公司作出责令关闭商品混凝土建设项目决定的法律依据是《水污染防治法》(2008 年修订)第 59 条第 1 款。因此，桥发公司是否属于排放污染物的建设项目，是属于划入饮用水水源二级保护区之后新建、改建、扩建的建设项目还是属于划入饮用水水源二级保护区之前就已经建成的建设项目，以及《水污染防治法》(2008 年修订)第 59 条第 1 款的规定如何理解等问题是处理该案的关键点。

首先，桥发公司的建设项目系混凝土搅拌项目。从广州市番禺区环境监测站于 2000 年 6 月对桥发公司建设项目作出的环保设施竣工验收监测表来看，桥发公司在对水泥、沙、石等原材料进行冲洗的过程中会产生废水，在搅拌过程中会产生噪音，在原材料运输和混凝土生产过程中还会产生大量的粉尘。此外，根据番禺环保局的调查，桥发公司的工作人员承认其厂区在生产过程中主要产生洗车废水、原材料装罐噪音等污染，并于 2013 年 3 月 28 日设置临时管道和排水泵向沙湾水道饮用水水源二级保护区排放车间地面废水。另，根据二审法院合议庭对桥发公司生产项目进行实地勘查的情况，涉案生产项目在作业过程中确实会产生废水污染物，同时存在噪声污染，工厂地面的污水排放痕迹明显。厂区大部分区域均为露天作业，虽设置有污水蓄水池，但遇大雨天蓄水池将会不可避免地向江河排污。桥发公司工作人员在接受番禺环保局的调查中亦承认如遇下暴雨废水无法排放，就设置临时管道和排水泵向沙湾水道饮用水水源二级保护区排放废水。据此，桥发公司的该项目属于排放污染物的建设项目，桥发公司主张其已经实现了生产废水零排放的理由不能成立。

其次，桥发公司的建设项目分为东、西两个厂区，分别于 2000 年和 2004 年建成投产。2011 年 5 月 27 日，广东省人民政府作出粤府函〔2011〕162 号《关于同意调整广州市饮用水源保护区区划的批复》，同意广州市饮用水源保护区区划进行调整，调整后沙湾水道被划入二级保护区水域保护范围。2011 年 12 月 22 日，广州市环境保护局作出穗环〔2011〕191 号《关于印发〈广州市饮用水源保护区区划〉调整方案的通知》，将广东省人民政府上述同意《广州市饮用水源保护区区划》调整方案的批复通知相关单位。因此,桥发公司的建设项目位于饮用水水源二级保护区内,但是属于在划入保护区水域保护范围之前已经建成的项目。番禺区政府根据《水污染防治法》(2008 年修订)第 59 条第 1 款的规定,作出责令关闭桥发公司商品混凝土生产项目的决定,具有事实和法律依据。

最后,从《水污染防治法》(2008 年修订)第 59 条第 1 款规定内容来看,在饮用水水源二级保护区内不允许存在排放污染物的建设项目。对于行政机关作出的"已建成的排放污染物的建设项目,应当责令拆除或者关闭"行为的性质,存在行政处罚、行政命令以及其他行政行为等不同认识。对此,应当视行政相对人的具体情况来认定"责令拆除或者关闭"的性质。如果项目被划入水源保护区范围之前已经建成,且各项生产和环境评价手续齐全,只是由于后来被划入水源保护区范围,而不能够再继续生产,这种情况下,由于生产企业本身不存在违法情形,不应当把行政机关作出的"责令拆除或者关闭"的决定理解为行政处罚,而应当视为对于原来对行政相对人作出的行政许可,由于条件的变化而进行的许可撤回行为。如果已经建成的项目,未办理生产或环境评价手续即投入生产,由于企业自身存在违法行为,这种情况下行政机关作出的"责令拆除或者关闭"应当视为行政处罚。该案中,桥发公司的建设项目属于在划入水源保护区水域保护范围之前已经建成的项目,但是其建设项目分为东、西两个厂区,只有东厂区于 2001 年取得了番禺市建设项目环境保护"三同时"验收投产许可证,而西厂区未办理环境影响评价手续。据此,桥发公司东厂区已经取得环评审批手续,番禺区政府作出的决定属于撤回行政许可。番禺区政府未能区分桥发公司东、西厂区建设项目的不同情况,桥发公司如认为其东厂区的生产许可系由于被划入水源保护区水域保护范围之后许可条件发生变化而被撤回,给其造成了经济损失,可以另循法律途径解决补偿问题。

【裁判者说】

该案涉及环保行政管理中的行政许可、行政处罚、行政命令等行为性质的认定和辨析,信赖保护原则的运用以及行政补偿问题。案件的处理彰显了《水污染防治法》(2008 年修订)第 59 条第 1 款的立法意图,从保护沙湾河道饮用水水源安全的角度对番禺区政府责令关闭上诉人混凝土生产项目的决定予以支持;同时,严格区分了桥发公司东、西厂区建设项目的不同情况,指出若桥发公司认为其东厂区的生产许可系由于被划入水源保护区水域保护范围之后许可条件发生变化而被撤回,给其带来经济损失,该公司可以提供相应的证据,另循法律途径解决补偿问题。

《水污染防治法》(2008年修订)第59条第1款规定:"禁止在饮用水水源二级保护区内新建、改建、扩建排放污染物的建设项目;已建成的排放污染物的建设项目,由县级以上人民政府责令拆除或者关闭。"行政机关在适用该条作出行政行为时,通常认为该条属于行政处罚,忽略了其适用的基础性条件。从规定内容来看,在饮用水水源二级保护区内不允许存在排放污染物的建设项目这一立法意图明确;关键在于区分"对已建成的排放污染物的建设项目,应当责令拆除或者关闭",属于行政处罚、行政命令还是其他行政行为。对此问题应当视行政相对人的具体情况加以区分认定:如果生产项目在被划入水源保护区范围之前已经建成,且各项生产和环境评价手续齐全,只是由于后来被划入水源保护区范围,而不能继续生产,生产企业本身不存在违法情形,不应把行政机关作出的"责令拆除或者关闭"决定理解为行政处罚,而应当将其视为行政许可的撤回行为;如果之前已经建成项目,生产或环境评价手续未办理即投入生产,由于企业自身存在违法行为,这种情况下行政机关作出的"责令拆除或者关闭"的决定应当被视为行政处罚。该案中,由于被上诉人未能区分上诉人东、西厂区建设项目的不同情况,上诉人如认为其东厂区的生产许可系由于被划入水源保护区水域保护范围之后许可条件发生变化而被撤回,给其造成了经济损失,其可以提供相应的证据,另循法律途径解决补偿问题。

(撰稿人:刘德敏　广东省高级人民法院)

【专家评析】

责令关闭是行政执法实践中经常出现的行政行为,《行政处罚法》明确将其规定为一类行政处罚,但责令关闭行为的适用条件并不十分清晰,实践中对责令关闭行为的性质存在争议。行政机关作出的责令关闭行为的性质,应结合相对人行为性质、责令行为的目的加以综合分析。

其一,作为"行政处罚"的责令关闭。《行政处罚法》(2021年修订)第2条规定:"行政处罚是指行政机关依法对违反行政管理秩序的公民、法人或者其他组织,以减损权益或者增加义务的方式予以惩戒的行为。"制裁性是行政处罚的核心特征,“行政处罚的制裁是行政机关为了对已实施违法行为的违法者进行惩罚而课予其本来义务之外的额外负担。制裁性可使行政处罚与剥夺不当得利、恢复原状、预防性不利决定、公益性撤回授益行为等行政管理措施相区别,也能与现实中诸多类似行政管理措施得到区分”①。作为行政处罚的责令关闭适用于相对人获得许可时符合法定条件,具有合法的主体资格但在获得许可后从事违法行为而导致其许可被撤销、主体被关闭的情况,此时责令关闭的制裁性体现为该行为对相对人带来特别的不利,剥夺其原有的权利以实现惩戒的目的。

其二,作为“行政命令”的责令关闭。作为行政命令的责令关闭适用于相对人未经许可擅自从事依法经过许可才能从事的活动,因而不具有合法的主体资格并从事违法行为,此时责令关闭是行政机关要求当事人恢复到违法行为之前的状态,即要求相对人通过自我纠正停止违法行为,恢复合法秩序。同类行为还包括依法取缔,取缔的对象一般为未经批准、登记或未取得相应资格而从事特定活动者。行政处罚和行政命令具有一定的共性,两者都因当事人的违法行为而引起、针对当事人的违法行为而发动,但两者仍有区别:“一方面,行政处罚属于‘处分’行为,它是对当事人权利和利益的一种处分(包括取消和限制),而责令当事人纠正违法是一种‘命令’行为;另一方面,行政处罚,是让当事人承受一种‘额外’的付出,而纠正违法仅仅是恢复原状,让违法状态回复到原始的合法状态。”②责令关闭、取缔与责令改正具有同样的效果,行为内容不具有惩戒性,不属于行政处罚,而是一种行政命令。

该案中,桥发公司西厂区建设项目未获得许可,行政机关作出的责令关闭行为属于要求相对人纠正违法行为的行政命令;桥发公司东厂区建设项目依法获得许可,行政机关基于现有的情况要求其关闭同样属于行政命令,而非行政处罚。在理清责令关闭行为的法律性质后,可知该案反映了行政执法中的两个典型问题:

其一,该案行政机关应撤回行政许可而不宜直接责令其关闭。《行政许可法》(2003 年)第 8 条规定:“公民、法人或者其他组织依法取得的行政许可受法律保护,行政机关不得擅自改变已经生效的行政许可。行政许可所依据的法律、法

① 王贵松:《论行政处罚的制裁性》,载《法商研究》2020 年第 6 期。

② 胡建淼:《如何识别行政处罚行为》,载《学习时报》2021 年 3 月 31 日,第 2 版。

规、规章修改或者废止,或者准予行政许可所依据的客观情况发生重大变化的,为了公共利益的需要,行政机关可以依法变更或者撤回已经生效的行政许可。由此给公民、法人或者其他组织造成财产损失的,行政机关应当依法给予补偿。"该案中,桥发公司东厂区的建设项目依法获得许可,后该项目地点被划入饮用水源保护区,属于"准许行政许可所依据的客观情况发生重大变化"的情形,许可机关应依法撤回行政许可。建设项目关闭属于行政许可撤回后的法律效果,相对人自行关闭建设项目的,行政机关无须再责令关闭。如果行政许可未被撤回,行政机关又作出责令关闭的行为,则会出现相对人一方面持有许可并受法律保护,另一方面又不得不依行政命令关闭的矛盾,两个行政行为同时存在、都具有法律效力但其内容互相冲突。该案中,行政机关针对桥发公司东厂区建设项目所颁发的许可应予以撤回,而不宜直接命令桥发公司关闭该项目。桥发公司因许可被撤回遭受的损失,有权获得补偿。

其二,作为行政命令的责令关闭和作为行政处罚的责令关闭可能同时并用。《行政处罚法》(2021 年修订)第 28 条第 1 款规定:"行政机关实施行政处罚时,应当责令当事人改正或者限期改正违法行为。"根据上述规定,不同性质的"责令关闭"可能同时出现在一个行政决定中。这是责令关闭行为概念的混乱所致,其根本原因是"责令关闭"行为的类型化尚未完成。行政行为类型化的重要意义在于对同类法律行为进行归纳、总结,便于立法加以规范和实践进行识别,以达到依法行政的要求。责令关闭行为的性质应结合其在具体法律条文中出现的"假定"情形加以判断,2021 年修订的《行政处罚法》明确将其作为一类行政处罚行为,理论和实践应逐步将其作为一种类型化的行政处罚行为加以研究和判断,立法中属于行政命令类的责令关闭应逐步修改。

（撰稿人:孔繁华　华南师范大学法学院）

案例 34

相对人未获得及时、公平补偿有权拒绝交付土地*

【裁判要旨】

市、县人民政府征收集体土地应及时、公平进行补偿，被征收人在未获公平合理补偿时，有权拒绝交出被征土地。

【关键词】

征地补偿　及时公平补偿　拒绝交地　正当理由

【基本案情】

陈某群系梅州市梅县区程江镇西山村村民。2002 年 12 月 2 日，广东省国土资源厅经广东省人民政府同意作出《关于梅县 2002 年度第一批次城镇建设用地的批复》（粤国土资（建）字〔2002〕132 号），同意征收梅县区程江镇西山村在内的集体农用地。2002 年 12 月 24 日，梅县区人民政府发布了梅府公〔2002〕4 号《征用土地公告》，依法对涉案土地进行征收。该公告中确定被征用土地补偿费、安置补助费及地面附着物补偿等各项补偿费标准按梅府〔2000〕6 号《印发梅县城镇规划区征用土地补偿和其他地面附着物补偿标准暂行办法的通知》的规定执行。2011 年 8 月征地实施单位梅县区程江镇人民政府组织相关部门、村委会对陈某群被征土地及青苗、附着物进行清点、丈量、登记、造册。2016 年 12 月 28 日和 2017 年 2 月 9 日征地实施单位先后向陈某群发出书面通知，告知陈某群核实补

---

* 陈某群诉梅县区国土资源局等限期交出土地决定案，广东省兴宁市人民法院行政判决书（2017）粤 1481 行初 175 号，广东省梅州市中级人民法院行政判决书（2018）粤 14 行终 33 号。

偿项目、面积及金额,并告知其如有异议,可在接到通知书之日起 3 日内向程江镇国土资源所书面提出。按照梅府〔2000〕6 号文件规定的补偿标准,陈某群的土地补偿款为 42,069 元、青苗附着物补偿款为 6342 元,两项共计 48,411 元。2017 年 3 月 16 日,梅县区程江镇政府将上述补偿款汇至西山村委会账户。2017 年 6 月 20 日,西山村委会出具了一份证明,证实陈某群被征土地的补偿款 48,411 元已汇入西山村委会账户。陈某群因对补偿标准有异议,遂未自觉交付土地和领取上述补偿款。2017 年 6 月 23 日,梅州市梅县区国土资源局(以下简称梅县区国土局)向陈某群作出《关于责令限期交出被征土地的通知》(梅国土资监字〔2017〕10 号)。陈某群接到该通知后不服,于 2017 年 8 月 14 日向梅州市梅县区人民政府(以下简称梅县区政府)申请行政复议。梅县区政府于 2017 年 11 月 10 日作出了《行政复议决定书》(梅县区府行复〔2017〕19 号),维持《关于责令限期交出被征土地的通知》。陈某群仍不服,遂提起行政诉讼,请求撤销《关于责令限期交出被征土地的通知》和《行政复议决定书》。

【裁判结果与理由】

广东省兴宁市人民法院一审认为,梅县区国土局在 2017 年 6 月向陈某群发出《关于责令限期交出被征土地的通知》中采用原梅县人民政府在 2000 年 3 月发布的梅府〔2000〕6 号文件规定的标准予以补偿明显不当,涉案《关于责令限期交出被征土地的通知》确定的补偿标准不利于保护原告权益。陈某群请求撤销涉案《关于责令限期交出被征土地的通知》于法有据,应依法予以支持。梅县区政府作出的维持该通知的复议决定亦依法应予撤销。据此判决:(1)撤销梅县区国土局作出的《关于责令限期交出被征土地的通知》;(2)撤销梅县区政府作出的《行政复议决定书》。

梅县区国土局、梅县区政府不服,提起上诉。广东省梅州市中级人民法院二审认为,该案的争议焦点是《关于责令限期交出被征土地的通知》是否合法。《关于完善农用地转用和土地征收审查报批工作的意见》(国土资发〔2004〕237 号)规定:"……(十四)农用地转用和土地征收批准文件有效期两年。农用地转用或土地征收经依法批准后,市、县两年内未用地或未实施征地补偿安置方案的,有关批准文件自动失效……"2010 年国土资源部印发的《征收土地公告办法》第 14 条规定:"……未依法进行征地补偿、安置方案公告的,被征地农村集体经济组织、农村村民或者其他权利人有权依法要求公告,有权拒绝办理征地补偿、安置手续。”《广东省实施〈中华人民共和国土地管理法〉办法》（2008 年）第 32 条规定：“国家征收土地，依照法定程序批准后，市、县人民政府按以下程序组织实施征地：……（五）实施征地补偿安置方案和交付土地。征收土地补偿安置费用应当在征地补偿安置方案批准之日起三个月内全额支付给被征地的单位和个人……被征地的单位和个人应当按规定的期限交付土地。征地补偿安置费用未按规定支付的……被征地的单位和个人有权拒绝交付土地。”根据上述法律法规的规定，征收集体土地，责令被征收人交出土地应当符合征地程序合法，征地补偿及时公平的条件，否则被征收人有权拒绝交出土地。该案中，广东省国土资源厅批准征收土地方案的时间是 2002 年，梅县区政府发布征收土地公告的时间也在 2002 年，但梅县区国土局一直未拟订征地补偿安置方案报梅县区政府批准并实施征地补偿安置方案，直至 2011 年征收实施单位才丈量、登记陈某群的被征收土地，直至 2017 年征收实施单位才将陈某群的征收补偿款划入其所在的村委会，但 2017 年仍按照 2000 年的征地补偿标准进行补偿。综上所述，涉案征地程序不合法，征地补偿标准明显低于《广东省征地补偿保护标准》（2016 年），陈某群得到的征地补偿不及时、不公平，在此情况下陈某群拒绝交出被征土地具有正当理由，梅县区国土局作出《关于责令限期交出被征土地的通知》，主要证据不足，适用法律错误，依法应当撤销。梅县区政府作出《行政复议决定书》维持《关于责令限期交出被征土地的通知》，认定事实和适用法律错误。原审判决正确，依法应予维持。据此，二审法院判决：驳回上诉，维持原判。

【裁判者说】

一、背景情况介绍

集体土地征收是一项对集体和公民合法财产进行处置的重大行为，政府应当严格遵循各项法定程序实施征收，征收补偿应当遵循及时补偿、公平补偿原则，切实保障被征收人的合法权益。但是，在实际征收过程中，政府对被征收人补偿安置不及时、不公平、不合理引发矛盾的情形仍时有发生，由此引发的行政纠纷并不鲜见。该案就是一个征地补偿“久拖不决”引发纠纷的典型案例。

二、确立裁判要旨的理由

该案的焦点问题是征收人造成征收补偿不合理延迟，被征收人能否拒绝交出被征土地？《土地管理法实施条例》（2014 年修订）第 25 条第 4 款规定：“征收土地的各项费用应当自征地补偿、安置方案批准之日起 3 个月内全额支付。”《广东省实施〈中华人民共和国土地管理法〉办法》(2008 年)第 32 条规定:“国家征收土地,依照法定程序批准后,市、县人民政府按以下程序组织实施征地:……(五)实施征地补偿安置方案和交付土地。征收土地补偿安置费用应当在征地补偿安置方案批准之日起三个月内全额支付给被征地的单位和个人……被征地的单位和个人应当按规定的期限交付土地。征地补偿安置费用未按规定支付的……被征地的单位和个人有权拒绝交付土地。”该案中,广东省国土资源厅批准征收土地方案的时间及梅县区政府发布征收土地公告的时间均在 2002 年,但征收实施单位直至 2011 年才丈量、登记涉案土地,直至 2017 年才将征收补偿款划入被征收人所在的村委会,征收人支付征收补偿款的时间远远超过《土地管理法实施条例》(2014 年修订)规定的支付期限。并且,被征收人的征地补偿款仍按照 2000 年的征地补偿标准进行计算,明显不合理,也不公平。在此情况下被征收人拒绝交出被征土地具有正当理由。法院判决撤销土地主管部门的交地通知是正确的。

三、运用裁判要旨需要注意的问题

人民法院在处理此类案件时要充分考虑案件的具体情况,认定被征收人拒绝交地是否具有正当理由。针对“征收补偿不合理延迟”这一情形,应充分考虑征收补偿不合理延迟是否可归责于市、县人民政府及其职能部门。同时还要综合考虑延迟期间当地物价、房价是否明显上涨,是否存在征收范围过大而难以在短期内对全部被征收人进行补偿安置的情形,从而认定征收补偿不合理延迟是否损害了被征收人及时、公平获得征收补偿的权利,被征收人拒绝交地是否具有正当理由。

(撰稿人:邹俊锋　广东省梅州市中级人民法院)

【专家评析】

该案的价值在于澄清了涉土地征收补偿案件的适用规则,明确被征收人在未获及时、公平、合理的补偿时,有权拒绝交出被征土地。

该案中,土地征收决定已于 2002 年发布,但涉诉的土地征收和征收补偿行为实际发生于 2017 年。《关于完善农用地转用和土地征收审查报批工作的意见》(国土资发〔2004〕237 号,现已失效)规定:“……农用地转用和土地征收批准文件有效期两年。农用地转用或土地征收经依法批准后,市、县两年内未用地或未实施征地补偿安置方案的,有关批准文件自动失效……”《土地管理法实施条例》(2014年修订)第25条第4款和《广东省实施〈中华人民共和国土地管理法〉办法》(2008年)第32条规定,征收土地补偿安置费用应当在征地补偿安置方案批准之日起3个月内全额支付给被征地的单位和个人,征地补偿安置费用未按规定支付的,被征地的单位和个人有权拒绝交付土地。因而,涉诉土地征收行为所依据的土地征收决定实际已失效,行政机关依据失效的土地征收决定实施的土地征收和补偿行为,不具有合法性。此外,《土地管理法》(2004年修正)第47条明确,征收耕地的补偿费用以征收前3年平均产值为计算的依据,征收其他土地的补偿费标准则由省、自治区、直辖市参照征收耕地的补偿费用的标准规定,并要求支付的补偿费应使农民能够保持原有生活水平。《广东省实施〈中华人民共和国土地管理法〉办法》(2008年)第30条则规定了高于《土地管理法》(2004年修正)规定的征收补偿标准。因而,行政机关依据2000年征地补偿标准计算被征收人的征地补偿费用,显失公平。综上,在征收及补偿行为不具有合法性且补偿费用计算显失公平的情形下,梅县区国土局作出《关于责令限期交出被征土地的通知》和梅县区政府作出《行政复议决定书》的行为,事实认定和法律适用错误,依法应予以撤销。

《宪法》(2004年修正)第10条第2款和《土地管理法》(2004年修正)第2条第4款规定,国家为了公共利益的需要,可以依照法律规定对土地实行征收或者征用并给予补偿。然而,尽管一系列法律规范明确土地征收必须出于“公共利益”,但“公共利益”术语界定的困难,导致实践中遏制过度征收、违法征收的任务几乎全落在土地征收补偿行为之上。因此,征收补偿可以说是土地征收的核心问题,关乎着土地征收的成败。现行《土地管理法》(2019年修正)第48条第1款规定:“征收土地应当给予公平、合理的补偿,保障被征地农民原有生活水平不降低、长远生计有保障。”土地征收补偿制度是协调、平衡和解决土地征收中权益冲突的一项重要法律制度。征收是为了公共利益而对被征收者所施加的额外负担,国家对其进行及时、公平、合理的补偿是实现正义的需要,也是对公民财产权这一宪法性权利的尊重与保护。倘若无法给予被征收人及时、公平、合理的补偿,将不可能遏制违法的土地征收行为,也不可能有效保护包括耕地在内的重要土地资源,更不可能实现农村稳定和乡村振兴。因此,行政机关在实施土地征收时,应严格依照新修订的《土地管理法》《土地管理法实施条例》等法律法规所列明的实体性和程序性规则，进行土地征收补偿。人民法院也应当在审理涉土地征收补偿问题的案件中，强化对补偿行为合法性、合理性和及时性的审查，保障被征收人合法权益不受行政行为的侵害。

（撰稿人：刘　恒　中山大学法学院）

案例35

“不确定法律概念”的审查方法与限度*

【裁判要旨】

《政府采购法实施条例》(2015年)第19条规定的“较大数额罚款”是对《政府采购法》(2014年修正)第22条“重大违法记录”的进一步明确,但仍属“不确定法律概念”。财政部门基于部门规章的授权,具有自行判断、认定的权力,明确“较大数额罚款”的过程属于事实要件裁量行为,人民法院应予尊重。

【关键词】

不确定法律概念　政府采购　重大违法记录　较大数额罚款

【基本案情】

2017年6月7日,广东宏茂建设管理有限公司(以下简称宏茂建设管理公司)作为采购代理机构,受政府采购人中山翠亨新区工程项目建设管理中心(以下简称翠亨新区建设管理中心)的委托,就“中山翠亨新区翠城道北段地下综合管廊及同步建设工程(全过程造价控制和管理)服务项目”进行公开招标采购。

原告广州菲达建筑咨询有限公司(以下简称菲达建筑咨询公司)、第三人广东信仕德建设项目管理有限公司(以下简称信仕德公司)参与了此次政府采购项目,并递交了投标文件。2017年7月26日,宏茂建设管理公司发出上述项目的中标公告,第二阶段中标供应商为菲达建筑咨询公司。2017年8月1日,信仕德公司对上述中标公告向宏茂建设管理公司提出异议,质疑事项包括:第二标段中

---

* 广州菲达建筑咨询有限公司诉中山市财政局投诉处理案,广东省中山市第一人民法院行政判决书(2017)粤2071行初1302号,广东省中山市中级人民法院行政判决书(2018)粤20行终712号。

标人菲达建筑咨询公司在参与其他投标项目时因业绩资料弄虚作假被广州市住房和城乡建设委员会处罚，根据《政府采购法》第 77 条规定，菲达建筑咨询公司不是合格投标人。随后，宏茂建设管理公司就上述质疑作出了答复，主要内容包括：经核查，菲达建筑咨询公司并无不良行为记录，也没有相关法律禁止该公司参与本次政府采购活动。

信仕德公司不服上述答复，于 2017 年 8 月 16 日向中山市财政局（以下简称市财政局）投诉翠亨新区建设管理中心及宏茂建设管理公司，要求对该公司提出的投诉事项进行处理，信仕德公司的投诉事项包括：菲达建筑咨询公司不具备投标人的资格。市财政局受理后，经核查发现：菲达建筑咨询公司在参加广州市南站区域地下空间及市政配套设施工程造价咨询服务项目投标时，提交的业绩资料存在弄虚作假的行为，广州市住房和城乡建设委员会依规定对菲达建筑咨询公司处以 77,122 元人民币的罚款（按招标项目合同金额 11,019,008 元的 7‰计算）。市财政局参考了广东省人民政府《广东省行政处罚听证程序实施办法》（1999 年）第 5 条“……本条前款的较大数额罚款，是指对公民处以 1000 元以上罚款，对法人或者其他组织处以 5 万元以上罚款”及第 6 条“对海关、金融、国税、外汇管理等实行垂直领导的行政机关和公安机关、国家安全机关的较大数额罚款标准，国家有关行政主管部门另有规定的，从其规定”的规定，认为“广州市住房和城乡建设委员会依规定对菲达建筑咨询公司处以 77,122 元人民币的罚款属于菲达建筑咨询公司因违法经营被处较大数额罚款”，据此，2017 年 9 月 18 日，市财政局作出《政府采购投诉处理决定书》（中财采购决〔2017〕9 号），认定菲达建筑咨询公司在参与本次投标活动时存在重大违法记录，不符合《政府采购法》第 22 条及《政府采购法实施条例》第 19 条规定，依法不能成为有效的供应商，责令重新开展政府采购活动。

菲达建筑咨询公司不服，向广东省中山市第一人民法院提起行政诉讼，请求：撤销市财政局作出的《政府采购投诉处理决定书》。

【裁判结果与理由】

广东省中山市第一人民法院一审认为，菲达建筑咨询公司在参与此次投标活动时存在重大违法记录，判决驳回了菲达建筑咨询公司的诉讼请求。菲达建筑咨询公司不服，以广州市住房和城乡建设委员会作出的 77,122 元人民币的罚款不属于“重大违法记录”为由，向广东省中山市中级人民法院提起上诉。

广东省中山市中级人民法院二审认为，关于菲达建筑咨询公司在参与涉案政府采购时，在前 3 年经营活动中是否存重大违法记录的问题，《政府采购法》（2014 年修正）第 22 条第 1 款第 5 项规定："供应商参加政府采购活动应当具备下列条件：……（五）参加政府采购活动前三年内，在经营活动中没有重大违法记录……"《政府采购法实施条例》（2015 年）第 19 条第 1 款规定："政府采购法第二十二条第一款第五项所称重大违法记录，是指供应商因违法经营受到刑事处罚或者责令停产停业、吊销许可证或者执照、较大数额罚款等行政处罚。"上述规定是对前述"重大违法记录"的进一步明确，并非所有的记录都可以被认定为"重大违法记录"，此类合法限制须基于对供应商违法经营行为的刑事、行政处罚而产生。因地方的情况千差万别，法律、行政法规通过赋予职权的方式，赋予了地方采购监督管理部门对"较大数额罚款"裁量的权力。财政部《财政机关行政处罚听证实施办法》（2005 年，现已失效）第 6 条第 2 款规定："……财政部以及专员办作出罚款行政处罚的，其'较大数额罚款'的标准为对公民作出 5000 元以上罚款，对法人或者其他组织作出 5 万元以上罚款。地方财政机关作出罚款行政处罚的，其'较大数额罚款'的标准按照各省、自治区、直辖市人大常委会或者人民政府的规定执行。"财政部办公厅《关于报送政府采购严重违法失信行为信息记录的通知》（财办库〔2014〕526 号）规定："一、政府采购严重违法失信行为的适用情形　供应商、采购代理机构在三年内受到财政部门作出下列情形之一的行政处罚，列入政府采购严重违法失信行为记录名单。（一）三万元以上罚款……"法院生效判决认定，市财政局参照《广东省行政处罚听证程序实施办法》（1999 年）作出的《政府采购投诉处理决定》，认定较大数额罚款属于执行法律法规的技术性必要措施，其并不违反《政府采购法》《政府采购法实施条例》的主旨，亦不违反上级行政机关的规范性文件规定，合理适当。市财政局认定"菲达建筑咨询公司因业绩资料弄虚作假被广州市住房和城乡建设委员会处以 77,133 元罚款"系较大数额罚款符合法律规定。菲达建筑咨询公司主张认定缺乏法律依据的理由生效判决不予采纳。据此，二审法院判决：驳回上诉，维持原判。

【裁判者说】

一、确立裁判要旨的理由

《政府采购法》（2014 年修正）第 22 条第 1 款第 5 项规定："供应商参加政府采购活动应当具备下列条件：……（五）参加政府采购活动前三年内，在经营活动中没有重大违法记录……”按此条款规定,政府采购供应商必须满足“没有重大违法记录”,这是《政府采购法》规定的供应商投标资格条件之一,“没有重大违法记录”属于“不确定法律概念”。《政府采购法实施条例》对“重大违法记录”这一“不确定法律概念”进一步作了说明,该条例第 19 条第 1 款规定:“政府采购法第二十二条第一款第五项所称重大违法记录,是指供应商因违法经营受到刑事处罚或者责令停产停业、吊销许可证或者执照、较大数额罚款等行政处罚。”上述条款使“重大违法记录”的概念更加精确化,但再次产生了一个新的“不确定法律概念”,即多大数额的罚款属于较大数额罚款?

中国地域性、行业性差异极大,如在贵阳市属于“较大数额罚款”,进而符合“重大违法记录”的规定,在广州市可能就不属于“较大数额罚款”“重大违法记录”,政府采购监管领域、保险监管领域等不同部委监管领域,“较大数额罚款”同样差异巨大。面对此种地域性、行业性的巨大差异,法律、法规很难制定统一、明确的“较大数额罚款”标准。从权责统一性来看,行政权既是一种权力也是一种责任,反之亦然,行政机关有职责必然有权力,《政府采购法实施条例》赋予地方政府采购监督管理部门限制政府采购供应商资格的职责,为履行监管义务,地方政府采购监督管理部门必然要对“较大数额罚款”进行明确,地方政府采购监督管理部门明确“较大数额罚款”,实质属于执行《政府采购法》《政府采购法实施条例》的必要措施,否则相关条款将无法执行,财政部门具有自行判断、认定的权力,这是行政法规的授权。法律、法规通过赋予职权的方式,赋予了地方采购监督管理部门对“较大数额罚款”进行裁量的权力,其在作用上弥补地域性、行业性巨大差异带来的法律规定的天然不足。

二、法院审查的限度

通说认为,对于要件事实司法机关要进行全面审查,但《政府采购法实施条例》(2015 年)第 19 条所规定的“较大数额罚款”,财政部门具有自行判断和认定的权力,实质已属于要件事实裁量,因专业性、价值判断等因素,行政机关有一定的判断余地,人民法院对于行政机关的要件事实裁量只适宜进行有限审查,仅作合理性裁量。

三、其他问题

在案件审理过程中,广东省人民政府对《广东省行政处罚听证程序实施办法》(1999 年)进行修订,[1]对法人或者其他组织处以罚款的“较大数额”从 5 万元以上提升为 10 万元以上,即在诉讼中,市财政局参考的标准存在更替。但这并不意味着相关企业从有“重大违法记录”变成了没有“重大违法记录”,需要变更涉案行政行为。理由在于:第一,上述变化并不是法律要件本身标准的变化,亦不是发生在涉案行政行为期间,不存在通过必要的调整或变更才能达到公平合理执法效果的问题;第二,行政处罚中“较大数额罚款”听证的权利与政府采购“重大违法记录”并不是正相关关系,两者有不同的价值取向。听证制度中“较大数额罚款”的规定,是为保证当事人陈述、申辩和要求听证等权利,各地、各部门有升高相关标准的,亦有降低相关标准的,总体而言,罚款导致听证标准有降低趋势,尽可能让当事人享有听证的权利。《北京市行政处罚听证程序实施办法》(2018 年修改)第 2 条第 2 款规定:“前款所称较大数额罚款由市级行政机关确定,并报市政府法制机构备案。”政府采购“重大违法记录”反映的是行政机关对违法经营产生的不良信用记录的排斥,以推进政府采购诚信建设。故相关裁量没有调整或者变更的必要,生效判决支持行政机关合理有效行使行政裁量权,对于规范政府采购的诚信建设,规范行政机关合理有效地行使行政裁量权均具有一定参考意义。

(撰稿人:王　昕　广东省中山市中级人民法院)

【专家评析】

该案争议的焦点在于判断广州市住建委对该案原告菲达建筑咨询公司因在此前的招投标项目中存在业绩资料弄虚作假的行为被处以 77,122 元的罚款是否属于《政府采购法》(2014 年修正)第 22 条第 1 款第 5 项中所规定的“重大违法记录”的情形,这将直接关系该案原告是否具备政府采购投标人资格。根据《政府采购法实施条例》(2015 年)第 19 条的规定,供应商因违法经营受到“较大数额罚款”属于“重大违法记录”的情形之一。因此,对该处罚行为是否构成“重大违法记录”的判断又进一步细化到判断该行为是否属于“较大数额罚款”。法院在审查中认可了广州市财政局参照《广东省行政处罚听证程序实施办法》(1999 年)

① 2018 年修订的《广东省行政处罚听证程序实施办法》第 5 条第 2 款规定:“前款所称较大数额罚款,是指对公民的违法行为处以 5000 元以上罚款,对法人或者其他组织的违法行为处以 10 万元以上罚款。”

第 5 条、第 6 条规定将用以进行处罚听证的罚款数额标准作为认定政府采购领域因违法经营受到较大数额罚款标准的做法。该案判决中涉及法院对行政机关进行的事实认定裁量之审查。

法院可以审查行政裁量,但并不意味着法院可以任意干预行政裁量。法院对行政裁量给予适度的尊让,是司法与行政职能分工的需要。该案中法院认可了行政机关对“较大数额罚款”这一事实要件的裁量。理由在于:第一,根据财政部《财政机关行政处罚听证实施办法》(2005 年)第 6 条第 2 款的规定,中央与地方财政部门进行处罚听证时适用不同的“较大数额罚款”判断标准。其中,“财政部以及专员办作出罚款行政处罚的,其‘较大数额罚款’的标准为对公民作出 5000 元以上罚款,对法人或者其他组织作出 5 万元以上罚款。地方财政机关作出罚款行政处罚的,其‘较大数额罚款’的标准按照各省、自治区、直辖市人大常委会或者人民政府的规定执行”。地方采购监管部门亦通过部门规章赋权获得了对“较大数额罚款”进行裁量的权力。第二,地方采购监管部门对事实要件的裁量属于技术性的必要措施,并没有违反上位法的主旨,亦未违反规范性文件的规定,合理适当。该案展示了法院对行政机关事实认定审查的方法与限度。在审查方法上,一看地方行政机关对事实要件的裁量是否有职权依据,二看地方政府是否遵循依据对事实要件进行裁量判断;裁量限度在于判断其是否有违反上位法的主旨、是否有违反上级行政机关制定的规范性文件要求。

法院对行政机关所认定的事实进行审查是司法审查中重要的一环,特别是在强调以“事实为依据”观念之下,法院对行政机关所认定事实的审查几乎是没有限制的,但若法院完全以自己的判断代替行政机关的选择,则也可能让自己陷入事实认定的泥潭,产生新的合法性问题。因此,在没有明显违法、显失公正的情形下,法院对于行政机关对事实要件的裁量应当给予必要的尊重。

(撰稿人:覃　慧　华南师范大学法学院)

案例 36

规范性文件不得超越上位法增加相对人的义务*

【裁判要旨】

行政规范性文件涉及加建电梯行政许可时,应当遵循上位法关于业主共同行使权利实行票决制的规定,不得增设申请人的法外义务。原告未明确诉请附带审查规范性文件,但请求内容包含该意思表示或者不进行审查将导致明显不合理的结果时,人民法院应当主动审查规范性文件;规范性文件与上位法相抵触的,人民法院不予参照适用。

【关键词】

加装电梯　建设工程规划许可　规范性文件附带审查

【基本案情】

自 2018 年 6 月,珠海市里维埃拉一期 6 栋一单元业主开始筹备加装电梯事宜,除 201 房、202 房业主外,其余业主均同意增设电梯。2018 年 10 月,被告珠海市自然资源局经初审后公示了加装电梯项目设计方案。2019 年 7 月 2 日,被告珠海市自然资源局收到原告罗某等提交的关于里维埃拉加装电梯方案及申请,承诺于 2019 年 7 月 16 日前办结。2019 年 7 月 10 日,被告作出《珠海市里维埃拉一期 6 栋加装电梯方案的审核意见》(以下简称《加装电梯审核意见》)。该审核意见告知原告:该加装电梯方案尚未与对增设电梯事项持有异议的业主达成谅解,根据《珠海市人民政府关于印发珠海市既有住宅增设电梯指导意见的通知》(珠府〔2018〕50 号)第 8 条、第 11 条的规定,请补充与不同意增设电梯的业主达成补

* 罗某等诉珠海市自然资源局不颁发建设工程规划许可证案,广东省珠海市中级人民法院行政判决书(2019)粤 04 行初 60 号,广东省高级人民法院行政判决书(2020)粤行终 1363 号。

偿协议等材料,并妥善处理相关异议。原告罗某等收到《加装电梯审核意见》后,就补偿事宜积极与两户反对业主协商,在遭拒绝后提交补充材料,再次申请审批。但被告珠海市自然资源局以需要全体业主同意为由,拒绝加装电梯方案的审批。原告罗某等诉至法院,请求判令被告在法定期限内颁发规划许可证,许可原告加装电梯。

另查明,自2016年10月22日起施行的珠海市人民政府《珠海经济特区城乡规划条例实施办法》(2016年)第46条第1款规定:"既有住宅建筑需要使用共有部分增设电梯的,应当满足城市规划、建筑设计、结构安全和消防安全等规范,并征得本建筑单元内全体业主的同意后报规划部门审批。"2018年5月,珠海市人民政府根据珠海市人民政府《珠海经济特区城乡规划条例》(2013年),制定了《珠海市既有住宅增设电梯指导意见》(2018年),第3章"规划许可"第15条规定:"公示无异议或者已妥善处理异议后,申请人应当向城乡规划行政主管部门申领增设电梯的建设工程规划许可证。申请人申领增设电梯建设工程规划许可证的,应当符合下列条件:(一)申请人与在增设方案公示期内提出异议的相关业主已达成一致意见的证明材料……"

【裁判结果与理由】

广东省珠海市中级人民法院一审认为,根据法律关于业主共同行使权利实行票决制的规定,加建电梯的行政许可无须征得全体共用业主同意。加建电梯,属于重建附属设施,应当适用《物权法》(2007年,现已失效)第70条和第76条规定[①]。据此,业主对于专有部门以外的共有部分,包括公共场所、公用设施、道路、绿地等,享有共有和共同管理的权利;这种共有和共同管理的权利属于全体业主,业主权利的行使实行票决制,即2/3以上业主通过即可。据此,增设电梯的表决只需2/3以上业主同意,少数业主不具有否决权。被诉《加装电梯审核意见》要求原告提供全体业主同意加建电梯材料,有违前述关于业主共同行使权利实行票决制的法律规定。被告明知201房和202房两异议业主的诉求难以在行政程序

① 《物权法》第70条规定:"业主对建筑物内的住宅、经营性用房等专有部分享有所有权,对专有部分以外的共有部分享有共有和共同管理的权利。"第76条规定:"下列事项由业主共同决定:……(五)筹集和使用建筑物及其附属设施的维修资金;(六)改建、重建建筑物及其附属设施……决定前款第五项和第六项规定的事项,应当经专有部分占建筑物总面积三分之二以上的业主且占总人数三分之二以上的业主同意……"

中妥善解决,无论《加装电梯审核意见》要求原告与异议业主就利益受损业主进行补偿的资金筹集方案进行协商,还是要求原告补充业主就维修保养费用分摊方案达成一致意见的证明材料,实质上是要求原告提供全体业主同意加建电梯材料,亦即变相架空《物权法》(2007 年,现已失效)第 76 条双"三分之二"的规定。此外,《加装电梯审核意见》还要求与持有异议的业主达成谅解并妥善处理相关异议,不仅要求过高,也缺乏可执行性。加建电梯政策有鼓励之意,是惠民举措,旨在提升宜居水平,相关行政行为(包括规章与规范性文件)应当契合政府加建电梯政策精神并符合法律规定,而不应逾越法律规定增设行政许可条件让加建电梯政策目的难以实现。据此,一审法院依照《行政诉讼法》(2017 年修正)第 72 条规定,判决珠海市自然资源局于一审判决后 30 日内就原告关于增设电梯工程规划许可的申请履行法定职责。

珠海市自然资源局以"《加装电梯审核意见》适用依据正确,处理过程符合珠海市有关既有增设电梯建设项目申请规划许可的发放条件、程序和基本条件的规定,不存在违反《物权法》等法律、行政法规的情况"等为由,提起上诉。

广东省高级人民法院二审认为,既有住宅加装电梯工程,是对原住宅垂直交通方式的完善,属于对建筑物局部改建,并非新建工程。并且增设电梯所使用的土地,属于本栋楼业主共有的建筑所占用的土地,不是低层业主独有的。因此,旧楼增设电梯作为改建附属设施事项,表决程序亦只需 2/3 以上业主同意,少数业主不具有否决权。涉案加建电梯项目申请规划许可过程中,除珠海市自然资源局与异议业主作出回应及协调工作,罗某等 10 人亦竭力配合规划部门的建议及异议业主的意见,制订有效的方案,已经尽到必要且充分的注意义务。但珠海市自然资源局最终作出《加装电梯审核意见》,实质是要求提供全体业主同意加建电梯的材料,明显有违《物权法》(2007 年,现已失效)第 76 条双"三分之二"的规定;该意见同时要求许可申请方与异议业主就加装电梯方案达成谅解,对于许可申请人过于严苛。此外,珠海市自然资源局二次作出加装电梯项目设计方案的批前公示,均明确现场公示方法、公示期间和有效意见反馈方式,但 201 房和 202 房业主未按公示所要求的"有效反馈意见方式"或时限提出异议,属于无效异议。一审法院判决珠海市自然资源局限期履行法定职责,依据充分,结果正确。二审法院作出判决:驳回上诉,维持原判。

【裁判者说】

该案判决生效后，珠海市自然资源局主动履行了判决确定的义务，珠海市人民政府将《珠海经济特区城乡规划条例实施办法》(2016 年)与上位法相悖的加装电梯条款予以删除，并于 2021 年 3 月 13 日依照《民法典》第 278 条第 1 款第 7 项规定，发布了新的《珠海市既有住宅增设电梯指导意见》。

一、附带审查的主动适用

《行政诉讼法》(2014 年修正)第 53 条确立了规范性文件附带审查制度，要求法院在审理当事人的诉讼请求时，对行政行为所依据的行政诉讼规范性文件一并审查。公民、法人或者其他组织认为行政行为所依据的规范性文件不合法，在对行政行为提起诉讼时，可以一并请求对该规范性文件进行审查。法院认为规范性文件不合法的，不把它作为认定行政行为合法性的依据，并向制定机关提出处理建议。《最高人民法院关于适用〈中华人民共和国行政诉讼法〉的解释》(法释〔2018〕1 号)以专章对规范性文件附带审查作了详细规定。但法律与司法解释对规范性文件启动合法性审查是否以原告申请为必要条件没有明确规定。该案的审理对此确立了一个原则，即符合以下三个因素的，法院可以主动对规范性文件进行附带性审查：第一，诉讼目的性。原告起诉的目的是什么。就该案而言，原告请求行政机关履行加装电梯许可的职责。行政机关作出的《加装电梯审核意见》表面上虽未剥夺原告继续申请行政许可的权利，但依据的规范性文件要求提供全体业主同意的材料方可审批的条件设定，导致原告不具备许可程序现实完成的可能性。如果要实现该诉讼目的，对作为行政决定依据的规范性文件的合法性进行审查则无法回避。第二，当事人的诉讼能力。规范性文件审查，属于抽象行为审查，对当事人的诉讼能力和法律理解有较高的要求，因此，在实践中往往出现原告因为诉讼能力欠缺未提出附带审查规范性文件或未及时提出的情形。但法院应当综合考虑案件原告一审、二审的诉辩理由，如果其中已充分表明被诉行政行为违反上位法的意见，则应认定其实质性地提出了相应的附带审查申请。第三，实质性化解行政争议。司法审查除了个案的处理结论之外，还应当尽可能地一次性化解争议，定分止争。该案中，法院主动对《加装电梯审核意见》所依据的规范性文件进行合法性审查，有其必要性，不仅局限于案件的程序性终结，而是实现行政审判权对起诉人正当诉求的切实有效保护，案结事了。

二、参照规章的边界

《行政诉讼法》(2014 年修正)第 63 条第 3 款规定:"人民法院审理行政案件,参照规章。"在规章的规定可能与上位法或者整个法律制度的精神相背离时应当如何参照,该案裁判对此进行了积极探索:第一,规章与法律或者上位法的关系问题。规章或者规范性文件是为实现法律目的服务的,凡违背立法目的的规定,不能也不应被赋予有效性。第二,规章是法律的具体化、落实或者操作办法。第三,规章不能变相变通、扭曲法律的明确具体规定,以实现行政管理的其他目的。如果规章与上位法存在冲突的,则应依循立法统一性、安定性原理,按法律优先原则处理。法律、规章内涵一致的,适用规章;不一致甚至冲突的,直接适用法律。另外,法律优先是指法律在效力上高于任何其他法律规范(狭义上);也指上一层次的法律规范效力高于下一层次的法律规范效力(广义上)。[①] 具体要求在于,包括规章在内的所有行政行为必须遵循法律优先原则,如果行政立法与上位法相抵触应无效。[②] 对于法院而言,对此的考量原则:"一是人民法院认为行政机关根据规章作出的行政行为是合法的,应当肯定其效力,并据此对行政行为的合法性作出评价;二是对不符合法律、行政法规的规章,不予适用,而应当适用法律和行政法规;三是地方性规章的效力低于地方性法规,地方性规章与地方性法规相冲突时,应当适用地方性法规。"[③]该案中,案涉地方规章珠海市人民政府《珠海经济特区城乡规划条例实施办法》(2016 年)关于增设电梯应当征得本建筑单元内全体业主的同意后报规划部门审批之规定,不符合上位法《物权法》(2007 年,现已失效)第 76 条关于少数业主不具有否决权的规定,法院应当排除适用。

三、间接审查的法律效果

对行政规范的合法性审查大致有两种方式:一是直接审查,即在判决中对案涉行政规范作出合法与否明确予以评判;这种审查结果既体现于裁判说理中,也直接写入裁判主文。二是间接审查,即在判决中不予评判案涉行政规范合法性,而选择适用上位法;这种对案涉行政规范合法性审查结果,不见于裁判说理,更不见于裁判主文,但可从裁判结果中推出。该案被诉《加装电梯审核意见》既未直

---

① 参见应松年主编:《当代中国行政法》(第 1 卷),人民出版社 2018 年版,第 113 ~ 115 页。

② 参见应松年主编:《当代中国行政法》(第 3 卷),人民出版社 2018 年版,第 875 页。

③ 江必新主编:《行政诉讼法及司法解释关联理解与适用》(下册),中国法制出版社 2018 年版,第 631 页。

接援引《珠海市既有住宅增设电梯指导意见》(2018 年),也未适用案涉地方规章珠海市人民政府《珠海经济特区城乡规划条例实施办法》(2016 年)相关规定,珠海市自然资源局一审、二审均引述两行政规范相关规定,法院审查时发现两行政规范与《物权法》(2007 年,现已失效)相冲突,而且《加装电梯审核意见》要求原告补充提交与持有异议的业主达成谅解并妥善处理相关异议等材料,本质上属于增设申请人的法外义务。最终,法院判决说理虽未就案涉两行政规范的合法性予以评述,但明确认定被诉《加装电梯审核意见》适用法律错误,选择适用上位法《物权法》(2007 年,现已失效)第 76 条关于少数业主不具有否决权的规定,判决被告履行法定职责。法院通过间接审查,没有明确认定规范性文件与上位法冲突而否定其合法性,仅对行政机关违反上位法不履行职责的行为予以更正,引而不发,给行政机关自行修正其规范性文件的机会,既公正解决了个案,在目前的环境下,又有利于社会综合治理目标的实现。

(撰稿人:唐　文　广东省珠海市中级人民法院
方丽达　广东省高级人民法院)

【专家评析】

该案争议的问题表面上是珠海市自然资源局作出拒绝罗某等人申请加装电梯审核意见的合法性问题,但本质上需要判断的是珠海市自然资源局作出《加装电梯审核意见》的依据是否合法。主要依据包括作为地方政府规章的《珠海经济特区条例城乡规划实施办法》(2016 年)与作为规范性文件的《珠海市既有住宅增设电梯指导意见》(2018 年)。

该案中原告罗某等人虽未在起诉时附带提请对规范性文件的审查,但法院考虑到原告的真实诉讼目的在于请求行政机关履行加装电梯许可的作为职责,但行政机关作出《加装电梯审核意见》所依据的规范性中的有关规定将导致原告不满足申请许可的条件,须主动启动对规范性文件的合法性审查。这一做法也有助于该案尽可能一次性化解争议,实现案结事了。该案裁判者也提出了法院主动对规范性文件进行附带性审查需要考虑的因素,即原告的诉讼目的、当事人诉讼能力及实质性化解行政争议。从"裁判者说"有关内容的阐释来看,法院对待主动启动对规范性文件审查在态度上还是较为保守,认为需要满足特定因素才可主动启动。比如关于当事人诉讼能力的阐释,认为原告因为诉讼能力欠缺未提出或未及时提出对规范性文件附带审查请求,但原告的诉辩理由充分表明被诉行政行为违反上位法意见则视为当事人提出了附带审查请求。事实上,尽管没有当事人的申请,法院也有主动审查的职责,无须附条件。

规范性文件的附带性审查是《行政诉讼法》(2014 年修正)明确的要求,该法第 53 条第 1 款规定:“公民、法人或者其他组织认为行政行为所依据的国务院部门和地方人民政府及其部门制定的规范性文件不合法,在对行政行为提起诉讼时,可以一并请求对该规范性文件进行审查。”但这并不意味着法院对规范性文件只能依当事人申请启动审查,法院同样可以依职权主动审查。理由在于:其一,从我国行政诉讼制度的功能来看,行政审判承载着公正解决行政争议、充分保护相对人合法权益、有效监督行政、维护法律正确实施的作用,法院对行政行为进行全面审查,不以当事人请求为限。法院要对被诉行政行为合法性进行判断,自然离不开对其依据的规范性文件的审查,即规范性文件本身是否合法、对规范性文件的理解适用是否正确等。其二,《行政诉讼法》(2014 年修正)第 34 条第 1 款规定,被告应当在答辩时提交行政行为所依据的规范性文件;《最高人民法院关于适用〈中华人民共和国行政诉讼法〉的解释》(法释〔2018〕1 号)第 100 条第 2 款规定:“人民法院审理行政案件,可以在裁判文书中引用合法有效的规章及其他规范性文件。”规章及其他规范性文件是否“合法有效”必先受到审查,这一条司法解释本身就包含着法院对规范性文件主动审查的要求。其三,有学者梳理我国行政诉讼发展史后发现,即使旧《行政诉讼法》没有明文规定法院对规范性文件附带审查的要求,法院也在依职权主动审查,实务中有不少相关案例。① 我国法院有对作出行政行为依据的规范性文件进行主动审查的权力和职责。

(撰稿人:覃　慧　华南师范大学法学院)

① 参见何海波:《论法院对规范性文件的附带审查》,载《中国法学》2021 年第 3 期。

六、信赖利益保护原则的适用

案例 37

后续变更登记的申请人基于在先登记行为产生的信赖利益应受保护*

【裁判要旨】

行政行为确定力原则要求，不动产登记行为未被依法撤销或者确认无效前，行政机关仍应受该行政行为约束。后续变更登记的申请人基于在先登记行为产生信赖利益，登记机关不得拒绝变更登记。

【关键词】

行政行为　确定力　变更登记　信赖利益

【基本案情】

东莞市第一人民法院于 2014 年 6 月 10 日作出(2013)东一法执字第 4926 号之二《执行裁定书》，以“以物抵债”为由，裁定将登记权属人为苏某发的东莞市东城区樟村利丰花园商铺 20 号、21 号、22 号铺位所有权转移给郭某威。东莞市房产管理局(以下简称东莞房管局)根据东莞市第一人民法院《执行裁定书》《协助执行通知书》，将上述商铺的《房地产权证》权属人变更登记为郭某威。后郭某威与刘某莺于 2016 年 11 月 1 日签订《房地产买卖合同》，约定出售上述三间商铺给刘某莺。2016 年 12 月 6 日，郭某威向东莞房管局申请转移登记，东莞房管局于 2017 年 3 月 16 日作出《不动产登记不予受理告知书》，不予受理郭某威的转移登记申请。郭某威于 2017 年 7 月向东莞市第一人民法院提起行政诉讼，东莞市第

---

* 郭某威诉东莞市房产管理局房屋登记案，广东省东莞市第一人民法院行政判决书(2018)粤 1971 行初 110 号，广东省东莞市中级人民法院行政判决书(2018)粤 19 粤行终 320 号。

一人民法院作出(2017)粤1971行初416号、417号行政判决,撤销东莞房管局上述《不动产登记不予受理告知书》,判决东莞房管局对郭某威的登记申请予以受理。

判决生效后,郭某威于2017年12月1日再次向东莞房管局提交申请转移登记资料,东莞房管局当天出具《不动产登记受理凭证》给郭某威。办理登记过程中,东莞房管局取得东莞市国土资源局东城分局的《利丰花园办证情况示意图》和东莞市东城测绘队《利丰花园红线示意图》,显示该三间商铺所在的利丰花园的土地使用证分属东府国用(1998)字第特198号国有土地使用权证和东府集用(1998)字第1900021000075号集体土地使用证。上述东莞市东城测绘队2018年1月8日制作的《利丰花园红线示意图》显示,该案争议的20号、21号、22号铺位位于东府集用(1998)字第1900021000075号集体土地使用证登记的土地范围内。据此,东莞房管局作出《不予登记告知书》,依照《不动产登记暂行条例》(2014年)第22条的规定,决定不予登记。郭某威不服,遂于2018年1月8日再次提起行政诉讼。

【裁判结果与理由】

东莞市第一人民法院一审认为,原告提供的涉案三间商铺于2003年12月4日登记为苏某发所有,并取得房地产权证。之后经人民法院执行裁定,原告郭某威继受取得该三间商铺所有权,并已通过变更登记取得房地产权证,上述房地产权属证明文件均记载该房屋的土地使用权归国有。被告虽经调查取证发现,原告申请所有权转移登记的三间铺位使用的土地为集体土地,并适用《土地管理法》(2004年修正)第43条关于"任何单位和个人进行建设,需要使用土地的,必须依法申请使用国有土地……"和第63条"农民集体所有的土地的使用权不得出让、转让或者出租用于非农业建设……"的规定,不予办理变更登记,但是该法律规定并未实际影响涉案商铺之前的房地产权属登记,被告并未改变之前的登记行为。原告取得涉案商铺产权,在涉案商铺之前的房地产权证已经被登记为国有的情况下,被告认为原告该案登记申请违反《土地管理法》(2004年修正)第43条、第63条的规定,主要证据不足,不予登记行为不符合《不动产登记暂行条例》(2014年)第22条的规定,属于适用法律错误。原告申请转移登记仅涉及所有权人的变更,并不改变该房屋其他登记要素。如涉案商铺涉嫌违法用地,应当由其他法律程序处理。被诉《不予登记告知书》依法予以撤销,被告应当对原告的该案登记申请重新作出处理。在没有新的证据、新的事实或理由足以影响该案转移登记的情况下,被告应当按现状予以登记。法院据此判决:(1)撤销被告东莞房管局于 2018 年 1 月 8 日作出的《不予登记告知书》;(2)被告东莞房管局在本判决发生法律效力之日起 30 个工作日内重新作出处理。东莞房管局不服,提起上诉。

东莞市中级人民法院于 2018 年 12 月 18 日作出(2018)粤 19 行终 320 号行政判决:驳回上诉,维持原判。

法院生效裁判认为,行政行为的稳定性功能要求行政行为所规制的内容具有稳定性,从而形成行政行为的确定力。行政行为一经作出,在有权机关依循法定程序、根据法定理由撤销或确认无效之前,对原行政机关、行政相对人以及其他行政机关与人民法院甚至包括一般公众都产生法律上的约束效力,相关当事人都应当遵守和服从,不得任意对抗或否定。该案中,案涉房产先后于 2003 年、2014 年两次发生权属转移,东莞房管局均予以登记并颁发房地产权证,其行政登记行为已然两次作出并生效。换言之,就同一房产,东莞房管局已对其土地权属来源及宗地单位等条件进行了实质性审查并确认其符合当时的法定条件,其权属登记及转移登记的合法性已得到确认,除非先前的登记行为被依法撤销或确认无效,否则东莞房管局不应在其后再作出与前者相悖的事实认定从而作出前后矛盾的不予登记行为。至于东莞房管局辩称原登记行为存在疏漏、规范不完善等理由,实际上是对原生效行政行为"既定力"的对抗,可循其他法定程序予以解决,但在此之前,不能作为不予登记的合法理由。另外,在该案之前,郭某威已就申请案涉房产转移登记受拒起诉东莞房管局,原审法院受理后亦已作出重作判决,撤销《不动产登记不予受理告知书》,并要求东莞房管局重新作出处理。但东莞房管局重新处理后又以类似理由作出《不予登记公告书》,遂成本诉。《行政诉讼法》(2017 年修正)第 71 条规定:"人民法院判决被告重新作出行政行为的,被告不得以同一的事实和理由作出与原行政行为基本相同的行政行为。"东莞房管局应严格遵守上述法律规定。综上,东莞房管局就同一房产的同一转移登记申请,再次作出《不予登记公告书》,不仅违背了行政行为的效力原理,亦违反《行政诉讼法》(2017 年修正)第 71 条关于"重作判决对被告的限制"的规定。

【裁判者说】

一、背景情况介绍

已发房产证的房屋,转移登记时房屋登记部门却以土地性质纠纷等历史理由不予办理过户登记。此种情况在东莞市并不少,如何处理成为了社会关注热点。案件涉及历史遗留问题,政策性强,情况复杂,审理难度很大。

二、确立裁判要旨的理由

该案判决从行政行为“确定力”原理的角度进行评判,对已颁发房产证的情况,房管部门已对房屋的土地权属来源及其他条件进行了实质性审查并确认其符合当时的法定条件,其权属登记及转移登记的合法性已得到确认,除非先前的登记行为被依法撤销或确认无效,否则房管部门不应作出与之前者相悖的不予登记行为。

三、运用裁判要旨需要注意的问题

运用上述裁判要旨,重点是准确把握何种信赖利益值得保护,在司法审查中,适用信赖保护原则可以概括为“存在信赖基础、具备信赖行为、信赖值得保护”三个条件。首先,存在信赖基础,即行政机关作出的行政行为生效且此生效事实被相对人获知。其次,具备信赖行为,是指相对人基于对行政行为确定力的信赖而作出具体行为,即行政相对人基于信赖行政行为不会变动而对自己的权利或财产作出了处分。最后,信赖值得保护,即信赖须是基于信赖基础而合理产生的“正当信赖”,要求行政相对人对行政行为的作出须无过错,否则信赖即因不具有正当性而不能得到信赖保护。该案中,案涉房产已经发生两次权属转移,郭某威基于对房管部门登记行为的信赖,购买案涉商铺产权并要求过户,在前述行政行为未被否定的情况下,郭某威的信赖利益应当受到法律保护。

四、其他问题

第一,历史遗留问题引发的行政纠纷,审理时要遵循“尊重历史、照顾现实”的工作原则。要对历史遗留问题作出中肯、符合法理、保护群众合法产权利益的认定。

第二,“人民法院判决被告重新作出行政行为的,被告不得以同一的事实和理由作出与原行政行为基本相同的行政行为”。该案中,东莞房管局就同一房产的同一转移登记申请,再次作出《不予登记公告书》,不仅违背了行政行为的效力原则,亦有违反《行政诉讼法》(2017 年修正)第 71 条的规定之嫌。行政机关应当严格遵循上述法条,在行政行为被法院判决重作之后,禁止以相同或类似理由作出相同的行政行为。

(撰稿人:孙立凡　广东省东莞市中级人民法院)

【专家评析】

行政行为的确定力意味着行政行为一旦作出，即对行政机关产生拘束力，行政行为具有相对稳定性，非因法定事由并经法律程序不能被改变或者撤销。行政行为的确定力是行政诚信原则产生的基础，而在行政诚信原则的基础上又产生了行政相对人的信赖利益，即公民、法人或者其他组织基于对行政权的基本信任而获得的利益应受到法律保护。

信赖利益可大致分为两类：广义上的信赖利益是指所有行政行为作出并生效后，行政相对人基于该行政行为所取得的利益，包括完全合法的利益和有瑕疵的利益；狭义上的信赖利益仅指行政相对人主要因行政机关的过错而取得的有瑕疵的利益。因合法行政行为产生的行政相对人完全合法的利益应受到法律保护属题中应有之义，至少从司法角度观之，援引信赖利益及信赖利益保护原则阐释其可保护性似显多余。司法实践主要在解决行政相对人主要因行政机关的过错而取得的有瑕疵的利益是否应受法律保护问题时，才会重点援引信赖利益保护原则阐述裁判理由。

信赖利益保护原则广泛存在于授益行政领域，但是直接体现该原则的法律法规较少，目前比较常被提及的范例是《行政许可法》（2019 年修正）第 69 条，我们可以该条为例阐释信赖利益保护原则的适用条件和适用方式。该条第 1 款列举了四种情形下作出的行政许可，可以根据利害关系人的申请或者依据职权予以撤销："（一）行政机关工作人员滥用职权、玩忽职守作出准予行政许可决定的；（二）超越法定职权作出准予行政许可决定的；（三）违反法定程序作出准予行政许可决定的；（四）对不具备申请资格或者不符合法定条件的申请人准予行政许可的。"另外，该款兜底项还规定了其他未能详尽列举的情形，从前述四项已列举的内容，可推导出"其他情形"为，其他因行政机关的过错（包括混合过错）作出的不合法或者有瑕疵的行政许可决定。从第 1 款的文字规定考察，其规定"可以"撤销行政许可，当然也同时意味着可以不予撤销，并且该条第 3 款明确规定，撤销行政许可可能对公共利益造成重大损害的，不予撤销，第 4 款规定因上述情形撤销许可对被许可人的合法权益造成损害的，行政机关应当依法给予赔偿。以上内容比较完整地体现了信赖利益保护原则的基本内涵：行政相对人因行政机关的过错通过授益行政行为取得的利益应受保护，该利益原则上不应撤销，确实需要撤销的，行政机关应当对行政相对人作出赔偿。

涉案三间商铺已经先后于2003年、2014年发生两次产权变更登记，该两次登记行为均将商铺用地性质登记为国有土地，并且至今有效，故其已经产生确定力，具有法律效力，行政机关应受该登记行为拘束。虽然该三间商铺用地本属集体土地，而郭某威取得的房地产权证将商铺用地登记为国有土地，但该错误主要由登记机关过错造成，郭某威对此并无过错，故其已因登记行为取得信赖利益，并有权继续处分该权益。登记机关拒绝涉案变更登记申请，实质上是硬性否定郭某威已经取得的信赖利益，拒绝其将已经取得的三间商铺继续作出处分，这种做法与行政行为确定力原则及信赖利益保护原则相悖，法院撤销其不予登记行为，并判令其重作出处理是正确的。

客观地讲，行政机关对郭某威的申请重新作出实体处理的难度很大，从实质化解行政争议角度出发，人民法院如果能够在裁判文书中对登记机关“重新作出处理”作出适当指引，或者在裁判生效之后另行对登记机关作出指引将会更好。具体而言，行政机关初始登记行为存在直接违反《土地管理法》（2004年修正）相关规定，未经法定征收程序即将集体土地直接登记为国有土地的重大违法情形，但是涉案房地产项目已经建成并已出售和办理不动产登记（部分房屋已经过多次连续转移登记），撤销相关初始登记行为将损害众多善意第三人的重大权益，救济程序将十分复杂，并有可能影响社会稳定，故应对原违法用地的当事人作出行政处罚，并责令其补办将集体土地征收为国有的全部手续，同时认可众多后续不动产权登记的法律效力。具体到该案，就是认定郭某威2014年通过人民法院执行程序取得的不动产登记有效，并同意其将涉案三间商铺继续转移登记给刘某莺的申请。

（撰稿人：付洪林　华南师范大学政府改革与法治建设研究院）

案例 38

规章变动情形下信赖利益的认定*

【裁判要旨】

规章变动时,行政相对人基于原规章内容产生的信赖利益应受保护。在认定是否存在信赖利益时,须全面考量是否存在稳定理性的信赖基础、相对人有无实施完整的信赖行为以及有无因信赖蒙受利益损失等多个因素,亦可参考合法合理的行政惯例。

【关键词】

规章变动　信赖利益　行政惯例

【基本案情】

2016 年 7 月 18 日,深圳市福田区城市更新办公室确认深圳市雅钰投资发展有限公司(以下简称雅钰公司)为涉案地块拆除重建更新项目的实施主体,并于同年 8 月 23 日与该公司签订了《项目实施监管协议》。该公司于 2016 年 10 月 31 日前将涉案项目旧有建筑全部拆除,2016 年 12 月 30 日完成建筑物产权注销手续,2017 年 7 月完成贡献用地移交工作,2017 年 7 月 18 日取得建设用地规划许可证,后该许可证失效。2017 年 11 月 2 日,该公司再次取得建设用地规划许可证。

深圳市人民政府于 2016 年 11 月 12 日发布了市政府第 290 号令,对《深圳市城市更新办法》(2009 年)予以修订,删除了其中关于地价测算的规定,决定城市

---

* 深圳市雅钰投资发展有限公司诉深圳市规划和自然资源局国有土地使用权出让地价计收案,广东省深圳市盐田区人民法院行政判决书(2018)粤 0308 行初 1443 号,广东省深圳市中级人民法院行政判决书(2020)粤 03 行终 1058 号。

更新项目地价计收的具体规定由深圳市人民政府另行制定。深圳市人民政府于2016年12月29日发布了《关于加强和改进城市更新实施工作的暂行措施》(以下简称《暂行措施》),规定了城市更新项目地价测算的新规则,自2017年1月1日起施行。《暂行措施》未就新旧规定衔接问题或更新项目过渡期的问题作出规定。

2017年11月7日,雅钰公司申请就涉案地块测算地价。深圳市规划和自然资源局(以下简称深圳市规资局)依据《暂行措施》确定地价款约为6.003亿元,并于2017年12月28日与该公司签订《深圳市土地使用权出让合同书》,合同附加条款中约定保留该公司提出异议的权利。

雅钰公司主张新旧地价之差高达3.1亿元,其基于对《深圳市城市更新办法》(2009年)的信赖参与了涉案更新项目,且在《暂行措施》出台前完成了建筑物拆除工作,其信赖利益应受保护,应按旧有办法计价,遂起诉请求:撤销深圳市规资局按《暂行措施》测算地价的行为,并判令深圳市规资局重新测算地价。在庭审中,该公司明确,其要求撤销的测算地价行为具体指2017年12月28日《深圳市土地使用权出让合同书》第10条中对土地出让金的约定。

【裁判结果与理由】

广东省深圳市盐田区人民法院作出(2018)粤0308行初1443号行政判决,驳回雅钰公司的诉讼请求。该公司不服,提起上诉。广东省深圳市中级人民法院于2021年7月31日作出(2020)粤03行终1058号行政判决,驳回上诉,维持原判。

法院生效裁判认为,该案争议焦点为深圳市规资局在土地使用权出让合同中依据《暂行措施》计收涉案地块地价的行为是否合法。《深圳市城市更新办法》(2009年)及《暂行措施》对于适用何时点计收城市更新项目地价没有具体规定。

首先,城市更新是由多个环节构成的复合体系及动态过程。在法律性质上,每一环节仍是彼此独立的,为单独的法律行为。具体到计收地价上,对地价的计收是在市场主体获得了建设用地审批、签订出让合同时才能完成的。该案中,雅钰公司直至2017年7月才获得建设用地审批,这时才满足签订土地使用权出让合同、计定地价的条件,其主张应适用《深圳市城市更新办法》(2009年)在2016年11月12日修正前的旧地价规则,欠缺事实基础。

其次,根据《深圳市城市更新办法》(2009年)及实施细则的规定,签订土地使用权出让合同属依申请行为。该公司于2017年11月方提出签订土地使用权出让合同申请,此时《暂行措施》已生效实施,深圳市规资局依据提出申请时的有效规定计收地价符合基本法律原则。并且,地价的法律性质是土地使用权人为其使用土地所支付的对价。只有签订土地使用权出让合同后,受让人方可合法享有国有土地使用权。故深圳市规资局以申请签订出让合同时点的标准计收地价具有合理正当性,否则便会出现尚未合法使用土地却已按当时标准计算地价之悖论。

最后,深圳市规资局适用《暂行措施》计收地价未违反信赖利益保护原则。对相对人信赖利益的保护,要全面考量信赖基础存在与否、相对人有无实施完整的信赖行为、相对人有无因信赖确实遭受利益损失等多个因素。具体到该案,从《深圳市城市更新办法》2009 年实施至 2016 年修订的 7 年间,地价规则数次变动,2015 年深圳土地主管部门已以规范性文件的方式明确了地价测算时点为符合测算地价条件的受理申请时间,实践中也一直遵照执行,形成了稳定的行政惯例,故难以认定该公司对旧有地价规则存在足够稳定理性的信赖,不能认定深圳市规资局适用《暂行措施》计收地价违反了信赖利益保护原则。

【裁判者说】

信赖保护原则是行政法中一项十分重要的法治原则。根据这一原则,行政相对人对国家公权力行为所给予的信赖,公权力主体应当加以保护,特别是废弃原有的行为或决定时,必须考虑相对人已经取得的利益或即将必然取得利益的保护问题。信赖保护原则并非仅适用于具体行政行为,对于抽象行政行为乃至立法行为均有适用余地。该案对法规变动情形下的信赖利益区分为三个层次进行考量,特别是在认定相对人是否有稳定合理信赖基础时,参考适用了合法合理的行政惯例。

一、相对人存在稳定、理性的信赖基础

认定相对人是否存在稳定、理性的信赖基础应以正常理性人的一般认知为判断标准。相对人对国家公权力机关的信赖不是毫无基础或凭空想象的,而是具有相当的合理性。判断是否具有合理性亦不是基于相对人本人的主观认识,而是一个正常理性人在同样情境下是否足以对国家公权力机关产生稳定理性的信赖。当然,此标准仍是一个事实判断标准,需要在个案中结合具体的事实予以综合考量判断。在此过程中,一般需要考虑规章旧有规定是否足够明确、具体和稳定等诸多因素。只有当规定足够明确、具体和稳定时,才会使一个正常理性人产生合理信赖。该案争议焦点是地价计收规则的适用时点问题:是适用申请签订土地使用权出让合同时有效的规定(《暂行措施》)计收地价,还是依据更早的时点,如专项规划批复时、实施主体确认时或项目监管协议签订时的地价规则即《深圳市城市更新办法》(2009 年)计收地价。原告主张作为政府规章的《深圳市城市更新办法》(2009 年)对地价计收规则有明确规定,从而就此产生信赖利益。但是,就地价计收规则适用时点问题,恰恰在该办法中没有规定,即并没有明确、具体的规定。此外,从地价计收规则的稳定性来看,从《深圳市城市更新办法》2009 年实施至 2016 年修订的 7 年间,地价规则有数次变化,宗地地价修正系数屡有变动,公告基准地价也在 2009 年、2013 年先后发生调整。因此,地价计收规则具有相当的政策性和裁量性,因时而异,而非稳定不变。由上可见,原告主张其对规章规定的旧有地价规则产生信赖,并没有足够稳定理性的基础。

认定有无存在稳定理性的信赖基础可以参考适用合法、合理的行政惯例。所谓行政惯例,是指行政机关在处理某类行政事务时长期存在并普遍适用的习惯做法。我国是成文法国家,行政惯例对法官审判不具备约束力,但不具备约束力不意味着没有价值。立法者并非全能之神,立法时难以预计到各种纷繁复杂之事实,法律规则也难以完美无缺、与现实严丝合缝。在相关事项没有成文法规定时,行政惯例填补了法律规定之空白,是成文法在实践中的具体化,社会公众对此也存在合理信赖,合法合理的行政惯例可以在行政审判中参考适用。在认定是否存在行政惯例、是否可以参考适用时,须从以下两个方面予以审查:第一,惯例是否在长期实践中稳定存在且为管理对象所知。该案中,2015 年行政主管机关原规划与国土资源局以规范性文件的形式明确办理用地出让手续的地价测算时点为符合测算地价条件的受理申请时间,实践中也一直遵照执行。这一点为房地产业界所知,已经形成了稳定的行政惯例。第二,惯例是否存在合法性争议以及明显不合理之处。该案中所涉规范性文件将地价测算时点确定为办理用地出让手续时,与一般法律原则、上位法相符合,亦不存在不合理之处。地价条款是土地使用权出让合同的重要核心内容,只有在各项规划技术指标最终形成具有法律效力的文件之后才可能计定地价。因此,地价计收在市场主体获得建设用地审批后才可能完成,这与《深圳市城市更新办法实施细则》第 54 条规定的主管部门应当在批准项目建设用地后与实施主体签订土地使用权出让合同的规定相符。同时,签订土地使用权出让合同属依申请行为,被上诉人依据提出申请时的有效规定来计收地价符合基本法律原则。并且,地价即土地使用权出让金等款项,其法律性质是土地使用权人为其使用土地所支付的对价。只有签订土地使用权出让合同后,受让人方可合法享有对国有土地的使用权。故被上诉人以申请签订出让合同时点标准计收地价亦具有合理性、正当性,否则会产生尚未合法使用土地却已按当时标准计算地价之悖论。基于上述分析,法院判决对以申请签订土地出让合同这一时点为标准计收地价的行政惯例予以采纳和参照适用。

二、相对人实施了完整的信赖行为

信赖利益的第二个构成要素是相对人基于信赖实施了完整的信赖行为,即将内心信赖以特定行为表示于外。强调完整,就意味着要辨析特定行为与内心信赖之间的因果关系。信赖与行为间虽不需要存在唯一直接因果关系,但仍需要存在重要关联因果关系,即信赖是行为的重要基础。该案中,雅钰公司作为城市更新实施主体,依法依约履行建设义务,逐步推进更新项目实施,实际拆除了原有房屋亦注销了房地产证,即实施了大量特定行为。但是,这些行为是否与雅钰公司对旧有地价规则的信赖构成重要关联因果关系是存疑的。雅钰公司对旧有地价规则的信赖并不够稳定和理性,推进更新项目实施是相关法律制度及监管协议所确立的义务,未予履行将产生相应行政或民事法律责任,从而难以认为推进城市更新的行为是基于对旧有地价规则信赖的完整行为。

三、相对人因信赖存在应当予以保护的利益

信赖利益保护的第三个内在要求是相对人基于信赖产生了可保护的利益。这种利益必须是合法利益,既可以是已得利益的损失,也可以是可得利益的减少。案件中,基于地价规则变动,雅钰公司的地价成本支出确有增加乃至大幅增加,即实际上有损失发生。城市更新本质上是市场行为,雅钰公司与区城市更新主管部门签订的《项目实施监管协议》第 11 条约定:“因国家政策及相关行政许可部门不批准改造项目等原因造成协议无法履行,双方无条件终止本协议,造成改造方及利害关系人的损失由改造方自行承担。”该约定体现了风险自担原则,即对于外部政策变动风险由城市更新主体自行承担,政府方并不承担补偿责任。地价规则变动可归因于政策风险,雅钰公司作为市场主体,对政策变化、成本浮动等经营风险应有所预测,并不能将成本支出增加一概确定为因信赖导致预期利益受损。

(撰稿人:王惠奕　深圳市中级人民法院)

【专家评析】

该案争议的焦点问题是国有土地使用权出让金征收时点如何确定，原告以信赖保护原则为基础主张适用旧的法律规范计收土地出让金，涉及信赖保护原则和法不溯及既往原则的具体适用。

首先，信赖保护原则在具体行政行为领域适用于违法授益行为的撤销与废止。信赖保护原则来自域外法的规定，主要适用于授益行为的撤销与废止，具体而言为违法授益行为，“在违法授益行为作出之后，直至后续被撤销之前，受益人亦有可能会基于对该行为合法存续的信赖，进而形成值得特别保护的信赖利益”①。信赖保护原则的适用要件学界存在“三要件说”与“四要件说”的不同观点，三要件分别为“信赖基础、信赖行为与国家行为偏离信赖基础”，四要件说包括“信赖基础、信赖表现、信赖基础的偏离、利益权衡”②。我国理论和实务界通常认为《行政许可法》(2019 年修正)第 8 条体现了“信赖保护原则”，该条第 2 款规定：“行政许可所依据的法律、法规、规章修改或者废止，或者准予行政许可所依据的客观情况发生重大变化的，为了公共利益的需要，行政机关可以依法变更或者撤回已经生效的行政许可。由此给公民、法人或者其他组织造成财产损失的，行政机关应当依法给予补偿。”亦有学者提出反对意见，认为《行政许可法》并未“创制一种被称为信赖利益的新型权利”③，合法授益行为给个人造成的损失，本来就应由行政机关“依法给予补偿”，不存在信赖保护原则适用的余地。

学界对信赖保护原则能否适用于行政合同存在争议，德国公法学者毛雷尔教授认为信赖保护原则“不能直接适用于行政合同”。④ 即便可以适用，其适用规则原则上也不同于授益行政行为的撤销与废止。该案争议的焦点是国有土地使用权出让金征收时点问题，尽管存在争议，但学界通常认为国有土地使用权出让金行为属于行政征收；出让金作为土地使用权交易价格是国有土地使用权出让合同的重要条款。行政征收和行政协议均不属于传统行政法意义上的授益行政行为。因此，该案是否存在适用信赖保护原则的行为基础存在争议。

---

① 刘飞：《行政法中信赖保护原则的适用要件——以授益行为的撤销与废止为基点的考察》，载《比较法研究》2022 年第 4 期。

② 刘飞：《行政法中信赖保护原则的适用要件——以授益行为的撤销与废止为基点的考察》，载《比较法研究》2022 年第 4 期。

③ 陈国栋：《行政许可创制了名为信赖利益的新型权利吗?》，载《求是学刊》2020 年第 5 期。

④ 参见[德]哈特穆特·毛雷尔：《行政法学总论》，高家伟译，法律出版社 2000 年版，第 378 页。

其次，信赖保护原则在抽象行政行为领域体现为法不溯及既往原则。法不溯及既往原则来源于信赖保护原则，是其在抽象法律关系中的适用，以实现法的安定性价值和秩序。《立法法》（2015 年修正）第 93 条规定："法律、行政法规、地方性法规、自治条例和单行条例、规章不溯及既往，但为了更好地保护公民、法人和其他组织的权利和利益而作的特别规定除外。"根据该条规定，法律规范溯及既往应符合两个条件：一是更加有利于保护公民、法人和其他组织的权益，二是必须由规范本身作出明确的溯及适用之规定。该案涉及《深圳市城市更新办法》（2009 年）修改前后的适用问题，无论是修改前还是修改后，该办法都并未对国有土地使用权出让金计价时点作出规定。也就是说，该案中并不存在适用修改前的规定"更加有利于保护公民、法人和其他组织的权益"的情形，也不存在"规范对溯及既往作出明确规定"之情形。因此，该案不符合溯及适用旧规范的条件。

最后，人民法院审理行政案件可以参照适用合法有效的规范性文件。公民、法人或者其他组织在对行政行为提起诉讼时可以一并请求对所依据的规范性文件进行附带审查。相对人未针对规范性文件一并起诉时，人民法院经过审查认为规范性文件不存在违法情形时，可以适用该规范性文件。《最高人民法院关于适用〈中华人民共和国行政诉讼法〉的解释》（法释〔2018〕1 号）第 100 条第 2 款规定："人民法院审理行政案件，可以在裁判文书中引用合法有效的规章及其他规范性文件。"该案中，2015 年深圳市土地主管部门出台规范性文件明确地价测算时点为符合测算地价条件的受理申请时间，人民法院经过审查认为该规范性文件是合法的，可以作为行政审判的依据并在裁判文书中引用。

（撰稿人：孔繁华　华南师范大学法学院）

案例 39

行政许可存续期间应推定有效*

【裁判要旨】

根据信赖保护原则，当事人已取得相关执业资格的，即使后续查明该许可不符合法定条件，在被依法撤销、撤回之前，也不应否定其效力。

【关键词】

信赖利益保护　行政许可　行政行为确定力

【基本案情】

2004 年 7 月 1 日，原告温某从广东省潮州卫生学校毕业，取得中等职业学校毕业证书，专业是“卫生保健(社区医学)”。2005 年原告持上述学历证书，以“社区医学”为毕业专业报名参加医师资格考试，取得执业助理医师资格。2010 年 3 月 24 日，原告持相同学历证书又以“卫生保健”为毕业专业，报名参加执业医师级别医师资格考试。2014 年 5 月 10 日，原告向国家信访局反映其通过了 2010 年的国家执业医师考试，至今未拿到资格证书的问题。2014 年 6 月 23 日，广东省信访局收到国家信访局转来的信访事项，作出粤信函字〔2014〕52 号《关于转交国家信访局登记受理的信访事项的函》，将该信访事项转至被告。被告收到上述信访事项后于 2014 年 8 月 8 日作出粤卫信〔2014〕111 号答复，告知原告其 2005 年参加执业助理医师资格考试不符合有关规定，因国家有关部门未下发其执业医师级别医师资格证书制证数据，故被告无法印制原告的医师资格证书，建议原告径

---

* 温某诉广东省卫生和计划生育委员会、国家医学考试中心不颁发执业医师资格证案，广东省广州铁路运输中级法院行政判决书(2016)粤 71 行初 96 号，广东省高级人民法院行政判决书(2017)粤行终 57 号。

行向国家医学考试中心反映。

另查明，温某于2005年12月16日取得执业助理医师资格证，于2008年10月6日取得执业助理医师执业证。二审庭审中，国家医学考试中心确认温某2010年参加执业医师资格考试成绩达到当年合格分数线。广东省卫生和计划生育委员会确认其于2014年8月8日作出的粤卫信〔2014〕111号答复中，将卫生部办公厅《关于卫生保健专业、初中起点五年制大专临床医学专业毕业生参加执业助理医师资格考试及执业注册问题的通知》的文号写成"卫办医发〔2014〕号"，这一明显错误，系因工作失误造成，正确文号应为"卫办医发〔2008〕67号文"。教育部《关于印发〈中等职业学校专业目录〉和〈关于中等职业学校专业设置管理的原则意见〉的通知》（教职成〔2000〕8号）中，专业目录列明卫生保健专业，该文件于2000年9月25日通过。该文件载明："本《目录》颁布之后，全国中等职业学校须按本《目录》所列专业名称招生……对已经在校的学生，学校应根据实际需要和可能，既可按原专业名称、修业年限和教学计划安排教学工作，也可按本《目录》进行相应的调整。"温某的广东省中等职业学毕业证书载明温某2000年9月至2004年7月在广东省潮州卫生学校卫生保健（社区医学）专业学习。

原告认为被告未履行职责向其颁发医师资格证书并授予医师资格，向原审法院提起行政诉讼，请求：判决被告立即颁发国家卫生和计划生育委员会统一印制的《医师资格证书》给原告，授予原告执业医师资格。

【裁判结果与理由】

广州铁路运输中级法院一审认为，《执业医师法》（1998年）第4条规定："国务院卫生行政部门主管全国的医师工作。县级以上地方人民政府卫生行政部门负责管理本行政区域内的医师工作。"第9条规定："具有下列条件之一的，可以参加执业医师资格考试：（一）具有高等学校医学专业本科以上学历，在执业医师指导下，在医疗、预防、保健机构中试用期满一年的；（二）取得执业助理医师执业证书后，具有高等学校医学专科学历，在医疗、预防、保健机构中工作满二年的；具有中等专业学校医学专业学历，在医疗、预防、保健机构中工作满五年的。"第12条规定："医师资格考试成绩合格，取得执业医师资格或者执业助理医师资格。"第13条规定："国家实行医师执业注册制度。取得医师资格的，可以向所在地县级以上人民政府卫生行政部门申请注册。除有本法第十五条规定的情形外，受理申请的卫生行政部门应当自收到申请之日起三十日内准予注册，并发给由国务院卫生行政部门统一印制的医师执业证书。医疗、预防、保健机构可以为本机构中的医师集体办理注册手续。”被告作为省级卫生行政部门，具有对本行政区域内的医师工作进行管理的职权。该案中，原告起诉要求被告颁发国家卫生和计划生育委员会统一印制的医师资格证书并授予执业医师资格。根据上述法律规定，医师资格考试成绩合格是取得执业医师资格的前提，但现有证据不能证明原告执业医师资格考试成绩合格，因此被告未向原告颁发国家卫生和计划生育委员会统一印制的医师资格证书并授予执业医师资格并无不当，法院予以支持。对于原告要求颁发上述证书并授予执业医师资格的诉讼请求，法院予以驳回。综上所述，依照《行政诉讼法》(2014 年修正)第 69 条的规定，判决：驳回原告温某的诉讼请求。

温某不服，提起上诉。广东省高级人民法院二审认为：该案争议焦点是被上诉人广东省卫生和计划生育委员会是否有向上诉人温某履行颁发医师资格证书的义务，具体涉及温某 2005 年参加执业助理医师资格考试是否符合相关文件规定，温某在取得执业助理医师证不满 5 年即参加执业医师资格考试是否符合法律规定。

关于上诉人温某于 2005 年参加执业助理医师资格考试是否符合相关文件规定的问题，该案中，被上诉人主张温某持广东省中等职业学校毕业证书以社区医学报考执业助理医师不合法。法院认为：一方面，教育部《关于印发〈中等职业学校专业目录〉和〈关于中等职业学校专业设置管理的原则意见〉的通知》中，专业目录列明卫生保健专业，该文件 2000 年 9 月 25 日通过。其中该文件载明：“本《目录》颁布之后，全国中等职业学校须按本《目录》所列专业名称招生……对已经在校的学生，学校应根据实际需要和可能，既可按原专业名称、修业年限和教学计划安排教学工作，也可按本《目录》进行相应的调整。”上诉人温某的广东省中等职业学毕业证书载明温某于 2000 年 9 月至 2004 年 7 月在广东省潮州卫生学校卫生保健(社区医学)专业学习，依据上述文件规定，广东省潮州卫生学校在 2000 年可以根据实际需要设置专业安排教学，故上诉人于 2004 年 7 月 1 日取得广东省中等职业学校毕业证书符合相关文件规定。另一方面，2008 年 4 月 15 日卫生部办公厅发布《关于卫生保健专业、初中起点五年制大专临床医学专业毕业生参加执业助理医师资格考试及执业注册问题的通知》(卫办医发〔2008〕67 号)规定：“一、取得省级以上教育行政部门批准设置并经省级以上卫生行政部门同意的中等卫生学校卫生保健专业学历的人员，可以报考执业助理医师资格……”

因此，取得中等职业卫生学校卫生保健专业学历的人员，2008 年起方允许参加执业助理医师资格考试。但该案中，上诉人温某的广东省中等职业学校毕业证书载明温某所学专业为卫生保健（社区医学），且其 2005 年是以“社区医学”专业报名参加执业助理医师资格考试并取得执业助理医师资格证书，并未违反前述文件规定。被上诉人广东省卫生和计划生育委员会主张上诉人温某的毕业专业是“卫生保健”，其以“社区医学”专业报考是以欺骗手段报名参加考试，缺乏事实与法律依据，法院不予采信。而且，《行政许可法》（2003 年）第 8 条规定：“公民、法人或者其他组织依法取得的行政许可受法律保护，行政机关不得擅自改变已经生效的行政许可。行政许可所依据的法律、法规、规章修改或者废止，或者准予行政许可所依据的客观情况发生重大变化的，为了公共利益的需要，行政机关可以依法变更或者撤回已经生效的行政许可。由此给公民、法人或者其他组织造成财产损失的，行政机关应当依法给予补偿。”上诉人温某 2005 年 12 月 16 日依法取得的广东省卫生厅颁发的执业助理医师资格证书，受到法律保护，在该证书未依法被变更、撤回之前，不应否定其效力。该案中，在上诉人温某取得的执业助理医师资格证书依法有效的情形下，被上诉人于 2014 年 8 月 8 日作出粤卫信〔2014〕111 号答复，告知上诉人其 2005 年参加执业助理医师资格考试不符合卫办医发〔2008〕67 号文的规定，不符合《行政许可法》（2003 年）的上述规定。

关于上诉人温某在取得执业助理医师执业证不满 5 年即参加执业医师资格考试是否符合有关法律规定的问题。《执业医师法》（1998 年）第 9 条规定：“具有下列条件之一的，可以参加执业医师资格考试：（一）具有高等学校医学专业本科以上学历，在执业医师指导下，在医疗、预防、保健机构中试用期满一年的；（二）取得执业助理医师执业证书后，具有高等学校医学专科学历，在医疗、预防、保健机构中工作满二年的；具有中等专业学校医学专业学历，在医疗、预防、保健机构中工作满五年的。”该案中，上诉人温某 2005 年 12 月 16 日取得执业助理医师资格证书，2008 年 10 月 6 日取得执业助理医师执业证书，其于 2010 年 3 月 24 日报名参加执业医师资格考试，在取得执业助理医师执业证后不满 5 年即参加执业医师资格考试，不符合《执业医师法》（1998 年）第 9 条规定的报名条件。因此，被上诉人广东省卫生和计划生育委员会作出粤卫信〔2014〕111 号答复，拒绝向上诉人温某颁发医师资格证书，具有事实和法律依据。原审判决驳回上诉人温某关于被上诉人立即颁发国家卫生和计划生育委员会统一印制的医师资格证书、授予其执业医师资格的诉讼请求,处理结果正确,该院依法应予维持。关于上诉人温某主张被上诉人迟延颁发执业助理医师执业证书,才导致其领取执业助理医师执业证书不满 5 年便参加执业医师资格考试的问题,法院认为,执业助理医师执业证书的颁发时间要晚于执业助理医师资格证的颁发时间,即使被上诉人迟延颁发执业助理医师执业证书,但上诉人温某 2005 年 12 月 16 日才取得执业助理医师资格证书,其领取执业助理医师资格证书的时间距离其 2010 年 3 月 24 日报名参加执业医师资格考试的时间仍不满 5 年。因此,上诉人温某的该项主张不能成立。

依照《行政诉讼法》(2014 年修正)第 89 条第 1 款第 1 项之规定,二审法院判决:驳回上诉,维持原判。

【裁判者说】

一、该案的典型意义

信赖保护原则是指行政机关对自己的行为或承诺应诚实守信,不得随意变更,反复无常。其基本要求是:行政行为具有确定力,行为一经作出,未有法定事由和经法定程序不得随意撤销、废止或改变;对行政相对人的授益性行政行为作出后,即使发现违法或对政府不利,只要行为不是相对人过错所造成的,就不得撤销、废止或改变;行政行为作出后发现有较严重违法情形可能给国家、社会公共利益造成重大损失,必须撤销或改变此种行为时,行政机关对撤销或改变此种行为给无过错的相对人造成的损失应当给予补偿。

二、确立裁判要旨的理由

行政管理相对人对国家行政权力的正当合理信赖应当予以保护,行政机关不得擅自改变已生效的行政行为,确须改变行政行为并由此给相对人造成损失的应当给予补偿。其法理基础是公众对国家权力的信任利益应予保护,目的在于法的安定性。《行政许可法》(2003 年)第 8 条是我国法律首次确认信赖保护原则,意味着对授益性行政行为的审查,将更多遵循社会公益和个人权益之间的利益平衡,更多地适用比例原则。

(撰稿人:罗　燕　广东省高级人民法院)

【专家点评】

该案的处理涉及两个基本问题:第一个问题是原告(上诉人)2005 年参加执业助理医师资格考试是否符合相关文件规定,第二个问题是原告(上诉人)在取得执业助理医师证不满 5 年即参加执业医师资格考试是否符合法律规定。虽然是两个独立的问题,却因被告将第一个问题作为第二个问题的重要证据条件,而使二者之间具有某种内在联系。

在二审中,被上诉人提出,原告(上诉人)是以执业助理医师的身份报考执业医师资格考试的,但是,其执业助理医师资格证和执业助理医师执业证是违规取得的。对此,被上诉人展开了细致说明,具体包括:(1)上诉人所取得的广东省中等职业学校毕业证书不符合相关文件规定;(2)在 2008 年前中等职业学校卫生保健专业不能作为参加医师资格考试的学历依据;(3)上诉人是以虚假的专业信息进行执业助理医师资格考试报名的。据此断定,上诉人执业助理医师资格的取得违法,当然不具备参加执业医师资格考试的条件。

二审法院则作了相反分析。一是专业设置的时间节点。虽然专业目录列明卫生保健专业的教育部《关于印发〈中等职业学校专业目录〉和〈关于中等职业学校专业设置管理的原则意见〉的通知》是 2000 年 9 月 25 日通过的,这个时间节点迟于上诉人的入学时间。但该文件同时作了说明:“本《目录》颁布之后,全国中等职业学校须按本《目录》所列专业名称招生……对已经在校的学生,学校应根据实际需要和可能,既可按原专业名称、修业年限和教学计划安排教学工作,也可按本《目录》进行相应的调整。”这意味着该文件授权相关学校可以根据实际需要协调文件颁发之前已经入校学生的专业名称、修业年限和教学内容。这与我国政策变迁中的一贯做法一致,即充分考虑新旧制度的衔接,以保障相关利益主体的权益。故上诉人于 2004 年 7 月 1 日取得广东省中等职业学校毕业证书符合相关文件规定。二是专业名称的争议。虽然在 2008 年之前中等职业学校卫生保健专业不能作为参加医师资格考试的学历依据,但该案中上诉人的广东省中等职业学校毕业证书载明所学专业为卫生保健(社区医学),且其 2005 年亦是以“社区医学”专业报名参加执业助理医师资格考试并取得执业助理医师资格证书的,并不存在造假或者违反相关规定的情形。至于之后制度变化,导致原有情形发生显著改变且并不可归因于行政相对人,在原资格证书未经合法程序被变更或废止之前,仍是合法有效的,应受法律保护。据此,二审法院根据《行政许可法》(2003

年)第 8 条之规定,认为被上诉人的答复违背了信赖保护原则,向被上诉人作了指明。

至于第二个问题,原告(上诉人)在取得执业助理医师证不满 5 年即参加执业医师资格考试是否符合法律规定,两级法院的认识是清晰的,因为按照时间节点,上诉人取得执业助理医师资格证书的时间(2005 年 12 月 16 日)到后面报名参加执业医师资格考试的时间(2010 年 3 月 24 日)是不满 5 年的。这是一个客观的时间,无争议的必要。

实际上,从原告的实体利益诉求而言,无论被告的答复是否违背信赖保护原则,都不影响法院裁判的最终结论——驳回原告诉讼请求。但十分可贵的是,法院并未径行判决,而是在裁判文书中专门指明行政机关的认识错误,值得称赞。在行政管理实践中,行政机关准确理解和遵循信赖保护原则,不仅对于保护行政相对人利益极为必要,而且对于打造诚信政府、改善营商环境具有重要价值。

（撰稿人:卢护锋　广州大学法学院)

案例 40

基本养老保险的无效参保与信赖保护*

【裁判要旨】

基本养老保险参保人确实不符合继续参保条件，但在参保人不知情，且已如实向社保经办机构披露其参保资格等有关信息的情况下，社保经办机构依然受领参保人所缴保险费的，参保人误以为属有效参保的信赖，应受法律保护，不能认定为无效参保。

【关键词】

基本养老保险　无效参保　信赖保护

【基本案情】

滕某芳原籍广西壮族自治区兴业县，但在广西壮族自治区兴业县未参加基本养老保险，1999 年 7 月至 2006 年 6 月以非深户籍身份在深圳市缴纳社会保险费，2006 年 7 月达到法定退休年龄，停缴社会保险费，累计缴费 7 年。因累计缴费年限不足 15 年，2007 年 9 月，滕某芳将户口从广西壮族自治区兴业县迁入深圳市，同年 11 月向深圳市社会保险基金管理局（以下简称市社保局）申请继续缴纳社会保险费，该局同意并为滕某芳办理继续参保业务，参保时间为 2007 年 10 月至 2015 年 9 月。2015 年 9 月 1 日，滕某芳向市社保局申请办理退休手续，按月享受养老保险待遇。市社保局受理后，以滕某芳的情形不符合《深圳经济特区社会养老保险条例》（2012 年）第 19 条第 1 项的规定为由，作出《深圳市企业参保员工不

---

* 滕某芳与深圳市社会保险基金管理局、深圳市人力资源和社会保障局基本养老保险待遇资格及行政复议案，广东省深圳市盐田区人民法院行政判决书（2016）粤 0308 行初 680 号，广东省深圳市中级人民法院行政判决书（2016）粤 03 行终 820 号。

符合按月享受养老保险待遇条件决定书》,决定滕某芳不能按月享受养老保险待遇。滕某芳不服市社保局的上述决定,向深圳市人力资源和社会保障局(以下简称市人社局)申请行政复议。市人社局作出《行政复议决定书》,确认市社保局超期作出处理决定存在程序瑕疵,但维持了上述《深圳市企业参保员工不符合按月享受养老保险待遇条件决定书》。滕某芳仍不服,诉至法院,请求:撤销市社保局《深圳市企业参保员工不符合按月享受养老保险待遇条件决定书》和市人社局《行政复议决定书》;判令市社保局重新处理。

【裁判结果与理由】

广东省深圳市盐田区人民法院一审判决:(1)撤销被告市社保局作出的《深圳市企业参保员工不符合按月享受养老保险待遇条件决定书》;(2)撤销被告市人社局作出的《行政复议决定书》;(3)被告市社保局于该判决生效之日起 30 日内对原告滕某芳提出的按月享受养老保险待遇申请重新作出处理。

宣判后,被告市社保局、市人社局不服,向广东省深圳市中级人民法院提出上诉。该院二审认为,《深圳经济特区社会养老保险条例》(2012 年)第 19 条规定:"同时符合下列条件的人员可以在本市申请按月领取基本养老金:(一)按照国家、广东省有关规定确定养老保险待遇领取地为本市;(二)达到法定退休年龄;(三)累计缴纳基本养老保险费满十五年。"本案中,市社保局以滕某芳的基本养老保险待遇领取地不在深圳市,且其累计缴费未满 15 年为由,作出被诉的《深圳市企业参保员工不符合按月享受养老保险待遇条件决定书》。但滕某芳 2015 年 9 月申请退休时实际缴费年限已满 15 年,市社保局主张滕某芳在 2007 年 10 月至 2015 年 9 月期间的参保为无效参保,却长达 8 年都未能发现,且既未对该参保行为所导致的后果、滕某芳权利受损该如何救济等作出释明,亦未对滕某芳的养老保险待遇领取地为何不在深圳市作出释明,故市社保局有关滕某芳不符合按月享受养老保险待遇条件的决定,依法应予撤销。市人社局作出的被诉行政复议决定,依法亦应予撤销。综上,二审法院认为原审判决认定事实清楚,适用法律正确,应予维持,据此判决:驳回上诉,维持原判。

【裁判者说】

依我国当前的退休养老法律制度的规定,参保人办理退休手续,按月领取基本养老金的条件之一,是累计缴费年限满 15 年。对于虽已达到法定退休年龄,但累计缴费年限尚不足15年的参保人,现行政策允许其申请继续缴纳基本养老保险费,待累计满15年后,再办理退休,按月领取基本养老金(以下简称延缴延退)。本案中,滕某芳达到法定退休年龄时仅实际缴费7年,无法办理退休,为此申请延缴延退。

但是,在哪个地区延缴延退,对参保人将来享受的养老保险待遇有一定影响。首先,滕某芳为了在深圳延缴延退,在达到法定退休年龄后,才将户籍迁入深圳,是否合法?其次,假如滕某芳确实不符合在深圳延缴延退的条件,但深圳市社保经办机构又长期受领滕某芳继续缴纳的保险费,因此滕某芳认为自己是合法参保,这种认识是否应受保护?

一、延缴延退地的确定

滕某芳2006年7月达到退休年龄时,深圳尚未允许延缴延退。滕某芳将户籍迁入深圳时,虽然广东省人民政府《关于贯彻国务院完善企业职工基本养老保险制度决定的通知》(粤府〔2006〕96号)和深圳市人民政府发布的《〈深圳经济特区企业员工社会养老保险条例〉实施规定》(2006年,已失效)第16条已经允许延缴延退,但是《〈深圳经济特区企业员工社会养老保险条例〉实施规定》(2006年,已失效)第3条第2款又规定,达到法定退休年龄后户籍迁入深圳市的人员,不纳入深圳市养老保险范围,已在深圳市缴纳养老保险费的,其缴费本金需按原缴费比例分别退还企业和本人,可见此类人员不可能继续在深圳缴费。因此,虽然当时深圳已建立起延缴延退制度,但滕某芳并不符合条件。

同时,滕某芳也无法回到其户籍地广西壮族自治区兴业县延缴延退。因为广西壮族自治区人民政府《关于完善企业职工基本养老保险制度的决定》(桂政发〔2006〕54号)设定的延缴延退门槛较高,要求累计缴费满10年,而滕某芳当时累计缴费年限仅7年。因此不论按广西还是深圳的规定,滕某芳都只能一次性取出其个人账户的储存额,同时终结养老保险关系。

其间,为了解决此类流动就业参保人的延缴延退问题,2011年6月人力资源和社会保障部颁布《实施〈中华人民共和国社会保险法〉若干规定》(人力资源和社会保障部令第13号)。其内容虽然有所放宽,允许流动就业人员在非户籍地延缴延退,但仍设置了一定的条件,要求在该地累计缴费满10年;而滕某芳在深圳合法缴费仅7年,因此不能在深圳延缴延退,其于2007年9月将户籍迁入深圳,也不能改变这一结论。当然,与2006年不同的是,此时户籍地必须“兜底”,即滕某芳可以回到户籍地广西壮族自治区兴业县申请延缴延退，其此前在深圳合法参保7年累积的个人账户余额等资金，也应归集到广西壮族自治区兴业县，待其在广西壮族自治区兴业县继续缴费满8年后，可在广西壮族自治区兴业县退休，按当地标准领取基本养老保险金。

之所以说滕某芳达到法定退休年龄后将户籍迁入深圳，不能改变延缴延退地，是因为《实施〈中华人民共和国社会保险法〉若干规定》（人力资源和社会保障部令第13号）第4条规定："参加职工基本养老保险的个人跨省流动就业，达到法定退休年龄时累计缴费不足十五年的，按照《国务院办公厅关于转发人力资源社会保障部财政部城镇企业职工基本养老保险关系转移接续暂行办法的通知》（国办发〔2009〕66号）有关待遇领取地的规定确定继续缴费地后，按照本规定第二条办理。"而国务院办公厅《关于转发人力资源社会保障部、财政部城镇企业职工基本养老保险关系转移接续暂行办法的通知》（2009年）第6条又规定，正常退休时的待遇领取地，根据"达到待遇领取条件时"的参保和户籍情况来确定。延缴延退与正常退休本是不同的两种情形，正常退休情况下，才会出现"达到待遇领取条件时"的情形，延缴延退情况下，参保人累计缴费尚不足15年，并不会出现"达到待遇领取条件时"的情形，因此前述"达到待遇领取条件时"应相应替换为"达到法定退休年龄时"。

《实施〈中华人民共和国社会保险法〉若干规定》（人力资源和社会保障部令第13号）第4条不直接作规定，而是采取了准用类似情形的立法技术，导致确定法效果时需要作相应调整，难免出现争议。为了杜绝争议，2012年深圳市人大常委会通过的《深圳经济特区社会养老保险条例》，明确了以"达到法定退休年龄时"作为确定延缴延退地的基准。该条例第30条规定："达到法定退休年龄时……按照国家和广东省有关规定确定本市为养老保险待遇领取地的非本市户籍参保人，养老保险累计缴费年限不满十五年的，可以按照有关规定继续缴纳养老保险费至累计缴费年限满十五年后，申请按月领取基本养老金。"

综上，对跨省流动就业的参保人来说，在何地延缴延退，以达到法定退休年龄之时的参保和户籍情况为准，达到法定退休年龄后才迁移户籍的，不能改变延缴延退地。因此，2007年10月至2015年9月期间，滕某芳始终不符合在深圳继续缴费的条件，被告主张滕某芳在该期间内的参保是无效参保，原本是正确的。

二、无效参保的例外

市社保局本应适用《〈深圳经济特区企业员工社会养老保险条例〉实施规定》(2006 年)第 3 条第 2 款的规定,拒绝滕某芳的继续缴费申请,却错误适用了第 16 条的规定,同意了滕某芳的继续缴费申请。作为社保经办机构的市社保局,未发觉滕某芳不符合在深圳延缴延退的条件,作为普通参保人的滕某芳,当然更不知悉相关规定,因此滕某芳并无过失可言。市社保局受领了滕某芳继续缴纳的保险费达 8 年之久,其间从未提出异议。综合以上情况,是否足以认为滕某芳的信赖应受保护,进而其参保应为有效?

从过去的审判实践看,仅有"参保人无过失"和"社保经办机构受领了保险费"这两点,并不足以使无效参保变成有效参保。以实践中常见的"内地居民取得境外居民身份后,未取得内地就业许可证,继续在内地缴费参保"类案件为例,其典型案情是:内地居民原本在内地就业并缴费参保,中途取得境外居民身份后仍在内地就业、参保,社保经办机构也一直受领该境外居民缴纳的保险费。但该境外居民在达到我国法定退休年龄,申请退休并按月领取养老金时,却被告知由于其未取得在内地的就业许可证,依法未能与内地用人单位建立劳动关系,不能参加内地职工基本养老保险,因此其取得境外居民身份之后的缴费参保,均为无效参保。对于此类案件,法院一般都支持社保经办机构,如广东省深圳市中级人民法院审理的(2016)粤 03 行终 437 号周某某不服深圳市社会保险基金管理局、深圳市人力资源和社会保障局不予退休纠纷案,以及(2015)深中法行终字第 1162 号吴某某不服深圳市社会保险基金管理局不予退休纠纷案。这类案件中,原告注销内地户籍时,公安机关没有告知原告该行为在《社会保险法》(2010 年)上的影响,原告也不了解相对冷僻的就业许可证制度(原告往往继续在同一单位就业,用人单位不要求提供就业许可证),社保经办机构又照常受领保险费。换言之,这类案件的案情同样满足"参保人无过失"和"社保经办机构受领了保险费"这两个要素。但是,法院不采纳原告关于信赖保护主张的理由在于,原告未将丧失内地居民身份的情况向社保经办机构披露,社保经办机构误以为原告仍系内地居民,才继续受领其保险费。而原告解读该受领保险费行为时,却很自然地将己方已知的"取得境外居民身份而无就业许可证"的信息叠加上去,从而相信"社保经办机构认可参保",这种信赖不值得保护。

不保护上述境外居民的信赖,其法理依据是,信赖保护实质上是合理预期保护,[①]即其保护的是合理预期,而非不合理预期。如果受益人未将已掌握的于己不利的信息向行政机关如实披露,则双方处于信息不对称状态。行政机关系因不知该不利信息而作出授益行为,而受益人却解释为行政机关已知悉该不利信息但仍作出授益行为,这种曲解不是合理预期,不应受保护。如果予以保护,实质上就是保护受益人的信息优势。尽管受益人主观上就此往往并无过失,但只要存在受益人未如实披露导致行政机关错误作出授益行为的事实,其信赖均不受保护,主观状态在所不问。[②] 因此法院认为,境外居民、非本市户籍参保人不懂政策,不知道应披露而未披露的,即使其无过失,也尚不足以使其信赖值得保护。要保护不符合条件的参保人之信赖,不但要满足"参保人无过失"和"社保经办机构受领了保险费"这两个要件,更需要满足"社保经办机构已知悉参保人不符合参保条件"要件。

该案完全符合上述要件。滕某芳原籍为广西壮族自治区兴业县,其以非深籍身份在深圳参保 7 年,至 50 岁时停止缴费,已为市社保局所知悉;此后其又将户籍迁入深圳,以深圳户籍申请继续缴费,此时市社保局应知悉其本非深户,是届龄之后才从外地迁入的。就滕某芳户籍变动晚于法定退休年龄这一事实,市社保局与滕某芳之间不存在信息不对称。所以,滕某芳将市社保局一直受领其缴纳的保险费,理解为允许通过迁移户籍的方式转到深圳延缴延退,是一种合理、正当的信赖,这种信赖值得保护,滕某芳于 2007 年 10 月至 2015 年 9 月期间的缴费,应为有效参保。

三、结论

不是所有信赖都值得保护。值得保护的信赖,以正当、合理为限。正当、合理,不仅要求无过失,而且要求如实披露。相对人未如实向行政机关披露不利于己的信息,导致行政机关错误作出授益行为的,即使相对人不知道应披露该信息,其信赖也不受保护。反之,相对人已向行政机关披露不利于己的信息,行政机关仍错误作出授益行为的,此时相对人的信赖正当、合理,受法律保护,行政机关原则上不能撤销该授益行为或宣告该授益行为无效。

职工基本养老保险的参保人法定退休年龄届满,而累计缴费年限未满 15 年,

① 参见王贵松:《行政信赖保护论》,山东人民出版社 2007 年版,第 51 页以下。

② 参见[德]哈特穆特·毛雷尔:《行政法学总论》,高家伟译,法律出版社 2000 年版,第 281 ~ 282 页。陈敏:《行政法总论》,新学林出版有限公司 2011 年版,第 454 页。

以致无法办理退休的，可以申请继续缴费，待缴满 15 年后再退休，按月领取养老金。延缴延退地应以届龄时的参保和户籍情况为准，届龄之后不能通过改变户籍地来改变延缴延退地。但如果迁入地社会保险经办机构已经知悉上述户籍迁移情况，依然错误地接受参保人的继续缴费，那么该参保人将受领保险费行为解读为"社保经办机构允许在迁入地延缴延退"，属于正当、合理的信赖，受法律保护。社保经办机构主张属无效参保的，法院不予支持。

（撰稿人：戴剑飞　广东省高级人民法院）

【专家评析】

从案件事实、法院审理情况来看，本案争议的焦点在于滕某芳的诉求是否满足信赖利益保护的要件，因此，梳理信赖保护的内涵、廓清其具体要素是正确裁判此案的基础。在现代行政法上，信赖保护原则的核心在于维护法律秩序的安定性和保护社会成员的正当利益。维护法律秩序的安定性，一方面是基于法律自身权威的考虑，即法律自身权威要求法律不得随意改变，也正是法律的稳定、权威构建起了符合一定时期的人们期待的社会秩序；另一方面是基于节约社会成本的考虑，即只有稳定、值得人们信服，才能最大限度地节约社会成本。保护社会成员的正当利益，是近代以降法律制度的重要价值追求。特别是进入福利国家时代后，人民与国家之间的信赖关系更为紧密：行政机关需要人民信任它的承诺，遵守它的行为，以实现行政管理目标；人民也必须信任行政机关所作的决定，以决定自己的行为，安排与之相关的活动。因此，保护人民的信赖利益就成了法的重要目标。

依我国法律和世界其他国家的立法实践，信赖利益保护具体包括三个要件：一是具有信赖保护存在的基础；二是存在信赖表现；三是信赖值得保护。

具有信赖保护存在的基础是产生信赖利益的前提。一则，信赖保护须建立在一定的国家机关的意思表示之上，离开了国家机关的意思表示便无信赖保护产生的可能。在行政法中，国家机关的意思表示是通过行政机关的行政行为来呈现的，故而有效成立的行政行为构成了信赖保护存在的基础。二则，信赖保护所保护的利益必须是持续性的。举例来说，行政相对人因行政许可获得了经营资格，基于经营资格而产生的利益便是持续性的，这种利益具有可归于信赖保护范畴的基础。

存在信赖表现是指行政相对人因信赖行政行为而实施了一定的处分行为,表现为对自己的生活作出安排和对财产进行处分。也就是说,行政相对人的行为给人以信赖行政行为的外观表现。如果没有这种信赖表现,就无所谓信赖利益保护。

信赖值得保护指向的是行政相对人的主观状态,即违法行政行为是否是在行政相对人存在主观过错的条件下形成的。也就是说,如果行政相对人基于故意或者重大过失而使行政机关作出违法行政行为,从而导致行政行为撤销,行政相对人就不能以信赖保护为抗辩理由,阻止行政行为的撤销或者要求行政机关承担补偿责任。从实定法来看,认定行政相对人存在故意或者重大过失的情形包括但不限于:行政相对人通过欺诈、胁迫或行贿等方式,使行政机关作出行政行为;行政相对人通过提供不正确、不完整信息或者隐瞒真实信息,使行政机关作出行政行为。

在本案中,滕某芳在法律上具有参保资格,这一点不存在任何争议。但问题在于,滕某芳在将户籍从广西迁至深圳并向社会保险经办机构缴纳社保时,并未刻意隐瞒关键事实,社保经办机构亦并未予以拒绝。在此情况下,社保部门以滕某芳不符合法定参保条件为由,认定原告滕某芳不能按月享受养老保险待遇,违背信赖保护原则。其一,滕某芳与社保部门之间具有信赖保护存在的基础。本案中,社保经办部门以收取行政相对人缴纳的社会保险费用的实际行动,告诉滕某芳其社保缴纳是持续有效的。其二,滕某芳存在信赖表现,即其基于对社保部门行为的信赖,持续 8 年缴纳社会保险费用。其三,本案中最为关键的一点是滕某芳在向社保部门缴纳社会保险费用时,并未隐瞒其迁入户籍、年龄等与其直接相关的信息,即其在主观上不存在故意。至于其是否存在重大过失,法院采用了一般人思维的判断方法,即不能要求一般人有知晓社保具体规则的义务。显然,这一判断也是合理的。综上,在本案处理中,法院以滕某芳与社保部门之间存在信赖利益为由,判决支持原告的主张,在行政法理上是站得住脚的。

（撰稿人:卢护锋　广州大学法学院）

七、行政协议案件

案例 41

行政协议中暂定条款的适用*

【裁判要旨】

行政机关与相对人在行政协议中约定,如果政府政策有调整则按新规定执行补偿标准,且实际履行时按照新政策规定予以补偿的,应当认定行政机关已履行行政协议约定,不违反诚实信用原则、公平原则和信赖保护原则。

【关键词】

行政协议的履行　暂定条款　法律适用

【基本案情】

梁某英是佛山市南海区里水镇沙涌村面积为 88112.154 平方米(折合 132.1683 亩)、地号为 0805191949、土地证号为佛府南国用(2006)第 0810022 号土地的使用权人,该地块中的 125.8065 亩依法被纳入南海区沙涌东藤旧厂房改造项目范围。2010 年 12 月 8 日梁某英与佛山市南海区里水镇人民政府(以下简称里水镇政府)签订的《佛山市南海区国有土地使用权收回协议书》约定:梁某英共计可收土地补偿金 1,074,240,370.7 元(包括按 60% 的补偿比例计算所得的"三旧"改造补偿金 1,056,341,301.8 元,按 30% 补偿比例所得的非"三旧"改造补偿金 17,899,068.9 元)。

2013 年 7 月 19 日,佛山市南海区人民政府(以下简称南海区政府)下发《佛山市南海区城市更新("三旧"改造)实施意见》(南府〔2013〕239 号,以下简称南

---

* 梁某英与佛山市南海区里水镇人民政府不履行行政协议纠纷案,广东省佛山市顺德区人民法院行政判决书(2017)粤 0606 行初 429 号,广东省佛山市中级人民法院行政判决书(2017)粤 06 行终 769 号。

府〔2013〕239号文），其中第25条规定："旧厂房改造为商住项目的土地补偿金分配政策（一）旧厂房改造为商住项目的，为鼓励原土地使用权人建设产业载体，区、镇（街道）、原土地使用权人对土地出让金按20%∶30%∶50%比例分配（其中50%对原土地使用权人建设产业载体的扶持资金）。（二）本着尊重历史的原则，确保政策的连续性，2010年12月31日前已收回入储（以签订《国有土地使用权收回协议书》的日期为准）但至今未出让的旧厂房改造商住的项目，若该项目在2013年12月31日前出让，区、镇（街道）、原土地使用权人对土地出让金按以下办法进行分配。1.属收回国有划拨建设用地出让的，区、镇（街道）、原土地使用权人对土地出让金的分配比例按镇（街道）分三个档次：一档包括桂城、大沥，按20%∶30%∶50%的比例分配；二档包括西樵、狮山、里水，按20%∶25%∶55%的比例分配；三档包括九江、丹灶，按20%∶20%∶60%的比例分配。2.属收回国有出让建设用地重新出让的，以改造项目的出让面积为计算依据，按如下公式分配地价款……"

2016年1月15日，梁某英向里水镇政府提交《付款申请函》，申请里水镇政府支付第一期的土地补偿金537,120,185.35元。2016年1月22日，里水镇政府作出《关于申请土地出让返还款的告知函》，告知梁某英根据《协议书》相关规定，请梁某英在2016年1月30日前提交相关资料，收取第一期土地返还款，合共442,550,216元，逾期里水镇政府不承担责任。梁某英对上述土地补偿金数额有异议，没有收取。里水镇政府于2016年2月3日再次发出《关于催告收取土地出让返还款的函》，催促梁某英收款。2016年3月15日，梁某英又向里水镇政府递交《付款申请书》，明确不接受里水镇政府根据《协议书》中关于"若佛山市和南海区政府有关出让地价款分成政策调整则按新规定执行"的约定，将涉案地块出让价款分成比例由60%调整为50%，但为避免损失，同意先收取土地补偿金442,550,216元，同时重申里水镇政府应按照60%计算"三旧"改造土地出让金分成比例。里水镇政府随后向梁某英支付第一期土地补偿金442,550,216元。2016年6月13日，梁某英又向里水镇政府递交《申请付款书》，申请里水镇政府支付其主张的第二期土地返还款442,550,216元，但明确坚持要求里水镇政府应按约定60%的比例继续支付剩余的土地补偿金189,139,938.7元。2016年6月17日，里水镇政府向梁某英支付第二期土地补偿金442,550,216元。2016年7月4日，里水镇政府对梁某英递交的《申请付款书》作出《关于梁某英〈付款申请书〉的复函》(里府函〔2016〕47 号)。梁某英对该复函不服,向法院提起行政诉讼。

【裁判结果与理由】

2017 年 8 月 16 日,广东省佛山市顺德区人民法院根据《行政诉讼法》(2014 年修正)第 78 条第 1 款、《最高人民法院关于适用〈中华人民共和国行政诉讼法〉若干问题的解释》(法释〔2015〕9 号,现已失效)第 15 条第 1 款的规定,作出(2017)粤 0606 行初 429 号判决:(1)确认梁某英与里水镇政府于 2010 年 12 月 8 日签订的《佛山市南海区国有土地使用权收回协议书》有效;(2)撤销里水镇政府作出的《关于梁某英〈付款申请书〉的复函》;(3)里水镇政府应继续履行《佛山市南海区国有土地使用权收回协议书》,于判决发生法律效力后 15 日内向梁某英支付土地补偿金 189,139,938.7 元及迟延付款违约金(从 2016 年 6 月 18 日起计算至清偿之日止,按每日 5‱计算);(4)驳回梁某英的其他诉讼请求。

一审法院认为:首先,里水镇政府的行为违背了行政法上的三项基本原则。其一,里水镇政府在南府〔2013〕239 号文出台后至 2016 年 1 月梁某英向里水镇政府申请支付第一期土地出让金前,未及时告知梁某英土地出让金分配比例将由 60% 调整为 50%、未重新组织协商,属于单方变更行政协议,有违诚实信用原则。其二,梁某英在 2010 年签订协议后,已依约交出土地,而涉案土地迟至 2015 年 9 月才挂牌出让,责任不在梁某英;让梁某英承担由此而造成的预期利益减损的后果,有违公平原则。其三,按照信赖利益保护原则,对于《协议书》第 3 条"若佛山市和南海区政府有关出让地价款分成政策调整则按新规定执行"的约定,其中"新规定"应当被解读为对梁某英更有利而非更不利的规定。

其次,里水镇政府违反了法不溯及既往原则。南府〔2013〕239 号文的实施日期后于 2010 年 12 月 8 日签订的《协议书》,参照法不溯及既往原则,除非新政策对梁某英有利,否则不应适用。而且,南府〔2013〕239 号文第 25 条在对旧厂房改造为商住项目的土地补偿金分配政策作出新规定时,只对 2010 年 12 月 31 日前已收回入储(以签订《国有土地使用权收回协议书》的日期为准)、2013 年 12 月 31 日前出让的情形作出特殊规定,未对 2010 年 12 月 31 日前已收回入储、2013 年 12 月 31 日后出让的情形作出规定。里水镇政府亦未就该问题的处理向南海区政府请示,故南府〔2013〕239 号文不适用于本案。

最后,里水镇政府应依照《协议书》约定的土地出让金分配比例继续履行。

里水镇政府依据南府〔2013〕239 号文规定单方变更《协议书》约定的土地出让金分配比例，没有法律依据，亦有违信赖保护原则。里水镇政府应依照《协议书》约定的土地出让金分配比例继续履行，向梁某英支付剩余 10% 的土地补偿金 189, 139, 938. 7 元，并按协议第 9 条的规定，从梁某英收取第二期土地补偿金之次日起即 2016 年 6 月 18 日，向梁某英支付迟延付款违约金。梁某英要求违约金从 2016 年 6 月 17 日起计算的主张，因起算时间不当，不予支持。

里水镇政府不服一审判决，提起上诉。广东省佛山市中级人民法院于 2017 年 12 月 19 日作出(2017)粤 06 行终 769 号判决：(1)撤销一审判决第二项、第三项；(2)驳回梁某英全部诉讼请求。

二审法院认为：本案争议的焦点是双方所签订的《协议书》中关于属于“三旧”改造范围的土地使用权被收回的补偿标准问题。

其一，从《协议书》第 3 条关于补偿标准的约定来看，双方根据当时施行的《关于进一步加快“三旧”改造工作的意见》(南府〔2010〕3 号)及《关于印发〈里水镇三旧改造、节能减排项目扶持实施办法(试行)〉的通知》(里府〔2009〕66 号)有关出让地价款分成规定的精神，确定了属于“三旧”改造范围的土地使用权被收回的补偿标准为该土地收储后再出让价款的 60%，但该条同时约定“若佛山市和南海区政府有关出让地价款分成政策调整则按新规定执行”。可见，将出让价款的 60% 这一分成比例作为被里水镇政府收回涉案土地使用权的补偿只是《协议书》签订时的暂定标准，但在执行《协议书》的过程中需要根据新的政策规定进行调整，故涉案土地收储后再出让价款 60% 的分成比例及根据新的政策规定进行分成比例的调整都是该协议条款的约定内容，且经双方协商一致，合法有效。根据《协议书》的约定，涉案土地被收回的最终补偿标准在于该土地收储后再出让前是否有关于“三旧”改造土地补偿分配比例调整的新政策规定。本案《协议书》所涉土地收储后在 2015 年 9 月 30 日挂牌出让，而 2013 年南海区政府下发了南府〔2013〕239 号文。可见，由于本案《协议书》所涉土地在 2015 年才出让，不属于南府〔2013〕239 号文第 25 条第 2 项所列情形，故应适用该条第 1 项规定的土地出让金分配政策进行调整。里水镇政府按照《协议书》第 3 条的约定及上述文件的规定，在涉案土地挂牌出让后，按照土地出让价 50% 的分成比例向梁某英支付其被收回的属于“三旧”改造范围的土地使用权的补偿款，并不是单方变更行政协议条款或不履行行政协议条款，而是严格履行行政协议约定。一审判决认为里水镇政府根据南府〔2013〕239 号文的规定调整支付补偿款标准存在单方变更行政协议和有违法不溯及既往原则的认定，是对本案《协议书》第 3 条内容的理解不当，不予支持。

其二，按照新政策规定对补偿标准进行调整本就是双方所订《协议书》的约定内容，即双方当事人签订行政协议时预期内的事项。无论新政策中对原土地使用权人补偿的出让金分配比例是调高还是调低，按照行政协议约定都应当执行。另外，涉案土地在 2010 年签订《协议书》并被收储，2015 年挂牌出让。对于涉案土地收储后再出让的时间，双方当事人在协议中并无约定，其也不是协议双方所能决定的事项，因而涉案土地不存在迟延出让以及协议当事人需因此承担责任的问题。虽然其间南府〔2013〕239 号文的出台导致了涉案土地补偿标准的调整，但最终补偿数额的确定除了与土地出让金分成比例有关，还与土地出让价格有关。显而易见的是，涉案土地在 2015 年的挂牌出让价格会远高于其在南府〔2013〕239 号文出台前的挂牌出让价格，故一审判决关于按新政策执行补偿有损原土地权属人的补偿利益或有违公平原则的认定失之偏颇，亦不予支持。

【裁判者说】

一、背景情况介绍

行政协议的实质为受行政公权监督的契约关系，具备双重属性，即一方面具有合同契约的民事属性，另一方面又具备公共管理的行政属性，表现为包括行政机关在内的行政协议各方当事人的私法权利均受到相关法律、法规乃至政府规范性文件等公法权利的限制。行政协议中“如遇政策变更，按照新政策执行”“现补偿的标准为暂定标准，待土地出让时以土地出让时的政策为准”等暂定条款，实则是行政机关通过双方协议一致的形式实现了单方协议变更权，这正是行政协议中公共管理的行政属性的典型体现。因为行政协议的暂定条款实际上属于可变更条款，而且变更后履约的依据是行政机关的新政策等规范性文件，行政机关在行政协议中实际上是处于相对优势的一方，故契约自由原则与法律保留原则相冲突时的价值取舍在司法实践中容易产生争议，应处理协调好行政协议中同时具备的行政管理的公法属性和双方或多方协商一致的意思自治的私法属性的关系问题。

二、暂定条款是否可以适用

按照《合同法》(1999 年，现已失效)第 41 条的规定，民事合同中的暂定条款、兜底条款等格式条款有两种以上解释的，应当作出不利于提供格式条款一方的解释。[①] 行政协议中，该暂定条款是否可以直接适用《合同法》（1999 年，现已失效）的规定成为争议焦点：

一种观点认为，只有在适用新政策对弱势一方（非暂定条款提供者）有利的情况下才能适用《合同法》（1999 年，现已失效）关于格式合同解释的相关规定，主要依据是信赖（利益）保护原则。在相关法律法规未作强制性规定的情况下，当事人可依据规范性文件协商约定，这属于平等的意思自治条款。行政协议亦应强调诚实信用原则，各方当事人签订行政协议后，应严格按行政协议履行，未经协商，不得单方变更行政协议内容。行政相对人签订该暂定条款时，其理解的新政策应为对其有利的规定，而非有损其权益的规定。参照法不溯及既往原则，除非新政策对行政协议的行政相对人有利，否则不应适用。

另一种观点认为，行政协议中的当事人双方并不具有完全平等的法律地位，行政机关天然处于优势地位，其可根据公共行政管理目标的需要，单方面变更或解除行政协议，而相对方却不享有此种权利。因此，行政协议诉讼的特殊之处在于，司法审判机关认可行政机关在行政协议中具备行政优益权，即基于公共利益需要而依法行使单方变更或解除行政协议的优先权利。行政协议中双方已经予以释明并充分知晓暂定条款具有不确定性。行政协议中的行政相对人对存在预期的不确定性应当有充分的认知。暂定条款本身就是协议双方预计将来按照新政策履行行政协议，并不存在法不溯及既往的问题。

还有观点认为，行政机关及行政相对人在行政协议中已经明确约定了暂定条款，即约定了最终是以新政策执行，那么按照新政策规定对行政协议相关条款进行调整本就是双方所订行政协议的约定内容，即双方当事人签订行政协议时预期内的事项。无论新政策对行政机关或行政相对人有利还是不利，暂定条款仍然为有效条款，按照行政协议约定都应当执行，其并没有违反行政法上的信赖利益保护原则。行政协议作为一种附带公共行政管理属性的协议，本身就应受到政府政策的调整和约束。案涉行政协议确定了依据签订协议时的政策，案涉土地使用权被收回的补偿标准为该土地收储后再出让价款的 60%，但同时约定"若佛山市和南海区政府有关出让地价款分成政策调整则按新规定执行"。可见，将出让

---

① 2021 年 1 月 1 日后则依据《民法典》合同编的规定。——编者注

价款的60%这一分成比例作为行政相对人被收回涉案土地使用权的补偿只是《协议书》签订时的暂定标准，但在执行《协议书》的过程中需要根据新的政策规定进行调整，故涉案土地收储后再出让价款60%的分成比例及根据新的政策规定进行分成比例的调整都是该协议条款的约定内容，且经双方协商一致，合法有效。

三、暂定条款如何适用

行政协议中，暂定条款作为具有不确定性的格式条款，让行政协议处于不稳定、不确定状态，不利于行政秩序的稳定。适用暂定条款应以注重公共利益，并维护行政相对人个体合法权益为前提，而且在行政协议中，应明确告知行政相对人该暂定条款，告知行政相对人将来存在的不确定预期。有学者认为："(1)确属情势变更的情况；(2)为维护公共利益；(3)维护的公共利益大于解约所侵害的私人利益；(4)变更、解除权的行使需以经济补偿为前提，但此补偿不应超过契约继续存在情况下相对方预期可获得利益。"①暂定条款一般约定的是适用政府新出台的政策和规范性文件。新政策的出台，本身就意味着对公共利益或公共管理目标根据新的社会现实进行了调整以适应社会现实，具有公益性的特点。本案中，双方当事人2010年签订行政协议并将涉案土地收储，但并未约定土地收储后的再出让时间，这也不是协议双方所能决定的事项，因而涉案土地不存在迟延出让以及协议当事人需因此承担责任的问题。虽然2013年南海区政府新政策的出台导致了涉案土地补偿标准的调整，但最终补偿数额的确定除了与土地出让金分成比例有关，还与土地出让价格有关。显而易见的是，涉案土地在2015年的挂牌出让价格会远高于政策出台的挂牌出让价格，故本案的审理较好地处理了公共利益和行政相对人可信赖利益的平衡问题。

（撰稿人：潘华容　邓明锋　广东省佛山市中级人民法院）

【专家评析】

本案争议的焦点是行政协议中暂定条款的合法性问题。两审法院基于相同事实作出了完全相反的判决，分歧的实质在于对暂定条款是否体现了行政机关的

---

① 殷志诚：《行政契约中行政主体"特权"的再认识》，载《行政法学研究》2003年第2期。

行政优益权，进而是否适用信赖保护原则的理解不同。

一、一审判决书的说理部分和判决部分存在逻辑不能自洽的问题

首先，一审法院将审查的重点放在被告里水镇政府是否严格依照《协议书》的约定完整、准确地履行了所有约定的义务上，注重行政协议的合意性，从文字上也强调了诚实信用、公平、信赖利益（保护）等原则的适用。一审法院根据这些原则作出的判决的第一项是确认《协议书》有效，却忽略了如果《协议书》整体有效，则其中的暂定条款也应当有效的逻辑一致性。

其次，一审判决书在说理部分没有讨论《协议书》第3条关于“若佛山市和南海区政府有关出让地价款分成政策调整则按新规定执行”的约定对未来因上级机关政策而带来的情势变更是否有约束力，直接认定原告“梁某英……理解的新政策应为对其有利的规定，而非降低其分配比例的规定”，缺乏充分的理由。

最后，对于造成原告、被告双方对《协议书》中的暂定条款的理解产生重大分歧的南海区政府发布的南府〔2013〕239号文，一审法院没有客观评判该文件与《协议书》中的暂定条款之间的关系，而是以该文件的发布时间晚于《协议书》签订时间为由认定不能溯及既往，属于对事实问题认定不清。

上述三方面原因导致一审法院未能对是否适用《协议书》中的暂定条款以及暂定条款对梁某英利益的实际影响作出清晰和具有说服力的判断。

二、二审判决的考虑较为周全

首先，对于《协议书》中的暂定条款，二审法院认为，按照新政策规定对补偿标准进行调整本就是双方所订《协议书》的约定内容，即双方当事人签订行政协议时预期内的事项，这一认定逻辑严谨、合法合理。

其次，针对一审中提及的涉案土地于2010年被收储、2015年挂牌出让，因此造成的损失不应由梁某英承担的问题，二审法院考虑了这一情况在行政协议中并无约定，亦非协议双方所能决定，且据实讨论了补偿时间的延迟实际上给梁某英带来的是（因地价上涨而导致的）更高的补偿金额，即并未给其带来实际损失。

综上，二审判决对行政协议中暂定条款的法律意义及暂定条款对梁某英实际利益的影响做了较为客观、中肯的评判，其对一审判决的纠正令人信服。

三、值得考虑的其他因素

行政协议中的暂定条款在履行中经常引发争议。本案的争议属于“约定明确,但当事人之间的理解存有分歧”的情况,“应当按照先行政、后协议的顺序进行认定”。[①] 本案行政协议中的暂定条款,本来就是指向未来的政策内容;后来颁布的南府〔2013〕239 号文合法、有效,其中的一部分内容完全符合暂定条款的约定,因此应当视为确定了暂定条款的内容。

此外,还需要关注的一个问题是,按照先行政、后协议的顺序来解决本案行政协议中的暂定条款的理解分歧,恐怕还需要区分两种不同情况:第一种情况是行政机关在行政协议的履行中具有明显优势(具有所谓行政优益权),则出现分歧时可能需要朝有利于原告的方向解释;[②]第二种情况是行政机关在行政协议的履行中没有明显优势,则应当按照行政协议文本的原意进行解释。[③] 本案中南府〔2013〕239 号文不是里水镇政府(行政协议中的甲方)发布的,里水镇政府对颁布该文件的机关也没有管理权,因此里水镇政府在本案行政协议的履行中不具有明显优势,对该协议中有争议的条款的解释,应当按照文本的原意作出。

(撰稿人:刘文静　暨南大学法学院)

---

① 参见宁某某诉甘肃省定西市安定区住房和城乡建设局房屋征收补偿安置协议案,最高人民法院 2022 年 4 月 20 日发布的第二批行政协议诉讼典型案例。

② 考虑到行政协议中大多数条款均为格式条款,参见《民法典》第 498 条“对格式条款有两种以上解释的,应当作出不利于提供格式条款一方的解释”的规定。

③ 参见《民法典》第 498 条“对格式条款的理解发生争议的,应当按照通常理解予以解释”的规定。

案例 42

先履行抗辩权在行政协议纠纷中的适用*

【裁判要旨】

行政机关作为先履行一方，未履行行政协议约定的义务的，作为后履行一方的相对人有权主张先履行抗辩权，拒绝履行其相应义务。

【关键词】

行政协议　解除合同　先履行抗辩权

【基本案情】

2014 年 3 月 21 日，徐闻县国土资源局（以下简称徐闻县国土局）在报纸上刊登《徐闻县国有建设用地使用权挂牌出让公告》（徐国土资告字〔2014〕第 2 号），决定以挂牌方式出让涉案土地的国有建设用地使用权。同日，徐闻县国土局作出《国有建设用地使用权挂牌出让竞买须知》（徐国土资挂告字〔2014〕第 2 号）。《徐闻县国有建设用地使用权挂牌出让公告》及《国有建设用地使用权挂牌出让竞买须知》中均载明"委托方 1 年内按现状（宗地现状：周围基础设施已达到'三通一平'，即通路、通电和通电讯）移交土地"。2014 年 4 月 21 日，徐闻县建力房地产有限公司（以下简称建力公司）以 101,490,000 元竞得涉案土地使用权并与徐闻县土地征用储备服务中心签订《国有建设用地使用权交易成交确认书》。2014 年 4 月 24 日，徐闻县国土局与建力公司签订编号为 440825—2014—19 的《国有建设用地使用权出让合同》。该合同第 6 条约定，"出让人同意在 2015 年 4

---

* 徐闻县建力房地产有限公司与徐闻县国土资源局不履行行政协议案，广东省湛江经济技术开发区人民法院行政判决书（2018）粤 0891 行初 371 号，广东省湛江市中级人民法院行政判决书（2018）粤 08 行终 214 号。

月 21 日前将出让宗地支付给受让人，出让人同意在交付土地时该宗地应达到本条第（一）项规定的土地条件：（一）场地平整达到场地基本平整；周围基础设施达到通路、通电、通电讯……”第 8 条约定，宗地的国有建设用地使用权出让价款为人民币 101,490,000 元；第 9 条约定，宗地的定金为 30,000,000 元；第 10 条约定，“受让人同意按照本条第一款第二项的规定向出让人支付国有建设用地使用权出让价款。……（二）按以下时间和金额分二期向出让人支付国有建设用地使用权出让价款：第一期人民币 50,745,000 元，付款时间：2014 年 5 月 1 日之前。第二期人民币 50,745,000 元，付款时间：2015 年 5 月 1 日之前……”第 41 条约定，该合同项下宗地出让方案业经徐闻县人民政府批准，该合同自双方签订之日起生效。2014 年 4 月 17 日，建力公司向徐闻县土地征用储备服务中心支付 10,000,000 元项目保证金，于同日和 2014 年 4 月 30 日分别支付第一期出让价款 30,000,000 元和 20,745,000 元共计 50,745,000 元。

因徐闻县国土局未能如期在 2015 年 4 月 21 日前交付涉案土地，建力公司分别于 2014 年 11 月 21 日、2015 年 7 月 1 日、2016 年 3 月 2 日向徐闻县土地征用储备服务中心发出《关于要求移交国有建设用地的函》《关于要求移交国有建设用地的函》《交付土地催告函》，要求徐闻县土地征用储备服务中心敦促完成土地的“三通一平”工作，将土地移交该公司，同时亦未向徐闻县土地征用储备服务中心支付第二期出让价款。徐闻县土地征用储备服务中心分别于 2017 年 1 月 20 日、2017 年 2 月 14 日向建力公司发出《通知》和《关于徐城红旗一路西侧 44,614.91 平方米土地第二期出让价款缴交和土地移交等有关事项的告知函》（徐征储〔2017〕43 号），要求建力公司到该中心办理该宗土地第二期出让价款缴交和土地移交等相关手续。建力公司以该宗地原建筑物拆迁尚未完毕，场地尚未达到“三通一平”的交付条件为由，要求徐闻县土地征用储备服务中心清理地上建筑物后再交付宗地。

2018 年 8 月 7 日，徐闻县国土局作出《解除合同通知书》（徐国土资〔2018〕25 号），称由于多次催促建力公司支付第二期出让价款但该公司没有支付，所以根据《国有建设用地使用权出让合同》第 30 条“受让人不能按时支付出让价款的，自滞纳之日起，每日按迟延支付款项的 1‰向出让人缴纳违约金。延期超过 60 日，经出让人催交后仍不能支付国有建设用地使用权出让价款的，出让人有权解除合同”以及《合同法》第 93 条第 2 款“当事人可以约定一方解除合同的条件。

解除合同的条件成就时,解除权人可以解除合同”的规定,解除《国有建设用地使用权出让合同》。建力公司认为徐闻县国土局没有履行交付合同约定条件的土地的先行义务,其有权依照《合同法》第 67 条的规定行使先履行抗辩权,徐闻县国土局作出的《解除合同通知书》违法,遂诉至法院,请求撤销该通知书。

【裁判结果与理由】

广东省湛江经济技术开发区人民法院于 2018 年 9 月 12 日作出判决:撤销徐闻县国土局作出的《解除合同通知书》。

徐闻县国土局不服,提出上诉。广东省湛江市中级人民法院于 2018 年 12 月 13 日作出(2018)粤 08 行终 214 号判决:驳回上诉,维持原判。

法院生效判决认为,双方当事人签订的《国有建设用地使用权出让合同》中第 6 条约定的交付土地时应达到的条件为:场地平整达到场地基本平整和周围基础设施达到通路、通电、通电讯,即俗称的“三通一平”。据此,徐闻县国土局应当按照该条的规定承担先行履行合同的义务。经现场勘查,涉案宗地确有部分建筑物未拆除,未达到场地基本平整的条件。徐闻县国土局作出的《解除合同通知书》,是以建力公司没有按期支付第二期国有建设用地使用权出让价款为由解除合同的,本案应当针对徐闻县国土局解除合同时所依据的理由是否合法进行审查。

建力公司按照合同约定已向徐闻县土地征用储备服务中心履行了支付第一期国有建设用地使用权出让价款的义务,徐闻县国土局没有履行在合同约定的日期前将达到交付条件的出让宗地交付给建力公司的义务。建力公司以土地上仍有建筑物为由不予支付第二期国有建设用地使用权出让价款及办理交付土地等手续,并不违反《国有建设用地使用权出让合同》的约定,其可以依据《合同法》(1999 年,现已失效)第 67 条“当事人互负债务,有先后履行顺序,先履行一方未履行的,后履行一方有权拒绝其履行要求。先履行一方履行债务不符合约定的,后履行一方有权拒绝其相应的履行要求”的规定,行使先履行抗辩权。

【裁判者说】

一、背景情况介绍

行政协议既保留了行政行为的属性,又采用了合同的方式,这种双重混合特征决定了行政机关应当与协议相对方平等协商订立行政协议。行政协议一旦订立，双方都要依照行政协议的约定履行各自的义务；当出现纠纷时，应当首先根据行政协议的约定在合同法的框架内主张权利，行政机关应依法行政，不能任意解除行政协议。法院审理行政协议纠纷案件需要在优先适用行政法律规范的基础上，补充适用《合同法》(1999 年，现已失效)等民事法律规范。本案中，行政机关作出解除涉案合同时的事实理由是建力公司没有按期支付第二期国有建设用地使用权出让价款，相关依据是《国有建设用地使用权出让合同》第 30 条及《合同法》(1999 年，现已失效)第 93 条，在这种情况下，法院除对解除合同行为的合法性进行审查外，还要审查合同的合约性。

二、确立裁判要旨的理由

(一)行政协议对协议双方有同等约束力

行政协议一经签订就对双方当事人产生同等的约束力，行政机关在履行协议过程中应当恪守法定权限，不能违背法律、法规的强制性规定。当出现纠纷时，双方当事人应当根据协议的约定在合同法的框架内主张权利。本案中，双方当事人签订的《国有建设用地使用权出让合同》中第 6 条约定交付土地时应达到的条件为：场地平整达到场地基本平整和周围基础设施达到通路、通电、通电讯，即俗称的“三通一平”。据此，徐闻县国土局应当按照该条规定承担先行履行合同的义务。建力公司以土地上仍有建筑物为由不予支付第二期国有建设用地使用权出让价款及办理交付土地等手续，并不违反合同约定，其可以依据《合同法》(1999 年，现已失效)第 67 条“当事人互负债务，有先后履行顺序，先履行一方未履行的，后履行一方有权拒绝其履行要求。先履行一方履行债务不符合约定的，后履行一方有权拒绝其相应的履行要求”的规定，行使先履行抗辩权。

(二)以解除合同通知之外的理由撤销合同的请求不属于本案的审查范围

行政机关应受行政协议的约束，不得任意解除或变更行政协议，要注意保障行政相对人在合同法框架内的权利。本案中，《徐闻县国有建设用地使用权挂牌出让公告》及《国有建设用地使用权挂牌出让竞买须知》中均载明“委托方 1 年内按现状(宗地现状：周围基础设施已达到‘三通一平’，即通路、通电和通电讯)移交土地”，徐闻县国土局与建力公司签订的《国有建设用地使用权出让合同》明确约定交付宗地的条件为场地平整达到“三通一平”。按照合同法原理，在前述挂牌出让公告、须知上公布的拍卖条件属于要约邀请，而已订立的合同属于承诺，只有订立合同才能真正对双方当事人起到约束的效力。徐闻县国土局认为涉案合同约定的交付条件与前述挂牌出让公告、须知约定的条件不一致，但其在签订涉案合同时没有尽到谨慎审查义务，造成的后果应当由自身承担。因此，徐闻县国土局提出的以解除合同通知之外的理由撤销合同的请求，不属于本案的审查范围。

三、运用裁判要旨需要注意的问题

行政协议与民事合同的最大不同在于所确定的权利义务内容不同。行政协议确定的是行政法上的权利义务，形成的是行政法律关系；民事合同确定的是民法上的权利义务，形成的是民事法律关系。行政协议中，行政机关与签订行政协议的相对人在法律地位上是不对等的，行政机关在行政协议的履行中享有指挥权、监督权、单方解除权等行政优益权。但行政优益权的行使必须有利于维护公共利益和实现行政管理目标，适用程序应当符合依法行政原则，通常须受到严格限制，故在履行行政协议过程中发生争议时，在符合行政法律法规的基础上，应当保护行政相对人在合同法框架内的合法权利。本案中，徐闻县国土局解除《国有建设用地使用权出让合同》的理由并不是该行政协议损害了公共利益等，法院不应予以审查，双方当事人对解除合同通知之外的理由有争议的，法院可指引其另循其他合法途径解决。

（撰稿人：李常红　广东省湛江市中级人民法院）

【专家评析】

国有土地出让合同是典型的行政协议，政府一方在此类协议的履行中经常具有既是合同一方当事人，又是另一方当事人履行合同的监督者之双重角色，例如根据《土地管理法》（2019 年修正）第 38 条第 1 款的规定，受让人获得国有土地使用权后 1 年以内未动工建设的，政府主管部门有权对受让人征收闲置费；连续 2 年未使用的，政府有权无偿收回土地使用权等。但是，如果政府一方违约在先，却要求受让人继续完全地履行合同义务，而受让人行使先履行抗辩权时，政府反以受让人违约为由，行使单方解除合同的权利，那么这样的行为不仅从《合同法》（1999 年，现已失效）的角度看是不公平的，而且错误适用了法律规定，属于违法行为。

本案中，《国有建设用地使用权出让合同》约定事项清楚，受让人建力公司依照合同约定支付了项目保证金和第一期出让价款后，徐闻县国土局并未在合同约定的时间内交付土地，涉案土地也一直未达到合同约定的交付条件（“三通一平”）。可见，徐闻县国土局已经违反了该行政协议主要条款的约定。建力公司多次发函敦促徐闻县国土局履约，然而徐闻县国土局始终没有作出履约行为。建力公司拒绝支付第二期出让价款的行为，符合《合同法》（1999 年，现已失效）关于先履行抗辩权的规定。徐闻县国土局拖延 3 年不依约交付土地，却通知建力公司解除合同，理由是建力公司违反了《国有建设用地使用权出让合同》第 30 条关于受让人不能按时支付出让价款且延期超过 60 日、经催交后仍不能支付出让价款的，出让人有权解除合同的约定。实际上，本案《国有建设用地使用权出让合同》第 30 条的约定，在所有的国有土地出让合同中都很有可能出现，它的法律依据是《城市房地产管理法》（2009 年修正）第 16 条，即“土地使用者必须按照出让合同约定，支付土地使用权出让金；未按照出让合同约定支付土地使用权出让金的，土地管理部门有权解除合同，并可以请求违约赔偿”。本案中，受让人建力公司已经依照合同约定支付第一期出让价款，徐闻县国土局作为土地出让方却未依照合同约定按时交付土地，不能适用前述理由解除合同。反倒是徐闻县国土局的行为违反了《城市房地产管理法》（2009 年修正）第 17 条关于“土地使用者按照出让合同约定支付土地使用权出让金的，市、县人民政府土地管理部门必须按照出让合同约定，提供出让的土地；未按照出让合同约定提供出让的土地的，土地使用者有权解除合同，由土地管理部门返还土地使用权出让金，土地使用者并可以请求违约赔偿”的规定，因而有权提出解除合同的不是徐闻县国土局一方，而是土地使用者建力公司一方。

本案诉讼中，徐闻县国土局试图引用《合同法》（1999 年，现已失效）证明其通知解除合同行为的合法性，两审法院也都引用了《合同法》（1999 年，现已失效）的相关条款，支持建力公司行使先履行抗辩权。两审法院的观点，不论是从《合同法》（1999 年，现已失效）的角度还是从《城市房地产管理法》（2009 年修正）的角度看，都能够成立。这也证明了对行政协议纠纷的审理，无论是从私法的角度还是从公法的角度出发，所遵循的法律精神都是一致的。

（撰稿人：刘文静　暨南大学法学院）

案例 43

行政协议附条件条款条件成就的审查*

【裁判要旨】

行政机关与当事人签订房屋安置补偿协议时明确约定，同等条件下、同一房屋征收项目范围内的其他业主房屋补偿单价高于当事人的，行政机关应追加支付高出部分的房屋补偿差价。当协议约定的条件成就，当事人诉请判令行政机关依法履行协议约定的，法院应予支持。

【关键词】

行政协议　附条件条款　房屋安置补偿

【基本案情】

2016 年 2 月 24 日，钟某某与原深圳市坪山新区坪山办事处（以下简称原坪山办事处）签订《深圳市坪山新区南坪快速路三期工程项目征收补偿安置协议书》（以下简称钟某某房屋安置补偿协议），约定针对钟某某建筑面积为 918.47 平方米的私房，原坪山街道办参照 2013 年出台的《深圳市房屋征收与补偿实施办法（试行）》（深圳市人民政府令第 248 号）规定的征收补偿标准予以补偿。该协议约定了产权调换与货币补偿相结合的形式，对钟某某建筑面积 192.23 平方米的房屋进行产权调换安置，剩余 726.24 平方米的房屋另由原坪山办事处给予货币补偿。

根据钟某某房屋安置补偿协议第 8 条的约定，原坪山办事处向钟某某承诺，

---

* 钟某某诉深圳市坪山区石井街道办事处履行房屋安置补偿协议案，广东省深圳市盐田区人民法院行政判决书（2018）粤 0308 行初 108 号，广东省深圳市中级人民法院行政判决书（2019）粤 03 行终 93 号。

钟某某所在项目的私房标定价格始终保持一致；钟某某签订协议后，在同等房屋主体框架一致的条件下，南坪三期项目其他业主的房屋补偿差价单价高于钟某某，后原坪山办事处给予钟某某高出部分的差价补偿。原坪山办事处在向钟某某支付补偿款后，并向钟某某实际交付了面积为240.33平方米的安置房，由钟某某按每平方米4500元的标准，对多出的安置房面积补差价216,450元。

深圳市坪山区经批复设立后，深圳市坪山区石井街道办事处（以下简称石井街道办）承继了南坪快速三期的房屋征收职责。2017年9月29日，石井街道办与同一征收补偿项目范围内的业主谢某某、杨某某签订了房屋安置补偿协议，约定补偿标准参照2016年修改的《深圳市房屋征收与补偿实施办法（试行）》（深圳市人民政府令第292号）的规定。

钟某某认为石井街道办与案外人谢某某、杨某某签订的房屋安置补偿协议所约定的房屋补偿单价高于自己，诉至法院，请求判令石井街道办根据钟某某房屋安置补偿协议的约定支付高出部分的房屋补偿差价。

石井街道办答辩称，钟某某房屋安置补偿协议中承诺的“追加高出部分的差价补偿”，属于约定不明条款，不具有可执行性。案外人的房屋补偿单价并未高于钟某某，钟某某主张的支付补偿差价条件不成就。

【裁判结果与理由】

广东省深圳市盐田区人民法院作出（2018）粤0308行初108号判决，驳回钟某某的诉讼请求。钟某某不服，提出上诉。广东省深圳市中级人民法院于2020年6月2日作出（2019）粤03行终93号判决：撤销一审判决；石井街道办履行钟某某房屋安置补偿协议第8条的约定，向钟某某支付房屋货币补偿差价854,755元。

法院生效判决认为，本案中，钟某某认为涉案房屋征收补偿项目的后签约者适用的房屋补偿标准高于先签约的自己，故请求判决石井街道办履行钟某某房屋安置补偿协议第8条关于支付房屋补偿差价的约定。

一、关于钟某某房屋安置补偿协议的性质和效力问题

本案中，虽然相关行政机关针对涉案建设项目未发布房屋征收决定，但钟某某房屋安置补偿协议系原坪山办事处基于公共建设项目的需要，与钟某某就涉案房屋拆迁补偿安置事宜达成的协议，属于行政协议范畴。同时，结合在案证据材料，钟某某房屋安置补偿协议系双方真实意思表示，诉讼中双方当事人均未对该协议本身的合法性提出异议，且该协议亦不存在《行政诉讼法》（2017 年修正）第 75 条规定的重大且明显违法情形以及《合同法》（1999 年，现已失效）第 52 条规定的合同无效情形，故法院确认钟某某房屋安置补偿协议合法有效。

二、关于钟某某提出的履行协议诉求能否成立的问题

对于石井街道办是否应当向钟某某支付相应房屋补偿差价，双方争议焦点主要集中在以下三个方面：

（一）钟某某房屋安置补偿协议第 8 条的约定是否明确

法院认为，石井街道办关于钟某某房屋安置补偿协议第 8 条约定无效、约定不明的主张均不能成立。理由如下：其一，从钟某某房屋安置补偿协议第 8 条约定的表述来看，该条款属于附条件协议条款，是为了确保房屋补偿的公平性，并不存在违反法律、法规禁止性规定而应认定无效的情形。其二，钟某某房屋安置补偿协议第 8 条的约定，指向的是钟某某与同一项目范围内其他业主超出指标的房屋货币补偿，即如果同等条件下其他业主超出指标的房屋所获得的货币补偿单价高于钟某某，则原坪山办事处应向钟某某支付相应的房屋货币补偿差价。其三，关于房屋货币补偿单价计算及比对所需的数据，钟某某和案外人各自的房屋评估报告中均有对应数据信息，可以相互比对，以判断钟某某房屋安置补偿协议第 8 条约定的所附条件是否已成就。其四，在核算本案房屋补偿差价问题时，应核算钟某某基于变化的房屋货币补偿标准（变化的私房标定评估单价、罚款地价标准两方面的数据）所能获得的货币补偿利益，再扣减钟某某已获得的补偿利益，最终得出钟某某因房屋货币补偿标准变化而产生的房屋补偿差价。其五，钟某某超出指标实际额外获取更多安置房的事实，不构成比对钟某某与案外人超出指标的房屋货币补偿情况的障碍。

（二）钟某某房屋安置补偿协议附带条款约定的条件是否成就

钟某某房屋安置补偿协议第 8 条约定，原坪山办事处支付房屋货币补偿差价需具备两个条件：一是涉案建设项目范围内超出指标的房屋货币补偿评估所参照的私房标定评估单价发生变化；二是此种变化导致同一建设项目范围内、同等房屋条件下其他业主超出指标的房屋货币补偿标准高于钟某某。综合本案已查明的事实及在案证据，法院认定钟某某房屋安置补偿协议第 8 条约定的支付房屋货币补偿差价的条件已成就。作为原坪山办事处相关职责的承继主体，石井街道办负有向钟某某支付房屋货币补偿差价的义务。

（三）石井街道办提出的履行抗辩事由能否成立

钟某某超出产权调换指标多获取的安置房屋，可作为钟某某超出指标的房屋所获得的补偿利益的组成部分。本案将钟某某与案外人房屋货币补偿情况进行比对，实质上是核算钟某某就其超出指标的房屋，适用与案外人超出指标的房屋相同的房屋货币补偿标准所能获得的货币补偿。钟某某超出产权调换指标实际多获取的安置房补偿利益能否弥补钟某某因超出指标的房屋货币补偿标准的变化而产生的房屋货币补偿差价，需结合钟某某基于变化后的超出指标的房屋货币补偿标准所能获得的货币补偿数额估算结果进行判断。经核算，钟某某超出指标的房屋应获得的货币补偿利益，在扣除其已获取的房屋补偿利益之后，尚存在854，755元的房屋货币补偿差价。

综上所述，钟某某房屋安置补偿协议第8条约定的支付房屋货币补偿差价的条件已成就，且经核算相应房屋货币补偿差价数额为854，755元。石井街道办作为原坪山办事处相关职责的承继主体，应当履行钟某某房屋安置补偿协议，依约定向钟某某支付前述房屋货币补偿差价。

【裁判者说】

在房屋拆迁补偿安置工作过程中，行政机关为打消被补偿人“先签约者吃亏、后签约者获利”的顾虑，实现尽早签约目标，可能会在与被补偿人签订房屋安置补偿协议时明确承诺相关房屋补偿标准保持不变，并约定若后续房屋补偿标准发生变化导致后签约者获得更高补偿，行政机关将按协议约定支付由此产生的房屋补偿差价。该约定并不违反法律、法规的禁止性规定且符合公平补偿原则。当协议约定的条件成就时，行政机关应根据协议的约定支付相应房屋补偿差价，通过履行协议约定，维护政府的公信力。否则，先签约者吃亏、后签约者获利的现象频发，将导致无人愿意早签约、先签约，而政府亦将为此付出更高的行政成本。

本案的典型意义在于法院通过对双方当事人签订的房屋安置补偿协议的效力、房屋安置补偿协议中关于附条件支付房屋补偿差价条款的效力以及该条款所约定的支付通过补偿差价的条件是否成就等问题进行论证和认定，对不违反法律禁止性规定且符合公平补偿原则的支付房屋补偿差价条款的效力予以确认，通过判决方式保障行政机关对先签约业主所作出的承诺落到实处，维护政府的公信力，同时向社会传递“不让房屋征收补偿项目先签约业主吃亏”的正能量，充分发挥司法裁判对行政执法和社会公众的规范、指引功能，促进社会法治化治理。适用本案裁判要旨时需要注意以下三个方面：

首先，针对当事人提起的履行房屋安置补偿协议诉讼，应当首先审查认定房屋安置补偿协议的效力问题。《最高人民法院关于审理行政协议案件若干问题的规定》（法释〔2019〕17 号）第 12 条第 1 款、第 2 款规定："行政协议存在行政诉讼法第七十五条规定的重大且明显违法情形的，人民法院应当确认行政协议无效。人民法院可以适用民事法律规范确认行政协议无效。"本案中，钟某某请求法院判决石井街道办履行钟某某房屋安置补偿协议第 8 条关于支付房屋补偿差价的约定，属于针对房屋安置补偿协议特定条款的履行提出的诉讼。虽然双方当事人对钟某某房屋安置补偿协议的合法性均无异议，但根据前述司法解释的规定，本案仍应先行对钟某某房屋安置补偿协议的效力进行认定，确认该协议是否合法有效。如果当事人提起的履行行政协议诉讼涉及的行政协议存在法定无效情形，则法院无须再对行政机关是否存在未履约问题进行审查，而应直接判决确认协议无效。

其次，房屋安置补偿协议约定的履行事项存在附加条件的，应当重点审查该协议的相关条文约定是否明确、约定的履行条件是否已成就。《最高人民法院关于审理行政协议案件若干问题的规定》（法释〔2019〕17 号）第 11 条第 2 款的规定："原告认为被告未依法或者未按照约定履行行政协议的，人民法院应当针对其诉讼请求，对被告是否具有相应义务或者履行相应义务等进行审查。"本案中，钟某某的诉讼请求指向的是房屋安置补偿协议附条件条款的履行问题，故本案判决着重从相关协议条文约定是否明确、约定的履行条件是否成就两个层面进行分析论证，认定钟某某房屋安置补偿协议第 8 条约定明确，且约定支付房屋货币补偿差价的条件已成就，进而认定石井街道办负有向钟某某支付房屋货币补偿差价的义务。

最后，行政机关针对当事人提出的履行诉求提出履行抗辩的，应当全面审查行政机关提出的履行抗辩事由是否成立。根据《最高人民法院关于审理行政协议案件若干问题的规定》（法释〔2019〕17 号）第 27 条第 2 款的规定："人民法院审理行政协议案件，可以参照适用民事法律规范关于民事合同的相关规定。"针对当事人提出的房屋安置补偿协议的履行诉求，行政机关有权提出履行抗辩。人民法院亦应对行政机关提出的履行抗辩主张进行审查认定。本案中，石井街道办以钟某某所称的房屋货币补偿差价已由其多获得的安置房补偿利益予以弥补，故石井街道办无须另行向钟某某支付补偿差价为由，提出履行抗辩。本案判决针对该履行抗辩主张，结合钟某某已获得的补偿利益以及其基于变化后的超出指标的房屋货币补偿标准所能获得的货币补偿数额估算结果的比对结果，最终认定石井街道办提出的履行抗辩主张不能成立。

（撰稿人：杨宝强　广东省深圳市中级人民法院）

【专家评析】

本案争议的焦点之一是行政协议中的附条件条款的合法性问题。二审法院从附条件条款的约定是否明确、是否具备履行的条件，以及行政机关的履行抗辩能否成立三个方面进行了全面审查。在查明附条件条款是双方真实意思表示、诉讼中双方对条款的合法性没有争议、审查中未发现其他违法情形等事实的前提下，二审法院确认了附条件条款的合法有效性，同时从分析该约定以避免出现"先签约者吃亏、后签约者获利"的现象、确保房屋征收补偿的公平性为目的出发，论证了行政机关在附条件条款中作出的房屋补偿差价承诺约定明确。而且，二审法院根据已查明的修改后的地方政府规章比修改前规定的补偿标准提升，同一房屋征收补偿项目范围内有其他业主据此获得比原告钟某某更高标准的补偿等事实，认定附条件条款已具备履行的条件。针对行政机关提出的原告钟某某事实上已经获得更多补偿利益的履行抗辩，二审法院按照已认定的事实和地方政府规章修改前后的标准进行核算，认定原告钟某某并未获得更多的补偿利益，并且直接计算出被告行政机关应当支付给原告钟某某的房屋补偿差价的具体数额。本案二审判决整体思路清晰，对行政协议履行中哪些方面需要遵守法律法规的规定，哪些方面应当遵守协议双方的清楚约定，作了明确的区分和论述。

（撰稿人：刘文静　暨南大学法学院）

案例 44

特许经营协议重复许可的效力认定*

【裁判要旨】

行政机关基于行政管理目的在其法定职权范围内与经营者签订的特许经营协议属于行政协议。行政机关将同一区域内的独家特许经营权先后授予不同的经营者的，其重复许可行为违法，同时亦违反了行政协议的约定，构成违约行为，法院应判决行政机关承担相应的法律责任。

【关键词】

特许经营许可协议　重复许可　违约责任

【基本案情】

2008 年 8 月 20 日，英德市建设局与中油中泰燃气有限责任公司（以下简称中油中泰公司）签订《英德市管道燃气特许经营协议》。同年 8 月 22 日，英德市人民政府（以下简称英德市政府）向英德市建设局作出批复，主要内容有：(1)同意中油中泰公司进入英德市场，重新组建英德中油燃气有限公司（以下简称中油公司）经营英德管道燃气业务；(2)同意将英德市的管道燃气特许经营权授予中油中泰公司，有效期限为 30 年，至 2038 年 8 月 20 日止；(3)授权英德市建设局与中油中泰公司签订特许经营权协议。2010 年 12 月 23 日，英德市住房和城乡建设局（以下简称英德市住建局）又向中油中泰公司发出《关于解除〈英德市管道燃气特许经营协议〉的通知》，提出从 2010 年 12 月 25 日起解除双方于 2008 年 8 月 20 日签订的《英德市管道燃气特许经营协议》，上述通知由中油公司员工刘某签收。

---

* 广东省清远市中级人民法院行政判决书(2016)粤 18 行初 134 号，广东省高级人民法院行政判决书(2017)粤行终 559 号。

但是,2010 年至 2011 年,清远华侨工业园英德英红园管理委员会(以下简称英红园管委会)仍依照上述《英德市管道燃气特许经营协议》,先后与中油公司签订《投资天然气站项目合同书》《投资天然气站项目合同书补充协议》《投资天然气站项目合同书补充协议 2》等协议(涉案天然气站项目协议),就该公司在英红工业园内管道燃气特许经营权的具体实施,包括许可范围、开发建设及经营期限、建设用地等进行约定。英红园管委会还于 2011 年到 2013 年向英德市环境保护局发出《关于英红园 LNG 气站项目的证明》,向英德市住建局发出《关于英红园中油燃气项目的招商引资证明》,向英德市规划和城市综合管理局发出《关于同意英德中油公司在英红园投资燃气配套项目的函》等函件以促进涉案天然气站项目协议的履行。

2012 年 9 月 4 日,英德市政府发布管道燃气特许经营权招投标公告。华润燃气投资(中国)有限公司中标,并于 2013 年 2 月 20 日与英德市规划和城市综合管理局签订《英德市管道燃气特许经营协议》,取得包括英红工业园在内的英德市管道燃气业务独家特许经营权,有效期限为 30 年,至 2043 年 2 月 20 日止。该公司随后成立了英德华润燃气有限公司(以下简称华润公司)负责项目经营管理。华润公司在英红园区规划红线范围内建设了气化站,铺设了燃气管道,并进行了实质性的供气活动。英红园管委会对华润公司在 2014 年至 2016 年铺设燃气管道的工程颁发了临时施工许可证。

由于中油公司与华润公司在经营区域范围上发生争议,中油公司多次书面向英德市政府、英红园管委会请求保护其在英红园区的特许经营权。2013 年 9 月 24 日,英红园管委会函复中油公司,再次明确该公司在园区内的特许经营权,并向入园企业发出《通告》,声明该公司是唯一一家在英红工业园签约经营管道燃气供应的燃气公司。此后,中油公司持续反映并要求制止华润公司的越界经营行为。英德市政府组织两公司调解,并于 2015 年 12 月出具《关于中油中泰燃气投资集团有限公司与英德华润燃气有限公司在英红园区燃气经营范围的调解意见》,但各方最终未能达成一致。

中油公司遂向一审法院起诉,请求:(1)判令英德市政府、英红园管委会继续履行涉案天然气站项目协议,继续授予该公司在英红园规划红线范围内的管道燃气特许经营权(有效期至 2038 年 8 月 20 日),并维护其特许经营权的完整性,不得再将特许经营权授予第三方;(2)判令英德市政府立即终止华润公司在该区域范围内所有的管道燃气建设及经营活动。

【裁判结果与理由】

广东省清远市中级人民法院作出(2016)粤18行初134号判决:(1)确认中油公司与英红园管委会所签订的涉案天然气站项目协议有效,确认该公司在英红工业园内有管道燃气特许经营权,且不得授予第三方;(2)确认英德市政府、英红园管委会将英红工业园内特许经营权授予华润公司的行为违法;(3)华润公司应停止在英红工业园内的管道燃气建设及经营活动;(4)驳回中油公司其他诉讼请求。清远市中级人民法院一审审理认为,涉案天然气站项目协议是当事人的真实意思表示,内容没有违反法律和行政法规的强制性规定,是有效合同,受法律保护。英德市政府及英红园管委会应当按照该协议的约定履行自己的义务,确保中油公司特许经营权的完整性,其允许华润公司在英红园内进行管道燃气经营的行为侵犯了中油公司的特许经营权。宣判后,英德市政府、英红园管委会、华润公司均不服一审判决,提起上诉。

广东省高级人民法院作出(2017)粤行终559号判决:维持一审判决的第一项、第二项、第四项,撤销第三项,同时责令英德市政府、英红园管委会采取补救措施。

二审法院生效判决认为:涉案天然气站项目协议是英红园管委会基于行政管理目标,为确保燃气供应,在其法定职责范围内,就特许经营权的实施与中油公司签订的行政协议。这些行政协议签订主体适格,职权、权利来源清楚,内容未违反法律、法规的禁止性规定,应为有效。中油公司享有的特许经营权受法律保护,协议各方应当按照约定履行相关的合同义务。英德市政府作为英红园管委会这一事业单位的设立机关以及特许经营许可一方,应承担相应的合同义务,保障合同履行,但英德市政府又将英红工业园的管道燃气特许经营权授予华润公司,存在将同一区域内具有排他性的独家特许经营权先后重复许可给不同主体的行为,应当认定其行为违法。二审法院同时认为,该重复许可系行政机关的行政行为所致,并不必然导致在后的华润公司所获得的独家特许经营权无效,华润公司基于其所签订的特许经营权协议的相关合同利益、信赖利益亦应当予以保护。而且中油公司、华润公司均已进行了管道建设并为园区企业供气,若撤销任何一家的特许经营权均将影响到所在地域的公共利益。重复许可的相关法律后果应当由行政机关承担,不应由华润公司承担,原审法院判令该公司停止管道燃气建设及经营活动不当。英德市政府、英红园管委会应当采取补救措施，依法作出行政处理，对双方相应经营地域范围予以界定，妥善解决本案经营权争议。

【裁判者说】

近年来，能源和基础设施建设领域的特许经营协议、政府与社会资本合作协议争议增多，社会关注度高，相关案件的审理难度较大。对于上述协议的性质是行政协议还是民事合同，法院对行政协议的司法审查与对一般单方行政行为的审查有何不同，行政诉讼与民事诉讼中哪个更有利于保护各方权益等问题，实务界和理论界观点不一。本案还涉及同一地方政府在不同时期对同一区域范围内的能源设施建设进行重复许可如何处理的问题。中共中央、国务院《关于完善产权保护制度依法保护产权的意见》（中发〔2016〕28 号）中明确："大力推进法治政府和政务诚信建设，地方各级政府及有关部门要严格兑现向社会及行政相对人依法作出的政策承诺，认真履行在招商引资、政府与社会资本合作等活动中与投资主体依法签订的各类合同，不得以政府换届、领导人员更替等理由违约毁约，因违约毁约侵犯合法权益的，要承担法律和经济责任。"本案判决进一步明确行政机关必须按照法治政府、诚信政府的要求，依法履行行政协议，行政机关违反行政协议约定导致协议相对人遭受损失的，应当由行政机关承担相应法律责任，采取相应补救措施，有力维护行政协议的稳定性和企业的合同权益，为今后此类问题的解决提供了重要参考。

一、特许经营许可协议的性质

2014 年修正的《行政诉讼法》首次将行政协议纠纷纳入受案范围。根据《行政诉讼法》（2014 年修正）第 12 条第 1 款第 11 项的规定，公民、法人或者其他组织对行政机关不依法履行、未按照约定履行或者违法变更、解除政府特许经营协议、土地房屋征收补偿协议等协议不服提起诉讼的，属于行政诉讼受案范围。一般而言，行政机关为实现公共利益或者行政管理目标，在法定职责范围内，与公民、法人或者其他组织协商订立的具有行政法上的权利义务内容的协议，属于行政协议。行政协议区别于民事合同的主要法律标准如下：一是从主体要素上判断，行政协议的其中一方恒定为行政机关，协议双方一般是管理与被管理的关系，而民事合同的主体一般为自然人、法人或者其他组织，双方地位平等。二是从缔约目的要素上判断，行政协议主要是为了实现行政管理或者公共服务的目标，而民事合同一般是为了追求缔约双方特定利益的最优。三是从内容要素看，行政协议形成、变更或消灭的是以行政法上的权利义务为内容的行政法律关系，而民事合同则规范的是民事法律关系。四是从意思自治程度看，尽管行政协议与民事合同均存在双方合意，但行政机关在缔结行政协议时必须受相关行政实体法、程序法方面的约束，在相应法定职权范围内依照法定程序进行，其享有的自由裁量幅度有限，而民事合同中的意思自治程度更高。本案的特许经营许可涉及领域为公用事业领域。《市政公用事业特许经营管理办法》（2015 年修正）第 2 条规定，市政公用事业特许经营，是指政府按照有关法律、法规规定，通过市场竞争机制选择市政公用事业投资者或者经营者，明确其在一定期限和范围内经营某项市政公用事业产品或者提供某项服务的制度。城市供水、供气、供热、公共交通、污水处理、垃圾处理等行业，依法实施特许经营的，适用该办法。从上述规定来看，涉案特许经营许可协议及其他相关协议均是行政机关基于公用事业领域管理目的，为确保燃气供应，在其法定职责范围内，就特许经营权的实施与被许可人订立的具有行政法上权利义务的协议，属于典型的行政协议。英德市规划和城市综合管理局与华润燃气投资（中国）有限公司签订的特许经营协议侵害了中油公司的合法权益，中油公司与该行政协议有利害关系，有权通过起诉该行政协议维护自身权益。

二、法院对特许经营协议效力的审查

法院审理行政协议案件的首要任务是对行政协议的法律效力进行司法审查。只有先对行政协议是否成立、生效以及是否合法有效作出评判，法院才能最终决定是否支持原告的诉讼请求。因此，即便原被告双方未对行政协议是否成立、生效、合法有效提出相关诉求，对效力问题作出评价也是法官审理行政协议案件的义务。《民法总则》（2017 年，现已失效）及《合同法》（1999 年，现已失效）上规定的合同效力状态主要有有效、无效、效力待定、可撤销等。行政协议的特殊性在于其既有行政行为的特性，又兼具民事合同的特征。行政协议的效力认定不仅要结合《行政诉讼法》及相关司法解释对行政行为的合法性审查方面的规定，也要结合民事法律规范中有关合同效力的规定。行政协议的效力判断，一般从行政机关在订立、履行、变更、解除行政协议时是否具有法定职权、是否滥用职权、适用的法律法规是否正确、是否遵守法定程序、是否履行相应法定职责等方面进行综合审查。需要注意的是行政协议的合法、违法与行政协议的有效、无效之间的关系，行政协议合法与否是法院对该行政协议进行的法律价值评价，而对效力的认定主要影响的是行政协议的可执行性问题。无效的行政协议自始无效，对双方不具有约束力,自然也不具有可执行性。按照《行政诉讼法》(2017 年修正)第 75 条的规定,无效的行政协议必须具有重大且明显违法的情形。对于重大且明显违法的认定,行政机关除了审查行政协议是否违反法律、行政法规的禁止性规定外,还可以参照《合同法》(1999 年,现已失效)第 52 条关于合同无效的规定进行审查。而行政协议的违法既可能是因为违反实体法律规范,也可能是因为违反法定程序或者正当程序,因此,行政协议违法并不必然导致行政协议无效,还可能导致行政协议被撤销(包括行政协议存在胁迫、欺诈、重大误解、显失公平等可撤销情形),或者确认行政协议违法但保留其效力、赋予其可执行性等多种情形。具体到本案,对于中油公司所涉特许经营协议、天然气站项目协议以及华润公司所涉特许经营协议,其签订主体适格,相关行政机关的职权、权利来源清楚,内容未违反法律、法规的禁止性规定,均属于合法有效的协议。

三、行使行政优益权应满足的法定实体要件和程序要件

英德市政府等主张中油公司的特许经营权已被取消,其依据是英德市住建局曾于 2010 年 12 月向中油中泰公司发出《关于解除〈英德市管道燃气特许经营协议〉的通知》。该通知实际上是行政机关行使行政优益权的行为。何为行政优益权?行政机关在履行行政协议过程中享有法定优益权,其有权基于公共利益的考虑单方解除行政协议,这是基于公共利益优先原则。但行政机关行使行政优益权必须受到严格的限制,应当遵循一定的法定程序。一般情况下,判断行政机关解除行政协议是否合法,至少应当考虑以下几个因素:行政机关是否具有相应法定职权的主体;是否符合解除的法定条件;是否经过正当程序;是否已进行合理弥补。具体到本案,上述通知并不能产生解除涉案特许经营协议的法定效力。主要理由在于以下三方面:一是根据《市政公用事业特许经营管理办法》(2015 年修正)第 25 条第 2 款关于"对获得特许经营权的企业取消特许经营权并实施临时接管的,必须按照有关法律、法规的规定进行,并召开听证会"的规定,本案未有证据证明涉案特许经营权被通知取消之前,有关行政机关曾就此召开听证会,听取中油公司的陈述和申辩意见,上述通知程序明显违法。二是未有相应证据佐证涉案特许经营协议约定的解除条件已成就或者具备行政机关可以行使行政优益权的法定实质条件,比如基于何种公共利益考虑,涉案特许经营协议的目的缘何不能实现。三是英德市政府未对中油公司作出合理弥补。因此,可以认定上述通知不能成立。而且,上述通知发出后也未得到实际执行,中油公司继续履行涉案特许经营协议,英德市包括公用事业主管部门在内的有关行政主管部门继续许可其进行相关气站建设、燃气经营等,该公司持续不断扩大投入进行管网建设,该信赖利益需要保护。

四、排他性经营权冲突的解决与归责

华润公司与中油公司之间享有的特许经营权地域范围发生部分重叠,相应的特许经营协议均为有效,也均约定了排他性条款。特许经营协议有效是否等同于行政机关实施的许可行为合法?特许经营协议的有效性是从维护被许可方合法利益的角度,基于被许可方不存在故意违法或重大过失等主观过错的情况下所作的判断,不等于可以推定行政机关的重复授予许可行为合法。对特许经营协议有效性的评价应当与英德市政府存在将同一区域内具有排他性的独家特许经营权先后重复许可给不同主体这一行为相区分。显然,本案政府实施的重复许可行为既违反了特许经营协议的约定义务,也违反了法律的规定,应被认定为违法。

在归责上,是否应当优先保护在先权利?中油公司、华润公司在相应的特许经营协议上并不存在过错,无过错则无责任。重复许可系行政机关的行政行为所致,过错方为行政机关。该重复许可并不必然导致获取权利在后的华润公司所获得的独家特许经营权被撤销或者无效。这种基于合同约定的排他性权利与通过登记等公示程序所设立的物权的效力不同,并不具有绝对排他效力。中油公司及华润公司所享有的权利本质上仍属于债之利益,是平等的。而且,两家公司均已进行管道建设并分别对园区的工业企业供气,撤销任何一家的特许经营权均将影响到所在地域的公共利益。重复许可的相关法律后果,应当由行政机关承担,而不应由通过公开招投标程序而中标的华润公司承担。因此,一审判决中的第三判项判令华润公司停止管道燃气建设及经营活动不当,未对华润公司已善意取得的合同利益、信赖利益予以保护,应予以纠正。

五、责令采取补救措施在判项中的适用

本案违约后果应当归责于行政机关。对于违约责任的承担方式,在行政协议具备继续履行条件的情形下,一般优先采取的判决方式应当是采取补救措施,以确保各方利益得到均衡保护。《行政诉讼法》(2017 年修正)第 76 条规定:“人民法院判决确认违法或者无效的,可以同时判决责令被告采取补救措施……”《合同法》(1999 年,现已失效)第 107 条也规定,违约方可以采取补救措施等违约责任承担方式。本案中,解决经营权冲突问题,要明确中油公司、华润公司各自的经营权地域范围,这涉及经营区域的二次界定、是否合理补偿以及补偿的具体方式如何确定等问题,牵扯各方利益,需要统筹解决,不宜由法院直接判决确定。因此,本案在确认违法的同时,应当加判责令英德市政府、英红园管委会采取补救措施,一审未作处理不妥。英德市政府、英红园管委会应当切实承担法律责任,主动履行行政职责,在法定期限内采取协调和解、作出处理决定等补救措施,促进争议实质解决。

(撰稿人:林劲标　广东省高级人民法院)

【专家评析】

一、本案的难点

特许经营在商业和公共服务领域中都普遍存在。与规范商业特许经营活动的《商业特许经营管理条例》(2007 年)相比,国家层面规范公共服务特许经营的立法目前仅有《市政公用事业特许经营管理办法》(2015 年修正),该办法效力层级不高,却一直是我国大部分地区解决此类纠纷的最高层级依据。[①] 市政公用事业特许经营协议由地方政府与企业签订,是典型的行政协议,一般用于提供普遍性的公共服务,服务方式是实施有数量限制的行政许可(如城市公交客运服务);特殊情况下会将数量限制到极致,即垄断性经营(如水、电、燃气等基本服务的提供,高速公路收费服务等)。本案涉及的燃气供应服务属于特许经营,案件的难点在于对行政机关在签订和履行特许经营协议时的违法和违约行为的认定及其后续法律问题的处理。

二、行政机关的违法、违约行为

英德市政府与中油中泰公司签订了为期 30 年的特许经营协议,但 2 年零 4 个月后,英德市住建局就向中油中泰公司发出了解除特许经营协议的通知,这一

① 截至 2023 年 4 月 19 日,仅有新疆维吾尔自治区(2005 年施行)、北京市(2006 年施行)、深圳市(2006 年施行)、湖南省(2006 年施行,2008 年第一次修正,2016 年第二次修正)、淮南市(2007 年施行)、杭州市(2007 年施行)、贵州省(2008 年施行)、山西省(2008 年施行)、银川市(2015 年施行)等九地制定和施行了公共服务特许经营方面的地方性法规(以施行时间先后排序。除北京市的相关法规名称为《北京市城市基础设施特许经营条例》外,其余地区的相关立法名称中的关键词均为"公用事业特许经营"),其中《山西省市政公用事业特许经营管理条例》于 2021 年废止。参见国家法律法规数据库,https://flk.npc.gov.cn/。

行为不仅违约,而且于法无据。对于由此给中油公司造成的损失,英德市政府应当承担赔偿责任。

英红园管委会作为英德市政府的下级机关,应当知道英德市政府的前述行为,也应当知道自己所管辖的区域属于英德市政府意图解除的特许经营协议所覆盖的范围。在这种情况下,英红园管委会仍与中油公司签订准许其在英红园从事供气活动的一系列特许经营协议。英红园管委会明知这一系列特许经营协议的履行可能带来争议而仍然签约,属于《合同法》(1999 年,现已失效)第 42 条第 3 项规定的缔约过程中"有其他违背诚实信用原则的行为",应当承担缔约过失责任。

三、法院的考量

两审法院都确认了英德市政府、英红园管委会的违法和违约行为,二审法院还考虑到中油公司、华润公司在相关项目上均已经投入建设和运营成本数额大、损失难以弥补的实际情况,进而确认本案中针对同一领域的公共服务而签订的本质上有利益冲突的特许经营协议均为有效,同时责令英德市政府、英红园管委会采取补救措施,妥善解决本案经营权争议。二审法院的考量比较全面,符合《合同法》(1999 年,现已失效)上的诚实信用原则和行政许可中的信赖保护原则。

(撰稿人:刘文静　暨南大学法学院)

八、工伤认定案件

案例 45

相对人可同时享受基本养老保险待遇和工伤保险待遇*

【裁判要旨】

基本养老保险待遇包含不同的保障层次，城乡居民养老保险和职工基本养老保险由于保障体系不同，保障水平差距巨大。在两者的待遇落差短期内难以改变的情况下，如果超过法定退休年龄且已享受城乡居民养老保险待遇的进城务工农民受聘在单位工作，不能以享受基本养老保险待遇为由将其排除在工伤保险保护范围外。

【关键词】

工伤认定　超过法定退休年龄　进城务工农民　基本养老保险待遇

【基本案情】

李某群（原告黄某根的母亲），1954 年 1 月 3 日出生。2013 年 8 月 26 日，李某群与深圳市鑫梓润物业管理股份有限公司花都分公司签订劳务合同，约定李某群的工作岗位为保洁员，合同期限自 2013 年 8 月 26 日至 2016 年 6 月 30 日。2015 年 12 月 3 日，李某群在下班途中发生交通事故，因治疗无效死亡。2016 年 12 月 23 日，黄某根向广州市花都区人力资源和社会保障局（以下简称花都区人社局）提交工伤认定申请及相关证据材料，要求认定李某群之死亡构成工伤。花都区人社局调取李某群的社保记录，显示其在 2014 年 1 月达到法定退休年龄，核

---

* 黄某根诉广州市花都区人力资源和社会保障局不予受理工伤认定申请案，广州铁路运输第一法院行政判决书（2017）粤 7101 行初 2254 号，广州铁路运输中级法院行政判决书（2018）粤 71 行终278 号。

定的城乡居民养老保险待遇金额为554.45元,李某群死亡前实际领取的养老待遇金额为584.45元。花都区人社局认为李某群在发生交通事故受伤时已达到法定退休年龄,并已经依法享受基本养老保险待遇,根据《广东省工伤保险条例》(2011年修订)第65条第1款的规定,作出《不予受理决定书》,决定不予受理黄某根的工伤认定申请。黄某根不服,提起本案诉讼。

【裁判结果与理由】

广州铁路运输第一法院作出(2017)粤7101行初2254号判决,驳回黄某根的诉讼请求。一审法院认为,达到法定退休年龄的劳动者能否申请工伤认定应结合劳动者是否享受养老保险待遇或领取退休金来判断。本案中,李某群发生事故伤害时已经超过法定退休年龄且已享受养老保险待遇,不具备申请工伤认定的主体资格。花都区人社局不予受理黄某根工伤认定申请的事实依据充分,适用法律正确。黄某根不服,提起上诉。

广州铁路运输中级法院于2018年7月26日作出(2018)粤71行终278号判决:(1)撤销一审行政判决;(2)撤销花都区人社局作出的《不予受理决定书》;(3)花都区人社局在判决生效后15日内依法受理黄某根的工伤认定申请。二审法院认为,李某群的身份属于超过法定退休年龄的进城务工农民,其死亡后,黄某根能否提起工伤认定申请,应从以下两个方面认定:

首先,李某群是否属于《工伤保险条例》(2010年修订)的保护范围。从现行法律及相关司法文件的规定看,《工伤保险条例》(2010年修订)第2条是关于享受工伤保险待遇主体的规定,该规定并未将超过法定退休年龄的劳动者排除在该条例的调整范围之外,而《劳动法》(2009年修正)亦未排除超过法定退休年龄人员的劳动权利。同时,《最高人民法院关于超过法定退休年龄的进城务工农民在工作时间内因公伤亡的,能否认定工伤的答复》(〔2012〕行他字第13号)明确将超过法定退休年龄的进城务工农民纳入《工伤保险条例》(2010年修订)的保护范围。因此,李某群作为超过法定退休年龄的进城务工劳动者,被纳入《工伤保险条例》(2010年修订)的保护范围并未超越相关法律规定。

其次,李某群享受的基本养老保险待遇是否构成对申请工伤认定主体资格的限制。根据《社会保险法》(2010年)的规定,职工基本养老保险以及新型农村社会养老保险、城镇居民社会养老保险(合并实施,称为城乡居民养老保险),虽然同属基本养老保险,但由于保障体系不同,保障水平差距巨大。在上述保险的待遇落差短时间内难以改变的情况下，认定享受城乡居民养老保险待遇人群享受了基本养老保险待遇，从而将其排除在工伤保险范围之外，依据不足。本案中，李某群在深圳市鑫梓润物业管理股份有限公司花都分公司从事保洁工作，下班途中因交通事故死亡，判断其是否已经享受基本养老保险待遇，应以职工基本养老保险待遇为认定标准，李某群已经享受的城乡居民养老待遇不应成为申请工伤认定的障碍。超过法定退休年龄的进城务工农民为了维持其在所在地区相应的生活水平，继续自食其力，从事力所能及的工作，属于现实需要，值得尊重；行政机关应当平等对待这一特殊劳动群体，依法保护他们的合法权益。一审法院判决驳回黄某根的诉讼请求处理不当，予以纠正。

【裁判者说】

一、背景情况介绍

随着农村户籍制度改革以及城镇化建设的推进，大量农民进城务工，加入各类企事业单位，服务于城市建设。这一部分劳动者在达到法定退休年龄前的在职期间，可以享受工伤保险等各项社会保险待遇，但他们在达到法定退休年龄后，由于没有达到城镇职工基本养老保险法定缴费年限，也不符合补缴条件，故选择以城乡居民养老保险待遇退休。这一部分劳动群体受到工伤事故伤害，能否适用《工伤保险条例》(2010 年修订)存在争议。目前，行政机关和司法机关对此的认识还不统一，因涉及群体人数众多，属于劳动保护和社会保障的难点问题。

二、确立裁判要旨的理由

首先，关于工伤认定的法律依据。行政诉讼案件审查的是行政行为的合法性，合法性审查首先要考察行政行为所涉及的法律规定。《劳动合同法》(2012 年修正)保护劳动者的合法权益，无论进城务工农民是否超过法定退休年龄，都属于劳动者范畴；《社会保险法》(2010 年)、《工伤保险条例》(2010 年修订)均未明确将超过法定退休年龄的劳动者排除在调整范围之外。2010 年 3 月 17 日以及 2012 年 11 月 25 日，最高人民法院行政审判庭在给山东省高级人民法院、江苏省高级人民法院的二次类似答复中明确，用人单位聘用的超过法定退休年龄的务工农民，在工作时间内、因工作原因伤亡的，应当适用《工伤保险条例》(2010 年修订)的有关规定进行工伤认定。李某群属于超过法定退休年龄后仍然继续在原单位参加劳动的进城务工农民，将其纳入《工伤保险条例》(2010 年修订)的保护范围具有合法性基础。故此认为，花都区人社局以李某群已经享受基本养老保险待遇为由,不予受理黄某根提交的工伤认定申请的法律依据不足。

其次,关于基本养老保险的法律内涵。2011 年 7 月 1 日实施的《社会保险法》,确立了新型农村社会养老保险、城镇居民社会养老保险制度(后合并实施为城乡居民养老保险),与职工基本养老保险一道归入了该法第二章“基本养老保险”。城乡居民养老保险体系建立时间短,保障对象是年满 16 周岁(不含在校学生),非国家机关和事业单位工作人员及不属于职工基本养老保险制度覆盖范围的城乡居民,筹集资金以居民自主选择缴费档次,个人缴费、集体补助、政府补贴相结合的方式进行,具有“广覆盖、保基本”的特点。《劳动合同法》早在 2008 年 1 月 1 日施行,《工伤保险条例》(2010 年修订)也是在 2011 年 1 月 1 日实施的,二者所规定的“基本养老保险”显然是指职工基本养老保险,而非城乡居民养老保险。

最后,在进城务工农民的现实需要方面,国家要求逐步破除城乡户籍壁垒,大力推进城镇化建设,鼓励农民进城工作、生活,而将超过法定退休年龄的进城务工农民纳入工伤保险的保护范围,其法律精神与国家当前大政方针相一致。城乡居民养老保险待遇与职工基本养老保险待遇存在巨大差距,对于进城务工农民而言,他们所享受的城乡居民养老保险待遇,并不足以在城市维持自身的基本生活,如李某群在去世前实际领取的养老待遇金额只有 584.45 元。由此可见,继续从事力所能及的工作,显然属于李某群等大部分进城务工农民的现实需要,将这部分弱势人群纳入工伤保险保护范围,有利于其权益保护,有助于社会稳定。

三、运用裁判要旨需要注意的问题

本案解决的是用人单位聘用超过法定退休年龄的进城务工的农民,是否具有工伤认定申请资格的问题。工伤认定行政机关受理申请后,应对李某群与用人单位之间存在何种关系、李某群死亡是否属于可认定为工伤的法定情形作进一步调查处理。

(撰稿人:彭铁文　广州铁路运输中级法院)

【专家评析】

本案二审判决明确了已经享受城乡居民养老保险待遇的进城务工人员依然能够成为工伤保险的覆盖对象,这类劳动者在工作中遭受事故伤害或者患职业病的，应当根据职工工伤保险的待遇给予医疗救助和经济补偿。

《社会保险法》（2010 年）在第二章及第四章分别规定了两种不同的社会保险类型，即基本养老保险和工伤保险。从立法的文义及体系解释不难看出，上述两种保险作为不同的制度工具发挥着各自的社会功能，并共同作为我国社会保险体系的组成部分被规定在一部法律之中。《社会保险法》的立法目的在于使公民能够在年老、疾病、工伤等不同情况下依法获得来自国家和社会的物质帮助。在此基础上，基本养老保险和工伤保险作为相互独立的险种在实践当中应当是并行使用的，不存在享受了其中一者便失去了申请另一者的资格的问题，认为公民已经从基本养老保险中获得了一定的金钱给付，便无须再以工伤保险对因工作而受到身体伤害甚至失去生命的公民加以照顾和帮助的观念，既没有法律依据也有违社会常识。有观点认为，现实中同一名自然人不能同时享受基本养老保险待遇和工伤保险待遇，该观点可能源于"劳动关系"和"劳务关系"这一对概念的分立。该观点认为，已经退休的自然人即使依然在《工伤保险条例》（2010 年修订）第 2 条所列举的单位中参加工作，其与后者之间也不可能形成真正意义上的劳动关系。该观点能够成立的规范依据在于《劳动合同法》（2012 年修正）第 44 条第 2 项规定的"劳动者开始依法享受基本养老保险待遇的"，劳动合同终止，以及《劳动合同法实施条例》（2008 年）第 21 条规定的"劳动者达到法定退休年龄的，劳动合同终止"。对此，人力资源和社会保障部的相关答复（人社建字〔2016〕69 号、人社建字〔2019〕37 号）持相同意见，甚至最高人民法院《关于审理劳动争议案件适用法律问题的解释（一）》（法释〔2020〕26 号）第 32 条第 1 款也认为"用人单位与其招用的已经依法享受养老保险待遇或者领取退休金的人员发生用工争议而提起诉讼的，人民法院应当按劳务关系处理"，司法实践中更不乏此类判例。[①] 回归到本案的争议焦点，难道一经认定为劳务关系，领取基本养老保险金和退休金的劳动者就不可以同时获得工伤保险的待遇了吗？目前尚未有制定法明确这一规则。在本案中，如果我们结合《社会保险法》（2010 年）与《工伤保险条例》（2010 年修订）的基本原则，考虑到当事人的实际情况，便不难看出工伤保险在李某群发生事故后及时进行介入的必要性与合理性。诚如二审法官所言，正是由于城乡居民养老保险和职工基本养老保险在保障水平上差距巨大，某些极端情况下

---

① 参见（2018）粤民再 100 号民事判决书，（2020）鲁民申 4513 号民事裁定。

前者甚至基本不具备养老功能，所以在现实中才会有大量的像李某群这样已经达到法定退休年龄的劳动者选择进城务工。如果直接以此类劳动者已经享受城乡居民基本养老保险为由限制其获得工伤保险待遇的可能，不仅没有明确的规范依据，更会背离裁判实现社会公正的目标设定。

回归本案的第一个问题，难道一经认定为劳务关系，领取基本养老保险和退休金的劳动者就不可以同时获得工伤保险的待遇了吗？我国《劳动法》仅禁止用人单位对童工的招用，而对于退休后的进城务工人员这样的超龄劳动者，在相关法律和《工伤保险条例》（2010 年修订）中均没有禁止性规定。《最高人民法院行政审判庭关于超过法定退休年龄的进城务工农民因工伤亡的，应否适用〈工伤保险条例〉请示的答复》（〔2010〕行他字第 10 号）以及《最高人民法院关于超过法定退休年龄的进城务工农民在工作时间内因公伤亡的，能否认定工伤的答复》（〔2012〕行他字第 13 号）已经明确，用人单位聘用的超过法定退休年龄的务工农民，在工作时间内、因工作原因伤亡的，应当适用《工伤保险条例》（2010 年修订）的有关规定进行工伤认定。2021 年 10 月 21 日，广东省人力资源社会保障厅印发的《广东省人力资源社会保障行政争议指导意见》中明确规定，对达到或超过法定退休年龄的人员，应当按照人力资源和社会保障部《关于执行〈工伤保险条例〉若干问题的意见（二）》（人社部发〔2016〕29 号）等规定依法受理工伤认定申请。目前各地在立法和司法中对超过法定退休年龄的进城务工人员能否进行工伤认定这一问题存在争议，[①]在相关制度优化前，将本案裁判作为典型案例可以为此后法院办理类似案件提供正向参考。

（撰稿人：杨　桦　广东外语外贸大学法学院）

① 参见李康：《论超龄劳动者工伤救济的路径》，载《法律适用》2022 年第 11 期。

案例 46

撤回工伤认定申请可能损害第三人合法权益的，应不予准许*

【裁判要旨】

用人单位提起工伤认定申请后，在工伤认定部门作出决定前，尚未与劳动者或者劳动者（工亡）近亲属协商解决工伤待遇事宜，就申请撤回工伤认定申请，可能损害第三人的合法权益，工伤认定部门不准许用人单位撤回申请的，人民法院应予支持。

【关键词】

工伤认定　超过法定退休年龄　撤回工伤认定申请

【基本案情】

胡某志系湖南省石门县雁池乡天鹅村 7 组人，农村居民。2016 年 3 月，胡某志入职惠州市大森家具有限公司（以下简称大森公司），任厨工。2016 年 4 月 20 日 16 时左右，当胡某志在公司饭堂烧火蒸饭时，同事何某强无故持刀将另一同事陈某会砍伤，继而又将胡某志砍伤致死。2016 年 5 月 13 日，大森公司向博罗县人力资源和社会保障局（以下简称博罗县人社局）提交《工伤认定申请表》及相应的工伤认定申请材料，要求对胡某志此次受到的人身伤害（死亡）进行工伤认定。在《工伤认定申请表》的“职工姓名”及“出生日期”两栏填写“胡某志”“1952 年 8 月 20 日”，在该表的“职业、工种或工作岗位”一栏填写“惠州市大森家具有限公

---

* 惠州市大森家具有限公司诉博罗县人力资源和社会保障局、惠州市人力资源和社会保障局工伤认定及行政复议案，广东省惠州市惠城区人民法院行政判决书（2017）粤 1302 行初 104 号，广东省惠州市中级人民法院行政判决书（2018）粤 13 行终 175 号。

司厨房”，在该表的“事故时间、地点及主要原因”一栏填写“在惠州市大森家具有限公司厨房烧火蒸饭时，被同事何某强无故砍伤致死”，在该表的“申请事项”一栏填写“申请工伤”并加盖了大森公司印章，在该表的“用人单位意见”一栏填写“以上填写属实，同意申请工伤认定”并加盖了大森公司印章。在胡某志与大森公司签订的劳动合同中，写明胡某志的身份证信息。博罗县人社局受理大森公司的工伤认定申请后，向胡某志的同事陈某会询问，陈某会陈述胡某志是在工作岗位上正常上班时被同事何某强无故砍伤致死。同时，博罗县人社局向大森公司调取了事故发生当天胡某志的考勤报表等证据。2016 年 6 月 16 日，博罗县人社局根据《工伤保险条例》（2010 年修订）第 15 条第 1 款第 1 项的规定，作出《工伤认定决定书》（博罗人社工伤认字〔2016〕第 0438 号），认定“胡某志此次受到的人身伤害（死亡）属工伤，按规定享受工伤待遇”。大森公司不服博罗县人社局作出的工伤认定决定，于 2016 年 11 月 18 日向广东省惠州市惠城区人民法院提起行政诉讼，请求撤销博罗县人社局作出的工伤认定决定。在案件庭审后，博罗县人社局对其作出的该决定书所适用的《工伤保险条例》（2010 年修订）第 15 条第 1 款更正为第 14 条第 3 项，并将更正通知书送达给当事人。广东省惠州市惠城区人民法院于 2017 年 3 月 17 日作出（2016）粤 1302 行初 147 号判决，以法律适用错误为由撤销了博罗县人社局作出的《工伤认定决定书》（博罗人社工伤认字〔2016〕第 0438 号），而没有判决责令其重新作出行政行为。2017 年 4 月 27 日，博罗县人社局对胡某志此次受到的人身伤害（死亡）重新进行认定，根据《工伤保险条例》（2010 年修订）第 14 条第 3 项的规定，作出《工伤认定决定书》（博罗人社工伤认字〔2017〕第 0278 号），认定“胡某志此次受到的人身伤害（死亡）属工伤，按规定享受工伤待遇”。第三人于 2017 年 5 月 3 日签收该决定书，大森公司于 2017 年 5 月 11 日签收该决定书。2017 年 5 月 11 日，博罗县人社局收到大森公司以快递方式递交的要求撤回对胡某志此次受到的人身伤害工伤认定的申请。博罗县人社局予以拒绝。大森公司不服博罗县人社局重新作出的《工伤认定决定书》（博罗人社工伤认字〔2017〕第 0278 号），于 2017 年 7 月 5 日向惠州市人力资源和社会保障局（以下简称惠州市人社局）提出行政复议申请。惠州市人社局于 2017 年 8 月 10 日作出《行政复议决定书》（惠市人社复决字〔2017〕12 号），维持博罗县人社局作出的工伤认定决定。大森公司不服，向广东省惠州市惠城区人民法院提起诉讼。

【裁判结果及理由】

广东省惠州市惠城区人民法院作出（2017）粤 1302 行初 104 号判决：驳回大森公司的诉讼请求。一审法院认为，参照最高人民法院行政审判庭于 2010 年 3 月 17 日作出的《关于超过法定退休年龄的进城务工农民因工伤亡的，应否适用〈工伤保险条例〉请求的答复》（〔2010〕行他字第 10 号）的规定，职工胡某志入职大森公司工作时超过 63 周岁，即超过法定退休年龄，但胡某志是进城务工农民，不可能享受职工基本养老保险待遇，更不可能领取退休金，故胡某志此次遭受的人身伤害（死亡），应适用《工伤保险条例》（2010 年修订）的相关规定进行工伤认定。胡某志因在工作时间和工作场所内履行工作职责的过程中遭受人身伤害而死，大森公司提出其与胡某志建立的是劳务关系而非劳动合同关系，于法无据。博罗县人社局作出《工伤认定决定书》（博罗人社工伤认字〔2017〕第 0278 号），认定“胡某志此次受到的人身伤害（死亡）属工伤，按规定享受工伤待遇”，证据确凿，适用法律、法规正确，符合法定程序。大森公司不服，提起上诉。

广东省惠州市中级人民法院于 2018 年 12 月 12 日作出（2018）粤 13 行终 175 号判决：驳回上诉，维持原判。二审法院认为，《最高人民法院关于超过法定退休年龄的进城务工农民在工作时间内因公伤亡的，能否认定工伤的答复》（〔2012〕行他字第 13 号）规定，“用人单位聘用的超过法定退休年龄的务工农民，在工作时间内、因工作原因伤亡的，应当适用《工伤保险条例》的有关规定进行工伤认定”。《工伤保险条例》（2010 年修订）第 14 条规定：“职工有下列情形之一的，应当认定为工伤：……（三）在工作时间和工作场所内，因履行工作职责受到暴力等意外伤害的……”本案中，致害人何某强与受害人胡某志均系大森公司的员工，工作岗位均为厨工。2016 年 4 月 20 日 16 时左右，胡某志在大森公司厨房烧火蒸饭时，被同事何某强无故持刀砍伤致死。用人单位没有提供证据证明胡某志受害是基于其自身原因。结合公安机关的相关证明，可以认定胡某志是在工作时间和工作场所内，因履行工作职责受到来自何某强的暴力伤害，属于上述规定中的意外伤害。博罗县人社局据此认定胡某志此次受到的人身伤害（死亡）属于工伤，理由正当。

关于大森公司主张其已经向博罗县人社局提交撤回工伤认定申请，申请撤回大森公司于 2016 年 5 月 13 日提交的工伤认定申请的问题。法院认为，一般情况下，工伤认定程序因职工个人、近亲属或者用人单位的申请而启动，工伤认定部门不主动介入工伤认定程序。根据意思自治原则，如果在工伤认定部门接收申请之后、作出决定之前，职工与用人单位已经就工伤待遇事宜协商解决完毕，此时申请人向工伤认定部门撤回工伤认定申请，不影响国家、集体和他人利益，应当予以准许。但在本案中，博罗县人社局已经受理了大森公司的工伤认定申请，大森公司在尚未与劳动者近亲属就工伤待遇事宜协商解决的情况下，就向博罗县人社局申请撤回工伤认定申请，有损第三人的合法权益，博罗县人社局拒绝大森公司撤回工伤认定申请，处理正确。

【裁判者说】

胡某志作为进城务工农民，虽已超过退休年龄，但被用人单位聘用并签订用工协议，应当认定双方形成劳动关系，依法属于《工伤保险条例》(2010 年修订)调整的范围。胡某志在工作时间和工作场所内，因履行工作职责受到来自外界的暴力伤害，属于《工伤保险条例》(2010 年修订)第 14 条第 3 项规定的情形，应当认定为工伤。

《行政诉讼法》(2014 年修正)第 62 条规定："人民法院对行政案件宣告判决或者裁定前，原告申请撤诉的，或者被告改变其所作的行政行为，原告同意并申请撤诉的，是否准许，由人民法院裁定。"原告在法律规定的范围内可以处分自己的诉讼权利，但是一经诉讼，原告便不能随意处分自己的诉讼权利，申请撤诉必须经过法院裁定准许。同理，工伤认定部门已经受理了用人单位的工伤认定申请，用人单位向工伤认定部门申请撤回工伤认定申请的，可能会影响受伤劳动者的合法权益，是否准许用人单位撤回工伤认定申请，需经过工伤认定部门审核。在工伤认定期间，用人单位向工伤认定部门提交撤回工伤认定申请，申请撤回用人单位提交的工伤认定申请。

一般情况下，工伤认定程序因职工个人、近亲属或者用人单位的申请而启动，社会保险行政部门不主动介入工伤认定程序。根据意思自治原则，如果在工伤认定部门接收申请之后、作出决定之前，职工与用人单位已经就工伤待遇事宜协商解决完毕，此时申请人向工伤认定部门撤回工伤认定申请，不影响国家、集体和他人利益，应当予以准许。在工伤认定部门已经受理了用人单位的工伤认定申请，用人单位尚未与劳动者(工亡)近亲属就工伤待遇事宜协商解决的情况下，用人单位就向工伤认定部门申请撤回工伤认定申请，有损第三人的合法权益，不应获得支持。

(撰稿人：覃毅华　广东省惠州市中级人民法院)

【专家评析】

本案涉及工伤认定申请的撤回和暴力伤害性工伤的认定条件问题。

首先,作为一种行政确认行为,工伤认定不由社会保险行政部门主动开展,而依当事人的申请进行。根据人力资源和社会保障部《工伤认定办法》(2010 年修订)第 4 条及第 5 条之规定,申请工伤认定的主体首先是职工所在的单位,原则上该单位需要在 30 天内向属地的市级社会保险行政部门提出工伤认定申请,若用人单位未能在规定时间内提出工伤认定申请,受伤害的职工或者其近亲属、工会组织在事故伤害发生之日起或者被诊断、鉴定为职业病之日起 1 年内,可以直接提出工伤认定申请。由于申请主体并不仅限定在用人单位一方,且工伤认定一般情况下不会直接影响当事人的权利义务,所以对于用人单位提出的撤回工伤认定申请,原则上社会保险行政部门应当允许。但若用人单位提出撤回申请可能影响第三人的合法权益,社会保险行政部门驳回其申请也不失为一种合法合理的履职方式。本案中,大森公司作为用人单位的基本态度是不认可博罗县人社局所作出的工伤认定结论,因此,其在 2016 年已就工伤认定结果提出过一次诉讼。从请求撤回工伤认定申请的时间点来看,作为被告的博罗县人社局在 2017 年 4 月 27 日作出《工伤认定决定书》(博罗人社工伤认字〔2017〕第 0278 号),5 月 3 日送达第三人,5 月 11 日送达大森公司,博罗县人社局也于同日收到大森公司请求撤回工伤认定的申请。在社会保险行政部门已经完成工伤认定的情况下,用人单位请求撤回工伤认定申请不具有合理性,且构成对公共资源的浪费。从案件认定事实来看,作为用人单位的大森公司并未与职工近亲属就工伤待遇事宜协商完毕,此时撤回工伤认定申请,将使工伤认定处于不确定状态,显然会阻碍职工近亲属依据工伤认定结果申请工伤待遇,社会保险行政部门拒绝大森公司的撤回申请具有合理性,法院应当尊重行政机关的决定。

其次,本案判决明确对已达退休年龄的工作人员在工作场所受到暴力伤害事故可以进行工伤认定。尽管目前对于超过法定退休年龄的进城务工农民与工作单位之间是否能够成立劳动关系存在争议,但在规范依据上,最高人民法院在 2010 年和 2012 年的两份答复(〔2010〕行他字第 10 号、〔2012〕行他字第 13 号)仍然有效。本案中,社会保险行政部门结合大森公司提交的《工伤认定申请表》以及劳动合同先行认定工伤,胡某志作为单位厨工也确系在公司饭堂烧火蒸饭时发生事故。从形式上看,本案中胡某志的情况满足《工伤保险条例》(2010 年修订)

第 14 条第 3 项规定的情形。依法保障作为职工的超龄务工人员的合法权益，确保其在因工作遭受事故伤害或患职业病时获得来自国家和社会的保障，符合《工伤保险条例》（2010 年修订）的立法宗旨。因此，法院在审理本案的过程中对社会保险行政部门所作的工伤认定并未予以否认。

（撰稿人：杨　桦　广东外语外贸大学法学院）

案例 47

家属主动放弃治疗对认定视同工伤的影响*

【裁判要旨】

在家属主动放弃治疗的情况下，行政机关应综合考虑该因素对职工死亡结果的影响程度以及放弃治疗的原因，判断职工是否属于“经抢救无效死亡”，从而作出是否可视同工伤的认定。

【关键词】

工伤认定　视同工伤　抢救无效死亡　放弃治疗

【基本案情】

黄某全是四会市保安服务公司（以下简称四会保安公司）的员工。2016 年 12 月 11 日 10 时 50 分许，黄某全在工作时突发疾病，被送至四会市贞山街道独岗村卫生站一分站就诊，后于当天 14 时 15 分转至四会市人民医院医治。四会市人民医院于当日向黄某全的家属发出病危通知书，告知家属黄某全“虽经积极治疗，但目前病情危重趋于恶化，随时可能危及生命，特下达病危通知”，黄某君（系黄某全儿子）在病危通知书上签名。黄某全于 2016 年 12 月 12 日 20 时 10 分出院，出院主要记录为患者持续呼吸机辅助呼吸（SIMV 模式）下仍有气促，38—46 次/分，血氧饱和度约 73%—88% 之间，经胃管可引流出暗红色血性液体，伴有发热，无呕吐，无寒颤，无四肢抽搐，神志深昏迷状，GCS 评分为 3 分，全身发绀，双侧瞳孔等大等圆，直径约 3mm，对光反射灵敏，心律不齐，四肢检查不合作，刺激

---

* 四会市保安服务公司诉四会市人力资源和社会保障局工伤认定案，广东省肇庆市鼎湖区人民法院行政判决书（2018）粤 1203 行初 77 号，广东省肇庆市中级人民法院行政判决书（2018）粤 12 行终 98 号。

无回缩，四肢肌张力下降，病理反射未引出，患者病情危重，现家属要求放弃治疗出院，已将出院可能加速患者死亡告知家属，表示理解，仍坚持出院，劝阻无效予办理出院；出院医嘱建议继续住院治疗。2016 年 12 月 13 日，四会市贞山街道社区卫生服务中心出具居民死亡医学证明（推断）书，证明黄某全于 2016 年 12 月 13 日因冠心病死亡。黄某全的遗体于 2016 年 12 月 14 日在四会市殡仪馆火化。2016 年 12 月 31 日，黄某君填写《工伤事故调查表》，该表显示黄某全是在工作时间和工作地点突发疾病，并经四会保安公司盖章确认；同日，黄某全的工友罗某水向四会市人力资源和社会保障局（以下简称四会人社局）作了《现场/知情证人证明》，证明黄某全是在工作时间和工作岗位上突发疾病的。2017 年 1 月 6 日，四会人社局对黄某君作了调查笔录，黄某君陈述其父亲黄某全是在工作时间和工作岗位上突发疾病，并于 2016 年 12 月 12 日 23 时 55 分死亡即 48 小时内经抢救无效死亡。2017 年 1 月 9 日，四会人社局作出《工伤认定举证通知书》（〔2017〕4 号），要求四会保安公司将有关书面材料提交给四会人社局。2017 年 1 月 16 日，四会保安公司向四会人社局提交《工伤认定申请之答辩意见》，认为黄某全死亡不属于《工伤保险条例》（2010 年修订）第 15 条第 1 款第 1 项规定之情形，不应认定为工伤。2017 年 4 月 3 日，四会人社局作出《认定工伤决定书》（四人社工认〔2017〕109 号），认定黄某全是四会保安公司的保安，其于 2016 年 12 月 11 日 10 时 50 分许，在四会保安公司所安排的四会市粤运汽车站的工作岗位上工作时突发疾病，经送至四会市独岗卫生院就诊后，于当天 14 时 15 分许被转送至四会市人民医院医治。黄某全于 2016 年 12 月 12 日 20 时 10 分出院后于当天 23 时 50 分许死亡，死亡原因为冠心病。四会人社局根据《广东省工伤保险条例》（2011 年修订）第 10 条第 1 款第 1 项之规定，认定黄某全的死亡事故伤害视同工伤。四会保安公司不服，遂向广东省肇庆市鼎湖区人民法院提起诉讼，该院受理后于 2017 年 12 月 20 日作出（2017）粤 1203 行初 155 号判决，撤销四会人社局作出的《认定工伤决定书》（四人社工认〔2017〕109 号），限四会人社局在 60 日内对黄某君的工伤认定申请重新作出认定。四会人社局在重作行政行为期间，于 2018 年 2 月 7 日，向四会市人民医院重症监护科副主任白某某、重症监护科医生郑某某两人作了调查，两人陈述证实黄某全是在独岗卫生院就诊时突然间昏迷了，四会市人民医院的急救医生赶到现场时已发现患者没有心跳和呼吸，经急救措施，黄某全有了自主心跳后，才送至四会市人民医院 ICU（intensive care unit，重症监护室）病房继续抢救治疗。经检查后，确认黄某全全身发绀，即病人缺氧，心脏塞了，心源性休克，血液泵不上，导致病人循环衰竭并处深度昏迷休克，GCS 评分为 3 分，即病人处于深度昏迷中最差的状态，瞳孔消失，基本上是脑死亡状态。2018 年 2 月 26 日，四会人社局重新作出《认定工伤决定书》（四人社工认〔2018〕54 号），认定黄某全的死亡事故伤害视同工伤。四会保安公司不服再次向广东省肇庆市鼎湖区人民法院提起诉讼。

在工伤认定过程中，四会保安公司在《工伤认定申请表》的用人单位意见、《工伤事故调查表》的用人单位处理意见以及其提交给四会人社局的《工伤认定申请之答辩意见》中，均没有对黄某全的死亡时间为 2016 年 12 月 12 日 23 时 50 分许的事实提出异议。诉讼期间，四会保安公司对黄某全的死亡时间提出异议，四会人社局对此提交了证实黄某全死亡相关事项的证据。其中，四会人社局对四会市贞山街道柑榄村民委员会文书骆某某作了调查笔录，骆某某证实，黄某全的亲属黄某波于 2016 年 12 月 13 日 9 时许，到四会市贞山街道柑榄村民委员会出具办理黄某全死亡相关事项的证明时，告知黄某全于 2016 年 12 月 12 日晚出院回农村家中后不久在 13 日凌晨死亡，骆某某因此为其出具了《居（村）委会证明》。

【裁判结果与理由】

广东省肇庆市鼎湖区人民法院作出（2018）粤 1203 行初 77 号判决：驳回四会保安公司的诉讼请求。四会保安公司不服，提出上诉。

广东省肇庆市中级人民法院于 2018 年 11 月 6 日作出（2018）粤 12 行终 98 号判决：驳回上诉，维持原判。广东省肇庆市中级人民法院二审认为，本案争议的焦点在于黄某全的家属放弃治疗，为其办理出院手续后，黄某全死亡的情形，能否适用《工伤保险条例》（2010 年修订）第 15 条第 1 款第 1 项及《广东省工伤保险条例》（2011 年修订）第 10 条第 1 款第 1 项“在四十八小时之内经抢救无效死亡的”视同工伤的规定。鉴于四会保安公司在工伤认定过程中没有对黄某全的死亡时间提出异议，四会人社局根据黄某君的陈述，认定黄某全死亡时间为 2016 年 12 月 12 日 23 时 50 分许并无不妥。因四会保安公司在提起本案诉讼时对黄某全的死亡时间提出异议，二审法院依职权要求四会人社局就黄某全的死亡时间问题补充证据。从四会人社局对四会市贞山街道柑榄村民委员会文书骆某某的调查笔录可知，黄某全的亲属黄某波于 2016 年 12 月 13 日 9 时许，到四会市贞山街道柑榄村民委员会出具办理黄某全死亡相关事项的证明时，告知黄某全于 2016 年 12

月 12 日晚出院回农村家中后不久在 13 日凌晨死亡。这进一步佐证了黄某全从病发到死亡并未超过 48 小时。故黄某全是在病发后 48 小时之内死亡的。根据黄某全的入院记录、出院记录以及四会人社局对黄某君、四会市人民医院重症监护科副主任白某某、重症监护科值班医师郑某某的调查笔录可知,黄某全病情危重,呈持续深度昏迷状态,血压靠升压药物维持,呼吸靠呼吸机辅助,GCS 评分为 3 分,属于深度昏迷中最差的状态,随时可能死亡。而且 2016 年 12 月 11 日,四会市人民医院也曾向黄某全的家属发出病危通知书。黄某全病情如此危重并趋于恶化,四会市人民医院对其从 2016 年 12 月 11 日 14 时许一直救治到 2016 年 12 月 12 日 20 时许。在病情仍无好转的情况下,黄某君等家属考虑到黄某全的实际情况以及农村的风俗习惯,同时为减轻黄某全的痛苦,给黄某全办理出院手续,将其接回家中实属无奈之举。综上,四会人社局作出《工伤认定决定书》(四人社工认〔2018〕54 号)认定黄某全于 2016 年 12 月 11 日 10 时 50 分许,在工作时间和工作场所突发疾病,48 小时之内经抢救无效死亡,根据《广东省工伤保险条例》(2011 年修订)第 10 条第 1 款第 1 项的规定,将黄某全的死亡视同工伤于法有据。根据《工伤保险条例》(2010 年修订)第 19 条第 2 款"职工或者其近亲属认为是工伤,用人单位不认为是工伤的,由用人单位承担举证责任"的规定,尽管四会保安公司对黄某全的死亡时间提出异议,并且提出黄某君等亲属在黄某全病情好转的情况下放弃或者拒绝治疗,不能适用《工伤保险条例》(2010 年修订)第 15 条第 1 款第 1 项、《广东省工伤保险条例》(2011 年修订)第 10 条第 1 款第 1 项的规定视同工伤的主张,但四会保安公司未能提供证据证明其上述主张,应承担举证不能的不利后果。因此,四会保安公司的上诉请求,理据不足。

【裁判者说】

一、背景情况介绍

相对于用人单位,职工处于弱势地位。为平衡职工和用人单位之间的利益,保障职工依法获得工伤待遇的权利,《工伤保险条例》(2010 年修订)将"视同工伤"情形也纳入工伤范围。该条例第 15 条第 1 款规定:"职工有下列情形之一的,视同工伤:(一)在工作时间和工作岗位,突发疾病死亡或者在 48 小时之内经抢救无效死亡的……"然而在行政审判实践上存在这样一种情况,即职工在工作时间和工作岗位上突发疾病后,医院确认职工病危,职工家属要求出院,放弃对职工的救治,职工在病发后 48 小时内死亡。那么当介入"家属放弃治疗"这一因素时，该职工是否符合“经抢救无效死亡”的情形呢？本案中，黄某全在工作时间和工作岗位上突发疾病后，送医院持续抢救，在医院向黄某全家属发出病危通知书后，黄某全家属主动要求出院，黄某全于出院后死亡。对此，本案一审、二审法官均认为，根据黄某全在抢救中的具体情况以及农村风俗习惯，家属在无奈之下放弃对黄某全的治疗，不能实质影响本案对《工伤保险条例》(2010 年修订)第 15 条第 1 款第 1 项规定的适用，故应当认定黄某全的情形“视同工伤”。

二、确立裁判要旨的理由

首先，“家属放弃治疗”对职工死亡的实质影响大小是判断职工是否符合“经抢救无效死亡”情形的关键。职工突发疾病被送医院抢救，医生经抢救认为职工处于病危状态，且病情趋于恶化，确认职工存活概率较低，继续进行抢救作用不大的，家属可能基于民间风俗习惯和职工的实际状况，主动放弃治疗。在这样的情形下，家属放弃治疗不能阻止职工“经抢救无效死亡”的结果，法院在裁判中运用司法能动性，综合考虑案件的法律效果和社会效果，认定职工“视同工伤”符合《工伤保险条例》的立法精神。但如果职工突发疾病的情况未经主治医生判断是否具有存活的可能或者经抢救确认有存活的可能性，家属放弃治疗以致职工因丧失抢救机会死亡的，则不宜认定为“视同工伤”，否则不仅会与社会伦理道德相违背，也明显增加了用人单位承担用工的风险。

其次，《工伤保险条例》(2010 年修订)第 15 条第 1 款第 1 项并没有规定职工经抢救无效死亡的地点必须在医院，因此，用人单位以未有经抢救医疗机构出具的死亡证明为由对职工在 48 小时内死亡的时间进行质疑，但未能提供证据佐证其观点的，法院可根据现有的调查笔录、证人证言等材料依法确认职工死亡时间。关于居民死亡证明的发放单位并不局限于医院，当居民死于家中，则由村(居)民委员会或卫生服务机构发放死亡证明，如果将职工死亡的地点仅限于抢救医院，则容易与民间传统风俗习惯相冲突，有悖情理，与《工伤保险条例》(2010 年修订)保护劳动群体的立法精神不符。本案中，黄某全突发疾病的时间为 2016 年 12 月 11 日 10 时 50 分许，送至医院抢救后，于 2016 年 12 月 12 日 20 时 10 分出院，虽四会市贞山街道社区卫生服务中心出具居民死亡医学证明(推断)书，证明黄某全于 2016 年 12 月 13 日因冠心病死亡，但根据四会人社局对黄某君的调查笔录，黄某君表述黄某全是于 2016 年 12 月 12 日 23 时 55 分死亡，根据四会人社局对四会市贞山街道柑榄村民委员会工作人员骆某某的调查笔录，证实黄某波于

2016 年 12 月 13 日 9 点到四会市贞山街道柑榄村民委员会办理黄某全死亡的相关证明，并由该村民委员会出具了《居(村)委会证明》，法院由此确认黄某全由发病到死亡未超 48 小时有事实依据。

三、运用裁判要旨需要注意的问题

运用上述裁判要旨需要注意的是，无论是行政机关还是法院，在适用《工伤保险条例》(2010 年修订)第 15 条第 1 款第 1 项规定时，不能加重用人单位的工伤保险责任，要严格按照 48 小时内的标准，把握“家属放弃治疗”这一因素的影响，准确梳理职工突发疾病的时间、地点，职工送医抢救的情况，医院出具的关于职工病情情况的证明，职工经抢救无效死亡的时间等事实，依据证据材料判断职工是否经医疗诊断其存活概率渺茫，再综合考虑“家属放弃治疗”这一介入因素的情理，对案件作出合情合理的法律评价，确定死亡职工的情况是否可认定为“视同工伤”。

(撰稿人：邓海东　梁楚韵　广东省肇庆市中级人民法院)

【专家评析】

《工伤保险条例》(2010 年修订)第 15 条第 1 款列举了三种视同工伤的情形，《广东省工伤保险条例》(2011 年修订)也在第 10 条第 1 款作出了类似的制度安排，明确“在工作时间和工作岗位，突发疾病死亡或者在四十八小时之内经抢救无效死亡的”视为工伤。作为最典型的视同工伤情形，突发疾病视同工伤的认定在实践中引起了较大争议，行政机关和司法机关在具体案件中难以作出准确的判断。本案的判决是对这一问题的有益回应。

我国工伤认定立法的目的在于最大程度保障劳动者的权益，使符合工伤认定标准的劳动者能够享受相应待遇。从规定的演变来看，疾病本不属于工伤的保护范畴，但为更大限度地保障劳动者的权益，《工伤保险条例》(2010 年修订)第 15 条第 1 款第 1 项规定了突发疾病视同工伤的认定情形。① 人力资源和社会保障部对全国人大的两次答复(人社建字〔2019〕2 号、人社建字〔2020〕209 号)也进一步明确，视同工伤情形的出现是“考虑了职工在工作时间和工作岗位上的死亡可

---

① 参见北京市海淀区人民法院行政判决书，(2019)京 0108 行初 1045 号判决书。

能与工作劳累、工作紧张等因素有关，一定意义上是将工伤保险的保障范围由工作原因造成的'事故伤害'范围扩大到了'因病'范围，一定程度上扩大了工伤保险的职能范围"。要准确地把握突发疾病视同工伤制度，首先应当从立法的文义和目的出发，理解成立该种情形的前提是职工需要在"工作时间和工作岗位"上突发疾病，如果不满足这一要求，视同工伤情形便无法被认定。其次是明确立法中"48 小时之内"抢救的时限规定以及当事人最终死亡时间的确定问题。从司法实践来看，不同的法院在各自的案件中采用了不同的判定方法。陕西省高级人民法院(2015)陕行提字第 00006 号判决认定，使用呼吸机实现替代性、机械性呼吸的时间应不予计算在抢救时间内；甘肃省高级人民法院(2015)甘行终字第 136 号判决认定，家属要求全力抢救并使用呼吸机维护被动呼吸的，死亡时间应综合认定；广东省广州市中级人民法院(2014)穗中法行终字第 662 号判决认为，应以病历记载的客观事实而非仅以《居民医学死亡证明书》认定死亡时间。目前来看，由于"48 小时之内经抢救无效死亡"这一表述所引发的理解上的混乱确实需要通过立法的修改和认定办法的进一步完善加以匡正。

本案中还有一个值得注意的问题，即职工家属主动放弃了对突发疾病职工的治疗是否影响最终的工伤认定。对此有观点指出，视同工伤中"主动放弃治疗"情形在职工家属主动放弃治疗的情况下是否能够成立，需要对客观要素与主观要素进行综合判断。从客观要素来看，须从劳动者有无继续存活可能性、医生是否进行合理化建议并释明、工作性质及内容与突发疾病是否具有关联性三个方面判断放弃治疗对死亡结果的作用力。从主观要素来看，要从家属是否存在故意、重大过失，家属与劳动者的关系是否正常，放弃治疗实践是否具有一定合理性等方面，综合判断家属放弃治疗的主观能动性，即是否构成善意，从而不具有可非难性。[1]

（撰稿人：杨　桦　广东外语外贸大学法学院）

---

① 参见最高人民法院中国法学研究所：《人民法院案例选》（总第 156 辑），人民法院出版社 2021 年版，第 210 页。

案例48

社保部门在没有交通事故责任书时，应根据证据认定是否构成工伤*

【裁判要旨】

劳动者在上下班途中发生交通事故，交警部门未对事故责任作出认定的，社会保险行政部门应当根据证据对事故责任和是否构成工伤作出认定。

【关键词】

工伤认定　交通事故　责任认定

【基本案情】

2015年12月30日5时30分，田某的父亲田某华在未取得机动车驾驶证的情况下，驾驶鄂Q4S×××号二轮摩托车沿护堤路自潮州方向往汕头方向行驶，途经护堤路239号前路段时人车倒地，造成田某华当场死亡及车辆受损的交通事故。汕头市公安局交通警察支队金平大队多方侦查后，出具了《道路交通事故证明》，结论是“至今未有证据证实有其他车辆与田某华及其驾驶的鄂Q4S×××号二轮摩托车发生碰撞或接触”。广东省汕头市公安鉴定中心鉴定结论为：田某华尸体检验其死因符合交通事故致重型颅脑损伤死亡，田某华的尿液中未检出常见毒品成分，血液中未检出乙醇成分；肇事车辆痕迹检验意见为鄂Q4S×××号二轮摩托车右侧有着地痕迹，左后视镜断折脱落，经交通事故车辆技术检验，肇事前该车各系统技术状况正常，符合我国《机动车运行安全技术条件》（GB 7258—

---

* 田某诉汕头市金平区人力资源和社会保障局工伤认定案，广东省汕头市金平区人民法院行政判决书（2017）粤0511行初44号，广东省汕头市中级人民法院行政判决书（2018）粤05行终7号。

2017)这一国家标准的有关规定。2016 年 4 月 22 日,田某向汕头市金平区人力资源和社会保障局(以下简称金平区人社局)提出工伤认定申请,金平区人社局于 2016 年 5 月 27 日作出《工伤认定申请不予受理决定书》(汕金人社工不受字〔2016〕1 号),决定不予受理。田某不服该决定,向广东省汕头市龙湖区人民法院提起行政诉讼,该院受理后于 2016 年 12 月 14 日作出(2016)粤 0507 行初 21 号判决,撤销金平区人社局作出的《工伤认定申请不予受理决定书》,并责令金平区人社局重新作出具体行政行为。金平区人社局重新作出了工伤受理决定后,经过调查于 2017 年 3 月 8 日作出《不予认定工伤决定书》(汕金人社工不认字〔2017〕001 号),认为"田某华于 2015 年 12 月 30 日受伤害情形,为单方道路交通事故,而不是非本人主要责任的交通事故,不符合《工伤保险条例》第十四条第(六)项应当认定工伤的情形,现不予认定为工伤"。田某不服,向广东省汕头市金平区人民法院提起行政诉讼,请求撤销金平区人社局作出的《不予认定工伤决定书》,判令金平区人社局对田某华的工伤认定申请重新作出认定。

【裁判结果与理由】

广东省汕头市金平区人民法院作出(2017)粤 0511 行初 44 号判决:驳回田某的诉讼请求。田某不服,提起上诉。

广东省汕头市中级人民法院于 2018 年 3 月 28 日作出(2018)粤 05 行终 7 号判决:驳回上诉,维持原判。二审法院认为,根据《工伤保险条例》(2010 年修订)第 14 条第 6 项的规定,职工在上下班途中,受到非本人主要责任的交通事故伤害的,应当认定为工伤。本案争议的焦点是田某华所受的伤害是否属于受到非本人主要责任的交通事故伤害的情形。《最高人民法院关于审理工伤保险行政案件若干问题的规定》(法释〔2014〕9 号)第 1 条第 1 款、第 2 款规定:"人民法院审理工伤认定行政案件,在认定是否存在《工伤保险条例》第十四条第(六)项'本人主要责任'……等情形时,应当以有权机构出具的事故责任认定书、结论性意见和人民法院生效裁判等法律文书为依据,但有相反证据足以推翻事故责任认定书和结论性意见的除外。前述法律文书不存在或者内容不明确,社会保险行政部门就前款事实作出认定的,人民法院应当结合其提供的相关证据依法进行审查。"本案中,汕头市公安局交通警察支队金平大队出具的《道路交通事故证明》未对田某华在事故中应负何种责任作出认定。被上诉人作为社会保险行政部门,应当根据调查核实的事实和证据,对田某华在交通事故中承担的责任程度作出判定。本案《道路交通事故证明》《理化检验报告》《车辆痕迹检验意见书》等证据材料证实,田某华死因符合交通事故致重型颅脑损伤死亡,田某华的尿液中未检出常见毒品成分,血液中未检出乙醇成分;田某华驾驶的事故车辆,肇事前各系统技术状况正常,符合我国《机动车运行安全技术条件》(GB 7258—2017)这一国家标准的有关规定。因此,田某华在未取得机动车驾驶证的情况下,实施了无证驾驶的违法行为,在道路路面不存在安全隐患且未与其他车辆发生任何碰撞或接触的情况下发生车损人亡事故,其本人应对事故的发生承担主要责任。被上诉人根据上述证据材料认定本案交通事故不属非本人主要责任的交通事故,田某华所受伤害不符合《工伤保险条例》(2010 年修订)第 14 条第 6 项规定的应当认定为工伤的情形,不予认定为工伤并无不当。

【裁判者说】

一、背景情况介绍

《工伤保险条例》(2010 年修订)第 14 条第 6 项规定,职工"在上下班途中,受到非本人主要责任的交通事故或者城市轨道交通、客运轮渡、火车事故伤害的",应当认定为工伤。然而,实践中经常存在各种客观因素导致交通事故事实、责任等无法查清的情形。在此情形下,受伤害劳动者提出工伤认定申请的,社会保险行政部门如何进行工伤认定?法院对社会保险行政部门作出的认定或不予认定工伤决定又应该如何进行审查?

二、确立裁判要旨的理由

首先,关于社会保险行政部门在工伤认定过程中的法定职责。根据人力资源和社会保障部《工伤认定办法》(2010 年修订)第 9 条至第 15 条的规定,社会保险行政部门负有对工伤认定相关事实进行调查核实的职责。也就是说,只要社会保险行政部门受理了工伤认定申请,就有责任和义务对受理的工伤认定案件进行调查核实,并在此基础上判断职工所受伤害是否符合认定工伤的情形,从而作出是否认定为工伤的决定。就上下班途中发生交通事故的情形而言,对于交通事故是否在上下班途中、在合理路线上发生以及受伤害劳动者本人是否承担主要责任等情形,社会保险行政部门应当进行调查。对于受伤害劳动者在交通事故中承担的责任大小的认定,在公安交通管理部门未出具事故责任认定书或者认定书中未能对责任大小进行认定的情形下,社会保险行政部门就应当充分行使其事实调查职责和义务,在穷尽调查措施之后,综合现有证据,运用自由裁量权,判断受伤职工在该交通事故中是否负有主要责任,从而作出是否认定工伤的决定。

其次,法院对社会保险行政部门作出的认定或不予认定工伤决定的合法性审查。《最高人民法院关于审理工伤保险行政案件若干问题的规定》(法释〔2014〕9号)第1条第1款、第2款规定:“人民法院审理工伤认定行政案件,在认定是否存在《工伤保险条例》第十四条第(六)项‘本人主要责任’……等情形时,应当以有权机构出具的事故责任认定书、结论性意见和人民法院生效裁判等法律文书为依据,但有相反证据足以推翻事故责任认定书和结论性意见的除外。前述法律文书不存在或者内容不明确,社会保险行政部门就前款事实作出认定的,人民法院应当结合其提供的相关证据依法进行审查。”也就是说,对“本人主要责任”的判断问题,首先应以有权机构出具的事故责任认定书或者人民法院生效裁判等法律文书为依据,如有权机构无法出具事故责任认定书或者出具的法律文书无法认定事故责任的,社会保险行政部门可以依据经调查核实的相关证据作出是否符合工伤情形的结论,法院则需要根据社会保险行政部门所提供的相关证据对上述结论是否正确进行审查。

本案中,金平区人社局受理本案工伤认定申请后,先后向申请人、用人单位和处理事故的交警部门进行调查取证,并根据调查核实的证据认定劳动者田某华受伤害情形为单方道路交通事故,而不是非本人主要责任的交通事故,不符合《工伤保险条例》(2010年修订)第14条第6项规定的应当认定为工伤的情形,从而作出《不予认定工伤决定书》。根据本案相关证据,交警部门出具的《道路交通事故证明》证实,田某华无机动车驾驶证驾驶二轮摩托车沿护堤路自潮州方向往汕头方向行驶,途经护堤路239号前路段时人车倒地,造成田某华当场死亡及车辆受损的交通事故。并证实“事故发生后,经我队多方侦查,至今未有证据证实有其他车辆与田某华及其驾驶的鄂Q4S×××号二轮摩托车发生碰撞或接触”。《理化检验报告》《车辆痕迹检验意见书》等证据材料证实,田某华死因符合交通事故致重型颅脑损伤死亡,田某华的尿液中未检出常见毒品成分,血液中未检出乙醇成分;田某华驾驶的事故车辆,肇事前各系统技术状况正常,符合我国《机动车运行安全技术条件》(GB 7258—2017)这一国家标准的有关规定。交警部门出具的事故现场照片,证明道路路面不存在任何安全隐患,未有其他车辆与其发生碰撞或接触。综合上述证据,田某华在未取得机动车驾驶证的情况下,实施了无证驾驶的违法行为,是其发生事故的主要原因,其本人的无证驾驶行为应对事故的发生承担主要责任。因此,金平区人社局根据上述证据材料认定,本案交通事故不属于非本人主要责任的交通事故,田某华所受伤害不符合《工伤保险条例》(2010 年修订)第 14 条第 6 项应当认定为工伤的情形,不予认定为工伤并无不当。

虽然在申请工伤认定案件中,《工伤保险条例》(2010 年修订)对劳动者和用人单位的举证责任作了规定,但同时也规定了社会保险行政部门对工伤认定相关事实负有调查核实的职责。就上下班途中发生交通事故的举证责任而言,受伤害劳动者提出工伤认定申请的,应当对其在上下班途中、在合理路线上发生了交通事故等基础事实承担举证责任,用人单位应当对交通事故中受伤害劳动者的责任大小问题承担举证责任。但在交警部门未能对责任大小进行认定的情形下,社会保险行政部门应当充分行使其调查核实职责,而不能在受伤害劳动者或者用人单位未能提供充足证据证明其主张的事实的情形下,径行依据举证责任作出是否认定为工伤的决定,否则可能造成认定事实不清、证据不足的情形发生。

(撰稿人:陈壮丽　广东省汕头市中级人民法院)

【专家评析】

本案判决明确了社会保险行政部门在认定工伤过程中具有调查核实情况的职责。在交警部门没有判定事故责任的情况下,由于事故定责直接影响到工伤认定的成立,社会保险行政部门应当根据证据作出是否认定工伤的判断,法院在诉讼过程当中也应当结合证据,对社会保险行政部门的决定进行审查。

首先,根据《工伤保险条例》(2010 年修订)第 5 条、第 17 条、第 19 条的规定,社会保险行政部门负有认定工伤的行政职权以及对相关事实调查核实的职责。现实情况中,交警部门出具的交通事故认定书当然可以成为社会保险行政部门认定工伤的重要依据,但这并不意味着若交警部门没有进行事故责任认定,社会保险行政部门就不能够作出工伤认定。根据《道路交通事故处理程序规定》(2017 年修订)的规定,交警部门作出的道路交通事故认定结论的形式有两种:一种是能够分清责任而出具的道路交通事故认定书,另一种是成因无法查明而出具的道路交通事故证明。本案中,汕头市公安局交通警察支队金平大队对田某华的事故最终形成的文书就是《道路交通事故证明》。但是从社会保险行政部门的角度出发,根据《工伤保险条例》(2010 年修订)第 14 条第 6 项的表述,事故是否为“本人主要责任”就是认定工伤成立与否的必要条件。如此一来便产生了一个现实的矛盾:交警部门可以用《道路交通事故证明》结案,但是社会保险行政部门如果要认定是否构成工伤,则必须对职工在交通事故当中是否负主要责任这一命题进行判断。尽管人力资源和社会保障部《关于执行〈工伤保险条例〉若干问题的意见》(人社部发〔2013〕34 号)第 2 条规定:“《条例》第十四条第(六)项规定的‘非本人主要责任’的认定,应当以有关机关出具的法律文书或者人民法院的生效裁决为依据。”但该规定仅是引导性说明而非法律强制条款,[①]社会保险行政部门应当正确、充分地履行自身职责,不能以事故责任尚未被交警部门查明为由直接不予受理当事人的工伤认定申请,这也是 2016 年 12 月 14 日作出的(2016)粤 0507 行初 21 号判决要求社会保险行政部门重新作出行政行为的原因所在。本案中,金平区人社局于 2017 年 3 月 8 日结合交警部门制作的《道路交通事故证明》《理化检验报告》《车辆痕迹检验意见书》等材料最终制作出《不予认定工伤决定书》,履行了本部门职责。

其次,关于事故中职工的责任认定如何判断的问题。本案中,金平区人社局和两审法院均认为田某华受伤害的情形并不满足《工伤保险条例》(2010 年修订)第 14 条第 6 项“非本人主要责任”的条件,因此不能够认定为工伤。但值得注意的是,这一决定其实不单是基于田某华在未取得机动车驾驶证的情况下实施了无证驾驶的行为而作出的。事实上,既然《工伤保险条例》(2010 年修订)并没有对交通事故无法认定的情形能否认定为工伤作出明确的规定,那么立法上自然也没有关于一旦发现驾驶人无证驾驶或者驾驶未经年检的车辆发生事故遭受伤害就直接不予判定为工伤的规定,此类事故中职工的责任认定还是应当根据工伤认定的举证规则,在结合多方证据的基础上,由社会保险行政部门进行综合判断。

最后,不可否认的是,此类交通事故责任无法认定的工伤案件有一部分会进入司法程序,在法院审理工伤认定行政诉讼案件的场景下,应当对于社会保险行政部门的工伤认定结论进行全面而慎重的审查,确保决定合法、合理。《最高人民法院关于审理工伤保险行政案件若干问题的规定》(法释〔2014〕9 号)第 1 条

---

① 参见施建新诉南通市人社局不予认定工伤纠纷案,载《江苏省高级人民法院公报》2015 年第 1 辑。

第 1 款、第 2 款规定:“人民法院审理工伤认定行政案件,在认定是否存在《工伤保险条例》第十四条第(六)项‘本人主要责任’……等情形时,应当以有权机构出具的事故责任认定书、结论性意见和人民法院生效裁判等法律文书为依据,但有相反证据足以推翻事故责任认定书和结论性意见的除外。前述法律文书不存在或者内容不明确,社会保险行政部门就前款事实作出认定的,人民法院应当结合其提供的相关证据依法进行审查。”结合前述人力资源和社会保障部制作的相关文件,最高人民法院的规定在本条第 2 款专门明确了针对社会保险行政部门就事故责任认定书不存在情况下所作出的工伤认定的审查规则。在立法尚未就此类事件中各部门的职责以及认定标准作出更加妥当的安排前,法院应在此类案件中与交警部门、社会保险行政部门协作,在案件审理过程中对交警部门制作的证据以及社会保险行政部门的认定结论进行审查,确保此类工伤认定最终的合法性与准确性。

（撰稿人:杨　桦　广东外语外贸大学法学院）

案例 49

工伤复发职工停工留薪期的处理标准*

【裁判要旨】

停工留薪期最长期限不能超过 24 个月，是指工伤职工单次享受的停工留薪期最长不能超过 24 个月，而非指累计最长不能超过 24 个月。工伤职工工伤复发，经确认须治疗的，可重新享受停工留薪期。

【关键词】

工伤保险待遇　停工留薪期　工伤复发

【基本案情】

邓某鹏于 2010 年 12 月 12 日被诊断为职工病（急性淋巴白细胞白血病），随后深圳市人力资源和社会保障局对此认定为工伤。2013 年 2 月 7 日，深圳市劳动能力鉴定委员会出具《劳动能力鉴定结论》，认定邓某鹏受伤时间为 2010 年 12 月 12 日，受伤部位为全身多处，邓某鹏构成五级伤残，医疗终结期为 2012 年 12 月 12 日。2016 年 2 月 4 日，邓某鹏白血病复发入院治疗，深圳市劳动能力鉴定委员会于 2016 年 3 月 2 日出具《工伤复发确认意见》，确认邓某鹏属于工伤复发，医疗期为 2016 年 2 月 4 日至 2016 年 8 月 4 日，邓某鹏于 2016 年 4 月 13 日去世。2016 年 5 月 9 日，深圳市社会保险基金管理局受理了邓某龙作为家属向其提出的工伤待遇申请，邓某龙要求深圳市社会保险基金管理局支付医疗费、鉴定费、住院伙食费、丧葬补助金、供养亲属抚恤金和一次性工亡补助金，深圳市社会保险基金管理局于 2016 年 6 月 23 日作出《深圳市工伤保险待遇决定书》（深工保决字

---

* 邓某龙诉深圳市社会保险基金管理局工伤保险待遇给付案，广东省深圳市盐田区人民法院行政判决书（2016）粤 0308 行初 1190 号，广东省深圳市中级人民法院行政判决书（2016）粤 03 行终 792 号。

〔2016〕第 4445044 号），同意支付旧伤复发医疗费、鉴定费、住院伙食补贴共计 8195.15 元，不同意支付丧葬补助金、供养亲属抚恤金和一次性工亡补助金。邓某龙不服，提起行政诉讼。

【裁判结果与理由】

广东省深圳市盐田区人民法院作出（2016）粤 0308 行初 1190 号判决：驳回邓某龙的诉讼请求。广东省深圳市盐田区人民法院一审认为，首先，《广东省工伤保险条例》（2011 年修订）第 36 条规定："工伤职工工伤复发，确认需要治疗的，享受本条例第二十五条、第二十六条和第二十八条规定的工伤待遇。"该条例第 25 条、第 26 条、第 28 条规定，均是治疗工伤方面的内容。其中第 26 条第 1 款、第 2 款明确规定，停工留薪期最长不超过 24 个月；工伤职工在鉴定伤残等级后仍需治疗的，经劳动能力鉴定委员会批准，五级至十级伤残，可以享受停工留薪期待遇。也就是说，工伤职工的停工留薪期最多为 24 个月。同时，享受停工留薪期待遇并非等同于享受停工留薪期，即不能据此得出享受停工留薪期待遇便是享受停工留薪期的结论。本案中，邓某鹏受伤时间为 2010 年 12 月 12 日，医疗终结期为 2012 年 12 月 12 日，那么其在 24 个月的停工留薪期已满后，旧伤复发的，可以享受停工留薪期待遇，但不能再享受停工留薪期。深圳市社会保险基金管理局根据上述规定认定邓某鹏不再重复享有停工留薪期，并无不当。其次，根据《广东省工伤保险条例》（2011 年修订）第 37 条的规定，职工因工死亡，其近亲属可以享有相关补助金等待遇的情形有三种，其中，第 1 款针对的是非伤残职工，第 2 款及第 3 款针对的是伤残职工。本案中，邓某鹏系伤残职工，其应当适用伤残职工的规定。第 3 款明确规定：一级至四级伤残职工在停工留薪期满后死亡的，其近亲属可以享受丧葬补助金、供养亲属抚恤金。据此可以推断，该种情况下，其他等级伤残职工的近亲属不享受丧葬补助金、供养亲属抚恤金。邓某鹏系在停工留薪期满后死亡，其伤残等级为五级，不符合《广东省工伤保险条例》（2011 年修订）第 37 条第 3 款的相关规定。深圳市社会保险基金管理局根据上述规定认定邓某鹏的近亲属不享有相关补助金等待遇，并无不当。综上所述，深圳市社会保险基金管理局作出的《深圳市工伤保险待遇决定书》（深工保决字〔2016〕第 4445044 号）证据确凿，适用法律、法规正确，符合法定程序，邓某龙诉请撤销该决定书，理由不成立，一审法院不予支持。邓某龙不服一审判决，提起上诉。

广东省深圳市中级人民法院作出（2016）粤 03 行终 792 号判决：（1）撤销广

东省深圳市盐田区人民法院(2016)粤0308行初1190号判决;(2)撤销深圳市社会保险基金管理局作出《深圳市工伤保险待遇决定书》(深工保决字〔2016〕第4445044号)的具体行政行为;(3)责令深圳市社会保险基金管理局自本判决生效之日起30日内对邓某龙的工伤保险待遇申请重新作出处理决定。广东省深圳市中级人民法院二审认为,本案争议焦点为:(1)已经享有过24个月停工留薪期的伤残职工,工伤复发后能否重新享受停工留薪期。(2)伤残职工在工伤复发治疗期间死亡,其近亲属应否享受丧葬补助金、供养亲属抚恤金和一次性工亡补助金。对上述问题,《工伤保险条例》(2010年修订)第33条规定:"职工因工作遭受事故伤害或者患职业病需要暂停工作接受工伤医疗的,在停工留薪期内,原工资福利待遇不变,由所在单位按月支付。停工留薪期一般不超过12个月。伤情严重或者情况特殊,经设区的市级劳动能力鉴定委员会确认,可以适当延长,但延长不得超过12个月。工伤职工评定伤残等级后,停发原待遇,按照本章的有关规定享受伤残待遇。工伤职工在停工留薪期满后仍需治疗的,继续享受工伤医疗待遇。生活不能自理的工伤职工在停工留薪期需要护理的,由所在单位负责。"据此,工伤职工的停工留薪期一般不超过12个月,伤情严重或者情况特殊,经设区的市级劳动能力鉴定委员会确认,可以适当延长至24个月。《工伤保险条例》(2010年修订)第38条同时规定:"工伤职工工伤复发,确认需要治疗的,享受本条例第三十条、第三十二条和第三十三条规定的工伤待遇。"据此,工伤职工工伤复发的,其在已经享受的停工留薪期的基础上,另外仍可根据《工伤保险条例》(2010年修订)第33条的规定享受停工留薪期待遇。此外,《广东省工伤保险条例》第26条第1款、第2款规定:"职工因工伤需要暂停工作接受工伤医疗的,在停工留薪期内,原工资福利待遇不变,由所在单位按月支付。停工留薪期根据医疗终结期确定,由劳动能力鉴定委员会确认,最长不超过二十四个月。工伤职工鉴定伤残等级后,停发原待遇,按照本章的有关规定享受伤残待遇。工伤职工在鉴定伤残等级后仍需治疗的,经劳动能力鉴定委员会批准,一级至四级伤残,享受伤残津贴和工伤医疗待遇;五级至十级伤残,享受工伤医疗和停工留薪期待遇。"由此,在广东省行政辖区内,工伤职工的停工留薪期应根据劳动能力鉴定委员会确认的医疗终结期确定,最长不超过24个月。《广东省工伤保险条例》(2011年修订)第36条还规定:"工伤职工工伤复发,确认需要治疗的,享受本条例第二十五条、第二十六条和第二十八条规定的工伤待遇。"根据以上行政法规和地方性法规的相关规定,2016 年 2 月邓某鹏工伤复发,最长可享受 24 个月的停工留薪期。深圳市劳动能力鉴定委员会已于 2016 年 3 月 2 日出具了《工伤复发确认意见》,确认邓某鹏属于工伤复发,医疗期为 2016 年 2 月 4 日至 2016 年 8 月 4 日。深圳市劳动能力鉴定委员会确定的上述邓某鹏工伤复发医疗期 6 个月,即属于停工留薪期。邓某鹏在深圳市劳动能力鉴定委员会确定的工伤复发医疗期期间死亡,属于在停工留薪期内因工伤死亡。深圳市社会保险基金管理局认为职工遭受工伤(包括旧伤复发)后可以享受的停工留薪期前后累计最长不能超过 24 个月,邓某鹏于 2010 年 12 月受工伤后已经享受过 24 个月停工留薪期,故其 2016 年 2 月工伤复发后不能再享受停工留薪期,以上主张不仅有悖《工伤保险条例》(2010 年修订)第 38 条、《广东省工伤保险条例》(2011 年修订)第 36 条之规定,而且会造成损害伤情严重、职业病病情严重的工伤职工权益的后果,不予支持。而且,根据《工伤保险条例》(2010 年修订)第 39 条第 1 款、第 2 款"职工因工死亡,其近亲属按照下列规定从工伤保险基金领取丧葬补助金、供养亲属抚恤金和一次性工亡补助金:(一)丧葬补助金为 6 个月的统筹地区上年度职工月平均工资;(二)供养亲属抚恤金按照职工本人工资的一定比例发给由因工死亡职工生前提供主要生活来源、无劳动能力的亲属。标准为:配偶每月 40%,其他亲属每人每月 30%,孤寡老人或者孤儿每人每月在上述标准的基础上增加 10%。核定的各供养亲属的抚恤金之和不应高于因工死亡职工生前的工资。供养亲属的具体范围由国务院社会保险行政部门规定;(三)一次性工亡补助金标准为上一年度全国城镇居民人均可支配收入的 20 倍。伤残职工在停工留薪期内因工伤导致死亡的,其近亲属享受本条第一款规定的待遇"之规定,以及《广东省工伤保险条例》(2011 年修订)第 37 条第 1 款、第 2 款之规定,邓某鹏在工伤复发治疗期间死亡后,其近亲属应享受丧葬补助金、供养亲属抚恤金和一次性工亡补助金。深圳市社会保险基金管理局应向邓某鹏的近亲属核发丧葬补助金、供养亲属抚恤金和一次性工亡补助金。深圳市社会保险基金管理局对上述相关法规的规定理解错误,导致错误适用法律和处理不当,作出的《深圳市工伤保险待遇决定书》(深工保决字〔2016〕第 4445044 号)依法应予以撤销;深圳市社会保险基金管理局应针对上诉人邓某龙的工伤保险待遇申请重新作出处理决定。一审判决认定事实清楚,但错误理解和适用法律,应予以纠正。

【裁判者说】

已经享受过24个月停工留薪期的伤残职工，工伤复发后能否重新享受停工留薪期？伤残职工在工伤复发治疗期间死亡的，其近亲属应否享受丧葬补助金、供养亲属抚恤金和一次性工亡补助金的保险待遇？以上案件争议焦点问题的处理，主要取决于对《工伤保险条例》(2010年修订)第33条第2款规定的工伤职工最长享受不超过24个月的停工留薪期如何理解，即应理解为工伤职工单次工伤治疗期所享受的停工留薪期最长不能超过24个月，还是应理解为工伤职工所享受的停工留薪期前后累计最长不能超过24个月，以及对《工伤保险条例》(2010年修订)中第33条、第38条两者之间的关系的把握。由于相关行政法规的规定较原则，又具有一定的模糊性，司法实践中对上述规定的理解和适用存在分歧。二审法院认为，应将《工伤保险条例》(2010年修订)第33条、第38条的规定完整结合起来看，且应考虑该条例优先保障工伤职工合法权益的立法宗旨。

关于停工留薪期，《工伤保险条例》(2010年修订)主要在第33条、第38条、第39条等条文中进行了规定，《广东省工伤保险条例》(2011年修订)则主要在第26条、第36条、第37条等条文中进行了规定。两相对比，二者其实在篇章布局、条文结构上基本一致，细节上的差异，更多地体现在《广东省工伤保险条例》(2011年修订)对具体的工伤待遇项目、标准等方面作了进一步的明确和一定程度的扩展，并且是在更有利于保障工伤职工合法权益的方向上延伸扩展的。类似的立法特点，在有关职工因工伤死亡后相关工伤待遇的规定中有同样的体现。虽然停工留薪期与停工留薪期待遇的文义不同，前者强调的是一种法定期间，后者强调的则是一种待遇，在概念指向上两者完全不同；但两者又是紧密相关的，而非互相排斥、非此即彼的关系。停工留薪期是基础，停工留薪期待遇则是依附于停工留薪期的物质内容。因此，脱离具体语境孤立地对比，两者当然不可等同，但在特定语境中结合上下文来综合理解时，两者并不存在绝对的排斥性的区别。结合《工伤保险条例》(2010年修订)和《广东省工伤保险条例》(2011年修订)中有关停工留薪期、停工留薪期待遇与工伤死亡相关待遇的规定，可以得出结论，本案上诉人邓某龙应当享受一次性工亡补助金等工亡待遇。具体理由如下：

首先，从《工伤保险条例》(2010年修订)第33条和《广东省工伤保险条例》(2011年修订)第26条第1款、第2款的字面内容来看，其并没有直接规定工伤职工只能享受一次停工留薪期或职工在受工伤(包括旧伤复发)后所享受的停工留薪期累计最长不能超过24个月的字样。《工伤保险条例》(2010年修订)第38条、《广东省工伤保险条例》(2011年修订)第36条均规定,工伤职工工伤复发,确认需要治疗的,享受各自条例第33条、第26条规定的工伤待遇。由此,社保部门所主张的工伤职工享受的停工留薪期累计最长不能超过24个月,《工伤保险条例》(2010年修订)第33条第2款和《广东省工伤保险条例》(2011年修订)第26条第1款所规定的24个月最长停工留薪期应当累计计算缺乏直接法律依据。但工伤职工工伤复发,经确认需要治疗的,可根据《工伤保险条例》(2010年修订)第33条、《广东省工伤保险条例》(2011年修订)第26条的规定享受停工留薪期工伤待遇,即这一点有直接法律依据。而且,从《工伤保险条例》(2010年修订)第33条第1款的表述来看,停工留薪期的限定条件只有一个,即工伤职工"需要暂停工作接受工伤医疗"。

其次,《工伤保险条例》(2010年修订)第38条的规定更为明确,该条规定:"工伤职工工伤复发,确认需要治疗的,享受本条例第三十条、第三十二条和第三十三条规定的工伤待遇。"该条例第33条规定的正是停工留薪期的相关问题,从立法技术上分析,第38条既然采取直接、完整援用第33条的规定,并且没有附加任何条件,那么,第33条有关的权利、义务就当然为第38条所采纳。换言之,工伤职工工伤复发的,当然有权享受停工留薪期以及基于停工留薪期所产生的所有待遇,既包括原工资福利待遇、工伤医疗待遇,也包括一次性工亡补助金等在工伤职工死亡后其近亲属可享受的诸项待遇。

最后,从立法宗旨上分析,作为一部专门调整社会工伤保险关系的行政法规,《工伤保险条例》(2010年修订)确立了优先保障工伤职工合法权益的原则。停工留薪期作为工伤保险中的一项特殊制度,其设立的宗旨同样为更有力地保护工伤职工;并且,这一优先或者说倾斜保护原则,不仅体现在工伤职工与用人单位的劳资关系中,也同样体现在工伤职工与社保基金的工伤保险待遇申请、核发等法律关系中。具体到本案,倘若工伤职工在评定伤残等级之前死亡可以享受停工留薪期及一次性工亡补助金等工亡待遇,而在其评定伤残等级之后即使工伤复发确须继续治疗且在规定的医疗期内死亡却不能享受一次性工亡补助金等工亡待遇,那么就意味着,在工伤职工所遭受的事故伤害或者职业病损害并无区别的情况下,工伤待遇仅仅因为评定了伤残等级,或者其他并不能足够充分成立的理由,而产生巨大的差异。如此理解和做法,显然与优先保护工伤职工合法权益这一立法宗旨相悖。即使对停工留薪期相关规定的理解存在分歧，此分歧的最终适法也不应造成明显不合理的法益落差。若采纳社保部门的主张，职工遭受工伤（包括旧伤复发）后可以享受的停工留薪期前后累计最长不能超过24个月，就会造成工伤伤情严重、职业病病情严重的重伤重病职工得不到充分的医疗救治和经济补偿的后果，即工伤职工伤病越重，救济越不足，这有悖于《工伤保险条例》的立法精神和立法目的，也违背了普通民众所理解的公平、正义和常情、常理。因此，本案二审法院合议庭一致认为工伤职工工伤复发确需治疗的，在其已经享受的停工留薪期的基础上，另外仍可根据《工伤保险条例》（2010年修订）第33条、第38条的规定享受停工留薪期，即其可重新享受停工留薪期。

综上，一审法院虽然注意到了停工留薪期与停工留薪期待遇的区别，但将此区别脱离法规全文孤立理解，二审法院对此予以纠正，认为应将《工伤保险条例》（2010年修订）第33条、第38条的规定完整结合起来看，且应考虑该条例优先保障工伤职工合法权益的立法宗旨，对停工留薪期等法律规定作出正确理解和适用，否定了社保部门不予支持工伤复发工亡职工的近亲属享受丧葬补助金、供养亲属抚恤金和一次性工亡补助金待遇的决定。本案例的主要指导意义在于明确了工伤复发确需治疗的职工，可以重新享受停工留薪期；停工留薪期最长期限不能超过24个月是指工伤职工单次享受的停工留薪期最长不能超过24个月，而不是指其前后享受的停工留薪期累计最长不能超过24个月。

（撰稿人：李育元　广东省深圳市中级人民法院）

【专家评析】

本案二审判决在裁判方法上合理运用文义、体系解释等方法对《工伤保险条例》（2010年修订）第33条与第38条、《广东省工伤保险条例》（2011年修订）第26条与第36条之间的关系进行分析，明确在工伤复发后，职工的停工留薪期可重新进行计算，为此后社会保险行政部门和法院在处理类似案件时提供了指引。

本案的争议焦点之一在于邓某鹏2016年2月4日至2016年8月4日工伤复发期间可否被继续认定为停工留薪期。由于邓某鹏已经死亡，原告作为近亲属希望通过留薪期的认定取得《工伤保险条例》（2010年修订）第39条第1款及第2款规定的丧葬补助金、供养亲属抚恤金和一次性工亡补助金等待遇。根据《工伤保险条例》(2010 年修订)第 33 条第 1 款的规定,停工留薪期是指职工因工作遭受事故伤害或者患职业病后,需要暂停工作接受工伤医疗,由所在单位按月支付原工资福利待遇的期限。劳动者因工致残后,享受社会统筹范围内的工伤待遇,但因工伤待遇的确定须依照致残等级进行,即在职工发生工伤至致残等级确定前,职工因工伤已经无法参加工作,但又需致残等级确定后才能依法享受工伤待遇的,考虑到其停止工作,且不会有其他收入来源,故应由单位提供相应生活保障,这也就是停工留薪期制度设计的初衷。由于涉及企业和社会保险基金支付责任的划分问题,立法也对于这一制度在具体适用中的时间范围作出了规定,即在《工伤保险条例》(2010 年修订)第 33 条第 2 款列明"停工留薪期一般不超过 12 个月。伤情严重或者情况特殊,经设区的市级劳动能力鉴定委员会确认,可以适当延长,但延长不得超过 12 个月"。本案中,截至 2012 年 12 月 12 日,邓某鹏已经享受过 24 个月的停工留薪期,故而在其 2016 年工伤复发,深圳市劳动能力鉴定委员会于 2016 年 3 月 2 日出具《工伤复发确认意见》,明确医疗期为 2016 年 2 月 4 日至 2016 年 8 月 4 日的情况下,社会保险行政部门不从 2016 年 2 月 4 日开始重新计算停工留薪期。然而,《工伤保险条例》(2010 年修订)除了在第 33 条第 2 款规定了停工留薪期的时限外,还在第 38 条规定"工伤职工工伤复发,确认需要治疗的,享受本条例第三十条、第三十二条和第三十三条规定的工伤待遇"。邓某鹏符合工伤复发进行治疗的情形,同时也已经取得了相关机构的《工伤复发确认意见》,满足享受《工伤保险条例》(2010 年修订)第 38 条所规定的工伤待遇的条件。《工伤保险条例》(2010 年修订)第 38 条中规定的工伤待遇需要与《工伤保险条例》(2010 年修订)第 30 条、第 32 条和第 33 条所规定的制度相配合方能实现。如果认为职工工伤在复发之前的治疗过程中已经用满了规定的 24 个月的停工留薪期,且停工留薪期不能够重新计算,因此不能够从职工满足《工伤保险条例》(2010 年修订)第 38 条的规定而直接推导出其可以享受第 33 条所规定的相关权益,即认定职工工伤复发后不能够再进入停工留薪期,那么这便意味着基于工伤保险制度所建立的对工伤复发职工的保障体系部分被虚置。二审法院综合《工伤保险条例》(2010 年修订)第 33 条和第 38 条、《广东省工伤保险条例》(2011 年修订)第 26 条和第 36 条,认为在法律没有作出禁止性规定的情况下,工伤复发职工的停工留薪期可以重新计算。这一观点并没有超过立法条文的文义边界,同时这一观点与《工伤保险条例》(2010 年修订)对职工权利倾斜保障的宗旨是契合的。

本案另一个值得注意之处在于作为行政法规的《工伤保险条例》(2010 年修订)与《广东省工伤保险条例》(2011 年修订)在相关条文表述中略有出入,这也是一审法院得出职工可以享受停工留薪期待遇,但不能再享受停工留薪期这一结论的原因。《工伤保险条例》(2010 年修订)第 33 条第 2 款对工伤职工在停工留薪期满后仍须治疗的,规定为"享受工伤医疗待遇",而《广东省工伤保险条例》(2011 年修订)第 26 条第 2 款对工伤职工在鉴定伤残等级后仍须治疗的,规定其中五级至十级伤残可以"享受工伤医疗和停工留薪期待遇"。下位法作出与上位不完全一致的规定,目的在于更好实现对工伤医疗期间职工的倾斜保护,而不是要将停工留薪期与停工留薪期待遇相区别,以证明存在一种可以享受停工留薪期待遇,但不在停工留薪期内的特殊情况。停工留薪期是停工留薪期待遇的前提,《广东省工伤保险条例》(2011 年修订)是《工伤保险条例》(2010 年修订)的下位法,法院在缺乏依据的情况下对较低位阶的地方性法规中规定的制度作出明显与上位法相关制度不同的理解,不符合法律适用的原则。

(撰稿人:杨　桦　广东外语外贸大学法学院)

案例 50

职工冒用他人身份发生损害后申请支付工伤保险待遇的认定*

【裁判要旨】

职工冒用他人名义与用人单位签订劳动合同，用人单位按照职工提供的虚假身份信息为其参加工伤保险并缴纳费用，冒用身份职工在发生损害后向社保机构申请支付工伤保险待遇的，法院不予支持。

【关键词】

工伤认定　冒用他人身份　工伤保险待遇

【基本案情】

伤亡职工蓝春某是黄某堂等的近亲属，已于 2013 年 10 月 21 日以蓝翠某的名义入职深圳南山区平山百荥电子来料加工厂处。深圳南山区平山百荥电子来料加工厂从 2013 年 10 月起以蓝翠某的名义为蓝春某办理社保参保手续。马山县公安局合群派出所出具一份证明，证明蓝春某于 2013 年 10 月 23 日以蓝翠某身份应聘到深圳南山区平山百荥电子来料加工厂，蓝翠某本人在 2013 年 6 月至 2014 年 10 月一直在老家广西壮族自治区南宁市科园大道金宇新城居住。《深圳市社会保险历年参保缴费明细表》显示蓝春某社会保险起止时间为 2011 年 4 月至 2011 年 12 月，缴费单位为深圳日海通讯技术股份有限公司观澜分公司；蓝翠某社会保险起止时间为 2013 年 12 月至 2016 年 1 月，其中 2014 年 10 月至 2015

---

* 黄某堂等与深圳市社会保险基金管理局工伤保险待遇给付案，广东省深圳市盐田区人民法院行政判决书(2017)粤 0308 行初 1202 号，广东省深圳市中级人民法院行政判决书(2018)粤 03 行终 180 号，广东省高级人民法院行政裁定书(2018)粤行申 1513 号。

年1月缴纳单位为高新玩具制品（深圳）有限公司，其他时间缴纳单位为深圳南山区平山百荥电子来料加工厂。2015年12月15日，蓝春某在单位突发疾病，于48小时之内经抢救无效死亡，被深圳市人力资源和社会保障局认定为工伤。2016年9月22日，黄某堂等及深圳南山区平山百荥电子来料加工厂向深圳市社会保险基金管理局（以下简称深圳市社保局）申请关于蓝春某的工伤待遇补偿，深圳市社保局受理后于2016年10月27日作出《深圳市工伤保险不予支付决定书》[深工保不决字（南西）〔2016〕第002号]，认定深圳南山区平山百荥电子来料加工厂及黄某堂等于2016年9月22日向深圳市社保局提出的要求蓝春某的工伤待遇由工伤保险基金赔付，符合《广东省工伤保险条例》（2011年修订）第57条的有关规定，决定不予批准。黄某堂等不服，提起本案诉讼，请求撤销被诉不予支付决定，并判令深圳市社保局向其支付丧葬补助金、一次性工亡补助金、供养亲属抚恤金等工伤保险待遇。

【裁判结果与理由】

广东省深圳市盐田区人民法院作出（2017）粤0308行初1202号判决：（1）撤销被告深圳市社保局作出的《深圳市工伤保险待遇不予支付决定书》[深工保不决字（南西）〔2016〕第002号]；（2）责令被告深圳市社保局自本判决书生效之日起在30日内对原告黄某堂、黄某恒、黄某萱、蓝某贵、覃某秋的工伤保险待遇申请重新作出处理决定；（3）驳回原告的其他诉讼请求。广东省深圳市盐田区人民法院一审认为，《社会保险法》（2010年）第36条第1款规定："职工因工作原因受到事故伤害或者患职业病，且经工伤认定的，享受工伤保险待遇；其中，经劳动能力鉴定丧失劳动能力的，享受伤残待遇。"工伤认定是劳动保障部门作出的行政确认行为，是劳动者获得工伤保险待遇的前提，被认定为工伤的职工有依法享受工伤保险待遇的权利。而该法所指的职工是指与用人单位存在劳动关系（包括事实劳动关系）的各种用工形式、各种用工期限的劳动者。因此，虽然本案职工蓝春某以其妹妹蓝翠某的名义到深圳南山区平山百荥电子来料加工厂进行工作，但并不能据此否定其与深圳南山区平山百荥电子来料加工厂所建立的劳动关系，也不能据此否定其作为深圳南山区平山百荥电子来料加工厂的职工所应当享有的工伤保险待遇的权利。深圳南山区平山百荥电子来料加工厂按照职工蓝春某所报的身份信息为其购买了工伤保险，可以认定职工蓝春某与社保机构事实上已经建立了工伤保险关系。虽然深圳南山区平山百荥电子来料加工厂在职工蓝春某入职时未能发现蓝春某使用虚假身份信息，但考虑到深圳南山区平山百荥电子来料加工厂已为其购买了工伤保险，履行了作为用人单位的职责，因此不能以深圳南山区平山百荥电子来料加工厂未能发现蓝春某假冒他人身份就否定职工与社保机构之间的工伤保险关系。被告作出《深圳工伤保险不予支付决定书》不予支付原告的工伤保险待遇缺乏法律依据，依法应予撤销。依法核定并支付工伤保险待遇是深圳市社保局的法定职责，不属于行政审判权的范围。深圳市社保局不服一审判决，向广东省深圳市中级人民法院提起上诉。

广东省深圳市中级人民法院作出（2018）粤 03 行终 180 号判决：（1）撤销广东省深圳市盐田区人民法院（2017）粤 0308 行初 1202 号行政判决；（2）驳回被上诉人（原审原告）黄某堂、黄某恒、黄某萱、蓝某贵、覃某秋的诉讼请求。广东省深圳市中级人民法院二审审查认为，本案审理的是深圳市社保局作出的《深圳市工伤保险待遇不予支付决定书》[深工保不决字（南西）〔2016〕第 002 号]的合法性。伤亡职工蓝春某因工作时间、工作场所突发疾病而亡，属工伤，但蓝春某并非以自己名义参加工伤社会保险，并未与深圳市社保局之间构成工伤保险法律关系，其依法可享受的工伤保险待遇无法由工伤保险基金支付。深圳市社保局作出的涉案《深圳市工伤保险待遇不予支付决定书》，认定事实清楚，适用法律正确。原审判决适用法律错误，依法应予改判。广东省深圳市社保局的上诉请求成立，予以支持。黄某堂、黄某恒、黄某萱、蓝某贵、覃某秋不服二审判决，向广东省高级人民法院申请再审。

广东省高级人民法院作出（2018）粤行申 1513 号裁定：驳回黄某堂、黄某恒、黄某萱、蓝某贵、覃某秋的再审申请。广东省高级人民法院再审审查认为，蓝春某以他人名义参加工伤社会保险，其本人并未与被申请人之间构成工伤保险法律关系，故其因工亡产生的工伤保险待遇无法由工伤保险基金支付，原二审法院据此改判撤销原一审判决并驳回申请人的诉讼请求，经审查并无不当。申请人黄某堂等人申请再审，主张蓝春某与被申请人之间构成事实上的工伤保险法律关系，被申请人作出被诉不予支付决定无法律依据等，请求撤销原二审判决及被诉不予支付决定，支持其诉讼请求，因理据不足，法院不予采纳。黄某堂等人的再审申请不符合《行政诉讼法》（2017 年修正）第 91 条规定的情形。

【裁判者说】

工伤待遇纠纷案件中，对于职工冒用他人名义与用人单位签订劳动合同，用人单位按照职工提供的假身份信息为其缴纳工伤保险，冒用身份职工被认定构成工伤后，是否可以向社保机构申请人支付工伤保险待遇的问题，实践中主要存在两种观点：

第一种观点认为，依据《工伤保险条例》（2010 年修订）的规定，工伤保险对象的范围是境内的企业、事业单位、社会团体、民办非企业单位、基金会、律师事务所、会计师事务所等组织的职工和个体工商户的雇工。人力资源和社会保障部《工伤认定办法》（2010 年修订）同时规定，与用人单位存在劳动关系的证明材料包括与用人单位存在事实劳动关系的证明材料。故《工伤保险条例》（2010 年修订）规定中的职工包括与用人单位存在事实劳动关系的职工。冒名工伤职工虽然冒用他人身份，但与用人单位之间建立了事实劳动关系，应当受到《工伤保险条例》（2010 年修订）的保护，在用人单位为冒名工伤职工参加工伤保险的情况下，冒名工伤职工被认定为工伤后应当享受工伤保险待遇。

第二种观点认为，职工冒用他人身份，导致用人单位错以他人名义为其办理工伤保险参保手续并缴纳相应费用的，职工本人与社保机构之间未能构成工伤保险法律关系，其发生工伤损害后无法享受由工伤保险基金支付的工伤保险待遇。

笔者倾向于第二种观点，主要理由如下：第一，职工参加工伤保险是工伤保险基金向其支付工伤保险待遇相关费用的前提。我国工伤保险制度的主要目的是保障因工作遭受事故伤害或者患职业病的职工获得医疗救治和经济补偿，促进工伤预防和职业康复，以及分散用人单位用工过程中的工伤风险。该项社会保障制度本身具有强制性，用人单位必须为其雇佣的劳动者办理工伤保险参保手续并按时足额缴纳工伤保险费用。这同时也是社保机构参与分担工伤风险，使职工在发生工伤损害后能依法享受工伤保险待遇的前提条件。社保机构根据冒名职工提供的虚假身份信息建立个人社会保障号码，该号码按规定与身份证号码一致，指向明确且人员特定。由于工伤保险本身实行实名制，由此构成的社会保险关系中的被保险人及受益人显示的均为被冒用身份者，一旦冒名职工发生工伤损害，即使其能够通过确认存在事实劳动关系来申请工伤认定，也无法提供证据证明用人单位已经为其办理了工伤社会保险的参保手续。

第二，冒名职工应承担其冒用他人身份而无法享受由工伤保险基金支付工伤保险待遇的不利后果。冒名职工采用违反诚实信用原则的方式入职，同时违反了《劳动合同法》（2012 年修正）规定的如实向用人单位说明其与劳动合同直接相关的基本情况的法定义务，冒用他人居民身份证本身也是一项违反居民身份证管理相关规定而应受到行政处罚的行为。用人单位一方履行了为职工办理工伤保险的参保手续的义务，但冒名职工的自身原因导致在社保机构申请登记的参保对象与实际劳动者不一致，冒名职工应当承担由此造成的社保机构无法将冒名职工纳入工伤保险基金赔付范畴的不利后果。

第三，根据《社会保险法》（2010 年）中办理工伤保险的相关规定，用人单位应当自行申报、按时足额缴纳社会保险费，社会保险经办机构应当对缴费单位送达的申报表和有关资料进行审核。也就是说，工伤保险应在职工入职时由用人单位依法向社保机构登记部门申报，用人单位填写《社会保险登记表》并提交包括参保职工身份证复印件在内的证件、资料即可，并未要求参保职工本人到社保机构登记部门进行人证是否一致的验证。换言之，社保机构登记部门只对用人单位提交的包括职工身份证明在内的材料履行形式审查的义务。而且根据《居民身份证法》（2011 年修正）的有关规定，公民有权使用居民身份证证明身份，在职工已经提交身份证复印件用以证明其身份的情况下，不应对社保机构苛以更为严格的审查义务。

关于冒用他人身份的职工发生工伤后社保机构拒付工伤保险待遇，其权利如何保障的问题，实践中也存在不同观点，部分法院就此问题出台了规定。其中，广东省深圳市中级人民法院出台的《关于审理工伤保险待遇案件的裁判指引》可在实践中参考，即“用人单位以劳动者假冒身份证明为其投保而遭受社会保险损失的，对法律法规规定由工伤保险基金负担的工伤保险待遇部分，如冒用人发生工伤时已满 16 周岁，由冒用人承担主要责任，用人单位承担次要责任；如冒用人发生工伤时不满 16 周岁，由用人单位承担主要责任，由冒用人承担次要责任。对法律法规规定应由用人单位负担的工伤保险待遇部分，劳动者无须进行分担，仍由用人单位全额支付”。职工冒用他人身份的行为直接导致用人单位对职工身份的指向不真实，进而使用人单位以错误身份信息缴纳工伤保险的，用人单位和职工可以通过民事诉讼途径，根据过错，按比例分担用人单位以职工提供虚假身份投保产生的工伤保险损失。理由在于，用人单位以错误身份信息为职工办理工伤保险的参保手续，是职工冒用他人身份这一重大过错直接造成的。用人单位也确实已经按照社会保险有关规定为职工办理了工伤保险的参保手续并缴纳了费用，不应全额承担原应由工伤保险支付的赔偿责任。如完全免除职工冒用他人身份信息行为的法律责任,有可能引发不良的社会导向,加大用人单位的用工成本和风险,故应当由职工承担相应的过错责任。虽然错误参保主要是职工提供虚假身份信息导致的,但用人单位在职工入职过程中未对职工身份进行核实,也存在一定过错。而且职工遭受工伤损失的确是在为用人单位提供劳动期间,故用人单位应当承担一定的责任。此外,对于护理费、一次性伤残就业补助金和停工留薪期的工资这部分本身由用人单位承担的工伤保险待遇,用人单位应当予以支付,不受职工是否参加工伤保险的影响。

(撰稿人:李　莎　广东省高级人民法院)

【专家评析】

本案的争议焦点在于蓝春某是否与深圳市社保局之间形成社保法律关系,该关系的成立与否直接决定深圳市社保局是否应当向本案的申请人支付工伤保险待遇。我国的工伤保险制度是由企业、职工和社保基金管理局三方主体共同参与构建的,其中企业是投保人,职工作为被保险人以及受益人强制参加工伤保险,当职工遭受事故伤害或者患职业病后经过工伤认定可以享受工伤保险待遇。但对于冒用他人名义参保的职工,工伤保险基金是否还要向其支付工伤保险待遇,本案二审判决及再审裁定持否定意见。从本案的案情和法官的结论出发,可以就以下几点进行讨论:

首先,职工与用人单位之间劳动关系的成立并不能直接推导出工伤保险关系的成立。劳动关系在职工和用人单位之间成立,而工伤保险关系除了前两者外,还涉及社会保险基金管理机构这一主体。两者在成立的时间上也不尽相同,劳动关系始于与劳动过程相联系的社会关系,根据《劳动合同法》(2012 年修正)第 7 条的规定,用人单位自用工之日起即与作为劳动者的职工建立劳动关系,而社会保险关系的建立则在劳动关系成立之后。根据劳动关系的定义,我国判断劳动关系是否成立的唯一标准在于双方是否存在实际用工事实,而实践当中,社会保险关系的成立往往要经过社会保险经办机构审核。本案中,蓝春某冒用他人名义办理工伤保险并不影响其与深圳南山区平山百荥电子来料加工厂之间劳动关系的形成,但蓝春某不能以此就在发生事故或者职业病时当然地享受工伤保险待遇,因为该待遇是在社会保险法律关系形成后才分配给职工的。

其次，冒用他人身份参加工伤保险并不直接影响工伤的认定。《工伤保险条例》（2010 年修订）第三章对认定为工伤的情形进行了正面和反面的列举，其中不得认定为工伤的情形规定在《工伤保险条例》（2010 年修订）第 16 条，仅有职工故意犯罪、醉酒或者吸毒、自残或者自杀的才不得被认定为工伤，冒用他人身份参加工伤保险并不属于上述情形中的任何一项。尽管职工对工伤保险信息的不真实存在过错，但这并不影响该职工按照《工伤保险条例》（2010 年修订）第 14 条、第 15 条的标准对工伤进行认定。本案中，蓝春某与深圳南山区平山百荥电子来料加工厂的劳动关系存在，且其是在单位工作期间发生事故而死亡，符合《工伤保险条例》（2010 年修订）第 14 条第 1 项规定的“在工作时间和工作场所内，因工作原因受到事故伤害”的认定条件，依法应认定为工伤，自然可以享受基于工伤认定可以直接获得的待遇。

最后，关于冒用身份职工所受伤害被认定为工伤后的保障问题。笔者认为应当在用人单位和冒用身份职工之间进行合理的责任划分。《工伤保险条例》（2010 年修订）明确了几项应当由用人单位承担的费用，如护理费、停工留薪期待遇等，以上待遇并不因为职工的冒名行为而发生支付主体的转换，用人单位依然应当在职工出现事故或者职业病后积极主动进行承担。就工伤保险基金的支付而言，由于工伤保险的缴纳机制是用人单位为全部职工缴纳，所以对于冒用身份的职工，在决定是否向该职工发放工伤保险待遇前，应当首先判断用人单位对职工冒用身份的行为是否知情，并考虑用人单位的经营性质等因素，以用人单位与职工各自的过错比例为基础，兼顾职工的责任能力等情况，最终确定工伤保险待遇的发放。

（撰稿人：杨　桦　广东外语外贸大学法学院）